utb 6022

Eine Arbeitsgemeinschaft der Verlage

Brill | Schöningh – Fink · Paderborn
Brill | Vandenhoeck & Ruprecht · Göttingen – Böhlau · Wien · Köln
Verlag Barbara Budrich · Opladen · Toronto
facultas · Wien
Haupt Verlag · Bern
Verlag Julius Klinkhardt · Bad Heilbrunn
Mohr Siebeck · Tübingen
Narr Francke Attempto Verlag – expert verlag · Tübingen
Psychiatrie Verlag · Köln
Ernst Reinhardt Verlag · München
transcript Verlag · Bielefeld
Verlag Eugen Ulmer · Stuttgart
UVK Verlag · München
Waxmann · Münster · New York
wbv Publikation · Bielefeld
Wochenschau Verlag · Frankfurt am Main

Ewout van der Knaap

Literaturdidaktik im Sprachenunterricht

wbv

Ewout van der Knaap (Jg. 1965), Professor für deutschsprachige Literatur und Kultur an der Universität Utrecht. Er forscht zu Literaturwissenschaft, Erinnerungskultur und Literaturdidaktik. Er war zuvor Lehrer an Haupt- und Realschulen, Gymnasien und Hochschulen.

Das vorliegende Buch ist eine vom Autor aktualisierte Übersetzung des Buches *Literatuur en film in het vreemdetalenonderwijs* (2019). Zwei Kapitel wurden größtenteils von Lisa Mensing übersetzt und danach vom Autor überarbeitet, die Übersetzung der anderen Kapitel übernahm der Autor.

Gesamtherstellung:
wbv Media, Bielefeld
wbv.de

Einbandgestaltung:
siegel konzeption | gestaltung
Umschlagabbildung:
shutterstock/durantelallera

Bestellnummer: utb 6022
ISBN: 978-3-8252-6022-4
e-ISBN: 978-3-8385-6022-9

Online-Angebote oder elektronische Ausgaben sind erhältlich unter www.utb.de

Printed in Germany

Bibliografische Information der Deutschen Nationalbibliothek
Die Deutsche Nationalbibliothek verzeichnet diese Publikation in der Deutschen Nationalbibliografie;
detaillierte bibliografische Daten sind im Internet über http://dnb.d-nb.de abrufbar.

Inhalt

Lernziel

Tipp

Beispiel

Theorie

Übung

Vorwort

Wie kann literaturdidaktisches Handeln im Sprachenunterricht aussehen? Das vorliegende Buch vermittelt anhand von vielen Beispielen und Aufgabenformaten praxisorientierte Anregungen für den Unterricht, die über die Grundlagen der Literaturdidaktik hinausgehen. Am Beispiel der gängigsten Schulsprachen (Deutsch, Englisch, Französisch, Spanisch) werden literaturdidaktische Möglichkeiten aufgezeigt, die auch für andere Sprachen relevant sind; Erkenntnisse der Didaktik für Muttersprachen und Fremdsprachen werden kombiniert. Die Kapitel bilden eine Grundlage für das Erweitern und das erfolgreiche Festigen des Wissens und Handlungsrepertoires, das in der Berufspraxis gebraucht werden kann. Das Buch gibt Nutzer*innen ein Werkzeug an die Hand, mit dem sie den Unterrichtsverlauf lernzielorientiert und auf eine die Lerner*innen ansprechende Weise gestalten können.

Der Band richtet sich sowohl an Lernende als auch an Lehrende. Für die Lehrerausbildung ist es in allen Sekundarschulformen und -stufen relevant; für die Praxis in allen Berufsphasen. Im Idealfall tauschen Studierende, Berufsanfänger*innen, Expert*innen und Ausbildende sich miteinander aus über die Gestaltung des Fremdsprachenunterrichts mit literarischen Mitteln. Der Stoff dieses Buches ist sowohl im schulischen Bereich als auch für das außerschulische Kursangebot nützlich.

Sprache und Kultur bilden ein zweischneidiges Schwert. Fiktionale Formen öffnen ein Tor zur Welt und bringen SuS (Schüler*innen) mit anderen Sitten und Gebräuchen in Berührung. Da Mehrsprachigkeit in der Europäischen Union wichtig ist, ist ein attraktives Sprachenangebot entscheidend für die Befähigung und Mobilität der SuS. Der Sprachenunterricht hat aber nicht nur eine Nutzenfunktion, ist nicht nur von wirtschaftlicher Bedeutung, sondern er hat auch einen sozialen, kulturellen und demokratischen Wert: Die SuS entwickeln sich zu gut informierten Bürger*innen, die sich mit Menschen aus anderen Kulturen austauschen können.

Interkulturelle Kompetenz wird als wichtiger Teil der Bildung angesehen. Fremdsprachen sind in dieser Hinsicht ein unverzichtbarer Pfeiler. Nicht nur die Sprachkenntnisse der SuS werden verbessert durch die Lektüre von Literatur und das Angebot anderer Medien, in denen literarische oder fiktionale Strategien verwendet werden. Auch wird dadurch die persönliche und kulturelle Entwicklung gefördert. Die Position des Sprachenunterrichts wird durch den Einsatz fiktionaler Formen gestärkt. Außerdem steigt dadurch die Freude am Thema. Es gibt viele Möglichkeiten, einen kohärenten und anspruchsvollen Unterricht zu gestalten, in dem die SuS ein Kultur- und Sprachbewusstsein entwickeln.

Dieses Buch entspricht dem Bedürfnis nach mehr Einsicht und Kohärenz in der Literaturdidaktik für Sprachen. In sieben klar strukturierten Kapiteln verbindet das Buch Erkenntnisse der Literaturdidaktik. Das erste Kapitel bietet eine theoretische Grundlage und erörtert Sichtweisen auf literarische Bildung, wozu auch die Didaktik des freien Lesens gehört. Kapitel 2 zeigt, wie die Textauswahl mit der literarischen Entwicklung der SuS verknüpft werden kann. In 3. Kapitel werden die Möglichkeiten erörtert, sprachliche Ziele mit Literatur zu verknüpfen. Kapitel 4 konzentriert sich auf die Arbeit mit interkulturellen Ansätzen. Kapitel 5 befasst sich mit dem Einsatz von Filmen und dem Verhältnis zum Literaturunterricht. Kapitel 6 zeigt, wie die Literaturgeschichte in den Fremdsprachenunterricht integriert werden kann, und Kapitel 7 ist der literarischen Terminologie gewidmet.

Alle Kapitel, mit Ausnahme des ersten und dritten, sind wie folgt gegliedert:

1. Einführung, 2. Ziele, 3. Lerninhalte, 4. Strukturierung der Lerninhalte, 5. Vermittlung, 6. Evaluation und Prüfung, 7. Zur Reflexion.

Ein wichtiges didaktisches Prinzip ist das der kontinuierlichen Lernwege: Was in den unteren und oberen Lernstufen passiert, muss zusammenpassen. Wichtig für den Sprachenunterricht der Zukunft sind kontinuierliche Lernwege, die Integration von Fertigkeiten, die Verknüpfung von Fertigkeiten mit (inter-)kulturellen Inhalten und Sprachbewusstsein. Die geteilte Verantwortlichkeit für den Umgang mit Sprachen und Kulturen stärkt den Sprachenunterricht. Kontinuierliche Lernwege erfordern Austausch auf synchroner und diachroner Ebene, also auch zwischen den Fächern. Dieses Buch nutzt diese Ausgangspunkte für literaturdidaktische Ansätze. Eine Abstimmung mit anderen Fächern lohnt sich und es gibt viele Möglichkeiten für extensiven und intensiven Literaturunterricht.

Dieses Buch geht von der Praxis der Gegenwart aus, es versucht, aus der Vergangenheit zu lernen, blickt in die Zukunft und bietet Material, um neue Wege zu gehen. Bildung ist immer in Bewegung, und dieses Buch kann genutzt werden, um sie selbst in Gang zu setzen.

Kapitel 1
Sichtweisen auf den Literaturunterricht

1.1 Einführung

Würde man den Sprachenunterricht nur auf funktionale kommunikative Kompetenz reduzieren, d. h. auf kommunikative Fertigkeiten (Lese-, Hör-/Hörseh-, Gesprächs-, Sprech-, Schreibfertigkeit), dann schwinden (inter-)kulturelle Inhalte dahin; umgekehrt kann gegenstandsorientierter Unterricht durch Aufgaben kommunikativen Handelns bereichert werden. Interkulturelle kommunikative Kompetenz steht in der zeitgenössischen Fremdsprachendidaktik und -praxis im Zentrum, und dennoch ist Literatur meist nur ein kleiner Bestandteil, obwohl sie zur angestrebten Text- und Medienkompetenz gehört. Es gibt viele Möglichkeiten, Spielarten von Literatur in den Sprachenunterricht sinnvoll zu integrieren und für aktivierenden Unterricht zu nutzen. Um die Frage beantworten zu können, welchen Platz Literatur im Sprachenunterricht hat, ist Orientierung an den Prüfungsanforderungen des Schulfaches Deutsch und an der Diskussion über die Bedeutung der Lesekompetenz sinnvoll. Im Schulfach Deutsch wird zwischen prozessbezogener und inhaltsbezogener Kompetenzorientierung unterschieden; mehrere Verfahren, Techniken, Strategien und Fertigkeiten, die notwendig sind, um Wissen anwenden zu können, kommen auch im fremdsprachlichen Unterricht und in DaF/DaZ zum Einsatz – freilich sind die Inhalte anders. Im Allgemeinen wird im Sprachenunterricht angestrebt, dass die unterschiedlichen kommunikativen Fertigkeiten letzten Endes im Unterricht ineinandergreifen. Literatur kann ein Verbindungsglied für diese Kompetenzen sein. Nicht nur die wirkmächtige Idee, dass Literatur auf vielfältigste Weise Teil des Sprachenunterrichts sein kann, zieht sich durch das ganze Buch und wird in diesem Kapitel untermauert. Auch die Auffassung, dass Literatur Einblick geben kann in menschenrechtlich fundierte Inklusion und Wege öffnet, um über Themen wie soziale Herkunft, Migrationshintergründe, Behinderungen oder Lebensschicksale nachzudenken, ist Grund für literaturdidaktische Überlegungen.

In diesem Kapitel werden die folgenden Fragen beantwortet:

- Welche Lernziele verfolgt der Einsatz von Literatur und anderer Fiktion für die Sekundarstufe I und II?
- Wie verhalten sich die Lernziele des muttersprachlichen Unterrichts zu denen im Fremdsprachenunterricht im Allgemeinen?
- Welche Erkenntnisse über das literarische Lesen sind für den Sprachenunterricht relevant?

Welche didaktischen Ansätze gibt es im Literaturunterricht?

1.2 Ziele des Literaturunterrichts

Es ist wichtig, dass die Sekundarstufe I und II aufeinander abgestimmt sind und dass die Lernziele mit dieser Kontinuität übereinstimmen. Kontinuierliches Lernen oder Lesen soll durch Lernwege auf diachrone Weise gestaltet werden. Die Einbettung literarischer Texte in die ersten Lernjahre trägt dazu bei, dass in späteren Jahren die Aufmerksamkeit für Literatur nicht erzwungen werden muss und es keinen „Literaturschock" gibt. Eine kontinuierliche *Lese*linie ist auf diachroner wie auf synchroner Achse notwendig: Dadurch wird es SuS ermöglicht, sich in allen Fächern und auf allen Niveaus weiterzuentwickeln.

1.2.1 Zur Funktion von Literatur

Die am häufigsten verwendeten und validierten Argumente für die Verwendung literarischer Texte im Sprachenunterricht sind (Brumfit & Carter, 1986; Byram, 1999; Day & Bamford, 2002; Krashen, 2004):

1. Literarische Texte eignen sich für die Arbeit an Wortschatz, Grammatik, Aussprache und Textverständnis.
2. Literarische Texte bieten landeskundliche Zugänge.
3. Literarische Texte eignen sich für ästhetische Zwecke.
4. Literarische Texte eignen sich für die interkulturelle Bildung.
5. Literarische Texte sind eine wichtige Quelle der geistigen Entwicklung.
6. Literarische Texte sind eine wichtige Quelle der moralischen Entwicklung.
7. Literarische Texte sind eine wichtige Quelle der emotionalen Entwicklung.

Literarisches Lesen passt ausgezeichnet zu den Zutaten für guten Sprachenunterricht. Die Fähigkeiten von SuS in einer Fremdsprache werden gefördert, wenn drei Bedingungen erfüllt werden:

- Es gibt reichhaltigen sprachlichen Input, der auf die Zielgruppe zugeschnitten ist.
- Es gibt viele Möglichkeiten der Interaktion in realen Kommunikationssituationen.
- Verständnis und Bedeutung erhalten Aufmerksamkeit.

Literarischer Input bietet Inhalte für den Unterricht und ermöglicht, dass kommunikatives Handeln im Mittelpunkt stehen kann. Das Lesen von Literatur fördert verschiedene Kompetenzen (Definition s. Kap. 1.2.5), die auch für den muttersprachlichen Unterricht relevant sind.

Für die Lernziele bedeutet dies, dass die SuS

a) literarische Texte zum Sprechen und Schreiben verwenden können;
b) literarische Texte unterschiedlicher Größe und Qualität lesen können;
c) in der Lage sind, das Wissen über literarische Formen auf andere Mediennutzungen anzuwenden;
d) in der Lage sind, narrative Strukturen zu identifizieren und zu nutzen;
e) in der Lage sind, über ihr Textverständnis zu kommunizieren;

f) durch literarische Texte andere Kulturen und Subkulturen kennenlernen und mit der eigenen Umgebung in Beziehung setzen können;
g) ihr Wissen über literarische Texte aus einer anderen Kultur zur Interpretation von neuen Phänomenen nutzen können (Surkamp, 2010, S. 138 f.).

Diese Ziele sind je nach Alter und Niveau erreichbar.

In diesem Kapitel betrachten wir die oben genannten Ziele aus der Vogelperspektive, in den weiteren Kapiteln werden alle Aspekte diskutiert. Gelesene Texte sind (a) Anlass zum Handeln, in Übereinstimmung mit dem Grundsatz im Sprachenunterricht, dass eine Kommunikationssituation zum Reagieren einlädt. Literatur kann ein Grund sein, andere Aufgaben auszuführen. Dies kann auf einer grundlegenden Ebene erfolgen, aber auch komplexer Natur sein. Literarische Texte können somit Input von sprachlichem Handeln sein, aber die Voraussetzung dafür ist eine schülerorientierte Textwahl. Es erscheint logisch, dass (b) der Umfang und die Qualität dieser literarischen Texte erheblich variieren können und dass die Komplexität mit dem Anstieg der Lernjahre zunimmt. Einfache Titel werden in der Sekundarstufe I gelesen, um sowohl viel Leseerfahrung zu sammeln als auch kulturspezifische Themen kennenzulernen. Die Tatsache, dass das Wissen um literarische Formen für andere Mediennutzungen relevant ist (c), wird durch den Begriff der Fiktion abgedeckt (Definition s. Kap. 1.4.1). Bei der Nutzung anderer Medien werden die von den SuS erworbenen Kenntnisse und Fertigkeiten in Bezug auf literarische Formen berücksichtigt, und das gilt auch für den Umgang mit (d) narrativen Strukturen und das eigene (e) Textverständnis. Literarische Texte bieten auch (f) Zugang zu anderen Kulturen, wofür die interkulturelle Didaktik plädiert, die auch unterstreicht, dass die neuen Kenntnisse, Haltung und Fertigkeiten (g) für die Interpretation anderer kultureller Ausdrucksformen wertvoll sind.

1.2.2 Zur Relevanz des GeR für den Literaturunterricht

Die Ziele und Inhalte des Sprachenunterrichts sind seit mehreren Jahrzehnten stark auf die funktionale Kommunikation ausgerichtet. Der Gemeinsame europäische Referenzrahmen (GeR) bildet die Grundlage vieler Unterrichtsmaterialien in den Fremdsprachen und beschreibt sechs Leistungsstufen. Der GeR legt auch Wert auf Bildungsziele, die mit der Literatur erreicht werden können: ästhetische, intellektuelle, moralische, emotionale, sprachliche und kulturelle Ziele. Die verschiedenen Ziele und Aktivitäten im Zusammenhang mit dem GeR deuten darauf hin, dass Literatur und im weiteren Sinne „Fiktion" (s. Kap. 1.4.1) ein natürlicher Bestandteil des Sprachenunterrichts sein können. Als Beispiele für „ästhetische Sprachverwendung" werden genannt:

> „Künstlerische und die Vorstellungskraft herausfordernde Verwendung von Sprache hat einerseits ihren eigenen Wert, andererseits ist sie auch von hohem Bildungswert. Kreative und ästhetische Aktivitäten können produktiv sein, rezeptiv, interaktiv oder sprachmittelnd [...], und sie können sowohl mündlich als auch schriftlich sein, z. B.:
> - Singen (Kinderreime, Volkslieder, Schlager usw.)
> - Nacherzählen oder Nachschreiben von Geschichten

- Anhören, Lesen, Schreiben und Sprechen fiktionaler Texte (Geschichten, Reime usw.), einschließlich audiovisueller Texte, Cartoons, Bildgeschichten usw.
- Aufführung geschriebener oder improvisierter Stücke usw.
- die Produktion, Rezeption und Aufführung literarischer Texte, z. B.: Lesen und Schreiben von Texten (Kurzgeschichten, Romanen, Gedichten usw.); Aufführung und Rezeption von Liedern, Dramen, Opern usw.“ (Europarat 2001, S. 61 f.)

Im GeR wird betont, dass Literatur dazu beiträgt, andere Kulturen kennenzulernen und zu verstehen. Mit anderen Worten, die Literatur dient nicht nur der Individuation (mentale und emotionale Entwicklung des Individuums), der Sozialisation (Teil eines sozialen Kontextes zu sein) und der Enkulturation (in der Lage sein, an einer Kultur teilzunehmen) (Abraham & Kepser, 2016, S. 27), sondern sie dient auch der Reflexion auf Eigenes und Fremdes. In dem Begleitband zum GeR ist der Fokus auf Literatur expliziter. Festgestellt wird, dass Lesen auch eine Freizeitbeschäftigung ist, dass Sprachnutzer*innen auf den unteren Stufen in der Lage sein sollten, eine persönliche Antwort auf kreative Texte zu geben, und dass sie auf den höheren Stufen in der Lage sein sollten, diese Texte kritisch zu analysieren (Council of Europe, 2018, S. 51). Auf die entsprechenden Deskriptoren (auch: Kann-Beschreibungen) wird im nächsten Kapitel eingegangen (s. Kap. 2.3.2 und 3.2.2).

1.2.3 Examensanforderungen in allen Sprachen

Unterricht ist in stetiger Bewegung und auch Sprachencurricula sind nicht statisch.

Zudem hängen sie miteinander zusammen: Was SuS im Fach Deutsch lernen, ist auch für anderen Sprachenunterricht relevant. Aus Gesprächen mit Lehrkräften für Deutsch und der Lektüre der Bildungspläne und Kernlehrpläne für Deutsch (s. Beispiele unten) ergibt sich, was von SuS im Umgang mit Text und Medien verlangt wird. Die geteilte Verantwortlichkeit für den Umgang mit Sprachen und Kulturen stärkt den Sprachenunterricht. Kontinuierliche Lernwege (s. Kap. 1.2) erfordern Austausch auf synchroner und diachroner Ebene.

> „Der Literatur kommt im Deutschunterricht eine besondere Bedeutung zu: In ihr erfahren die SuS die ästhetische Gestaltung von Welten. Der Literaturunterricht gibt zudem vielfältige Gelegenheit, in der Vermittlung durch Literatur die Problemlagen vergangener wie moderner Gesellschaften zu verstehen und kritisch zu hinterfragen. So hilft der Deutschunterricht den SuS im Umgang mit Literatur, aber auch mit Sachtexten und anderen Medien, sich in einer technisch-medial beschleunigten und zunehmend komplexen Lebenswelt zu orientieren und mit den Anforderungen und Möglichkeiten der modernen Informationsgesellschaft umgehen zu können.“
>
> (Bildungspläne Baden-Württemberg, 2016, Gymnasium, Deutsch, 3.3.1.1)

„Die Begegnung und Auseinandersetzung mit Literatur – auch in ihren unterschiedlichen historischen und gesellschaftlichen Bezügen – soll Leseinteresse wie Lesevergnügen wecken und zur Lektüre von Literatur anregen. Sie ermöglicht es, Grundmuster menschlicher Erfahrungen kennenzulernen und trägt dazu bei, eigene Positionen und Werthaltungen zu entwickeln."

(Ministerium für Schule und Bildung des Landes Nordrhein-Westfalen, 2019, S. 9).

Diese Ziele des Deutschunterrichts bilden eine brauchbare Grundlage für den Sprachenunterricht. Kompetenzen für die Jahrgangsstufe 9 im Fach Deutsch beziehen sich explizit auf Literatur und sind für den Sprachenunterricht direkt relevant.

„Umgang mit literarischen Texten:

- ein Spektrum altersangemessener Werke – auch Jugendliteratur – bedeutender Autorinnen und Autoren kennen
- epische, lyrische, dramatische Texte unterscheiden, insbesondere epische Kleinformen, Novelle, längere Erzählung, Kurzgeschichte, Roman, Schauspiel, Gedichte
- Zusammenhänge zwischen Text, Entstehungszeit und Leben des Autors/der Autorin bei der Arbeit an Texten aus Gegenwart und Vergangenheit herstellen
- zentrale Inhalte erschließen
- wesentliche Elemente eines Textes erfassen: z. B. Figuren, Raum- und Zeitdarstellung, Konfliktverlauf
- wesentliche Fachbegriffe zur Erschließung von Literatur kennen und anwenden, insbesondere Erzähler, Erzählperspektive, Monolog, Dialog, sprachliche Bilder, Metapher, Reim, lyrisches Ich
- sprachliche Gestaltungsmittel in ihren Wirkungszusammenhängen und in ihrer historischen Bedingtheit erkennen: z. B. Wort-, Satz- und Gedankenfiguren, Bildsprache (Metaphern)
- eigene Deutungen des Textes entwickeln, am Text belegen und sich mit anderen darüber verständigen
- analytische Methoden anwenden: z. B. Texte untersuchen, vergleichen, kommentieren
- Handlungen, Verhaltensweisen und Verhaltensmotive bewerten

Produktionsorientierter Umgang mit Texten und Medien:

- produktive Methoden anwenden: z. B. Perspektivenwechsel: innerer Monolog; Brief in der Rolle einer literarischen Figur; szenische Umsetzung; Paralleltext; weiterschreiben; in eine andere Textsorte umschreiben"

(Ministerium für Schule, Jugend und Kinder des Landes Nordrhein-Westfalen, 2004, S. 17 f.)

Aus diesen Vorgaben lassen sich die Gebiete literarische Entwicklung, Sprachfertigkeit, Literaturgeschichte und Fachvokabular sondieren, die in den Kapiteln 2, 3, 6 und 7 im Zentrum stehen. Dass auch Jugendliteratur Erwähnung findet, signalisiert die fortgeschrittene literaturdidaktische Emanzipierung von Texten und die bundesstaatliche Anerkennung von Literatur, die für andere Zwecke benutzt werden kann als nur für Leseförderung.

Die verlangte Text- und Medienkompetenz in den Fremdsprachen ist freilich vom Schulniveau abhängig. Aus den Bildungsstandards für die Fremdsprachen geht hervor, dass literarische Kompetenz im Bereich der Text- und Medienkompetenz pragmatisch verstanden wird und dass Detailangaben für literaturhistorisches Wissen fehlen.

Text- und Medienkompetenz in den Bildungsstandards für die Fremdsprachen

„*Grundlegendes Niveau*

Die Schülerinnen und Schüler können

- sprachlich und inhaltlich komplexe, literarische und nichtliterarische Texte verstehen und strukturiert zusammenfassen
- mithilfe sprachlichen, inhaltlichen sowie textsortenspezifischen und ggf. stilistisch-rhetorischen Wissens literarische und nichtliterarische Texte aufgabenbezogen analysieren, deuten und die gewonnenen Aussagen am Text belegen
- die Wirkung spezifischer Gestaltungsmittel medial vermittelter Texte erkennen und deuten
- sich mit den Perspektiven und Handlungsmustern von Akteuren, Charakteren und Figuren auseinandersetzen und ggf. einen Perspektivenwechsel vollziehen
- bei der Deutung eine eigene Perspektive herausarbeiten und plausibel darstellen
- Textvorlagen durch das Verfassen eigener – auch kreativer – Texte erschließen, interpretieren und ggf. weiterführen
- ihr Erstverstehen kritisch reflektieren, relativieren und ggf. revidieren
- Hilfsmittel zum vertieften sprachlichen, inhaltlichen und textuellen Verstehen und Produzieren von Texten selbstständig verwenden

Erhöhtes Niveau

Die Schülerinnen und Schüler können darüber hinaus

- Gestaltungsmittel in ihrer Wirkung erkennen, deuten und bewerten
- die von ihnen vollzogenen Deutungs- und Produktionsprozesse reflektieren und darlegen
- Textvorlagen unter Berücksichtigung von Hintergrundwissen in ihrem historischen und sozialen Kontext interpretieren“

(Bildungsstandards für die fortgeführte Fremdsprache (Englisch/Französisch) für die Allgemeine Hochschulreife, 2014, 20 f.)

1.2.4 Interkulturelle Ziele

Landeskunde galt traditionsgemäß als „Geschmacksverstärker" für den Unterricht in den Fremdsprachen: Man orientierte sich an Geografie, Geschichte und Traditionen spezifischer Länder. Aber außer Faktenkenntnissen sind auch Reflexion von und Handeln mit Wissensvorräten wichtig; dies sind wichtige Elemente im kulturreflexiven Ansatz (vgl. Altmayer, 2017; Haase & Höller, 2017). Interkulturalität gilt als Ausgangspunkt des modernen Sprachenunterrichts, der darauf zielt, dass SuS sich Diskursfähigkeit aneignen, um an kulturelle Begegnungen im globalen Kontext anknüpfen und Menschen aus unterschiedlichen Kulturen verstehen zu können. Bereits in der Grundschule sollen SuS sich über Stereotype klar werden, sich virtuell in fremde Kulturen eindenken können, Andersartigkeit erkennen und anerkennen können, Ähnlichkeiten feststellen können, über Konfliktursachen nachdenken usw.

Dimensionen der interkulturellen kommunikativen Kompetenz sind im GeR und im heutigen Sprachenunterricht durch ein Modell von Byram (1997) offenkundig geworden. Wer eine Fremdsprache lernt, bewegt sich zwischen mindestens zwei Kulturen und hat Vorteile bei einem literarischen Input. SuS entwickeln unterschiedliche Perspektiven auf andere Kulturen und erfahren über Werte und Überzeugungen von anderen, indem sie lesen, Filme sehen usw. Dass und wie Literatur bei der Entwicklung von interkultureller kommunikativer Kompetenz eine Rolle spielen kann, wird in Kapitel 4 besprochen.

Fast alle befragten Fremdsprachenlehrkräfte für Deutsch, Französisch und Spanisch in den Niederlanden gaben an, dass sie Kultur als einen wesentlichen Teil des Curriculums erachten. Fast 90 % sind der Meinung, Literatur sei wichtig für die Sekundarstufe II, und fast 90 % denken, mit dem Konzept interkultureller Kompetenz vertraut zu sein. Im eigenen Literaturunterricht streben sie nach eigener Auskunft mehr die Entwicklung von Sprachfertigkeiten und von interkulturellen Zielen an, als dass sie sich auf Bildungsstandards konzentrieren. Für einen interkulturellen, sprachorientierten Ansatz des Literaturunterrichts gibt es in den Niederlanden eine hohe Akzeptanz (91,5 %). (Schat, de Graaff, van der Knaap, 2018)

1.2.5 Stufen der literarischen Kompetenz

Ursprünglich signalisierte der Begriff der literarischen Kompetenz, Literatur erfordere eine spezielle kognitive Haltung: Lesende sollten sowohl rezeptiv als auch produktiv im Stande sein, einen Text zu verarbeiten (Culler, 1981). Kompetenz ist die Summe von Wissen, prozedurellen und allgemeinen Fertigkeiten. Der Begriff ist nicht unumstritten, vornehmlich weil dadurch der Fokus auf Handeln liegt, wobei, insbesondere wenn es um Kultur geht, nicht alles im Bereich des Wissens und der Bildung genau messbar ist. Außerdem ist Spaß am Lesen bzw. Lesevergnügen keine Kompetenz und doch wichtig.

Schauen wir uns eine einfache Definition literarischer Kompetenz an (s. Kasten).

> Literarische Kompetenz ist zu bezeichnen als die Fähigkeit, mit und über Literatur zu kommunizieren, d. h. die Fähigkeit, zu sinnvollen Lektüren von literarischen Texten unterschiedlicher Niveaus zu gelangen, und die Fähigkeit, die Reaktionen auf diese literarischen Texte klar auszudrücken. (Bolscher et al. 2004, S. 175)

Die zitierte pragmatische Definition von Bolscher et al. evoziert folgende Fragen: Wie kommunizieren SuS über Texte (schriftlich, mündlich, in welcher Situation, monologisch oder dialogisch)? Welche Kriterien gehören zu dieser Kommunikation? Wie sind „sinnvoll" und „klar" definiert? In welcher Sprache kommunizieren SuS über Texte? Falls dialogisch: Mit wem kommunizieren die SuS (einer Lehrkraft, einer gleichaltrigen Person in- oder außerhalb des schulischen Kontextes)?

Ausgangspunkt des kommunikativen Ansatzes im Sprachenunterricht ist, dass die Zielsprache so viel wie möglich die Unterrichtssprache ist. Die Kompetenzstufen des GeR deuten an, wie SuS eigene Erfahrungen und Ansichten mündlich oder schriftlich ausdrücken können.

Es gibt unterschiedliche Versuche, literarische Kompetenz in ihre Bestandteile zu zergliedern; so besteht sie bspw. aus Sicht der Fremdsprachendidaktik aus motivationalen Kompetenzen, kognitiven und affektiven Kompetenzen, interkulturellen Kompetenzen, Kompetenzen der Anschlusskommunikation und Kompetenzen der Reflexion (Burwitz-Melzer, 2007, S. 137 f.). Aus deutschdidaktischer Perspektive hingegen setzt sie sich zusammen aus emotiven/motivationalen, deklarativen, prozeduralen und metakognitiven Kompetenzen (Boelmann & König, 2021). Vorteile solcher Kompetenzmodelle sind, dass Lernziele klar formuliert, Arbeitsschritte genau operationalisiert und Lernfortschritte genau geprüft werden können (vgl. Burwitz-Melzer, 2007, S. 139).

> Literaturbezogene Kompetenzen setzen sich zusammen aus
>
> *motivationalen und attitudinalen Kompetenzen* (literaturbezogene Rezeptionshaltung, Leseinteressen an den Inhalten und Deutungsangeboten eines primär nicht mitteilungsorientierten Textes, Lese-/Hör- und Sehmotivation, Fähigkeit zum Einlassen auf den Text, Imaginations- und Assoziationsfähigkeit, Einfühlungsvermögen, Herstellen von Bezügen zur eigenen Lebenswelt, Freude an ästhetischen Merkmalen),
>
> *sprachlichen und diskursiven Kompetenzen* (Aktivierung sprachlicher Mittel, Lesestrategien und -techniken, Artikulation und Kommunikation emotionaler und kritischer Reaktionen auf einen literarischen Text und von Analyse- und Interpretationsergebnissen, Anschlusskommunikation),
>
> *ästhetischen und kognitiven Kompetenzen* (inhaltliches Textverstehen, Füllen von Leerstellen, Hypothesenbildung, Genrekompetenz, Kontextualisierung, Erkennen dargestellter fremdkultureller Elemente und Werte, kritische Beurteilung von Deutungen, Werturteile über den Text).
>
> (Diehr & Surkamp, 2015, S. 25)

Die erwähnten Kompetenzen erreichen die SuS graduell; Kompetenz ist nicht absolut, sondern an ein Entwicklungsmoment gebunden (Witte, 2008). Geht man von diesem Wachstumsmodell aus, so lassen sich Stadien feststellen. Für die literarische Kompetenz wurden in einer ausführlichen empirischen Untersuchung sechs Stufen festgestellt (s. Kap. 2.4.1), als es um die literarische Entwicklung von SuS in der Sekundarstufe II beim Fach Niederländisch (Erstsprache) ging (Witte, 2008). Beschrieben und aufeinander bezogen wurden SuS- und Prosatextmerkmale. Empirisch wurde festgestellt, dass die Niveaus (s. Abb. 1.1) pro Klasse stark auseinandergehen und daher Maßarbeit in der literarischen Entwicklung notwendig ist.

Abbildung 1.1: Sechs Stufen der literarischen Kompetenz in der Sekundarstufe II (Witte, 2008)

Vorteil eines Stufenmodells ist, dass SuS dadurch wissen, wie sie sich hochleveln können. Was können SuS mit der literarischen Kompetenz, die sie in der Erstsprache bzw. im Deutschunterricht entwickelt haben, in den Unterrichtsstunden DaF, Englisch, Französisch und Spanisch anfangen? Wie können Schulen den Transfer zwischen Deutsch und dem anderen Sprachenunterricht bewirken? Bei diesen Fragen zur Übertragbarkeit von literarischer Kompetenz (van der Knaap, 2015) sind didaktische Modelle nötig, die im Folgenden vorgestellt werden.

Was SuS auf dem Gebiet von Verstehen, Interpretation und Evaluation leisten müssen, geht aus den Bildungsstandards für Deutsch hervor und ist für die Gestaltung des Sprachenunterricht-Curriculums im Ganzen vorteilhaft. Es bedeutet, dass es für die Aufgaben und Prüfungen gemeinsame Kriterien gibt.

Im Stufenmodell (s. Abb. 1.1) verstecken sich vier Lehrkraftprofile (s. Tab. 1.1 und Kap. 1.3.6), die eher lerner- oder kulturzentriert sind.

Tabelle 1.1: Einteilung des Stufenmodells mit den vier Lehrkraftprofilen von Janssen (1998)

Lehrkraftprofile pro Niveau	
Niveaus 1, 2, 3	persönliche Entfaltung und gesellschaftliche Sozialisierung
Niveaus 4, 5, 6	literarästhetische Bildung und kulturelle Bildung

Indem man die Lernziele der jeweiligen Stufen vor Augen hat, können die SuS am besten gefördert werden, vor allem dann, wenn es eine adäquate Mischung von Lehraktivitäten gibt.

Auch im deutschdidaktischen Modell des BOLIVE-Projektes (Boelmann & König, 2021) werden Stufen unterschieden, und zwar bereits ab dem Grundschulalter (s. Kasten).

Im deutschdidaktischen BOLIVE-Modell (Boelmann & König, 2021) werden zunächst drei Niveaustufen und jeweils fünf Durchdringungsstufen zu den unterschiedlichen Niveaustufen zu Grundkompetenzen bezüglich der *Handlung* unterschieden. Sie werden angewandt auf Aspekte der *Handlungsebene* (Verstehen der narrativen und dramatischen Handlungslogik; Verstehen der Perspektiven, Handlungsmotivationen und erlebten Grunderfahrungen literarischer Figuren) und der *Metaebene* (sprachliche Mittel verstehen; symbolische und metaphorische Ausdrucksweisen verstehen). Danach geht es um zwei Niveaustufen und jeweils fünf Durchdringungsstufen bezüglich der *Erzählinstanz* und schließlich um zwei Niveaustufen und jeweils fünf Durchdringungsstufen bezüglich der *Sinndeutung*. In dieser letzten Phase findet die Synthese der Erkenntnisse statt. Materialien zum Modell finden sich auf https://bolive.janboelmann.de/.

1.3 Erkenntnisse über Lesen, Lesende und Lehrkräfte

Die Lesefertigkeit spielt in der Sprachdidaktik eine zentrale Rolle, weil Bildungserfolg stark mit der Lesekompetenz zusammenhängt. Dreh- und Angelpunkt im Sprachenunterricht ist das Lesen: „Seit der kommunikativen Wende im Fremdsprachenunterricht wird dem Lesen als Sinnentnahme mehr Aufmerksamkeit gewidmet." (Lutjeharms, 2010, S. 976). Mit einer übergreifenden Perspektive auf die Ziele kann der Literaturunterricht durchdacht werden. Die folgenden Kapitel über Lesen, Lesefertigkeit, Wortschatz und Lehrkraftprofile sollen dazu einen Ansatz geben.

1.3.1 Zum Bezug zwischen Lesefertigkeit und literarischem Lesen

Lesen ist keine passive Aktivität, denn das menschliche Gehirn ist in allen Teilen beim Lesen äußerst aktiv. Die Frage, ob digitales Lesen das literarische Lesen unterminiert, ist aufsehenerregendes Neuland. Es gibt die Auffassung, dass non-lineares Lesen dem tiefen Lesen schaden würde. Die jüngste Lesegeneration wisse mit klassischen Romanen (Marcel Proust, George Eliot, Herman Hesse usw.) nichts anzufangen (Wolf, 2007). Die Aufgabe des Unterrichts liegt darin, SuS Geduld und Techniken beizubringen.

Dem Lesen in der Schule begegnet man in Aktivitäten der Leseförderung, beim Lesetraining und im Literaturunterricht. Der Leseprozess ist ein Komplex, in dem viele Faktoren Einfluss nehmen. Einfluss auf den Leseprozess haben einerseits der Kontext, auf den der Text sich bezieht, und die Vorkenntnisse des Lesenden. Die Vorkenntnisse werden mitbestimmt durch die Sozialschicht, d. h. die Gruppe, und die Situation, in der sich das lesende Individuum befindet. Zudem spielen höchst persönliche Faktoren eine Rolle: Intelligenz, Motivation und Interessen. Einfluss auf den Leseprozess haben andererseits linguistische Faktoren des Textes: die Anwesenheit von frequentem Vokabular, die Wortlänge, Fremdwörter, Redundanzen, semantische Übergänge, Typografie, Satzlänge und Satztypus.

Im „Construction Integration" Modell werden drei Ebenen des Textverständnisses unterschieden: (1.) die Oberflächenstruktur, (2.) die Textbasis und (3.) das Situationsmodell (Kintsch & Rawson, 2005). Tiefes Textverständnis liegt vor, wenn Lesende eine kohärente mentale Repräsentation bzw. ein Situationsmodell des gelesenen Textes bilden. Auf der Ebene des Situationsmodells verbinden Lesende die explizite Textbedeutung (die Textbasis) mit ihrem aktivierten Vorwissen. Die Konstruktion eines Situationsmodells erfordert daher einen höheren kognitiven Aufwand und führt daher zu einer längeren Lesezeit (Bearbeitungszeit).

Wenn SuS das Lesen in einer Fremdsprache üben, ist es vorteilhaft, wenn sie in ihrer Muttersprache gut lesen können. Das Lesetraining im Allgemeinen geht schrittweise vor, nämlich von der Entwicklung elementarer Lesefertigkeit über den Aufbau einiger Leseroutine zu mehr Leseverstehen. Der Umgang mit Lesestrategien und Reflexion sind dabei sehr wichtig. Während des Lesens ist das Arbeitsgedächtnis besonders aktiv. Je fließender SuS lesen können, umso mehr Kapazität haben sie frei, um über Bedeutungen nachdenken zu können. Es ist wichtig, dass SuS sowohl in der Mutter- wie in der Fremdsprache viel lesen, damit sie geübt werden und einen Referenzrahmen entwickeln.

Jede Person liest immer mit einem Ziel vor Augen, und es ist daher wichtig, dass im Leseunterricht der Text als Ganzes und Teile des Textes immer bezüglich der Leseziele besprochen werden. Durch Fragen beschäftigen Lernende sich intensiver mit Texten (Rouet et al., 2001). Leseprozesse und Textverständnis werden ohnehin vor allem durch den Austausch über Gelesenes gefördert (vgl. Fisher et al., 2014). Auch beim Lesen von literarischen Texten jeglicher Art bieten die folgenden Schritte für Lesestrategien (s. Tab. 1.2) eine gute Basis.

Tabelle 1.2: Schritte für Ziele und Lesestrategien (nach Kruse, 2015, S. 186)

Lesestadium	Ziele und Strategien
vor dem Lesen	1. Mit welchem Ziel wirst du den Text lesen?
	2. Wie tiefgehend wirst du den Text dafür verstehen müssen? Welche Schwerpunkte wirst du beim Lesen berücksichtigen müssen?
	3. Was hast du sofort erfasst? Was erfährst du bereits beim Überfliegen des Textes?
während des Lesens	4. Welche Verständnisprobleme gibt es?
	5. Musst du den Text tiefer lesen?
nach dem Lesen	6. Überprüfe, ob das Textverständnis zu den Zielen 1 und 2 passt. Wenn nicht, kehre zu den Schritten 4 und/oder 5 zurück.
	7. Konntest du den Text gut verstehen?

SuS dürften mit diesen oder vergleichbaren Schritten im Sprach- und im Sachunterricht in Berührung gekommen sein. Wichtig ist, dass SuS wissen, mit welcher Lesehaltung sie den Text lesen werden (Schritte 1, 2 und 3): Geht es ihnen um Informationen oder vor allem um ästhetische Strukturen? SuS werden bei einem literarischen Text

Aufgaben machen, die helfen, um persönliche und ästhetische Erkenntnisse zu gewinnen (Schritte 4 und 5). Aufgaben können dazu beitragen, dass SuS sich im Reflektieren entwickeln (Schritt 5).

Zusammenarbeit zwischen den Schulsprachen spielt eine wichtige Rolle für die Entfaltung von relevantem Unterricht. Den Unterricht gestaltet man gemeinsam, was bedeutet, dass Kooperation zwischen den einzelnen Sprachabteilungen eine Bedingung ist, damit SuS den *Transfer* zwischen den Sprachen leisten können.

Nachweislich haben diejenigen, die ihre Muttersprache gut beherrschen, einen Vorteil, wenn sie sich eine zweite Sprache aneignen. Linguisten nennen dies die *Abhängigkeitshypothese*. Die Kopplung zwischen literarischer Kompetenz in der Muttersprache und in der Fremdsprache fehlt oftmals; dominant im Schulkontext ist in vielen Fällen Deutsch, eine Abstimmung zwischen den Schulsprachen liegt nahe. Neben der Lesefertigkeit sind auch das Allgemeinwissen und das Lesevergnügen auf die andere Sprache transferierbar (Krashen, 2004, S. 147).

Lesefertigkeit ist eine besonders zentrale Fertigkeit, die vielen anderen Fertigkeiten zugrunde liegt und außerdem andere Aspekte der Sprachfertigkeit stark positiv beeinflusst. Dass das Lesen von Literatur die *Sprachkompetenzen* (Wortschatz, Grammatik, Schreibfertigkeit, Rechtschreibung) anregt, wird in Untersuchungen oft betont (Day & Bamford, 1998, Krashen, 2004, Jones & Carter, 2011), weswegen dafür plädiert wird, dass literarische Texte Teil des Sprachenunterrichts sein sollten (Kramsch, 1993, Paran, 2008).

Lesefrequenz und Sprachfertigkeit verstärken sich gegenseitig. SuS, die Bücher lesen, haben – sogar, wenn sie schwächere Leser*innen sind – ein größeres Vokabular und ein höheres Leseniveau, sowohl im technischen Bereich als auch im Leseverstehen, als Gleichaltrige, die nicht in der Freizeit lesen. Wer Bücher liest, erwirbt dadurch einen erheblichen Teil seines Wortschatzes (Mol & Bus, 2011).

Ausgangspunkt für den Fremdsprachenunterricht ist, dass der Spracherwerb am besten verläuft, wenn der Input verständlich, aber gerade nicht zu schwierig ist; dies wird als *Input-Hypothese* bezeichnet. Die Komplexität dessen, was SuS lesen und hören (der Input i), soll ein wenig über dem Niveau liegen: i + 1 (Krashen, 1985). Gemäß Krashen wird Sprachentwicklung angeregt, wenn man Texte über Themen liest, die einem wichtig sind (Krashen, 2004, S. 150). Der Begriff *Spracherwerb* könnte durch *Sprachbeteiligung* (*language participation*) ersetzt werden, weil diejenigen, die eine Sprache lernen, Teil einer anderen Welt sind und sich in einem interkulturellen Prozess befinden (Hall, 2005, S. 77).

1.3.2 Zur Bedeutung des Wortschatzes

In der Muttersprache liest eine Abiturientin bzw. ein Abiturient höchstens 20 Seiten pro Stunde, in einer Fremdsprache ist diese Zahl in den meisten Fällen halbiert. Es ist wichtig, den SuS ausreichend Zeit für die Lektüre zu lassen.

Die Lesekompetenz kann zum einen durch die Intensität der Lesezeit, zum anderen durch die Qualität der Lesezeit gefördert werden. Wesentlicher Fokuspunkt für Sprachforschende und Lehrende ist der Wortschatzerwerb, der stark mit dem Lese-Akt in Verbindung steht.

Bei der Auswahl von Sachtexten und literarischen Texten spielt hinsichtlich des Schwierigkeitsgrads die lexikalische Häufigkeit zwar eine wesentliche Rolle, aber die wenigsten Lehrenden wissen, welche Wortschatzfrequenz die Texte besitzen, die sie im Unterricht einsetzen wollen. Dem Wortschatz kommt sowohl beim intensiven als auch beim extensiven Lesen erhebliche Bedeutung zu. Wieviel Wortschatz für eine gelungene Lektüre passiv notwendig ist, ist Forschungsobjekt mehrerer Studien; die Wortschatzfrequenz von literarischen Texten findet darin allerdings nur wenig Aufmerksamkeit (Nation & Wang Ming-tzu, 1999, Nation, 2006).

Die *effortless reading hypothesis* von Krashen (2011, S. 82–84) besagt, dass Spracherwerb am meisten Nutzen hat, wenn Lesen keine Mühe kostet. Erst wenn es keine Hindernisse gibt, kann man sich in einem Buch verlieren. Diese Annahme schließt an Erkenntnisse aus der Wortschatzforschung an, dass auf jeden Fall 95 % der Wörter in einem Text bekannt sein müssen (Schmitt, 2008). Um authentische Texte selbstständig lesen zu können, sollten Lesende idealerweise 98 % der Lexik in Texten verstehen (Nation, 2006; Laufer & Ravenhorst-Kalovski, 2010; Schmitt, Jiang & Grabe, 2011), was 8.000 bis 9.000 Wortfamilien entspricht. Für intensives Lesen sind weniger als 95 % notwendig, für extensives Lesen hingegen zwischen 95 und 98 % (Nation, 2001). Dass für eine erfolgreiche Lektüre nur ein neues Wort auf 20 Wörter (95 %) bzw. auf 50 Wörter (98 %) vorkommen darf, bedeutet, dass Wortschatz eine Schlüsselrolle im Verstehensprozess spielt. Wenn bei der Textauswahl im Schulalltag die Einstufung der Verlage schlichtweg übernommen wird, läuft man Gefahr, Texte auf Basis von ungenauen Kriterien einzusetzen.

Aus didaktischer Sicht ist es notwendig, dass Wortschatzlernprogramme ambitionierte Ziele verfolgen, damit Lernende sich einen relevanten und großen Wortschatz aneignen können. Die folgende Übersicht (s. Tab. 1.3) stellt dar, welches Wortschatzminimum auf den GeR-Niveaus erreicht werden sollte (Tschirner, 2009):

Tabelle 1.3: Wortschatzminimum per Niveau des Gemeinsamen europäischen Referenzrahmens für Sprachen (GeR) (Tschirner, 2009)

GeR	Wortschatzminimum
A1	1.000
A2	2.000
B1	3.000
B2	5.000
C1	7.500
C2	10.000

Im Durchschnitt sind für SuS auf den Niveaus B1 und B2 etwa 85 % des Vokabulars von durchschnittlichen fremdsprachigen literarischen Texten ohne Hilfsmittel lesbar. Dennoch sind literarische Texte zugänglicher als Zeitungen, weil davon auf dem Niveau nur etwa 80 % lexikalisch erfasst werden können. In Qualitätszeitungen gibt es weniger hochfrequente Wörter und mehr Wörter, die aus Spezialdiskursen kommen. Natürlich besagt die lexikalische Schwierigkeit nicht alles. Lesende auf B1-Niveau erschließen sich zwar lexikalisch betrachtet 85 % von Kafkas *Verwandlung*; das bedeutet aber nicht, dass die Lesenden den literarischen Aspekten des Textes gewachsen sind (van der Knaap, 2018a). Es lohnt sich daher also, Prosalektüre zu fördern, weil der passive Wortschatz dadurch zuwächst. Es liegt auf der Hand, für die jeweils extensiven (s. Kap. 1.5.1 und 1.5.3 zum freien Lesen) oder intensiven Lektürephasen solche Titel auszuwählen oder bereitzustellen, die nicht nur den Anforderungen der Thematik und der literarischen Kompetenz genügen, sondern die auch lexikalisch am besten geeignet sind.

Lesende mit einem passiven Wortschatz von 2.000 Wörtern (A2-Niveau) erreichen bei *einfachen Lektüren* (*graded readers*, s. Kap. 2.4.2) bereits die 97 %-Grenze und bei 3.000 Wörtern (B1) 98 % (Webb & Macalister, 2013). Bei selbstständiger Lektüre sind auf B1-Niveau *einfache Lektüren* sehr hilfreich.

Auf dem 2.000-Wörter-Level reichen zwei englischsprachige Romane aus, um auf zwölf Wiederholungen einer Wortfamilie zu treffen, dazu sind auf dem sehr fortgeschrittenen 9.000-Wörter-Level 25 Romane notwendig (Nation, 2014). Diese Argumentation untermauert die These, dass passiver Wortschatzerwerb durch extensives Lesen möglich ist, und bietet Hinweise darauf, welcher Lektüreumfang dazu auf den verschiedenen Stufen notwendig erscheint. Eine Pilotstudie zeigte, dass ein extensiver Leseansatz mit leichten Lektüren und parallel dazu ein direktes Lernen der häufigsten Wörter des Deutschen für die Lesekompetenz und den Wortschatzerwerb viel bewirken kann (Tschirner, 2021). Einer anderen Studie zufolge führt die Lektüre von Romanen wie der siebenbändigen Harry-Potter-Reihe zum Erwerb von 20–50 % der *Academic Word List* des Englischen; dieses Vorgehen sei 1,6- bis 4-mal so effizient wie explizites Wortschatzlernen (McQuillan, 2020). So orientieren sich die meisten Programme extensiven Lesens an entsprechenden Wortschatzstufen und raten den Lernenden, stufengerechte Lektüre zu wählen und diese in möglichst großem Umfang zu rezipieren.

geeignet für alle Sprachen, alle Niveaus

SuS brauchen Unterstützung, um festzustellen, ob ein Text lexikalisch betrachtet schwierig ist. Für extensives bzw. freies Lesen ist außerdem entscheidend, dass die Lesegeschwindigkeit groß genug ist. Hier zwei Schritt-für-Schritt-Pläne:

Lese-Tachometer

1. Man wählt ein Buch aus, das man mit einer Lesegeschwindigkeit von mindestens 200 Wörtern pro Minute lesen kann.
2. In dem Buch, das man liest, zählt man die ersten 100 Wörter ab.
3. Man stellt fest, wie viele Zeilen 100 Wörtern entsprechen.
4. Man liest genau fünf Minuten an der Stelle weiter, an der man in dem Buch gerade ist.
5. Anschließend zählt man die Zeilen, die man gelesen hat, und berechnet daraus, wie vielen Wörtern die Zeilenzahl entspricht (Textzeilen mal Wörter pro Zeile).
6. Man errechnet die Lesegeschwindigkeit in Wörtern pro Minute, indem man die Anzahl der gelesenen Wörter durch fünf (Minuten) teilt.

Kurz gefasst:
Anzahl der gelesenen Wörter : Leseminuten = Anzahl wpm (Wörter pro Minute)

Prozentzahl unbekannter Wörter errechnen

1. Man wählt ein Buch, bei dem auf 100 Wörter höchstens fünf Wörter (5 %) unbekannt sind.
2. In dem Buch, das man liest, zählt man die ersten 100 Wörter ab.
3. Dann stellt man fest, wie viele Zeilen 100 Wörtern entsprechen.
4. Auf dieser Grundlage markiert man einen Abschnitt von 500 Wörtern.
5. Dann unterstreicht man in diesem Abschnitt alle Wörter, die einem unbekannt sind.
6. Anschließend zählt man die unbekannten Wörter.
7. Zum Schluss errechnet man die Prozentzahl unbekannter Wörter, indem man die Anzahl der unbekannten Wörter durch 500 teilt.

Kurz gefasst:
Anzahl der unbekannten Wörter : Gesamtzahl der Wörter (500) = Prozentzahl unbekannter Wörter

Eine Variante der zweiten Strategie ist, dass die SuS eine Seite aus repräsentativen Büchern von sechs unterschiedlichen sprachlichen Niveaus bekommen und damit den Selbsttest ausführen.

Quelle: Projekt über freies Lesen, www.leelu.eu

Eine Untersuchung zum muttersprachlichen Lesen in der 9. Klasse (Rupp & Gosewehr, 2012) zeigte, dass es für SuS offensichtlich schwieriger ist, über einen Sachtext nachzudenken als über einen literarischen Text; aber es ist für sie einfacher, Informationen aus einem Sachtext zu gewinnen als aus einem literarischen Text.

1.3.3 Vom Leseklima zur Lesefreude

In diesem Kapitel soll der Einfluss des Leseklimas auf die Lesehaltung und die Lesefreude kurz beleuchtet werden.

Leseklima

Während der Pubertät ändert sich auch das Leseverhalten. Am Ende der 6. Klasse lesen die meisten SuS noch, während in der Pubertät häufig die Leseabstinenz einsetzt. Abgesehen davon, dass die Lesezeit teilweise aufgrund anderer Mediennutzung abnimmt, verschieben sich die Interessen in der Pubertät. Auch die Schule spielt dabei eine Rolle, denn die Schule verlangt von SuS, dass sie Hausaufgaben machen. Wenn das Lesen von Literatur nicht oder nur zu einem kleinen Teil zu den Hausaufgaben gehört, wird es auch nicht als Notwendigkeit angesehen. Für diejenigen, die in einem günstigen Leseklima aufwachsen, ist die Schwelle zum Lesen niedriger. Eltern, Familienangehörige, der Freundeskreis, aber auch ein attraktives Angebot in der

Schulbibliothek oder der öffentlichen Bibliothek können eine anregende Wirkung haben. In Deutschland ist der Unterschied in der Lesekompetenz zwischen Jugendlichen ohne Zuwanderungshintergrund und Jugendlichen mit Zuwanderungshintergrund relativ groß (Reiss et al., 2019, S. 129–162), was mit sozioökonomischen Faktoren zusammenhängt und besonderer didaktischer Aufmerksamkeit bedarf. Für SuS können die Begeisterung, die Beispielrolle und das Fachwissen der Lehrkraft sehr motivierend sein (Fisher & Frey, 2019).

Über die Bereitschaft der Lernenden, im Rahmen des Sprachenunterrichts lesen zu wollen, entscheiden mehrere Faktoren (Day & Bamford 1998, S. 24, 28). Einige dieser Faktoren sind auch beim Lesen in der Muttersprache oder der dominanten Sprache wichtig:

- die Anziehungskraft, der Schwierigkeitsgrad und die Verfügbarkeit des Materials;
- die Lesefertigkeit in der Fremdsprache;
- die Haltung dem Lesen im Sprachenunterricht gegenüber;
- das soziokulturelle Umfeld (Eltern, Verwandtschaft, Freundeskreis);
- die Haltung dem Lesen in der Muttersprache gegenüber;
- frühere Erfahrungen mit dem Lesen in einer Fremdsprache;
- die Haltung der Kultur und Bevölkerung gegenüber;
- die Beziehung zur Lehrkraft und zu anderen SuS;
- die im Unterricht verwendeten didaktischen Methoden und die Unterstützung der Lehrkraft.

Diese relevanten Motivationsfaktoren beeinflussen den Leseunterricht. Eine positive Lesekultur an der Schule hat also Einfluss auf den Sprachenunterricht.

Welche Möglichkeiten gibt es, um ein positives Leseklima zu stimulieren?

- Stellen Sie sicher, dass Sie eine attraktive Schulbibliothek haben.
- Arbeiten Sie in der Fachschaft und im weiteren Kollegium zusammen, um ein attraktives Leseprogramm zu erstellen.
- Organisieren Sie einen Lesekreis für die Klasse.
- Organisieren Sie einen Lesetag, einen Leseabend oder eine Lesewoche mit allen Sprachsektionen oder sogar mit allen Fächern.
- Bauen Sie freies Lesen (s. Kap. 1.5.1 und 1.6.3) im Lehrplan ein.
- Laden Sie Autor*innen aus allen Sprachgebieten in die Schule ein.
- Organisieren und fördern Sie an der Schule den Theaterbesuch.
- Hängen Sie Buchumschläge und Collagen von SuS im Klassenzimmer auf. Wechseln Sie diese regelmäßig.
- Vergrößern Sie bestehende Buchumschläge von Büchern auf A3-Format, und hängen Sie sie im Klassenzimmer auf. Wechseln Sie diese regelmäßig.
- Hängen Sie schöne Zitate großformatig im Klassenzimmer auf. Wechseln Sie diese regelmäßig.

Es empfiehlt sich, auch Buchpassagen, die das Lesen reflektieren, auf Plakatgröße im Klassenzimmer aufzuhängen:

> « – Vous avez lu tous ces livres ? j'ai demandé. – Oui. Certains plusieurs fois, même. Ce sont les grands amours de ma vie. Ils me font rire, pleurer, douter, réfléchir. Ils me permettent de m'échapper. Ils m'ont changée, ont fait de moi une autre personne. – Un livre peut nous changer ? – Bien sûr, un livre peut te changer ! Et même changer ta vie. Comme un coup de foudre. Et on ne peut pas savoir quand la rencontre aura lieu. Il faut se méfier des livres, ce sont des génies endormis. »
>
> („Haben Sie all diese Bücher gelesen?, fragte ich. – Ja, manche sogar mehrmals. Sie sind die großen Lieben meines Lebens. Sie bringen mich zum Lachen, Weinen, Zweifeln und Nachdenken. Sie lassen mich dem Alltag entfliehen. Sie haben mich verändert, haben mich zu einem anderen Menschen gemacht. – Kann ein Buch uns verändern? – Natürlich kann ein Buch dich verändern! Es kann sogar dein ganzes Leben verändern. Wie ein Blitzschlag. Und man weiß nie, wann es einen trifft. Man sollte sich vor Büchern in Acht nehmen, sie sind schlafende Genies.“)

(Gaël Faye, *Petit Pays (Kleines Land)*, 2016, S. 172)

Lesehaltung

Die Leseförderung in der Pubertät beeinflusst die langfristige Einstellung zum Lesen. Worauf ist zu achten? Soziale Herkunft und Geschlecht bzw. Gender sind beim Lesen bekannte Faktoren: Jugendliche aus Familien mit einem höheren sozioökonomischen Status lesen mehr als Jugendliche, die nicht in solchen Familien aufwachsen, und Mädchen zeigen im Durchschnitt mehr Lesemotivation als Jungen. Unterschiede bezüglich *Gender*, des sozial und kulturell konstruierten Geschlechts, sind von der Leseforschung noch nicht untersucht; der Fokus ist bislang traditionell biologisch. Zum Profil der literarisch orientierten Lesevielfalt, so heißt es, gehören mehr Mädchen als Jungen im 15- bzw. 16-jährigen Alter (Bundesministerium für Unterricht, Kunst und Kultur, 2007, S. 72 f.), weshalb für geschlechtersensible Leseförderung plädiert wird, die man mittlerweile als gender- und differenzsensible Leseförderung verstehen sollte.

Jugendliche werden extrem von externen Faktoren beeinflusst. Es hilft, wenn Jugendliche positive Lesebeispiele erleben. Es gibt einen Unterschied zwischen informellem Leseverhalten, das in der Freizeit stattfindet, und formellem Leseverhalten, das von Institutionen bestimmt oder überprüft wird (vgl. Groeben & Hürrelmann, 2004). Wenn im Freundeskreis dem Lesen gegenüber eine positive Haltung herrscht und möglicherweise sogar Titel empfohlen werden, ist das anregend. Und wenn das Leseklima zu Hause günstig ist, wenn Eltern und Geschwister offen lesen und darüber reden, wenn Bücher ein selbstverständlicher Teil der Wohnungseinrichtung sind und wenn das Lesen als akzeptierter Teil des Tagesablaufs betrachtet wird, dann wirkt sich das auf die einzelnen SuS positiv aus.

Obwohl das private Leseumfeld (Familie und Freunde) die Leseeinstellung stärker beeinflusst als die Schule (Stalpers, 2006), hat die Schule auch Auswirkungen auf die Fähigkeiten, die Wertschätzung und die Einstellung von SuS. So zeigten bspw. Forschungen zu Leseförderungsprogrammen im Fach Niederländisch in den ersten Jahren der Hauptschule, dass Lesekompetenz und Leseerfahrungen im Laufe der Schulzeit zu einer Veränderung der Leseeinstellung führen können (Stokmans, 2009). Wer beim Lesen Freude empfindet, hat eine positivere Leseeinstellung. Wenn SuS ein Leseprojekt als lehrreich empfinden, ist die Einstellung zur Schule positiver, während die Einstellung negativer wird, wenn das Projekt zu einfach ist. Darüber hinaus stellte sich heraus, dass lesefähige SuS sowohl das Lesen genießen als auch die Schule positiver beurteilen. Es zeigte sich auch, dass sich ein positives Leseklima zu Hause positiv auf das Ausmaß auswirkt, in dem SuS eine Unterrichtsstunde als lehrreich und angenehm empfinden. Leider ist es schwierig, eine negative Leseeinstellung bei SuS mit einer niedrigen Lesefähigkeit zu ändern, wodurch der Rückstand im Laufe der Jahre zunimmt.

Informationen über die Schulleistung, die Leseeinstellung und das Leseumfeld sind wichtig für die Praxis des Sprachenunterrichts. Nur dann können Lehrkräfte SuS besser begleiten und stimulieren. Neben der literarischen Komplexität sind natürlich auch die Sprachkenntnisse ein wesentlicher Faktor für die Lesemotivation. Im nächsten Kapitel werden diese Faktoren näher erläutert.

Lesefreude

Wie viel Freude junge Menschen am Lesen haben, ist für den Sprachenunterricht sehr wichtig. Einerseits spielen viele außerschulische Faktoren eine Rolle, anderseits ist es die Aufgabe der Schule, die Freude am Lesen bei den jungen Menschen zu wecken; es ist eine Aufgabe aller Sprachsektionen und sogar der gesamten Schulgemeinschaft. Der Hinweis, dass Lesen nützlich ist, wird SuS wenig nützen, denn wenn sie lesen, werden sie dies hauptsächlich tun, weil es ihnen Spaß macht. Freude ist daher eine größere Motivation als der angebliche Nutzen (Stokmans, 2009, S. 40, Stalpers, 2011, S. 34).

Internationale Vergleichsstudien dokumentierten in den letzten Jahren eine unzureichende Lesekompetenz und geringes Lesevergnügen erheblicher Anteile von SuS in allen Schulstufen; 2018 befanden sich im OECD-Durchschnitt etwa 23 % der Fünfzehnjährigen auf den untersten Kompetenzstufen (OECD, 2019, S. 93). Im internationalen Vergleich schneiden deutsche SuS im Bereich der Lesekompetenz über dem OECD-Durchschnitt ab, SuS aus Österreich und der Schweiz liegen im OECD-Durchschnitt (OECD, 2019, S. 65); allerdings ist zwischen 2009 und 2018 das Vergnügen am Lesen am stärksten gesunken in Deutschland, Finnland und Norwegen (OECD, 2021, S. 79). Die positiven Mittelwerte gehen leider einher mit einem großen Leistungsabstand zwischen sehr lesestarken und leseschwachen SuS, was didaktischen Handlungsbedarf nach sich zieht.

Im Zuge der Digitalisierung haben sich Lesegewohnheiten stark verändert, es wird vor allem aus praktischen Gründen gelesen und das Vergnügen am Lesen ist geringer geworden (OECD, 2019, S. 37). Mehr als ein Drittel der deutschen Fünfzehnjährigen hält Lesen für Zeitverschwendung (Reiss et al., 2019, S. 87), die Gruppe der *Lese-*

muffel hat sich vergrößert (Reiss et al., 2019, S. 97), die Lesefreude ist bei Mädchen aber höher als bei Jungen (Reiss et al., 2019, S. 87).

Negativ auf die Motivation wirkt sich aus, wenn SuS wenig in der Freizeit lesen, wenn sie Zusammenfassungen benutzen, statt selbst zu lesen, und wenn sie beim Zusammenstellen einer Lektüreliste wenig Freiheit haben. Es zeigte sich in den Niederlanden, dass nur 57 % der SuS die Titel ihrer selbsterstellten Lektüreliste für das Abitur zu Ende gelesen hatten und dass nur 11 % Spaß beim Lesen dieser Titel empfand (Verboord, 2006, S. 47 f.). Der Matthäus-Effekt macht sich bemerkbar: Wer viel liest, wird besser, wer wenig liest, bleibt zurück. Wie die internationale PISA-Studie zeigt, haben SuS, die mehr Vergnügen am Lesen empfinden, auch bessere Leseleistungen (OECD, 2021, S. 80).

1.3.4 Zum Nutzen von Literatur(unterricht)

Die Sichtweise auf die Schuljahre verändert sich bei ehemaligen SuS im Laufe der Jahre. Die ehemaligen SuS heben mehr als die aktuellen SuS den Nutzen des Literaturunterrichts in der Erstsprache für ihre allgemeinen mündlichen und schriftlichen Sprachkenntnisse hervor. Auch die Beziehung zwischen Text und Leser sowie die Bedeutung des durch den Literaturunterricht gewonnenen allgemeinen kultur- und gesellschaftspolitischen Hintergrundwissens wurden von Ehemaligen mehr geschätzt als von Schulpflichtigen (Janssen, 1998).

Literatur bietet persönliche und soziale Vorteile. Aus PISA-Studien geht die Bedeutung des Lesens hervor: Wer mehr liest, entwickelt eine bessere Lesefertigkeit (Jerrim & Moss, 2019). SuS, die gut lesen können, verbessern ihre Test- oder Schulergebnisse, ihr selbstständiges Arbeiten, ihre Lernfähigkeiten und ihre Gesundheit, so erhöhen sie das Sozialkapital und ermöglichen einen Beitrag zum Wirtschaftswachstum (McCarthy et al., 2004, S. xiii). Der Schneeballeffekt der Lesekompetenz tritt ein: Der erweiterte Wortschatz erweitert das Wissen über die Welt und den Zugang zum Text; der Umgang mit Strukturmerkmalen hilft bei der Verarbeitung anderer Texte; die Erweiterung des Weltwissens fördert den Zugang zu anderen Texten; das Lesen führt zu Kontakten und einem unabhängigen Status usw. Auch andere Expert*innen betonen die Bedeutung des Lesens für den sozialen Erfolg (vgl. Marzano, 2004).

Wer hochwertige Prosa liest, scheint sich besser in andere hineinversetzen zu können (Kidd & Castano, 2013). Diese *Theory of Mind* ist eine wichtige soziale Fähigkeit. Aber der Effekt scheint nicht bei der Lektüre von Populärliteratur und Sachbüchern aufzutreten. Ob das Lesen fremdsprachiger Literatur diesen Effekt hat und ob das Mitgefühl auch beim Lesen von Theaterstücken und Gedichten zunimmt, wurde nicht untersucht. Die These der Empathieförderung durch Lektüre ist weiter umstritten; es gibt zwar Indizien, aber weil Lesende und Textmerkmale sehr unterschiedlich sind, gibt es gemischte Ergebnisse. Daher muss die Empathiethese genauer erforscht werden (Eekhof, van Krieken, & Willems, 2022).

1.3.5 Merkmale von Literarizität

Literatur gibt es in allen möglichen Ausprägungen. Auf die Frage nach dem Nutzen des literarischen Erbes verweisen Expert*innen vor allem auf seinen kulturellen Wert. Sie beziehen sich dann auf den „besonderen Sprachgebrauch" von Klassikern, den „hohen Zitierbarkeitswert" oder das „allgemeine menschliche Thema" (Mathijsen, 2006, S. 9 f.). Die Klassiker (z. B. *Madame Bovary)* scheinen kein Verfallsdatum zu besitzen, während andere literarische Texte (wie der erotische Bestseller *Fifty Shades of Grey*) eine kürzere Lebensdauer haben, unabhängig von ihrem Erfolg bei einer bestimmten Lesergruppe. Die Lebensfähigkeit literarischer Texte hängt von mehreren Faktoren ab. Das Konzept der „Literarizität" hängt damit zusammen: eine spezifische Sprachfunktion, die es den Lesenden ermöglicht, das Literarische in unterschiedlichen Textarten zu entdecken (Jakobson, 1972). Die Faktoren der Literarizität beziehen sich auf (a) Texteigenschaften, (b) die Wirkung von Texten auf die Lesenden und (c) den sozialen Status von Texten (Rigney, 2019, S. 47); sie werden im Folgenden kurz betrachtet.

Texteigenschaften

Texte haben die Fähigkeit, die Aufmerksamkeit auf ihre eigene Sprachstruktur zu lenken. Dies wird als *poetische Funktion* bezeichnet. Manche Texte zeigen mehr als andere, dass subtil mit Sprache gespielt wird. Außerdem unterscheiden sich Texte in ihrer Komplexität. Auch Gebrauchstexte (Anzeigen, Zeitungsartikel usw.) können mit Klang, Rhythmus und Bedeutung spielen und dadurch ihre poetische Funktion nutzen. Eine reine Unterscheidung zwischen Fiktion und Sachbuch greift also zu kurz.

Im Allgemeinen erfüllen Sachtexte mehr als literarische Texte den Informationsbedarf der Lesenden, aber diese Grenze verschwimmt z. B. in Reisebeschreibungen, Autobiografien, Briefen und Dokumentarfilmen. Es ist ein Mythos, literarische Texte seien schwieriger zu lesen als nichtliterarische Texte. Es gibt jedoch einen wichtigen Unterschied: Literarische Texte erfordern mehr als nichtliterarische Texte eine gewisse Lesehaltung, in der die Lesenden Zusammenhänge herstellen und Mehrdeutigkeiten interpretieren. Die Lesetheorie verweist auf Leerstellen in literarischen Texten (Iser, 1976): Informationslücken in einem Text, die die Lesenden einladen, Verbindungen herzustellen.

Die Lebensfähigkeit von Texten kann auch aus ihrer narrativen Funktion resultieren: Manche Texte sind zwar nicht auf eine besondere Weise konstruiert, aber so bekannt, dass wir immer wieder auf sie verweisen. Außerdem gibt es eine Art Vertrag zwischen Text und Individuum: Die lesende Person passt sich den Gesetzen der Erzählwelt an, die die Autorin bzw. der Autor entworfen hat. Selbst das, was in der Realität unwirklich wäre, ist beim Lesen akzeptabel, weil es sich in die Welt auf dem Papier einfügt.

Die Wirkung von Texten auf das Individuum

Literatur ermutigt zum Fühlen und Denken, sie regt dazu an, vertraute Rahmenbedingungen zu überprüfen und zu reflektieren. Dies dient nicht einem vorgegebenen Zweck, es gibt keinen vorformulierten Nutzen der Literatur. Außerdem findet die

Sinnbildung erst durch das lesende Individuum statt; der Sinn steht nicht fest. Neben der Reflexion ist das Vergnügen ein Bestandteil der Wirkung von Literatur. In der Geschichte der Ästhetik wird zwischen zwei ästhetischen Erfahrungen unterschieden, die wir mit Freude verbinden: Texte, die wir als *angenehm* empfinden, bieten Ablenkung und Entspannung. Beispiele dafür sind Thriller, Detektiv- und Abenteuergeschichten oder Romanzen. Zweckfreie Texte, die unseren Blick über einen längeren Zeitraum erweitern, weil uns ihre Struktur oder ihre Ausdruckskraft beschäftigt, gelten als *schön*.

Der soziale Status von Texten

Die Bewertung bestimmter Texte verändert sich im Laufe der Jahrhunderte und der Geschmack unterliegt Veränderungen. Ohne Klassifikationen können wir Änderungen in der Literatur nicht diskutieren. Die Tatsache, dass die Grenzen zwischen literarischen und nichtliterarischen Genres aufgeweicht sind, ist Teil der Dynamik der Literatur. Entwickelte Leser*innen werden unerwartete Wendungen in der Handlung oder im Stil mehr schätzen als unerfahrene Leser*innen, für die dies vielleicht nur verwirrend ist. Professionell Lesende (Rezensent*innen) und Wegweiser*innen (Lehrkräfte) werden benötigt, um anderen Lesenden Orientierung zu geben. Auch um die Wertschätzung zu erfassen, werden erfahrene Lesende benötigt. Das Zusammenspiel von Verlagen, Medien, Kritiker*innen, Literaturpreisen usw. auf dem Literaturmarkt führt letztlich zu einem Bild von Popularität und Wertschätzung.

Literarische Werke, die als besonders wertvoll gelten, können in einen literarischen Kanon münden: eine Liste von Büchern, die von Expert*innen bzw. einem Kollektiv als wertvoll angesehen werden. Das müssen nicht unbedingt die Texte sein, die sich gut verkaufen. Die Entstehung eines literarischen Kanons ist ein dynamischer Prozess, in dem die öffentliche Diskussion eine Rolle spielt. Manchmal ist es vor allem die Autorität der Kritiker*innen, die die Wahl beeinflusst, manchmal sind es die Medien. Es gibt mehrere Kanons nebeneinander: So gibt es zum Beispiel große Unterschiede zwischen dem elitäreren literarischen Kanon, dem Schul- oder Lektürekanon, dem politisch korrekten Kanon, dem Kinder- und Jugendbuchkanon und dem experimentellen Kanon. Ein Kanon ist also nicht absolut, sondern eher eine Leitlinie, und er kann Lehrenden helfen, geeignete Texte für ihren Unterricht zu finden. Zum sog. Kernkanon gehören aber die Klassiker (z. B. de Balzac, Cervantes, Goethe, Shakespeare), die sich seit Langem in vielen Listen behauptet haben und deren Bücher immer wieder nachgedruckt werden.

1.3.6 Kulturorientierte und lernerzentrierte Lehrkraftprofile

Welche Art von Lehrkraft möchte man sein? Inspiration für eine Antwort auf diese Frage könnte man im Medium Film finden, wenn man eher alberne Pennälerfilme ausklammert, wie *Das fliegende Klassenzimmer* (1954), *School of Rock* (2004), *Bad Teacher* (2011) oder *Fack ju Göhte* (2013, 2015, 2017). Viele Filme mit Lehrkräften in der Hauptrolle beschäftigen sich mit den Veränderungen, die eine Lehrkraft in einer benachteiligten, konservativen oder isolierten Gruppe von SuS bewirkt, wodurch sie in Konflikt mit der Schulleitung gerät. Allen diesen Lehrkräften ist gesellschaftliche Bildung wichtig.

Beispiele für Lehrkraftrollen in Spielfilmen

La Lengua de las Mariposas (1999): Ein Lehrer bietet durch Aufmerksamkeit für Poesie und Natur ein Gegengewicht zum aufkommenden spanischen Faschismus.

Les choristes (Die Kinder des Monsieur Mathieu) (2004): Ein Musiklehrer verstößt gegen die strenge Disziplin des Internats und ist mit einem Chor von SuS erfolgreich.

Freedom Writers (2007): Eine neue Englischlehrerin zeigt an einer Benachteiligtenschule, was durch die Literatur in der gesellschaftlichen Entwicklung der SuS erreicht werden kann.

Die Welle (2008): Ein Gymnasiallehrer erprobt in der Projektwoche mit einer Schulklasse das Konzept der Autokratie.

Entre les murs (Die Klasse) (2008): Wird sich der Französischlehrer in einer multikulturellen Großstadtklasse durchsetzen können?

Nicht alle sechs vom GeR genannten Ziele (ästhetisch, intellektuell, moralisch, emotional, sprachlich und kulturell, s. Kap. 1.2.2), die man mit Literatur erreichen kann, kommen im Film *Dead Poets Society (Der Club der toten Dichter)* (1989) vor. In diesem Film versucht der Englischlehrer eines Jungeninternats, seine englischsprachigen Schüler persönlich durch Literatur zu bilden: Sowohl eine kritische Haltung als auch die lebensbejahende Liebe zur Literatur sind hier essenziell. Der Lehrer arbeitet mit unorthodoxen Methoden und hat viel Charisma. Er weist die Jungen auch darauf hin, dass Literatur die Welt verändern kann. Dass dieser Film international so erfolgreich war, hat sicherlich damit zu tun, dass viele Menschen vom Literaturunterricht Persönlichkeitsentwicklung erwarten und dass die ideale Lehrkraft jemand ist, der oder die anderen Flügel gibt. Diese Idealforderungen an die Lehrkraft stimmen mit dem Tugendkatalog überein, der dem *Literaturlehrer* in den 1960er-Jahren übergestülpt wurde und das Ausmaß eines Herkules annahm (Binneberg, 1973, S. 26).

Vier Lehrkraftprofile

Die unterschiedlichen Ansätze von Lehrkräften liegen zwischen den gegensätzlichen Polen Gegenstandsorientierung und Lernerorientierung. Eine groß angelegte Studie über das literarische und didaktische Handeln von niederländischen Lehrkräften ergab vier Profile: Lehrkräfte, die an kultureller Bildung, an literarästhetischer Bildung, an gesellschaftlicher Bildung oder an individueller Prägung arbeiten (Janssen, 1998). Diese Profile sind unabhängig vom Alter oder von der Ausbildung geprägt. Diese Ansätze wirken sich kurzfristig aus, aber langfristig scheint die Sichtweise der Lehrkraft auf den Literaturunterricht keinen Einfluss darauf zu haben, wie Schulabsolvent*innen über Literatur denken. Darüber hinaus kombinieren die meisten Lehrkräfte Elemente aus mehreren Profilen.

Die vier Lehrkraftprofile wurden auf zwei Ansätze reduziert (Verboord, 2006, S. 40):

- den kulturorientierten Ansatz (Lehrkräfte, die sich auf kulturelle oder literarästhetische Bildung konzentrieren) und
- den lernerzentrierten Ansatz (Lehrkräfte, die den Schwerpunkt auf gesellschaftliche Bildung, individuelle Entfaltung oder die Förderung von Lesevergnügen legen).

Die folgende Übersicht führt die Profile und Ansätze zusammen (s. Tab. 1.4).

Tabelle 1.4: Überblick der Lehrkraftsprofile (Janssen, 1998) und der Ansätze (Verboord, 2006) (Witte, Mantingh & van Herten, 2017)

Paradigma Aspekt	**1. kulturell**	**2. ästhetisch**	**3. gesellschaftlich**	**4. persönlich**
allgemeines Ziel	kulturelle Bildung	ästhetische Bildung	gesellschaftliche Bildung	persönliche Entfaltung
Textangebot	literaturhistorisch als wertvoll betrachtete Texte	ästhetisch als wertvoll betrachtete Texte	vielfältige Texte, auch Sachbücher und Trivialliteratur	vielfältige Texte; die Wahl ist stark von Einzelnen abhängig
Texteinsatz	Text als Illustration eines literaturhistorischen Phänomens	Text als Gegenstand für literarästhetisches Verständnis	Text als Quelle für soziologische Betrachtung	Text als Quelle für Selbstuntersuchung
Rolle der Lehrkraft	kulturelle Führung	Textautorität und Interpret*in	Betreuung, Projekt- und Diskussionsleitung	gleichwertiger Rezipient, Betreuung
Rolle der SuS	Reproduktion von literaturhistorischem Wissen	Textanalyse, Entdeckung von Bedeutungen	Zusammenhänge zwischen Text und Welt entdecken	Produktion von Bedeutung; verstehen und erläutern von Leserreaktionen
Dimensionen	kulturorientiert		lernerzentriert	

Kulturorientierung vs. Lernerorientierung

Im Laufe der Jahrzehnte hat sich die Textauswahl für alle Sprachen von eher kanonischen zu zielgruppengerechten Texten verlagert, von Texten mit großem kulturellem Wert zu Texten, die hauptsächlich für die jeweilige Zielgruppe geeignet sind. Häufig liegt der Schwerpunkt auf der Literatur der Gegenwart und des 20. Jahrhunderts, aber es gibt auch Raum für ältere Texte (z. B. Cervantes, Shakespeare, Voltaire, Goethe und E. T. A. Hoffmann) durch adaptierte Ausgaben. Diese Veränderung hängt mit der Zunahme von SuS zusammen, die weniger kulturelles Gepäck mitbringen, und mit dem Aufkommen des kommunikativen Sprachenunterrichts. Absolvent*innen, die nach dem lernerorientierten Ansatz unterrichtet wurden, haben eine positivere Leseeinstellung als SuS, die nach dem kulturorientierten Ansatz unterrichtet wurden (Verboord, 2003, 2006). Allerdings spielen viele Faktoren eine Rolle in der Bildung. Vieles hängt ab vom Schulkontext, von der Leidenschaft der Lehrkraft und von der Motivation der SuS, mit der ein gewisser Lernertrag erreicht werden kann.

Die vier Lehrkraftsprofile hängen mit Entwicklungen in der Literaturwissenschaft zusammen. Im folgenden Überblick (s. Tab. 1.5) sind einige Entwicklungen den Profilen zugeordnet.

Tabelle 1.5: Zusammenhang zwischen Lehrkraftsprofilen und literaturwissenschaftlichen Richtungen

Lehrkraftsprofil	Literaturwissenschaft
kulturelle Bildung	Rhetorik, Philologie, Editionswissenschaft, Buchgeschichte, literaturhistorische Annäherungen, biografische Literaturwissenschaft, Strukturalismus, Poststrukturalismus
literaturästhetische Bildung	Rhetorik, Philologie, Formalismus, Strukturalismus, psychoanalytische Literaturwissenschaft, New Criticism, Semiotik, Dekonstruktion, Narratologie, Stilistik
gesellschaftliche Bildung	literaturhistorische Ansätze, marxistische Kulturtheorie, kritische Theorie, feministische Literaturkritik, Genderkritik, New Historicism, Cultural Studies, postkoloniale Literaturkritik, Poststrukturalismus, Environmental Humanities, posthumanistische Literaturwissenschaft
individuelle Entfaltung	Rezeptionsästhetik, Rezeptionsgeschichte, Narratologie, empirische Literaturwissenschaft

SuS halten ein anregendes Leseklima für sehr wichtig und legen Wert darauf, dass die Lehrkraft den Literaturunterricht legitimiert (Witte & Jansen, 2014). Lehrkräfte sollten sich überlegen, wieso sie Literatur unterrichten und welchen Stellenwert Literatur in ihrem Fach hat. Es ist wichtig, SuS darüber Klarheit verschaffen zu können. Die Aktualität von ökologischem Bewusstsein, Klimaschutz, Menschenrechten und Postkolonialismus hat Auswirkungen auf viele Studiengänge und macht sich auch in der Textauswahl von Lehrkräften bemerkbar.

Wer Wert darauf legt, dass SuS persönliche und gesellschaftliche Erkenntnisse aus dem Literaturunterricht mitnehmen, sollte sich wahrscheinlich für einen lernerzentrierten Ansatz entscheiden. So können persönliche Erfahrungen mit Texten hervorgehoben werden, und es gibt Raum für Diskussionen darüber, was diese Texte für die Einzelne oder den Einzelnen bedeuten können. Dies zeigt eine Studie im Schulfach Niederländisch unter 297 SuS im höheren allgemeinbildenden und vorwissenschaftlichen Ausbildungsgang (Schrijvers, Janssen & Rijlaarsdam, 2016).

1.3.7 Historische Perspektive auf Literatur im Sprachenunterricht

In vergangenen Jahrhunderten wurde fremdsprachige Literatur eingesetzt, um eine Sprache zu studieren, SuS rhetorisch zu stärken, die Sprache mithilfe von Übersetzungen zu analysieren oder um SuS moralisch oder gar ideologisch (bspw. nationalistisch) zu prägen. Die Orientierung an der Hochliteratur sollte die Größe einer Nation und ihrer Literatur zeigen, und durch Lesebücher und theatrale Inszenierung wurde die Qualität hervorgehoben. Die stark literaturhistorische Orientierung passte zu der Orientierung an Bildungsinhalten an Schulen. Zu Beginn der 1970er-Jahre fand eine curriculare Wende hin zur Lernzielorientierung statt. Lehrpläne wurden revidiert und literatursoziologische und rezeptionsästhetische Ansätze konnten sich durchsetzen: Literatur sollte der individuellen Leseerfahrung dienen und die Zentrierung auf die Lehrkraft, die vorgab, wie Texte zu verstehen seien, verlor an Position. Auch im Fach Deutsch wurden bildungsbürgerliche Ziele abgestreift, woraufhin der gesellschaftliche Verlust kultureller Gemeinsamkeiten beklagt wurde. Die literaturästhetische oder strukturanalytische Orientierung wurde durch ideologiekritische Ansätze ersetzt, bei denen es um die persönlichen Leseerfahrungen und um die Weltorientierung ging.

Auf den Sprachenunterricht hatte die kommunikative Wende (ca. 1969–79) einen erheblichen Einfluss. Im Zentrum des Unterrichts sollten nun die Kommunikationsfähigkeiten und die Alltagskultur stehen. Trivialliteratur sowie Kinder- und Jugendliteratur weichten den traditionellen Schulkanon auf. Durch die kommunikative Fremdsprachendidaktik wurde literarisches Lesen in den Hintergrund gedrängt. Die Bandbreite der Literaturorientierung besonders in den Fremdsprachen nahm im Zuge der Kompetenzorientierung wieder zu. Mit der Entwicklung des Gemeinsamen europäischen Referenzrahmens (GeR) gewann das literarische Lesen im Zuge der Lesedidaktik langsam an Bedeutung (s. Kap. 2.3.2). Und in der Deutschdidaktik machte sich seit den 1980er-Jahren eine konstruktivistische Wende bemerkbar, die den Blick für individuelle Lernprozesse der SuS schärfte, einherging mit SuS-Orientierung, handlungs- und produktionsorientierten Aufgaben (vgl. Waldmann, 2020) und letzten Endes die Beschäftigung mit neuen Medien involvierte. Dadurch, dass sich Bildungsstandards und Kerncurricula an Kompetenzen orientieren, kann der Sprachenunterricht gut aufeinander abgestimmt werden. Die Tendenzen im Bildungswesen, Aspekte ökologischer Phänomene, Erscheinungen der sozialen Diversität und der sexuellen Vielfalt mehr zu berücksichtigen, hat sich auch im literarischen Kanon in den Fremdsprachen bemerkbar gemacht.

1.4 Wahl der Lerninhalte: literaturbasierte Ansätze

Wie die Besprechung eines Textes im Unterricht aussieht, wird von den Lernzielen geprägt. Je nachdem, ob der Schwerpunkt auf der Sprache oder auf der Literatur liegt, zielen Lehrkräfte im Literaturunterricht eher auf die Entwicklung der Sprachfertigkeit oder der literarischen Kompetenz.

In diesem Kapitel sehen wir uns fünf Zugänge zu Literatur an, die in der Sekundarstufe I und II verwendet werden können. Wir befassen uns mit Literatur als Teil der Fiktion, dem multiplen Ansatz, dem Konzept von Literarizität als Ziel, inhaltsorientiertem Sprachunterricht und integriertem Literaturunterricht.

1.4.1 Literatur als Bestandteil der Fiktion

In der Sekundarstufe I liegt der Akzent gemeinhin auf Fiktion im weitesten Sinne. Als Fiktion gelten alle Erzählformen, in denen die Realität mit einem anderen Zweck dargestellt wird als zur bloßen Information der Lesenden oder Zuschauenden. Literatur ist nur eine der Manifestationen der Fiktion. Neben allen Arten von Epen (Erzähltexte), Dramen (Theater, Hörspiele) und Lyrik (Gedichte und Lieder), die traditionell als literarische Gattungen gelten, betrachten wir auch Comics, bestimmte Computerspiele, Fernsehserien, Fernseh- und Spielfilme (s. Kap. 5) als Fiktion, seien sie trivial (z. B. Seifenopern) oder extrem experimentell. SuS werden dahin geführt, literarische Gattungen definieren zu können und deren Merkmale für das Textverstehen nutzen zu können. Dass in Fiktion auch oft nichtfiktionale Mittel eingesetzt werden und auch Mischformen auftreten, werden SuS allmählich entdecken. SuS kommen in Berührung mit literarischen Mitteln (Struktur, Perspektive, Figuren, Setting, Stil) und visueller Sprache (z. B. Kameraeinstellung, Sprechblasen, Verwendung von Farbe oder Licht und Schatten). Dadurch, dass SuS im muttersprachlichen Unterricht Genrewissen, terminologisches Wissen (s. Kap. 7) und Analysefertigkeiten erwerben, kann im anderen Sprachenunterricht die Aufmerksamkeit eher auf den Inhalt als auf die Form gerichtet werden. Dies ist aufgrund des Sprachniveaus oft eine Notwendigkeit. Aber auch der literarische Charakter eines Textes ist anregend, auch für junge Lesende. Was liegt vor, wie passt die Form zum Inhalt?

1.4.2 Multipler Ansatz

Literaturbasierte Ansätze in der Sekundarstufe II sind grob einzuteilen in den (a) textorientierten Ansatz, (b) kontextorientierten Ansatz, (c) leserorientierten Ansatz und (d) sprachorientierten Ansatz. Der textorientierte Ansatz wird von Englischlehrkräften in den Niederlanden am häufigsten verwendet (Bloemert, Jansen, van de Grift, 2016). Für SuS an 15 niederländischen Schulen ist aber gerade der sprachorientierte und der kontextorientierte Ansatz am wertvollsten (Bloemert et al., 2017). Ob die Vorliebe für den textorientierten Ansatz typisch ist für Englischlehrkräfte sei dahingestellt.

In einem *multiplen Ansatz* für den Sprachenunterricht kommen die vier genannten Ansätze integriert und balanciert an die Reihe (s. Tab. 1.6 und Abb. 1.2). Das bedeutet, dass bei Aufgaben kein einseitiger Fokus auf einzelne Ansätze besteht, sondern dass sie ergänzend benutzt und im Lehrplan sichtbar gemacht werden können.

Tabelle 1.6: Merkmale der literaturbasierten Ansätze

literaturbasierter Ansatz	Merkmale
textorientierter Ansatz	literarische Terminologie; Genres; Setting; Geschichte, Handlung und Thematik; Figuren
kontextorientierter Ansatz	Literaturgeschichte; historischer, kultureller und sozialer Kontext; biografische Informationen
leserorientierter Ansatz	persönliche Leseerfahrung; literarischer Geschmack; persönliche Entwicklung
sprachorientierter Ansatz	Grammatik; Wortschatz und Idiom; Sprachfertigkeiten; historische Entwicklung und Varietät der Sprache

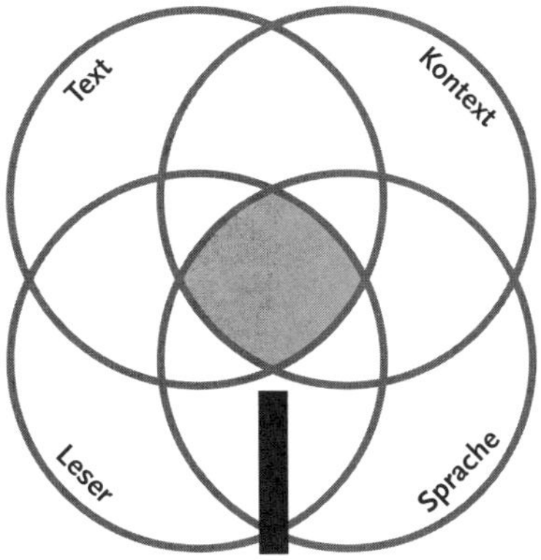

Abbildung 1.2: Multipler Ansatz des Literaturunterrichts in den Fremdsprachen (Bloemert, Jansen, van de Grift, 2016)

1.4.3 Literarizität als Ziel

Nimmt man im Sprachenunterricht das Konzept der Literarizität (s. Kap. 1.3.5) zum Ausgangspunkt, werden auf allen Niveaus jegliche Textsorten besprochen und es wird nebst kommunikativen Aspekten immer der literarische Charakter bzw. die poetische Funktion eines Textes betont. Dabei wird die Aufmerksamkeit gelenkt auf

(1) den Zeichencharakter von Texten, der kaum wertfreie kulturelle Bedeutungszuschreibung ausübt;
(2) die Unterschiede, die es zwischen instrumentellem Sprachgebrauch und symbolisch aufgeladenem Sprachgebrauch gibt;
(3) die Sicht, dass literarische Texte Resultate eines Sprachgebrauchs sind, bei dem die ästhetische Dimension von Sprache benutzt und transparent wird (Dobstadt & Riedner, 2011, S. 110 f).

Beim Konzept der Literarizität ist wichtig, dass Bedeutungen Konstruktionen sind, was einem geradlinigen, kommunikativen Gebrauch von (fiktionalen) Texten zuwiderläuft.

1.4.4 Inhaltsorientierung und integratives Modell

Es wurde des Öfteren argumentiert, dem Fremdsprachenunterricht solle mehr Substanz gegeben werden (z. B. Lazar, 1993; Modern Language Association, 2007; Barrette, Paesani & Vinall, 2010). Gemeint ist damit, dass die Inhalte mehr in den Vordergrund rücken als die Fertigkeiten. Inhalte bieten interkulturelle und moralische Aspekte von Literatur. Auf diese Weise erhält der Unterricht einen literarischen Kern, mit dem alle Aufgaben verknüpft werden können. Gerade Literatur kann aufgrund ihres Appells an Empathie, Moral und Interkulturalität eine zentrale Stellung im Sprachenunterricht einnehmen. Wenn sich eine Englischstunde z. B. auf die Verwendung des N-Wortes in *Adventures of Huckleberry Finn (Die Abenteuer des Huckleberry Finn)* (1884) von Mark Twain und in einer Episode der Fernsehserie *The Wire* konzentriert, wird dieser Vergleich die interkulturelle Empathie der SuS ansprechen (Hoff, 2016, S. 65 f.).

Die curriculare Kohärenz im Sprachenunterricht kann gefördert werden, wenn
- SuS in Interaktion in einem kommunikativen Kontext lernen;
- SuS die notwendigen Sprachfertigkeiten und Sprachkenntnisse entwickeln;
- SuS Wissen, Fertigkeiten und das Verständnis von Inhalten entwickeln;
- SuS kognitiv herausgefordert werden;
- „Aufmerksamkeit auf die eigene Kultur und die anderer gelenkt wird, in der Lernen und Kommunikation stattfindet" (de Graaff, 2013, S. 13).

Die Fokussierung auf Inhalte steht im Einklang mit dem Beschreibungsrahmen, der für CLIL (Content and Language Integrated Learning) entwickelt wurde (Coyle, 2007). Es geht um die Beziehung zwischen *Communication* (Sprache zum Lernen und Nutzen), *Content* (Inhalte), *Cognition* (Lern- und Denkprozesse) und *Culture* (Entwicklung eines Verständnisses der eigenen Kultur durch den Kontakt mit anderen Kulturen).

Konzentriert man sich auf literarische Texte, dann gibt es *Content* (Inhalte), mit dem die anderen Komponenten des oben genannten 4C-Frameworks verknüpft werden können. Auf diese Weise kann Literatur in den Unterricht integriert werden. Mit den folgenden Komponenten eines integrativen Modells (s. Abb. 1.3) können Akzente gesetzt werden:
- Kontext: *andere Welten*, die für den Text relevant sind (historischer und sozialer Kontext, Interkulturalität, Kulturgeschichte, Literaturgeschichte)
- Kommunikation: *Handeln in einer Sprache* (in Übereinstimmung mit den Sprachfertigkeitszielen und der persönlichen Entwicklung)
- Bildkultur: die Beziehung zur *visuellen Kultur* (Film, Graphic Novels)
- Kooperation: lehrplanübergreifend arbeiten, indem man die Zusammenarbeit mit anderen Sprachen und Fächern (Geschichte, Kunst) sucht
- Literarizität: Die Besonderheit der Form (*poetische Funktion*) wird immer diskutiert.

In einem integrativen Modell wird man in vielen Fällen leserorientiert arbeiten können und in allen Fällen immer einen Aspekt der *Literarizität* beleuchten können. Verwendet man einen literarischen Text für andere Zwecke, bedeutet das nicht, dass das typische literarische Problem nicht erörtert werden kann.

Ein multipler Ansatz (s. Kap. 1.4.2) ist eine mögliche Gestaltung eines inhaltlichen Ansatzes, bei dem aber zusätzlich ein interkultureller Ansatz auch Teil der Kontextorientierung ist (s. Kap. 4) und das Medium Film (s. Kap. 5) auch für die literarische Kompetenz eine Rolle spielt. Kurz gesagt, ein integratives Modell ist umfassender.

Eingehend werden in Kapitel 4 interkulturelle Ansätze besprochen, die dazu beitragen können, den Unterricht inhaltsorientiert zu gestalten.

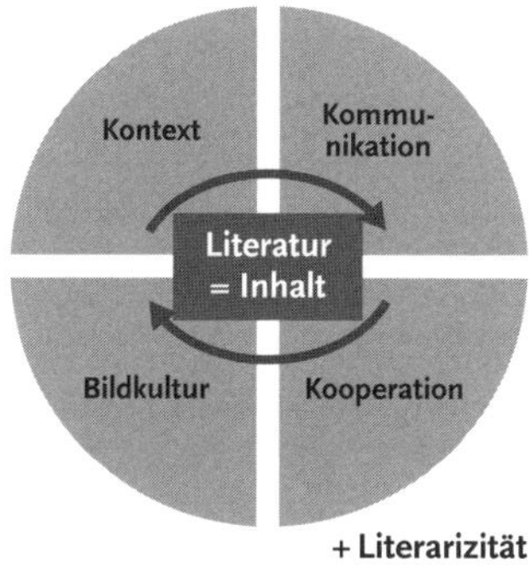

Abbildung 1.3: Integratives Modell für den Literaturunterricht

SuS, die in ca. 30 Unterrichtsstunden Sprachfertigkeitsaufgaben zu literarischen Texten bekamen, empfanden den literarisch geprägten Unterricht als überwiegend positiv. Die zwölf teilnehmenden Gymnasialklassen schätzten mehrheitlich außer der Didaktik und dem Inhalt auch die produktionsorientierten Aufgaben. Diese SuS der 9. Klasse erzielten in Lesefertigkeitstests außerdem bessere Resultate als die Kontrollgruppen, die das übliche Programm absolvierten. Zwar war keine signifikante Erhöhung der literarischen Kompetenz feststellbar, aber authentische literarische Texte verbunden mit kreativen Aufgaben bewirkten eine erhöhte Motivation bei den Lernenden, da sie im Regelunterricht fast ausschließlich mit dem Lehrwerk arbeiteten und die Arbeit mit literarischen Texten für mehr Variation und Abwechslung sorgte. (Lehrner-te Lindert, 2020)

1.4.5 Literatur als eigenes Schulfach

Verschiedene Argumente für die Integration von Literatur in den Sprachenunterricht wurden bereits erwähnt. Zwei andere Möglichkeiten der Integration seien genannt. Die eine ist die Praxis, in der gymnasialen Oberstufe das Fach Literatur anzubieten, das sich auf sprachliche, musikalische und bildnerische Gestaltungen mit Literatur konzentriert. In diesem Konzept wird ein Fach angeboten, das Kreativität und Kooperation fördern will. Oftmals in Projektarbeit üben SuS bspw. Kreatives Schreiben, spielen Theater, produzieren ein Hörspiel, analysieren Medien und Filme. Das Fach Literatur kann anstelle von Kunst oder Musik gewählt werden (Ministerium für Schule und Weiterbildung des Landes Nordrhein-Westfalen, 2014).

Das andere Modell besteht darin, in der gymnasialen Oberstufe sprachübergreifend zu arbeiten und in einem eigenständigen Literaturfach literaturgeschichtlich, vergleichend und thematisch zu kooperieren. Merkmal ist, dass fremdsprachliche Literatur in Übersetzung gelesen wird und auch Literatur aus Sprachen gelesen wird, die nicht zu den Schulfächern gehören.

Die Trennung zwischen Literatur und Sprachkenntnissen erweist sich aber in einem solchen Konzept für viele Lehrkräfte als schwierig und die organisatorische Machbarkeit ist ein Hindernis, sodass diese Form des Literaturunterrichts international nicht weit verbreitet ist. In dieser Ausprägung des Schulfaches Literatur wird vor allem eine reflektierende Haltung entwickelt (van Silfhout, 2016; Sickmann, 2018; Koek & Maas, 2018). Weil diese Variante des Faches sich aus der Zeit für die Sprachfächer speist, konzentriert sich die Gestaltung des Faches auf Ziele, Inhalte, Verteilung der Studienlast, Didaktik, Tests, Organisation. Aus dem Konzept lässt sich aber für die Praxis im Sprachenunterricht lernen, Fragen der Kooperation lassen sich erörtern (s. Kap. 6.4.3).

1.5 Strukturierung der Lerninhalte: einige Bausteine

Wie viel Zeit der Literatur im Unterricht gewidmet wird, hängt stark mit dem gewählten Ansatz zusammen. Wenn man Literatur in die Sprachkompetenz integriert, verschwimmt die Grenze zwischen Literatur und Sprachkompetenz. Nach eigenen Schätzungen verbringen niederländische Lehrkräfte im muttersprachlichen Unterricht etwa 15 % ihrer Unterrichtszeit mit Literatur in der 7.–9. Klasse, während sie in der 10.–12. Klasse etwa 25 % der Unterrichtszeit mit Literatur verbringen (Oberon, 2016, S. 6). Solche Schätzungen sind nur sehr ungefähr, sehr kulturabhängig und unterliegen zudem dem Bewusstsein, ab wann man von Literaturunterricht spricht: Ist jedes Handeln mit literarischen Texten tatsächlich Literaturunterricht?

1.5.1 Freies Lesen

Meistens steht das Lesen, insbesondere in der Sekundarstufe I, ausschließlich im Dienste des Lesefertigkeitstrainings. Fiktionale Texte spielen dabei nur eine marginale Rolle. Dennoch können auch fiktionale Texte für extensives Lesen und zur Verbesserung der Sprachfertigkeit benutzt werden. Die Technik des extensiven Lesens, bei der es im Unterschied zum intensiven Lesen nicht um Lesedetails geht, bietet sich an, um Lesende so viel wie möglich mit der Fremdsprache in Kontakt zu bringen. Dieses Vorgehen kann bei jeglichen Textsorten, auch nichtfiktionaler Art und mit unterschiedlicher Länge (Hesse, 2002; Biebricher, 2008), angewandt werden. Dem Oberbegriff *extensives Lesen* untergeordnet wird das *freie Lesen*, bei dem Lernende während der Unterrichtszeit mehrmals wöchentlich längere Texte eines angemessenen Schwierigkeitsgrads in individueller Auswahl und in individuellem Tempo lesen und so ihre allgemeine Sprachkompetenz erhöhen (Krashen, 2004, S. 37). SuS, die bewusst und engagiert lesen, haben bessere Lernstrategien und höhere Lernerfolge (OECD, 2010, S. 18–20). SuS, die mehr lesen als andere, haben bessere Leistungen in Sprachprüfungen (Krashen, 2011, S. 5). Dies trifft sowohl für die Erstprache als auch für die Zweitsprache zu und die Leistungen wirken sich positiv auf die Leistungen in anderen Fächern aus.

Für unterschiedliche Aspekte der Sprachentwicklung wurden in internationalen Untersuchungen positive Effekte des freien Lesens festgestellt (Krashen, 2004, 2011; Jeon & Day, 2016; Nakanishi, 2015; Yamashita, 2015; Horst, 2005; Elley, 1991), und im LEELU-Projekt zeigten sich Fortschritte im allgemeinen Sprachstand und in der Wortschatzentwicklung im Vergleich zu den Kontrollgruppen (Abitzsch, van der Knaap & Schramm, 2023).

Krashen zufolge trägt freies Lesen im Klassenzimmer (*Free Voluntary Reading*, FVR) positiv zum Leseverständnis, Schreibstil, Wortschatz, zur Rechtschreibung und grammatikalischen Entwicklung von Lesenden bei (Krashen, 2004, S. 37).

Krashens Ergebnisse werden durch zahlreiche Studien bestätigt (Nakanishi, 2015). Mehrere Studien haben gezeigt, dass freies Lesen im Klassenzimmer einen stärkeren positiven Effekt hat, je länger der Zeitraum des freien Lesens dauert. Lernende in Programmen, die über ein Jahr oder länger laufen, erzielen ausnahmslos höhere Punktzahlen beim Textverständnis (Krashen, 2004, S. 2). Freies Lesen im Klassenzimmer regt die Fertigkeiten an. So stand bspw. die Entwicklung im Bereich des Konjunktivs bei Hispanistik-Studierenden in direktem Zusammenhang mit dem freien Lesen (Krashen, 2011, S. 27). Die Selbstverständlichkeit, dass das Lesen kollektiv erfolgt, führt zu einer entspannten Situation, in der das freie Lesen den SuS nachweislich mehr Freude bereitet (Chua, 2008). Krashen (1994) bezeichnet dies als die *Vergnügungshypothese*. Die Leseumgebung spielt eine wichtige Rolle für den Erfolg des freien Lesens. Eine angemessene Ausstattung ist ebenfalls entscheidend; als Lehrkraft kann man auf eine gute (Schul-)Bibliothek nicht verzichten. Kurzum: Ein freies Leseprogramm ist eine wichtige Grundlage für die Entwicklung literarischer Kompetenz.

Freies Lesen wird international an verschiedenen Primar- und Sekundarschulen und im Hochschulbereich durchgeführt, im mutter- und fremdsprachlichen Unterricht, insbesondere mit englischsprachigen (www.erfoundation.org) und deutschsprachigen (www.leelu.eu) Texten.

FVR (*Free Voluntary Reading*) wird auch als *Sustained Silent Reading* (SSR) bezeichnet (vgl. Pilgreen, 2000). Vergleichbar sind *Uninterrupted Sustained Silent Reading* (USSR), *Sustained Quiet Reading Time* und *High Intensity Practice*. Die Protagonistin im Jugendbuch *Ramona Quimby, Age 8* (1981) von Beverly Cleary ist z. B. versessen auf SSR; an ihrer Schule wird es als *Drop Everything And Read* (DEAR) bezeichnet. Diese Leseförderungsaktivität wurde von HarperCollins Children's Books übernommen: www.dropeverythingandread.com.

Das Europäische Portfolio für Sprachlehrende in Ausbildung (EPOSA, Newby et al., 2007) wurde in einem Projekt über freies Lesen für die Festlegung der Zielkompetenzen eingesetzt. Es wurden für die Unterrichtsgestaltung und das Projekt relevante Deskriptoren (Kann-Beschreibungen) gewählt und zum Teil umformuliert oder ergänzt. Ausgewählte Deskriptoren, die sich unmittelbar auf die SuS beziehen, sind in Tab. 1.7 dargestellt.

Tabelle 1.7: Einige der Zielkompetenzen im LEELU-Projekt mit EPOSA (Abitzsch et al., 2019). Diese fachdidaktischen Zielbestimmungen wurden im LEELU-Projekt mit professionellen Entwicklungszielen ergänzt (Dawidowicz et al., 2019).

Kategorie	Bereich	Deskriptor (Kann-Beschreibung)
Methodik	Lesen	• Ich kann SuS verdeutlichen, dass die Ziele des Lesens ausschließlich Vergnügen und Entspannung sind. • Ich kann SuS, die Schwierigkeiten bei der Buchauswahl haben, dazu anleiten, ihre Interessen und Fähigkeiten (sprachliche und literarische Kompetenz) zu ermitteln und passenden Buchkriterien zuzuordnen. • Ich kann SuS, die Schwierigkeiten bei der Lektüre haben, dazu anleiten, die Gründe für ihre Schwierigkeiten zu ermitteln und passende Problemlösungsstrategien anzuwenden.
selbstständiges Lernen	LernerInnenautonomie	• Ich kann SuS dazu anleiten, über die Bedeutung des Lesens und die Lesekompetenz zu reflektieren. • Ich kann SuS dazu anleiten, die Bedeutung der Prinzipien des freien Lesens (kein Einsatz von Wörterbüchern; Auswahl leichter Lektüre usw.) zu erkennen und die Verantwortung für die Umsetzung dieser zu übernehmen.
Diagnostik		• Ich kann erkennen, wenn SuS Schwierigkeiten bei der Buchauswahl oder Lektüre haben. • Ich kann auf Basis von Beobachtung und Leitfragen in Beratungsgesprächen die literarische Kompetenz, die Lesekompetenz und die Konzentrationsfähigkeit von SuS einschätzen.

1.5.2 Lese-Autobiografie

Manche Lehrkräfte für Niederländisch in den Niederlanden verlangen von ihren SuS eine Lese-Autobiografie: einen Text, in dem sie zu Beginn der 10. Klasse ihre Entwicklung als Lesende und ihren Lesegeschmack reflektieren. Seltsamerweise gibt es in der Regel keinen Austausch von Erkenntnissen zwischen den Sprachsektionen. Es ist sinnvoll, die Fensterläden zu öffnen und allen Fremdsprachenlehrkräften Zugang zur Lese-Autobiografie zu geben. Dies kann digital geschehen oder indem die wichtigsten Merkmale pro Person besprochen werden. Nachfolgend ein Beispiel für den Aufbau einer Lese-Autobiografie, die für die 10. Klasse erstellt wurde.

Struktur der Lese-Autobiografie, von Monique Metzemaekers, Hogeland College, Warffum (Witte, 2015, S. 9 f.):

Schreiben Sie Ihre Lese-Autobiografie, Ihre ganz persönliche *Lesegeschichte,* indem Sie sich an den folgenden Leitfragen orientieren. Die Fragen sind eine Hilfestellung für Ihren Text. Natürlich können Sie mehr erzählen.

Beginnen Sie mit „Früher, als ich klein war ..." und nehmen Sie mindestens die folgenden Fragen in Ihre Lese-Autobiografie auf:

1. *Vorlesen:* Haben Vater/Mutter/Großeltern/Geschwister/Babysitter/... Ihnen früher vorgelesen? Erinnern Sie sich an bestimmte Bücher? Hatten Sie ein Lieblingsbuch, -märchen oder eine Lieblingsgeschichte?

2. *Grundschule:* Hat die Lehrkraft vorgelesen? Wenn ja, aus welchen Büchern? Was halten Sie davon? Wann haben Sie angefangen, selbst Bücher zu lesen? Haben Sie viel oder weniger gelesen? Welche Bücher?
3. *Zu Hause:* Wurde bei Ihnen zu Hause viel/wenig/unwillig gelesen? Hatten Sie eigene Bücher? Haben Sie Bücher gekauft oder geschenkt bekommen? Welche Art von Büchern? Wurde bei Ihnen zu Hause über Bücher gesprochen?
4. *Sekundarschule bis 10. Klasse:* Was haben Sie in den Klassen 7/8/9 gelesen? Wenn Sie diese Schule zum ersten Mal in diesem Schuljahr besuchen, erzählen Sie, was Sie an Ihrer vorherigen Schule gelesen haben. Mussten Sie dort Bücher lesen? Wenn ja, wie viele? Wenn Sie die Klasse wiederholen, erzählen Sie von Ihren Erfahrungen mit dem Lesen im letzten Schuljahr.
5. *Lesertyp:* Sie haben sich verschiedene Arten von Lesenden angesehen und sich selbst klassifiziert. Begründen Sie den gewählten Lesertyp. Erwähnen Sie auch, welche Bücher Sie gelesen haben. Gibt es ein Lieblingsbuch? Gibt es auch ein Buch, das Ihnen überhaupt nicht gefallen hat? Was mögen Sie? Was ist für Sie schwierig?
6. *Lesepläne:* Welche Bücher möchten Sie in diesem Schuljahr lesen? Worum sollte es in einem Buch gehen, das Sie anspricht? Wie werden Sie nach Büchern suchen? Was erwarten Sie von Ihrer Lehrkraft?

Die im Beispiel zur Lese-Autobiografie dargestellten Fragen 4, 5 und 6 sind für den Fremdsprachenunterricht besonders wichtig: Was wird im Fach Deutsch bzw. in der Erstsprache gelesen? Wie lassen sich SuS als Lesende charakterisieren? In Kapitel 2.4.1 werden die Merkmale im Stufenmodell erläutert. In die Lese-Autobiografien können auch Aussagen über Bibliotheksbesuche und zum Filmkonsum aufgenommen werden. Es kann sinnvoll sein, die SuS gezielt nach ihrem Medienverhalten zu fragen.

1.5.3 Aufgabenbasierter Ansatz

Der aufgabenbasierte Ansatz (*Task-Based Learning*, Willis, 1996) ist eine Ausprägung des kommunikativen Ansatzes. Wenn fiktionale Texte in den Sprachenunterricht integriert werden sollen, ist ein aufgabenorientierter Ansatz naheliegend. In einem aufgabenbasierten Ansatz erhalten die SuS funktionale Aufgaben, die dazu einladen, sich ausschließlich auf den Meinungsaustausch zu konzentrieren und die Sprache in realen Situationen zu verwenden.

Der Rahmen für einen aufgabenorientierten Ansatz besteht aus

- einer Voraufgabe, bei der die Lehrkraft ein Thema und die dazugehörigen Redemittel vorstellt,
- einem Aufgabenzyklus, der aus der Ausführung der Aufgabe, der Planung der Berichterstattung und der Reflexion durch die SuS besteht,
- und schließlich einer Phase, in der der Schwerpunkt auf neuen sprachlichen Ausdrucksformen liegt, die erworben und zu erwerben sind.

Fiktionale Texte als Gegenstand einer Aufgabe passen sehr gut zu diesen Prinzipien; so können Sprachfertigkeitsziele und literarische Ziele Hand in Hand gehen. Selbstgesteuertes und selbstentdeckendes Lernen bedeutet, dass die Ergebnisse und die Sprachformen nicht festgelegt sind. Im aufgabenorientierten Ansatz wählen SuS bspw. die öffentliche Diskussion oder den Skandal über einen Roman, arbeiten die Position der Autorin heraus, fassen Rezensionen und Diskussionen in den sozialen Medien zusammen und berichten.

1.6 Vermittlung

1.6.1 Handlungsrepertoire

Was sollten Lehrkräfte im Sprachenunterricht bezüglich Literatur wissen und können? Aus Untersuchungen geht hervor, dass die lenkende Rolle der Lehrkraft im fremdsprachlichen Literaturunterricht für gute Lernerfolge sehr wichtig ist. Die Resultate von Gruppenaufgaben sind geringer als das Niveau, das durch eine Besprechung im Plenum erreicht wird (Paran, 2008). Die Lehrkraft, die in Unterrichtsgesprächen lenkt und anregt, kann SuS also auf ein höheres Reflexionsniveau bringen.

Die Checkliste für effektives Lehrkraftverhalten (s. Tab. 1.8) bietet eine brauchbare Richtschnur für den Literaturunterricht.

Tabelle 1.8: Checkliste für fachdidaktisches Verhalten (den Brok, van Tartwijk, Opdenakker & Wubbels, 2016, S. 25)

Schwerpunkt	Bestandteile/Beispiele
inhaltliche Lernzeit	viele Aktivitäten einsetzen, die sich direkt auf den Fachinhalt beziehen
fachliche Inhalte	• wichtige Begriffe und Inhalte hervorheben • Zusammenhänge herstellen und Strukturen zwischen Begriffen verdeutlichen • reichhaltige Fachsprache verwenden • unterschiedliche Verfahrensweisen von SuS miteinander in Zusammenhang bringen
Fördern von komplexen (Denk-) Fertigkeiten	• SuS Inhalte artikulieren lassen • SuS Beispiele ausdenken lassen • SuS Zusammenhänge herstellen oder ordnen lassen • Herangehensweisen der SuS beobachten und Feedback geben • Fehler beheben oder Missverständnisse bei den SuS ausräumen
präzise und korrekt sein	• Inhalte präzise erläutern • korrekte Fachbegriffe und -sprache verwenden, korrekte Formulierungen und Annotierung benutzen • eigene Fehler beschränken bzw. vermeiden
kritischer Umgang mit Materialien	• Materialien den eigenen Unterrichtszielen anpassen • anderes Material hinzunehmen oder SuS Material mitbringen lassen • Informations- und Kommunikationstechnologien sinnvoll einsetzen
Fachinhalte mit dem Alltag verknüpfen	• eine untersuchende Haltung bei den SuS fördern • auf Standpunkte, Unsicherheiten, Meinungen innerhalb des Fachgebietes eingehen • SuS mit unterschiedlichen Kontexten in Kontakt bringen (Transfer)

Für den Unterricht in der Erstsprache wurde ein Leitfaden für literaturdidaktisches Rüstzeug formuliert (Witte, 2002, S. 46). Danach ist eine gute Lehrkraft jemand, der

- Kenntnisse hat über den literarischen Entwicklungsprozess, den SuS durchlaufen können;
- verschiedene Niveaus unterscheiden kann;
- in der Vermittlungsrolle zwischen Literatur und SuS enormes Fachwissen zu Büchern hat und die SuS gut kennt;
- die Bedingungen kennt, unter denen die Aufgaben einen guten (Lern-)Ertrag bringen;
- den Lernprozess bewerten und analysieren kann, sodass er eine adäquate Diagnose stellen und die richtigen pädagogisch-didaktischen Interventionen durchführen kann;
- ein vielfältiges Repertoire an Aktionen hat, in denen er verschiedene Rollen erfüllen kann (z. B. Expert*in, Wegweiser*in, Coach*in, Beurteiler*in, Inspirator*in und Prüfer*in).

Wenden wir diese Charakteristiken auf den Sprachenunterricht als Ganzes an, dann verfügt jede Lehrkraft über literaturdidaktisches Wissen und kann den Literaturunterricht planen, gestalten und bewerten.

1.6.2 Unterrichtsplanung

Es macht den Unterricht effektiver und zielgerichteter, wenn die Ziele und der Weg zu ihnen klar sind, auch wenn Literatur im Mittelpunkt steht. Es ist wichtig, dass Lernziele (Was sollen die SuS erreichen? Wie sollen sie zeigen, dass sie etwas wissen/können oder erlebt haben?) mit den Vorkenntnissen der SuS in Verbindung stehen und dass ihnen klar ist, wie bewertet oder geprüft wird. Daraus ergibt sich, was die SuS im Unterricht machen, wie sie es machen und mit welchem Material das geschieht. In der Lehrerausbildung wird dies berücksichtigt.

Es kann auch eine Planung über einen längeren Zeitraum durchgeführt werden. Angenommen, die Abteilungsleiterin bittet Sie, Lesebücher und Aktivitäten für die 9. und 10. Klasse für das ganze Jahr auszuwählen. Aus welchen Gründen entscheiden Sie sich für bestimmte Bücher und Aktivitäten? Wie schließt die Gestaltung Ihres Unterrichts daran an? Diese Entscheidungen haben Auswirkungen darauf, wie und was die SuS in diesem und dem nächsten Schuljahr lernen. Auswahlkriterien sind (dominiert von der allgemeinen Zielvorstellung und der allgemeinen Unterrichtsphilosophie): Lernziele, Lerninhalte, Lernaktivitäten, Lehrkraftrollen, Quellen und Materialien, Lernumgebung, Zeit, Prüfung.

In welchen Konstellationen lesen die SuS: alleine oder mit anderen? Und mit wem machen sie die Aufgaben? Wer beurteilt und auf Basis welcher Kriterien wird beurteilt?

1.6.3 Freies Lesen

In Kapitel 1.5.1 wurden Prinzipien des freien Lesens vorgestellt. Für verschiedene Faktoren der Sprachfertigkeit ist es förderlich, wenn SuS auch extensiv lesen bzw. in der Klasse selbstständig lesen. SuS sollten auf jeden Fall zweimal, vorzugsweise dreimal in der Woche 20 bis 30 Minuten selbstständig während des Unterrichts lesen. Dieses Vorgehen erfordert Geduld: Es dauert etwa einen Monat, bis daraus für die SuS eine Gewohnheit wird. Das freie Lesen sollte mindestens sieben Monate lang Teil des Unterrichts sein, damit Effekte auf Motivation, Lese- und allgemeine Sprachfertigkeit sichtbar werden. Da der Ertrag groß sein kann, schadet es nicht, den Standardlesestoff entfallen zu lassen, damit die SuS frei lesen können.

Ein insgesamt positives Leseklima in der Schule wird die Umsetzung des freien Lesens erleichtern. Es motiviert SuS, wenn sie auch selbst Titel bereitstellen dürfen. Die Schule sollte sich um ein attraktives Buchangebot kümmern, d. h. eine ausbalancierte Schulbibliothek. Lehrkräfte können das freie Lesen durch Aktivitäten ergänzen, die dazu beitragen, dass Lesen natürlicher und interessanter wird. Anregend sind z. B. Lautleseeinheiten, Ausflüge in die Bibliothek, Vorlesen, Diskussionen usw. Um ein angemessenes Angebot für die SuS zusammenstellen zu können, sind die Verwendung des GeR (s. Kap. 2.3.1), eine große thematische Variation und ein Stufenmodell (s. Kap. 2.4.1) wichtig. Auch mit einem bescheidenen Budget kann eine brauchbare Büchersammlung aufgebaut werden, wenn man sie mit günstigen Taschenbüchern und bei gutem Zustand auch gebrauchten Büchern zusammenstellt. In der Sekundarstufe I werden vereinfachte Ausgaben (Easy Readers) auf A1/A2-Niveau und in der Sekundarstufe II werden zusätzlich dazu auch Originalausgaben eingesetzt (s. Kap. 2.4.2). Es sollten auf jeden Fall genügend Titel für die schwächsten SuS vorhanden sein; beschränken Sie sich bei der Auswahl von Titeln nicht nur auf Favoriten. Wichtig ist, dass alle SuS wählen können, wozu ein ausreichendes Titelangebot notwendig ist. Bei dünneren Heften ist die Rotation schneller als bei umfangreicheren Titeln. Bei dünneren Heften ist es möglich, ein Exemplar pro Woche bzw. in einigen Unterrichtsstunden zu lesen. Tabelle 1.9 zeigt exemplarisch, wie eine Buchauswahl für eine Klasse von 25 SuS zusammengestellt werden kann. Grundsätzlich sollten Titel zu verschiedenen Themen angeboten werden (Abenteuer, Liebe, Krieg, soziale Probleme usw.) und pro Thema sollte eine Aufteilung über mehreren Niveaus stattfinden. Es lohnt sich, von erfolgreichen Titeln mehrere Exemplare bereitzustellen. Die Kosten für eine solche Büchersammlung betragen ca. 800–900 €. Mit diesem Betrag sind über mehrere Jahre hinweg mehrere Klassen bedient.

Tabelle 1.9: Beispiel für eine Titelliste fürs freie Lesen

		Thema a	Thema b	Thema c	Thema d	Thema e	Thema f	Thema g	Thema i
Graphic Novels	15	2	2	2	2	2	2	2	1
Bücher	72	9	9	9	9	9	9	9	9

Wer eine Bibliothek (in einem Schrank oder auf einem Rollwagen) erstellt hat, braucht ein Ausleihe- und Beurteilungssystem. Mit Aufklebern auf den Buchrücken kann auf das Niveau hingewiesen werden, um den SuS die Auswahl zu erleichtern.

Die folgenden zwölf Empfehlungen helfen dabei, freies Lesen im Unterricht erfolgreich zu implementieren.

geeignet für alle Sprachen, alle Niveaus

1. Stellen Sie einfachen Lesestoff zur Verfügung. Achten Sie aber darauf, dass der Lesestoff verschiedene Niveaus bedient.

Die ausgewählten Bücher sind einer Niveaustufe des Gemeinsamen europäischen Referenzrahmens zuzuordnen. Versehen Sie die Buchumschläge den GeR-Niveaus entsprechend mit Aufklebern, damit die SuS Orientierungspunkte bezüglich des sprachlichen Schwierigkeitsgrades haben. Da freies Lesen individuelles Lesen ist, sollten Sie SuS dazu anhalten, Bücher zu lesen, die ihrem Sprachniveau entsprechen oder ggf. unterhalb ihres Sprachniveaus liegen. Überprüfen Sie daher kurz nach Beginn eines neuen Buches, ob die Person das Buch relativ mühelos lesen kann. Sollte es Probleme geben, sollten Sie eingreifen und ein einfacheres Buch empfehlen.

Um feststellen zu können, ob ein Buch mühelos gelesen werden kann, empfiehlt es sich, zu Beginn bzw. kurz vor dem Ende der freien Lesephase mit einzelnen SuS kurze Reflexionsgespräche zum Leseprozess zu führen. Wählen Sie dafür SuS aus, die durch Konzentrationsprobleme während des freien Lesens auffallen. Mögliche Fragen, die Sie bei diesen Gesprächen stellen könnten, sind:

- Fällt es dir leicht, das Buch zu lesen?
- Was machst du, wenn du etwas nicht verstehst?
- Was fällt dir schwer beim Lesen dieses Buches?

Je nach Resultat können Sie Bücher mit einem anderen Sprachniveau (und möglicherweise anderen Thema resp. anderen Wortschatz) empfehlen.

2. Achten Sie darauf, dass der angebotene Lesestoff aus abwechslungsreichen Themen besteht.

Die angebotenen Bücher sollen ein großes Spektrum bieten und Differenzierung qua Thematik und Niveau ermöglichen. SuS sollten solche Bücher wählen, die ihren Interessen entsprechen; nur dann ist gewährleistet, dass sie gern lesen und das Lesen nicht als Pflicht erfahren. Um feststellen zu können, ob eine Person ein Buch interessant oder spannend findet, empfiehlt es sich, zu Beginn bzw. kurz vor dem Ende der freien Lesephase mit einzelnen SuS kurze Reflexionsgespräche zum Inhalt zu führen. Fragen Sie die SuS nicht nach inhaltlichen Details, sondern tauschen Sie sich kurz mit ihnen darüber aus, ob das Buch ihr Interesse geweckt hat. Wählen Sie dafür SuS aus, die durch Desinteresse während des freien Lesens auffallen. Mögliche Fragen, die Sie bei diesen Gesprächen stellen könnten, sind:

- Warum hast du das Buch ausgewählt?
- Was ist – ganz allgemein – das Thema des Buches?
- Entspricht das Buch inhaltlich deinen Erwartungen?
- Warum findest du es nicht interessant?
- Was hättest du stattdessen lesen wollen?

Je nach Resultat können Sie Bücher mit einem anderen Thema empfehlen. Es ist daher relevant, dass Sie sich selbst mit dem Inhalt einzelner Bücher auch bereits im Vorfeld vertraut machen. Lesen Sie die Bücher selbst, z. B. während der Phasen des freien Lesens (s. Punkt 10). Stellen Sie eventuell auch Comics und Zeitschriften zur Verfügung, zum Aufwärmen, zum Abschluss oder zur Abwechslung.

3. Ermutigen und unterstützen Sie die SuS bei der Auswahl des Lesestoffs.

Auswahlprozesse für das Finden geeigneter Bücher bedürfen insbesondere zu Beginn des Leseprogramms einer guten Vorbereitung seitens der Lehrkräfte, da sich die konkreten Bedürfnisse der SuS zunächst noch herauskristallisieren müssen. Für die Auswahl von Lesestoff sollten Sie die SuS im ersten Schritt dazu anleiten, sich ihre Buchpräferenzen bewusst zu machen und diese auch mit Ihnen und der gesamten Klasse zu teilen. Für einen Einstieg kann es ratsam sein, dass sich die SuS im Rahmen einer Hausaufgabe vorab einen Bücherkatalog anschauen und die interessantesten drei Titel vormerken. Unterstützung können Sie durch eine Klassenreflexion über das Lesen initiieren. Ratsam ist es zudem, den SuS zu Beginn des Leseprogramms einen Überblick über Auswahlkriterien und die Bücher zu geben. Mit Rückbezug auf die Reflexionsresultate können Sie bspw. exemplarisch einzelne Bücher vorstellen und anhand dieser Themen, Genres und Niveaus erläutern. Damit die SuS langfristig den Auswahlprozess auch eigenständig durchführen können, sollten sie zudem angeleitet werden, den Bücherkatalog zu verwenden, an dem sie sich bei der Buchauswahl orientieren können. Im Verlauf des Leseprogramms sollte sich die Unterstützung durch die Lehrperson nach und nach verringern und die Verantwortung auf die SuS verlagern.

4. Geben Sie den SuS die Chance, so viel wie möglich zu lesen.

In einem Programm für freies Lesen ist es notwendig, dass der Unterrichtsteil zum freien Lesen 20 bis 30 Minuten dauert. Um diese Mindestdauer zu garantieren und dafür zu sorgen, dass die SuS sich die Zeit zum Lesen nehmen, achten Sie auf das Sprachniveau und auf die inhaltlichen Interessen der SuS (s. Punkt 1 und 2). Überprüfen Sie daher kurz nach Beginn eines neuen Buches, ob die Person das Buch relativ mühelos lesen kann. Sollte es bei der Lektüre Probleme geben, sollten Sie eingreifen und ein dem Sprachniveau und Interesse entsprechendes Buch empfehlen. SuS können so viele Bücher lesen, wie sie können/möchten; abhängig vom Umfang des Buches sollten Sie darauf achten, dass die bzw. der Lesende in einem Buch vorankommt, um so die Vorteile des freien Lesens zu erzielen.

Im Laufe des Projekts werden SuS möglicherweise um Ausleihmöglichkeiten bitten. Sie können selbst entscheiden, ob Sie den SuS diese Möglichkeit gewähren. Unterschätzen Sie dabei aber nicht, was die Ausleihe von Büchern bedeutet (z. B. Arbeitsaufwand für die Lehrkraft, Ausleihsystem usw.).

5. Stellen Sie sicher, dass die gewählten Titel ein hohes Lesetempo fördern.

Sie sollten darauf achten, dass der Schwierigkeitsgrad beim Lesen langsam angehoben wird. Dafür können Sie ein SuS-Informationsformular und Bücherdokumentationsformulare (s. Tab. 1.10, 1.11, 1.12) verwenden. Nicht nur um ein Vorbild für die SuS zu sein (s. dazu Punkt 10), sondern auch um die Bücher sprachlich (und inhaltlich) besser einschätzen zu können, lesen Sie die Bücher selbst, wobei Notizen nützlich wären (s. Tab. 1.13). Außerdem können Sie die Formulare benutzen, um Rückschlüsse auf die Niveaus der Bücher und die Entwicklungen der SuS zu ziehen. Sie können auch auf die SuS persönlich zugehen und sie fragen, ob sie das jeweilige Buch schnell lesen konnten bzw. ob sie als Nächstes ein schwierigeres Buch auswählen wollen. Im Prozess muss das Lesen hinsichtlich der Geschwindigkeit reflektiert und das Lesetempo beobachtet werden. Es ist wichtig, Wörterbücher zu vermeiden bzw. SuS von der Wörterbuchverwendung abzuraten, weil die Benutzung den Lesefluss unterbricht; Kernpunkte des freien Lesens – die Entspannung, die Informationsentnahme und das allgemeine Verständnis – können dann nicht gewährleistet werden (s. Punkt 6). Statt der Wörterbuchverwendung muss mit den SuS über spezifische, für literarische Texte bzw. für das freie Lesen geeignete Lesestrategien reflektiert werden. In die Reflexion müssen sowohl kognitive Strategien (bei literarischen Texten vor allem das Antizipieren und das Inferieren) als auch metakognitive und affektive Strategien mit einbezogen werden.

6. Machen Sie den SuS deutlich, dass Ziele des Lesens Entspannung, Information und allgemeines Verständnis sind.

Ziel des extensiven Lesens ist nicht, dass SuS einen Text in allen Details verstehen, sondern dass sie Lust auf die Auseinandersetzung mit dem Text haben. Zu Beginn des Leseprogramms vermitteln Sie die Ziele des freien Lesens. Geben Sie dazu einige Anregungen, besonders wenn SuS Probleme mit dem Sprachniveau und dem Inhalt haben (s. Punkt 1 und 2). Achten Sie darauf, dass die SuS auf eine einladende und kooperative Art und Weise diese Ziele selbst formulieren (z. B. individuelle Wirkung der Texte), sodass sie sich als „Mitgestaltende" fühlen. Zu Beginn erörtern Sie Fragen der Einstellung, Autonomie, Motivation zur gemeinsamen Reflexion mit der Klasse. Später kann diese Reflexion auch noch einmal in individuellen kurzen Beratungsgesprächen (s. Punkte 1 und 2) aufgegriffen werden. Führen Sie Ihre SuS regelmäßig zu einem Reflexionsmoment, um die Bedeutung des Lesens und die Gewohnheiten zu hinterfragen. Der Reflexionsmoment hilft den SuS, sich zu motivieren und sich mit den Zielen zu identifizieren. Um eine Situation zu schaffen, die freies Lesen ermöglicht, ist es außerdem relevant, dass eine respektvolle Atmosphäre herrscht, vergleichbar mit der einer Testsituation (Geräuschpegel).

7. Halten Sie die SuS dazu an, leise und individuell zu lesen.

Mit leisem und individuellem Lesen ist gemeint, dass SuS für sich selbst lesen und nicht laut vorlesen. SuS können sich über das Gelesene konstruktiv austauschen, aber es ist sehr wichtig, dass sie andere nicht beim Lesen stören und selbst in Ruhe konzentriert lesen können. Es kann sein, dass dieses Verhalten zu Beginn des Projektes eingeübt werden muss. Begleiten Sie deshalb Ihre SuS mit Gesprächen, in denen Sie mit der Klasse (der jeweiligen Lerngruppe und ihren Gewohnheiten entsprechend) Strategien entwickeln können, um für diese Art der Ruhe zu sorgen. Dieses Vorgehen verlangt natürlich die Kenntnis der Gruppe und auch ihrer Lesegewohnheiten. In reflektierenden Beratungsgesprächen ist es relevant, SuS diesbezüglich Strategien zu vermitteln (z. B. wie man sich besser konzentrieren kann). Um Ruhe im Klassenzimmer zu gewährleisten, sollten Sie in der jeweiligen Klasse auf Disziplin achten. Dafür sollten Sie einschätzen, welche Rolle Disziplin in Ihrer Klasse spielt und mit welchen Mitteln Sie diese fördern können. Es ist nicht empfehlenswert, beim Lesen Musik zu hören, da sie die Konzentration der SuS stören kann.

8. Denken Sie daran, dass das Lesen bereits die Belohnung ist. Wenn die Umstände gut sind, reicht Ermutigung. Loben Sie keine Preise aus, testen sie die SuS nicht und lassen Sie keine Zusammenfassungen schreiben oder Lesetagebücher führen.

Um authentische Lesefreude entwickeln zu können, müssen die SuS davon überzeugt sein, dass das Lesen trotz seiner Situierung im Klassenzimmer keine zu bewertende Pflichtleistung darstellt. Es spielt eine bedeutsame Rolle, dass Sie den SuS glaubwürdig vermitteln, dass ihr vollständiges Eintauchen in die Lektüre beabsichtigt ist. Stattdessen können Sie die Lesefreude der SuS teilen, indem sie bspw. regelmäßige Blitzlichtrunden in den Leseunterricht integrieren, in denen Sie kurz von dem beobachteten Spaß der Gruppe und den vielen Lesekilometern in der Klasse berichten lassen und dafür Applaus einholen. Die Steigerung von Freude und Motivation kann auch darüber erfolgen, dass Sie Bücher, die den Bewertungsformularen zufolge besonders beliebt sind, z. B. zum „Buch des Monats" küren. Auch in Beratungsgesprächen von individuellen SuS oder in Kleingruppen, die gleichzeitig eine Lektüre abschließen und ähnliche Bedürfnisse haben, können im Rahmen von Prozessevaluationen Lob und Ermutigung ausgesprochen werden. Empfehlenswert (statt einer Abfrage von Buchinhalten) sind positiv ausgerichtete Fragen und ein Fokussieren auf den gesamten Leseprozess, z. B.:

- Was läuft bei dir besonders gut?
- Welche Tipps hast du für andere SuS?
- Was sind deine nächsten Ziele?

9. Erläutern Sie, dass SuS Bücher nicht zu Ende lesen müssen.

Beim freien Lesen ist es wichtig, den SuS zu erläutern, dass sie die Bücher nicht zu Ende lesen müssen. Es kann vorkommen, dass SuS aus Mangel an Konzentration oder Interesse an einem Thema Bücher weglegen oder sie oft wechseln. Sie sollten schon zu Beginn versuchen, den Gründen für das Wechseln bzw. Weglegen nachzugehen. Dabei ist es wichtig, dass Sie die SuS persönlich ansprechen, sie hinsichtlich des Sprachniveaus und Inhalts beraten (s. Punkte 1 und 2), sie über ihre Strategien (insbesondere über die affektiven Strategien – s. Punkt 7) reflektieren lassen bzw. ihnen Strategien vermitteln.

10. Seien Sie ein Vorbild und lesen Sie zur gleichen Zeit wie die SuS.

Als Lehrkraft sollten Sie im Vorfeld schon einige Bücher gelesen haben, damit Sie in der Lage sind, SuS beim Lesen zu unterstützen (s. Punkt 1 und 2). Kündigen Sie in der Klasse an, dass alle gemeinsam lesen. Das ist gerade am Anfang sehr wichtig, aber auch gleichzeitig sehr schwer, da die Lehrkraft neben dem Lesen auch das Klassenmanagement unter Kontrolle haben und bei der Buchauswahl beratend unterstützen muss. Versuchen Sie, im Laufe des Projekts diese Aufgaben unterschiedlich stark zu fokussieren. Sie werden feststellen, dass der Schwerpunkt sich im Projektverlauf immer mehr verschiebt. Seien Sie auch bei Beratungs- und Reflexionsgesprächen ein Vorbild, indem Sie sich auf Augenhöhe mit den SuS über die Bücher und die Lesefreude austauschen. So können Sie z. B. auch als Lehrkraft Bücher bewerten und diese Bewertung allen zugänglich machen.

11. Schließen Sie sich im Kollegium über das Programm kurz.

Nicht nur Lehrkräfte anderer Fächer können von einem Austausch über das Programm des freien Lesens profitieren. Auch für Sie selbst kann ein Meinungsaustausch mit Lehrkräften anderer Fremdsprachen und Fächer bereichernd sein und womöglich Inspiration liefern für eine Umgestaltung oder Erweiterung des Programms. Ob in Fachschaftskonferenzen oder in der Kaffeepause – initiieren Sie Gesprächsgelegenheiten.

12. Lassen Sie die SuS die Titel der gelesenen Texte und ihre persönliche Bewertung notieren. Behalten Sie diese Notizen für Ihre eigene Übersicht.

Die Notizen der SuS zu Titeln und persönlicher Bewertung der Texte stellen ein wichtiges Reflexionsinstrument dar. Wie in Punkt 5 erläutert, sollten Sie sicherstellen, dass die gewählten Titel ein hohes Lesetempo fördern. Die gewählten Titel spielen also eine entscheidende Rolle im Leseprozess. Mit den Notizen werden SuS nicht getestet und es ist auch wichtig, die Notizen nicht mit Zusammenfassungen oder Lesetagebüchern gleichzusetzen (s. Punkt 8). Die Notizen bedeuten für die jeweiligen SuS selbst Reflexionen und für die anderen SuS ist es ebenfalls interessant zu erfahren, wie ein bestimmtes Buch bewertet wurde. In dieser Phase spielen auch die Formulare (s. Tab. 1.10, 1.11, 1.12) eine wichtige Rolle.

Quellen: Abitzsch et al., 2019, Abitzsch & van der Knaap, 2019

Es ist sinnvoll, wenn die SuS nach der Lektüre (wie unter Punkt 5 und 12 erwähnt) eine kurze Bewertung ausfüllen. In der jeweiligen Zielsprache wird pro Titel die Reaktion der einzelnen SuS festgehalten. Das Formular ist schlicht und soll eingereicht werden (s. Tab. 1.10).

Tabelle 1.10: SuS-Informationsformular

<table>
<tr><td colspan="8">Wie hat dir das Buch .... gefallen?
• Wie interessant war die Geschichte?
• War die Sprache leicht oder schwer zu verstehen?
• Kannst du das Buch weiterempfehlen?</td></tr>
<tr><td colspan="8">Dein Name:</td></tr>
<tr><td colspan="8">Buchtitel:</td></tr>
<tr><th colspan="3">Inhalt</th><th colspan="3">Sprache</th><th colspan="2">Empfehlung</th></tr>
<tr><th colspan="3">Das Buch war ...</th><th colspan="3">Das Buch war ...</th><th colspan="2">Ich empfehle das Buch weiter.</th></tr>
<tr><td>interessant.</td><td>einigermaßen interessant.</td><td>nicht interessant.</td><td>sprachlich genau richtig.</td><td>zu leicht.</td><td>zu schwer.</td><td>Ja</td><td>Nein</td></tr>
<tr><td></td><td></td><td></td><td></td><td></td><td></td><td></td><td></td></tr>
</table>

Mit dem unter Punkt 5 erwähnten Bücherdokumentationsformular kann die Lehrkraft Bewertungen und Fortschritte einzelner SuS erfassen (s. Tab. 1.11).

Tabelle 1.11: Bücherdokumentationsformular 1

Autor	**Titel**	Schülername 1	Schülername 2	Schülername 3	...									
Andeck, Mara	*Wen küss ich und wenn ja, wie viele?*													
...														

Legende:
1 – Auswahl selbstständig
2 – Auswahl mit Lehrkraftberatung
3 – Auswahl durch Gespräch mit anderen SuS
A – zu Ende gelesen
B – abgebrochen aufgrund sprachlicher Probleme
C – abgebrochen aufgrund des Inhalts

Zusätzlich können Ausleihdaten und Bewertungen einzelner SuS kombiniert werden (s. Tab. 1.12).

Tabelle 1.12: Bücherdokumentationsformular 2

Name:	Klasse:				
Titel	Nummer	Ausleihdatum	zurück	Zahl gelesener Seiten	Bewertung

Sinnvoll für die Beratung ist auch ein Bücherdokumentationsformular, in dem die Lehrkraft ihre eigenen Erkenntnisse zu einzelnen Titeln notiert (s. Tab. 1.13).

Tabelle 1.13: Bücherdokumentationsformular der Lehrkraft

Autor	Titel	Inhalt	Sprache	literarische Kompetenz	Sonstiges	Evtl. interessant für ...

Um das Lesen anzuregen, kann zuerst mit einem gemeinsamen Buch gestartet werden; wichtig sind dann kurze Reflexionsbesprechungen. Ein gemeinsames Buch sollte Lesbarkeitskriterien für alle SuS erfüllen und auch inhaltlich reizvoll sein.

Freies Lesen kann auch zur Differenzierung bei Lernwegen eingesetzt werden, z. B. bei SuS, die bestimmte Lerninhalte bereits absolviert haben.

Zum Umgang mit aufkommenden Schwierigkeiten bietet Tab. 1.14 Lösungsvorschläge zur Gestaltung des freien Leseprogramms.

Tabelle 1.14: Umgang mit Schwierigkeiten im freien Leseprogramm (Auswahl aus Abitzsch et al. 2019)

Problem	Lösungsvorschläge
fehlende Möglichkeiten zur Unterbringung der Bücher	Bücherschrank im Klassenzimmer, Rollkoffer, Schulbibliothek
zeitaufwendige Entnahme und Rückgabe der Bücher	Auslage auf gut zugänglichen Tischen, personalisierte Lesezeichen/Klebezettel
eingeschränkter Zugang zu Büchern und Beratung	Einrichten von Durchgangslücken in der Sitzordnung, Freiheiten bei der Platzwahl, Experimentieren mit Kreis- und Tischinselformen
individuell unpassende Buchauswahl	Buchpräsentationen, einsehbare Bewertungen anderer SuS (Dokumente, Clouds, Poster), Beratungs- und Reflexionsgespräche, Hinweise auf Filterfunktionen im Bücherkatalog, Vorauswahl durch Lehrperson
sprachliche Herausforderungen bei der Lektüre (insb. Wortschatz)	direkte Hilfe (z. B. Übersetzung), Verweis auf Lesestrategien und entsprechende Poster, Verweis auf „passendere“ Bücher mit geringeren lexikalischen Anforderungen

(Fortsetzung Tabelle 1.14)

Problem	Lösungsvorschläge
Rollenkonflikte der Lehrperson (Aufsicht vs. Lesende vs. Beratende)	Standortwechsel, Identifizieren geeigneter Beratungsmomente, Einzelberatung auf der Grundlage von Bücherdokumentation, Beratungsgespräche im Klassenverband
Schwierigkeiten beim Übergang in die Lesephase bzw. beim Herstellen einer konzentrierten Leseatmosphäre	Rituale und Signale (z. B. Triangel, Musik, Raumwechsel), Wegpacken des Handys und anderer konzentrationsbeeinträchtigender Gegenstände

Nicht exklusiv für Deutsch als Fremdsprache finden sich unter www.leelu.eu Hilfestellungen und Materialien für die Ausführung eines Programms des freien Lesens; auch ein Bücherkatalog steht zur Verfügung.

1.6.4 Reading apprenticeship, Buddy reading und Bibliotherapie

Es ist sinnvoll, die SuS aktiv in den Unterricht einzubeziehen und ihnen Verantwortung zu übertragen. So motiviert man sie. Auch in der Beraterrolle können SuS eingesetzt werden. *Reading apprenticeship* ist eine integrierte Sprach- und Leseförderung für den muttersprachlichen Unterricht, bei der die Leseaktivitäten in eine Meister-Lehrlings-Konstruktion eingebettet sind. Im Sprachenunterricht sind generell Situationen denkbar, in denen bessere SuS andere SuS bei Leseaktivitäten betreuen, auch wenn es um literarische Texte geht.

Beim *Buddy reading* haben SuS einen Lesepartner. Wichtig in diesem Modell ist, dass die Metakognition angeregt wird, d. h. die Reflexion über das eigene Handeln. Denn während des Lesevorgangs führen die Lesenden Techniken des lauten Denkens durch: Sie formulieren ihre Denkschritte beim Lesen. Durch lautes Denken beim Buddy reading lernen SuS,

- Vorhersagen zu treffen,
- sich etwas aus dem Text vorzustellen,
- Zusammenhänge herzustellen,
- ein Problem zu identifizieren,
- Probleme zu lösen.

Das Konzept des Buddy readings ist gut für den Sprachenunterricht geeignet. Es hilft, wenn eine Lehrkraft zeigt und erklärt, wie sie einen Sachtext oder fiktionalen Text liest (Prinzip des *modeling*), und es stimuliert auch, wenn andere SuS dies tun (vgl. Schoenbach, Greenleaf & Murphy, 2012).

Die *Bibliotherapie* ist Teil eines lernerzentrierten Ansatzes. Mit der Empfehlung geeigneter Bücher hilft die Lehrkraft einzelnen SuS, Gefühle zu verarbeiten. Der Ausgangspunkt der Bibliotherapie ist die Identifikation, die bei fiktionalen Texten eine wesentliche Rolle im Leseprozess spielt. Identifikation ist vor allem ein Mittel, um SuS sozial zu stärken und Inklusion zu fördern. Die Bibliotherapie kann für den Sprachenunterricht nützlich sein. Wenn SuS emotional in einen Text involviert sind und stellvertretende Gefühle erleben (Katharsis), können sie dies mit ihrer eigenen Situation in

Zusammenhang bringen und Einsichten gewinnen. Sie können dann eine breitere Perspektive entwickeln, indem sie erkennen, dass andere Menschen mit einer ähnlichen Situation und/oder mit ähnlichen Problemen konfrontiert sind wie sie selbst (Heath et al., 2005, S. 567 f). Diese Öffnung für die Perspektiven anderer durch die Begegnung im Text heißt *narrative imagination* (Nussbaum, 1992, S. 85). Es ist sinnvoll, SuS auch Gelegenheit für ihre emotionale Empfindung und den Transfer in die eigene Existenz zu geben. Wichtig ist, dass die Lehrkraft bei der Auswahl der Bücher angemessen unterstützt.

1.6.5 Dialogische Lesereflexion

Für das Lesen von Kurzgeschichten wurde eine reflektierende Lesehaltung entwickelt, die die Interpretation stimuliert und nachweislich zu einer tieferen Verarbeitung literarischer Texte bei den meisten SuS führt (Janssen, 2009). Die für die Muttersprache in der 10. Klasse entwickelte Methode *Lesen im Dialog* kann überall im Sprachenunterricht implementiert werden. Es wurde eine Arbeitsmethode entwickelt, die eine reflektierende Leseeinstellung fördert.

geeignet für alle Sprachen, alle Niveaus

In dieser Arbeitsmethode formulieren die SuS entscheidende Fragen (Schlüsselfragen), die für die Geschichte als Ganzes wichtig sind. Weil diese Fragen mehr als eine Antwort zulassen, laden sie zur Diskussion ein. Es sind Fragen über etwas, was SuS wirklich wissen möchten. Die Unterrichtsstunde besteht aus drei Phasen:

1. individuelles Lesen (sich Fragen stellen)
2. Austausch von Fragen in Gruppen (sich gegenseitig Fragen stellen)
3. Austausch von Gruppenergebnissen im Plenum (Präsentationsphase)

Die Begründung einer Antwort ist ein typischer Interpretationsbaustein. Grundvoraussetzung für eine erfolgreiche Unterrichtsreihe ist, dass es in der gewählten Geschichte etwas Ungelöstes oder Mehrdeutiges gibt. Die Lehrkraft sollte also sicherstellen, dass Geschichten mit „Leerstellen" gewählt werden. Auch sollte sie offen sein für alle Fragen, wenn sie ernst gemeint sind; sie sollte nicht selbst die „richtige" Antwort geben; sie sollte offene Fragen stellen („Woher wissen Sie das?", „Warum denken Sie das?") und die Größe und Zusammensetzung der Gruppen sollte variieren. Die SuS sollen eine Geschichte nach folgendem Schema lesen:

1. Stellen Sie sich beim Lesen Fragen.
2. Wählen Sie eine Schlüsselfrage aus.
3. Diskutieren Sie Ihre Schlüsselfrage mit anderen.
4. Formulieren Sie eine (vorläufige) Antwort auf Ihre Schlüsselfrage.
5. Begründen Sie Ihre Antwort für sich selbst und andere.

Zur Unterstützung kann die Lehrkraft bspw. Stationen mit großen Papierseiten vorbereiten (jede Gruppe hat einen anderen Text), auf denen SuS ihre Schlüsselfragen notieren. Diese können dann von den anderen mithilfe von Aufklebern bewertet werden (Janssen, 2015). Eine weitere Arbeitsform findet sich in 7.5.2.

1.7 Evaluation und Prüfung

Geprüft wird entweder, um den Lernprozess evaluieren und SuS Einblicke in den Lernprozess geben zu können (formative Evaluation), oder, um Resultate feststellen zu können (summative Evaluation). Bei formativer Evaluation werden die Fortschritte während den Lehraktivitäten beobachtet und die SuS erhalten Rückmeldung für die nächsten Aufgaben.

Die Gewichtung der Bewertung, aber auch die Bewertung selbst, hängt von der Struktur des Unterrichts ab. Geprüft wird nur das, was praktiziert wurde, und geprüft wird, um SuS zu helfen und ihren Fortschritt zu messen. Sollen literarische Kenntnisse geprüft werden, dann sollten nicht gleichzeitig Sprach- oder Schreibfertigkeiten geprüft werden. Ist das literarische Textverständnis Inhalt der Prüfung, sollten keine Zusammenfassungen von Büchern als Ausgangspunkt verwendet werden. Wenn literarische Kenntnisse mit Sprachkenntnissen verbunden werden sollen, dann sollte darauf geachtet werden, dass die Prüfung eben diese Mischung zeigt. Es lohnt sich, dazu einige internationale Fallstudien heranzuziehen (Paran, 2021 et al.). Wird Literaturunterricht mit den anderen Sprachsektionen sprachübergreifend gestaltet, dann wird auch die Prüfung dementsprechend angepasst. Wird Literatur hauptsächlich im Hinblick auf interkulturelle Ziele im Unterricht eingesetzt, sollte auch dies der Schwerpunkt in der Prüfung sein und die Prüfung sollte sich auf Einstellungen und Fertigkeiten konzentrieren. Und auch wenn Literatur hauptsächlich mit anderen Medien verknüpft wird, dann wird sich dies auch in einem Test widerspiegeln müssen.

Neben diesen Prinzipien und allgemeinen Kriterien der Validität, Objektivität und Zuverlässigkeit der Prüfung gelten auch die folgenden Prinzipien:

1. Will man SuS für die Literatur begeistern, ist ein positives Feedback erforderlich.
2. Es sollte unterschieden werden zwischen dem, was innerhalb und außerhalb des Klassenzimmers geprüft wird. Einige Aufgaben erfordern mehr Zeit als andere, z. B. das Fortschreiben einer Passage.
3. Geschlossene und offene Fragen sind abzuwechseln.
4. Bewertet werden sollte in erster Linie der Inhalt und nicht die Sprache der Antworten. Ein Bonus für den Sprachgebrauch ist möglich.
5. Die Prüfung kann auch mündlich erfolgen, unter Benutzung eines offenes Frageformulars, und sie kann auch aus einem Dialog mit Klassenkameraden bestehen.
6. Zu beachten ist, dass komplexere Aufgaben immer mit konkreten sprach- und inhaltsorientierten Bewertungskriterien versehen werden.
7. Zu überlegen ist, ob die SuS den Text bei der Prüfung dabei haben dürfen. Wenn es sich um eine offene Buchprüfung handelt, können mehr Reflexion und Beispiele von den SuS erwartet werden.
8. Aufgaben oder kreative Verarbeitungsaufgaben können auch eine adäquate Form des Prüfens sein. Beispiele dafür sind: ein Moodboard über das Thema eines Buches, eine Pecha-Kucha-Präsentation (PowerPoint-Präsentation mit zwölf Folien in einer Gesamtzeit von 4 Minuten, wobei jede Folie genau 20 Sekunden

gezeigt wird), eine Gedankenkarte über ein Buch, ein Tagebuchfragment für eine Figur, eine Gedichtsammlung mit einer Einführung, ein Trivial-Pursuit-Spiel über Literatur, ein literarhistorischer Test über eine Epoche, ein Tableau vivant (lebendes Bild), ein „Vlog" usw. Für solche Aufgaben sind Rubriken zu entwerfen, um die Transparenz der Bewertung zu fördern.

9. Entscheidet man sich für ein Produktportfolio, dann führen die SuS das ganze Jahr über eine Reihe von produktions- und handlungsorientierten Aufgaben durch, für die sie Feedback erhalten. Bewertet wird nur das Portfolio mit den Endergebnissen.

1.8 Zur Reflexion

Die folgenden Fragen und Aufgaben können bei der Reflexion dieses Kapitels helfen:

- Welche Bedeutung hat eine kontinuierliche Leselinie?
- Erklären Sie jemandem aus einem anderen Bereich die Lernziele, die für den Einsatz von fiktionalen Texten in den Sekundarstufen sprechen.
- Warum ist es für Fremdsprachenlehrkräfte nützlich, die Ziele des muttersprachlichen Unterrichts zu kennen?
- Was sind Ihre Erkenntnisse über die Lesefähigkeiten und den Wortschatz für das literarische Lesen?
- In welchen Lehrkraftprofilen erkennen Sie Sprachlehrkräfte, die Sie selbst als Schüler*in gehabt haben? Mit welchem Profil identifizieren Sie sich am meisten? Warum?
- Besprechen Sie mit jemandem, welche der Ansätze des Literaturunterrichts Sie im Unterricht von anderen erlebt haben.
- Wie beurteilen Sie den Einsatz der Zielsprache als Unterrichtssprache im Literaturunterricht von anderen? Wo sehen Sie Möglichkeiten?
- Worin liegen die Vorteile des Konzepts des freien Lesens? Identifizieren Sie wichtige organisatorische Punkte.

Kapitel 2
Die Förderung der literarischen Entwicklung

2.1 Einführung

Im vorigen Kapitel wurden zwei Dinge hervorgehoben: die Bedeutung einer kontinuierlichen Leselinie und die verschiedenen Möglichkeiten, wie Literatur und Fiktionales in den Sprachenunterricht integriert werden können. Die Lerneffizienz steigt, wenn der Literaturunterricht gut durchdacht ist. Im Voraus ist zu überlegen, welches Ziel mit dem Einsatz literarischer Formen erreicht werden soll. Soll Literatur für andere Zwecke verwendet werden oder will man sich vornehmlich auf literarische Elemente konzentrieren? Das vorliegende Kapitel konzentriert sich auf die Anleitung zur literarischen Kompetenz. Kapitel 2.2 umreißt kurz die Ziele der literarischen Entwicklung. In Kapitel 2.3 besprechen wir, worauf bei der Auswahl geeigneter Texte für die SuS zu achten ist. Kapitel 2.4 beschäftigt sich damit, wie die Stufen der literarischen Kompetenz differenziert werden und wie geeignete Texte für die SuS ausgewählt werden können. Verschiedene Aufgabenstellungen und Arbeitsformen für die Behandlung literarischer Texte im Unterricht werden in Kapitel 2.5 näher beleuchtet. Zum Schluss betrachten wir, wie man die literarische Entwicklung bewerten und testen kann.

Lernziele

In diesem Kapitel werden die folgenden Fragen beantwortet:

- Wie fördere ich SuS in ihrer literarischen Entwicklung und wie kann ich dabei differenzieren?
- Welche Schwerpunkte gibt es bei der Textauswahl?
- Welche Textgattungen sind geeignet, um die literarische Entwicklung zu fördern?
- Auf welche Weise kann ich Graphic Novels didaktisch einbetten?
- Wie kann ich ein Buch im Unterricht behandeln?

2.2 Literarische Entwicklungsziele

Jahrzehntelang haben sich Fremdsprachenlehrkräfte gefragt, wie sie die Kluft zwischen dem Leseverhalten der SuS und den Anforderungen des Lehrplans überbrücken können: Wie können schwächere Lesende motiviert werden und wie kann man verhindern, dass SuS nur die dünnsten Bücher auswählen? Bei der Arbeit an der literarischen Entwicklung der SuS liegt der Schwerpunkt auf dem lernerzentrierten und dem textzentrierten Ansatz des Literaturunterrichts (s. Kap. 1.4.2). Diese Ansätze haben unterschiedliche Ziele.

Beim *lernerzentrierten* Ansatz
- entwickeln Lernende Freude am Lesen (positive kognitive und emotionale Leseerfahrungen),
- entwickeln SuS Fähigkeiten zum kritischen Denken,
- lernen SuS, verschiedene Perspektiven einzunehmen,
- entwickeln SuS eine positive Einstellung zum Lesen.

Im *textzentrierten* Ansatz:
- können SuS die Struktur und den Aufbau eines literarischen Textes verstehen,
- können SuS sich ein Bild von Figuren machen,
- können SuS literarische Stile und Gattungen erkennen.

Über diese beiden Ansätze hinaus spielt der kulturbezogene Aspekt der literarischen Entwicklung eine Rolle. Am Ende soll auch erreicht werden, dass die SuS Texte lesen, die in der Literaturgeschichte und -kritik als wertvoll gelten.

In den ersten Lernjahren lernen die SuS, den Wert von belletristischen Werken für sich und andere einzuschätzen. Sie zeigen dies in der Bearbeitung von Aufgaben.

In der Oberstufe lernen die SuS, ihre Leseerfahrungen argumentativ zu begründen. Im Sprachenunterricht müssen SuS in der Lage sein, das Gelesene begründet darzustellen. Bevor sie dazu fähig sind, müssen sie viel üben und viele Lesekilometer zurücklegen, unabhängig davon, wie und in welcher Sprache sie von der Lektüre berichten werden.

In der Praxis schwankt die Anzahl der gelesenen Titel an den Schulen von einer festgelegten Mindestanzahl bis weit darüber hinaus; eine gute schulinterne Koordination fehlt häufig. In diesem Kapitel geht es darum, dass es sinnvoll ist, die Lernziele der literarischen Entwicklung an die verschiedenen Niveaus der SuS anzupassen.

Im Hinblick auf eine kontinuierliche Leselinie ist es ratsam, dass SuS von Beginn der Grundschule an mit einer Vielzahl von Texten in Berührung kommen und dass sie den nötigen Kontext und Bezugspunkte vermittelt bekommen. Die literarischen Erfahrungen und Kenntnisse, die sie im jeweiligen Unterricht sammeln, werden in und aus anderen Klassen übertragen.

Wahrnehmung des Textes

Untersuchungen im muttersprachlichen Unterricht zeigen, dass SuS in den unteren Klassenstufen am besten motiviert werden, wenn man Bücher wählt, die sie gerne lesen, sodass sie sich im Unterricht auf die Wahrnehmung des Textes konzentrieren können (van Schooten, 2005).

2.3 Wahl der Lerninhalte: Was sollen SuS lesen?

Dieses Kapitel widmet sich der Auswahl geeigneter Texte für den Sprachenunterricht. Es ist wichtig, nicht nur die Eigenschaften des Textes (in Bezug auf seinen Inhalt) und das Sprachniveau der Lernenden zu berücksichtigen, sondern auch deren Motivation und Interesse. Wir besprechen eine Reihe von Anhaltspunkten, die bei der Auswahl eines Textes helfen, wir schauen uns die Klassifizierung von Texten nach dem GeR-Niveau an und wir diskutieren verschiedene literarische Textgattungen.

2.3.1 Textauswahl

Um die SuS für den Sprachenunterricht zu motivieren, ist es wichtig, dass sie kürzere Texte bereits lesen können, bevor sie mit dem Lesen von Büchern beginnen. Besonders wenn es sich um ein dickeres Buch handelt, sollte der Text zu den Interessen und dem Niveau der SuS passen und auf verschiedene Arten verwendet werden können. Es ermuntert die SuS, wenn die Lehrkraft sie in die Auswahl eines Textes mit einbezieht.

Zur Beurteilung, ob ein Text (oder ein Film) für den Unterricht geeignet ist, bieten sich die folgenden Fragen an:

- Passt der Text/Film zu dem Lernziel, das Sie im Sinn haben?
- Passt der Text/Film zum Durchschnittsalter, zur intellektuellen und emotionalen Reife der Klasse?
- Passt der Text/Film zum Vorwissen der SuS? Allgemeinwissen und Lebenserfahrung, aber auch kulturelle und literarische Kenntnisse spielen eine Rolle. Welche inhaltlichen oder technischen Aspekte stechen im Text/Film hervor? Literarische Sprache und literarische Verfahren (z. B. [Durchbrechen der] Chronologie) sind relevant.
- Wie kann dem künstlerischen Charakter des Textes/Films (Literarizität) Rechnung getragen werden?
- Gibt es didaktisches Material zu dem Text/Film? Welche Anpassungen des didaktischen Materials sind ggf. notwendig, um die Lernziele und die Zielgruppe zu erreichen?
- Gibt der Text/Film Anlass zu Sprech- oder Schreibaufträgen?
- Wie können Werbestrategien (Plakat, Trailer, Verkaufsartikel, Interviews) in der Vorbereitung eingesetzt werden?
- Worauf sollen die SuS inhaltlich, sprachlich oder literarisch vorbereitet werden?
- Wie kann die Wahrnehmung des Textes/Films am besten erfolgen?
- Wie kann die Neugierde der SuS während des Lesens/Schauens aufrechterhalten werden?
- Welche Verbindungen bietet der Text/Film zu anderen (bekannten) Themen aus der eigenen Welt oder aus anderen Welten?

geeignet für alle Sprachen, alle Niveaus

Buchverkostung

Im Hinblick auf das Leseverhalten der SuS wird empfohlen, Buchverkostungen im Unterricht zu organisieren. Bei einer Buchverkostung erhalten die SuS bspw. kurze Auszüge aus fünfzehn Geschichten und dürfen sich dann anhand dieser Auszüge das Buch aussuchen, das ihnen am besten gefällt. (Stalpers, 2006).

2.3.2 Der GeR als Leitfaden

Abgesehen davon, dass der Inhalt eines Textes adäquat zu den einzelnen Lernenden passen sollte, sollte der Text auch ein angemessenes Sprachniveau haben. Für die Einstufung von Texten ist der GeR (s. Kap. 1.2.2) von praktischer Bedeutung. Im Begleitband zum GeR, erstmals auf Englisch und Französisch veröffentlicht (Council of Europe, 2018), werden folgende Deskriptoren für das Lesen als Freizeitaktivität aufgeführt, die für die literarische Kompetenz relevant sind. Tab. 2.1 zeigt, dass dazu einfache Geschichten, Comics und Bildergeschichten auf A2-Niveau gehören und dass die Textlänge mit steigendem GeR-Niveau zunimmt.

Tabelle 2.1: Übersicht Lesen als Freizeitbeschäftigung (Council of Europe 2020, S. 71 f.)

A1	Kann kurze illustrierte Geschichten über alltägliche Aktivitäten verstehen, die in einfachen Worten verfasst sind. Kann in groben Zügen kurze Texte in illustrierten Geschichten verstehen, vorausgesetzt, die Abbildungen helfen ihm/ihr, viel vom Inhalt zu erraten.
A2	Kann kurze Erzählungen und Beschreibungen aus dem Leben einer Person verstehen, die in einfachen Worten verfasst sind. Kann verstehen, was in einer Fotostory (z. B. in einem Lifestyle-Magazin) geschieht, und einen Eindruck davon bekommen, wie die Figuren sind. Kann viele der Informationen verstehen, die in einer kurzen Beschreibung einer Person (z. B. eines/einer Prominenten) gegeben werden. Kann die Hauptaussage eines kurzen Artikels über ein Ereignis verstehen, das einem vorhersehbaren Handlungsmuster folgt (z. B. über die Oscar-Verleihung), vorausgesetzt, er ist klar und in einfacher Sprache geschrieben.
B1	Kann Film- und Buchbesprechungen, Konzertkritiken usw. lesen, die für ein breiteres Publikum geschrieben sind, und dabei die Hauptpunkte verstehen. Kann einfache Gedichte und Liedtexte verstehen, die in unkomplizierter Sprache und unkompliziertem Stil geschrieben sind. Kann in Erzählungen, Reiseführern und Zeitschriftenartikeln, die in allgemein üblicher Alltagssprache verfasst sind, die Beschreibung von Orten, Ereignissen, offen geäußerten Gefühlen und Sichtweisen verstehen. Kann einen Reisebericht verstehen, in dem vor allem die täglichen Ereignisse während einer Reise sowie die Erfahrungen und Entdeckungen beschrieben werden, welche die Person gemacht hat. Kann dem Plot von Geschichten, einfachen Romanen und Comics folgen, die einen klaren linearen Handlungsstrang aufweisen und in allgemein üblicher Alltagssprache geschrieben sind, vorausgesetzt, er/sie kann regelmäßig ein Wörterbuch benutzen. Kann genügend verstehen, um kurze, einfache Geschichten und Comics zu lesen, die von vertrauten, konkreten Situationen handeln und in allgemein üblicher Alltagssprache geschrieben sind.

(Fortsetzung Tabelle 2.1)

B2	Kann mit einem hohen Grad an Unabhängigkeit Texte zur Unterhaltung lesen und dabei Lesestil und -geschwindigkeit den verschiedenen Texten anpassen (z. B. Zeitschriften, eher unkomplizierte Romane, Bücher zur Geschichte, Biografien, Reiseberichte, Reiseführer, Liedtexte, Gedichte); er/sie benutzt selektiv geeignete Nachschlagewerke. Kann Romane lesen, die einen ausgeprägten Plot (= Erzählhandlung) haben und in unkomplizierter, nicht allzu differenzierter Sprache verfasst sind, vorausgesetzt dass er/sie sich Zeit lassen und ein Wörterbuch benutzen kann.
C1	Kann eine Vielzahl an literarischen Texten lesen und würdigen, vorausgesetzt dass sie/er bestimmte Passagen noch einmal lesen kann und ab und zu Zugang zu Nachschlagewerken hat. Kann mit wenig Mühe zeitgenössische literarische Texte und Sachtexte lesen, die in Standardsprache verfasst sind, und dabei implizite Bedeutungen und Gedanken würdigen.
C2	Kann praktisch alle Arten geschriebener Sprache lesen, einschließlich klassischer oder umgangssprachlicher literarischer und nicht literarischer Texte verschiedener Gattungen, und dabei sowohl feine Unterschiede im Stil als auch implizite und explizite Bedeutungen würdigen.

Bei der Zusammenstellung von Prüfungen werden die GeR-Niveaus miteinbezogen. Tab. 2.2 indiziert die GeR-Niveaus, die mit einzelnen SuS generell in den Fremdsprachen angestrebt werden.

Tabelle 2.2: Referenzniveaus in Abschluss- und Abgangszeugnissen nach Schulform Hauptschule (HS), Realschule (RS), Gesamtschule (GE), Gymnasium GY), differenziert nach Grund- oder Erweiterungskurs (GK, EK), Abschlusstyp (Typ A, B), Gymnasialreform (G8, G9)

	Englisch				**andere FS ab K8**	**andere FS ab K6**	**andere FS ab K5**
Klasse/ Schulform	**HS**	**RS**	**GE**	**GY**	**GY/GE/RS**	**GY/GE/RS**	**GY**
5	A1+	A1+	A1+	A1+			A1
6	A1/A2	A2	A1/A2	A2		A1	A1+
7	A2	A2+	A2	A2+		A2	A2
8	A2 (GK), A2/B1 (EK)	A2/B1	A2 (GK), A2/B1 (EK)	A2/B1	A1/A2	A2 (GE, RS), A2/B1 (GY)	A2/B1
9	A2+ (GK), A2/B1 (EK)	A2/B1	A2+ (GK), A2/B1 (EK)	B1 (G8), A2/B1 (G9)	A2/B1 (G8), A2 (G9 GE, RS)	B1 (G8), A2/B1 (G9, GE, RS)	B1 (G8), A2/B1 (G9)
10	A2/B1 (Typ A), B1 (Typ B),	B1	A2/B1 (GK), B1 (EK),	B1 (G9)	A2/B1 (G9, GE, RS)	B1 (G9, GE, RS)	B1 (G9)

In verschiedenen Buchreihen zum Spracherwerb wird das GeR-Niveau erwähnt. Literarische Reihen werden manchmal auch nach anderen Kriterien klassifiziert. Die Cambridge-English-Readers-Reihe z. B. hat sieben Niveaustufen, wobei der ersten Stufe (Level 1: Beginner/Elementary) eine Nullstufe vorausgeht. Dieser Reihentyp dient vor allem der allgemeinen Lesekompetenz, verwendet allgemeine Niveaubezeichnungen für sprachliche Leistungen und legt keinen Schwerpunkt auf die literarische Kompetenz.

Eine breite Palette von Texten ist für SuS attraktiv. Ein steigender Schwierigkeitsgrad innerhalb der Genres motiviert die SuS. SuS, die z. B. gerne Krimis und Thriller lesen, könnten zuerst Easy Readers und später Originalausgaben lesen.

2.3.3 Textgenres: von Gedichten bis Graphic Novels

Traditionell wird in der Gattungstheorie zwischen Epik (erzählende Texte), Dramatik (Dramentexte) und Lyrik (Gedichte und Lieder) unterschieden. Zu diesen Genres gehören auch weniger bekannte Typen. In diesem Kapitel gehen wir kurz auf verschiedene Genres ein.

Gedichte

Gedichte bieten in einer sehr konzentrierten Form einen Zugang zu Sprache und Inhalt. Durch die oft ungewohnte und auch verfremdete Form von Gedichten sind SuS gezwungen, sehr genau zu lesen. Dies kann zum Sprachbewusstsein beitragen. In den Schulsprachen kommen die SuS mit unterschiedlichen Arten von Gedichten in Berührung. Tab. 2.3 versucht zu zeigen, welche Gedichttypen aufgrund ihres Schwierigkeitsgrades oder ihrer Einbettung in die Literaturgeschichte (s. Kap. 6) eher für Anfänger oder für Fortgeschrittene geeignet sind.

Tabelle 2.3: Eignung von Gedichttypen

Gedichttyp	**GeR-Niveau**	
	ab A2	**ab B1**
Elfchen	X	
Akrostichon	X	
Limerick	X	
Haiku	X	
Ballade		X
Sonett		X
Bildgedicht, konkrete Poesie	X	X
Ready made	X	X
Hymne		X
Ode		X
Elegie		X
freier Vers	X	X
Prosagedicht	X	X

Mit Gedichten kann man aufgrund ihrer Kürze in einer Unterrichtsstunde einiges erreichen. So ist es z. B. auch möglich, auf aktuelle Ereignisse zu reagieren, indem man ein Gedicht mit Bezug zu einem aktuellen Thema auswählt. Je nach Zielsetzung kann der Fokus auf die Ästhetik, die soziale Sichtweise oder den emotionalen Aspekt eines Gedichtes gelegt werden. Wir werden uns der Gedichtanalyse in Kapitel 2.5.3 widmen.

Aphorismen

Aphorismen sind kurz, aber wirkungsvoll. Aphorismen wurden geprägt von vielen Denker*innen und Schriftsteller*innen (Balthasar Gracián, Blaise Pascal, Friedrich Nietzsche, Karl Kraus, Francis Bacon, Oscar Wilde, Simone de Beauvoir), aber auch von Filmemacher*innen (Woody Allen) und Politiker*innen (Winston Churchill). Es ist sinnvoll, eine Sammlung von Aphorismen zu verschiedenen Themen anzulegen (s. Tab. 2.4). Aphorismen können verwendet werden, um die SuS zum Nachdenken anzuregen. Sie eignen sich zur Förderung des interkulturellen Bewusstseins und des Sprachbewusstseins und können in allen Arten von Arbeitsformen zur Förderung der Sprachkenntnisse eingesetzt werden.

Tabelle 2.4: Beispiel für eine Aphorismensammlung

Thema	Aphorismus	Autor*in
Bildung	„Die verstehen sehr wenig, die nur das verstehen, was sich erklären lässt."	Marie von Ebner-Eschenbach
	„No es estúpido el que comete una locura, sino el que no sabe ocultarla."	Baltasar Gracián
Erfolg	„Les succès produisent les succès, comme l'argent produit l'argent."	Nicolas Chamfort
	„Aufhören können, das ist nicht eine Schwäche, das ist eine Stärke."	Ingeborg Bachmann
Gleichstellung	„No country can ever truly flourish if it stifles the potential of its women and deprives itself of the contributions of half its citizens."	Michelle Obama
	„Freeing yourself was one thing, claiming ownership of that freed self was another."	Toni Morrison
Glück	"Whenever you get there, there is no there there."	Gertrude Stein
Lebenssinn	„Unsere Fragen an die Gottheit sind es, die uns reicher machen, nicht die spärlichen Antworten, die uns zuteil werden."	Arthur Schnitzler
Moderne Zeiten	„The means by which we live have outdistanced the ends for which we live. Our scientific power has outrun our spiritual power. We have guided missiles and misguided men."	Martin Luther King

(Fortsetzung Tabelle 2.4)

Thema	Aphorismus	Autor*in
Sprache	„Wer fremde Sprachen nicht kennt, weiß nichts von seiner eigenen."	Johann Wolfgang von Goethe
	„Thanks to words, we have been able to rise above the brutes; and thanks to words, we have often sunk to the level of the demons."	Aldous Huxley

Kurzgeschichten

Aufgrund ihrer Kürze haben Kurzgeschichten ein großes didaktisches Potenzial. Wir werden dies in Kapitel 2.5.6 erörtern. Es gibt Varianten von Kurzgeschichten mit 280 Zeichen (Twitteratur), mit 50 Wörtern (Minisaga) und mit 100 bis 1000 Wörtern. Kurzgeschichten eignen sich gut, um das zu üben, was die SuS später mit längeren Texten machen werden: die Analyse von Handlung, Zeit, Ort, Personen, Spannungseffekten, Aufbau; das Nachschlagen von Schlüsselstellen; das Hervorheben besonderer (schwieriger, rätselhafter, wichtiger, spannender) Passagen; das Arbeiten in verschiedenen Konstellationen (Einzel-, Paar-, Gruppenarbeit) oder mit einem Stationenmodell.

Auch Fabeln und Parabeln bieten gute Möglichkeiten im Sprachenunterricht. Ihre Länge und ihr Inhalt eignen sich häufig für pädagogische Zwecke, da sie eine eigene didaktische Struktur haben. Sagen sind ebenfalls nützlich, weil sie oft auf konventionelle Weise erzählt werden. Historische Sagen können für alle möglichen (interkulturellen) Zwecke geeignet sein. Beispiele für Sagen sind *Wilhelm Tell, Robin Hood, Tristan und Isolde.*

Auswahl von Kurzgeschichten

Es lohnt sich, selbst nach geeigneten Kurzgeschichten zu suchen. Miteinzubeziehen sind auch ultrakurze Texte (Very Short Story, Flash Fiction, Nanofiction, microrrelato, micronouvelle). Alleine oder in der Fachschaft ist eine niveaugerechte und thematische Auswahl zu treffen, die in Teilen einer Unterrichtsstunde oder für eine ganze Reihe von Unterrichtsstunden verwendet werden kann.

Beispiele für (ultra)kurze Geschichten:

„For sale: baby shoes, never worn."

(Ernest Hemingway)

„Ein Mann, der Herrn K. lange nicht gesehen hatte, begrüßte ihn mit den Worten: ‚Sie haben sich gar nicht verändert.' ‚Oh!', sagte Herr K. und erbleichte."
(Bertolt Brecht)

Märchen

Wenn SuS Märchen, die sie bereits kennen, in einer Fremdsprache lesen, können sie die Handlung besser nachvollziehen. Wenn das Märchen ursprünglich auch in dieser

Sprache geschrieben wurde (z. B. Perraults Märchen), stimmen Sprache und Kultur überein.

Märchenadaptionen sind anregend, weil die Grundidee bekannt ist. So erzählt z. B. *The True Story of the Three Little Pigs* (1989) die bekannte Geschichte vom Wolf und den drei kleinen Schweinchen aus der Sicht des Wolfes; und *Jim and the Beanstalk* (2003) von Raymond Briggs ist eine Variante von *Jack and the Beanstalk (Hans und die Bohnenranke)*.

Neue Märchen eignen sich für die literarische Lektüre, weil die Märchenstruktur, die verwendet wird, etwas bietet, an dem man sich festhalten kann. *The Wild Washerwomen* (1979) von John Yeoman ist nicht zuletzt wegen der Illustrationen von Quentin Blake zu einem Klassiker geworden. Der ironische Märchenton von *Die letzte Märchenprinzessin* (1997) von Elisabeth, Eva und Robert Menasse über den Medienrummel um die Königshäuser ist ebenfalls reizvoll, denn mit vertrauten Strukturen und anregenden Illustrationen wird auf Aspekte des Lebens der englischen Prinzessin Diana zurückgeblickt.

Drama

Im Allgemeinen werden Dramentexte selten in den Fremdsprachenunterricht aufgenommen, dafür kommen SuS im Fach Deutsch in Berührung mit einigen Konzepten und Beispielen (Tragödie, Komödie, bürgerliches Trauerspiel) und außerdem sollen sie Handlungszusammenhänge, -logik und -brüche bestimmen und analysieren können. Für literaturhistorische Zwecke werden Dramenfragmente gelesen oder gesehen, aber selten ein komplettes Stück. Neben den Klassikern gibt es viele kurze und längere zeitgenössische Stücke, die es wert sind, mit den SuS besprochen zu werden. Die Auswahl eines Textes hängt stark von zielgruppen- oder kulturbezogenen Überlegungen ab.

Das Anschauen von (Teilen) einer Aufführung bzw. Aufzeichnung hilft den SuS, den Text zu visualisieren. Beschränkt man sich darauf, den Text im Unterricht nur zu lesen, wird man seinem Potenzial nicht gerecht (s. Kap. 2.5.3 und 3.4.7).

Adoleszenzromane

Das breite Spektrum von Adoleszenzromanen reicht von Vampirbüchern (*Vampire Academy*, *Twilight*) und dystopischen Büchern (Geschichten mit einer negativen Utopie) bis hin zu realistischeren Young-Adult-Romanen und YAL (Young Adult Literature) in Versen (*The Poet X* und *Lawless Spaces*) (s. Tab. 2.5).

Tabelle 2.5: Auswahl englischsprachiger Adoleszenzromane (YAL)

J. K. Rowling	*Harry Potter* (1997–2007)
Mark Haddon	*The Curious Incident of the Dog in the Night-Time* (2003)
John Green	*Looking for Alaska* (2005)
Markus Zusak	*The Book Thief* (2005)
Stephenie Meyer	*The Twilight Saga* (2005–2008)

(Fortsetzung Tabelle 2.5)

John Boyne	*The Boy in the Striped Pyjamas* (2006)
Gary D. Schmidt	*The Wednesday Wars* (2007)
Suzanne Collins	*The Hunger Games* (2008–2010)
Meg Rosoff	*There is No Dog* (2011)
Stephen Kelman	*Pigeon English* (2011)
John Green	*The Fault in our Stars* (2012)
Andrew Smith	*Winger* (2013)
Angie Thomas	*The Hate U Give* (2017)
Holly Bourne	*It Only Happens in the Movies* (2017)
Elizabeth Acevedo	*The Poet X* (2018)
Sally Rooney	*Normal People* (2019)
Corey Ann Haydu	*Lawless Spaces* (2022)
Rachel Lynn Solomon	*See You Yesterday* (2022)
Sara Sharaf Beg	*Salaam, with Love* (2022)

Manche Jugendromane sind multimodal: Der Text wird mit anderen Darstellungsformen vermischt, wie Fotos, Notizbüchern, topografischen Karten, Bleistiftskizzen, Karikaturen, Schaubildern, Diagrammen. Beispiele für solche multimodalen Romane sind *The Absolutely True Diary of a Part-Time Indian* (2007) von Sherman Alexie, *Diary of a Wimpy Kid* (2007–2022, 17 Bände) von Jeff Kinney und *Dork Diaries* (2009–2022, 15 Bände) von Rachel Renée Russell. Der Übergang von multimodalen Romanen zu Graphic Novels ist fließend.

Bildromane

Täglich nutzen wir alle Arten von Bildschirmen, Piktogrammen, Spielkonsolen, Illustrationen, Werbung und Animationen. Diese visuelle Kultur beeinflusst unser ästhetisches Bewusstsein: unsere Vorstellungen davon, was schön, hässlich oder einfach nur funktional ist. Literarische Kompetenz ist nur ein Teil der ästhetischen Kompetenz: Bildliche, auditive, audiovisuelle und multimediale Kompetenz gehören ebenfalls dazu. Die Leseerfahrung wird durch all diese Kompetenzen ergänzt.

Manche Erzählungen verwenden grafische Elemente. Sie haben den großen Vorteil, dass Lesende auf einen Blick Ort, Zeit, Perspektive und Emotionen erkennen können. Dadurch wird das Lesen erleichtert. Krashen betont, dass die Lektüre von Comics bei der Vorbereitung auf schwierigere Literatur helfen kann. Er weist auch darauf hin, dass das Lesen von Comics für die Sprachentwicklung und die schulischen Leistungen nicht schädlich ist (Krashen, 2004, S. 91–110).

SuS dazu zu bringen, Bildergeschichten (Comics und Graphic Novels) zu lesen, entspricht in vielen Fällen ihrem Leseverhalten in der Freizeit. Damit wird die Lücke zwischen Pflichtlektüre und Freizeitlektüre geschlossen. So kann die Freude am Lesen gesteigert werden und die SuS finden schneller den Weg zu ernsthafterer, vielleicht sogar kanonischer Literatur. Auch in einer Fremdsprache können SuS eine Bildergeschichte lesen.

Als Vorteile des Lesens von fremdsprachigen Graphic Novels werden häufig genannt (Uslan & Rubey, 1973; Hallet, 2012):

- Bildergeschichten entsprechen den visuellen Bedürfnissen der SuS.
- Der Kontext des Gesagten ist in einer Bildergeschichte in der Regel klar, was schwächere Lesende unterstützt.
- In vielen Fällen geht es bei Graphic Novels um kommunikative Situationen.
- Die Satzstruktur ist in Bildergeschichten in der Regel einfach.
- Bildergeschichten eignen sich für den Unterricht über Einstellungen und Fakten.
- Bildergeschichten fördern die narrative Kompetenz.
- Bildergeschichten sind ein geeignetes Sprungbrett zu schwierigerer Literatur.

Die Verwendung von Bildergeschichten hat jedoch nicht nur Vorteile. Alles hängt von der Auswahl des Textes ab. Auch in einem Comic kann die Welt, in der sich eine Handlung abspielt, sehr ungewohnt sein, und der Sprachgebrauch kann dem unmittelbaren Verständnis im Wege stehen.

Um visuellen Geschichten gerecht zu werden, muss der Beziehung zwischen Bild und Text große Aufmerksamkeit geschenkt werden. Was in Kapitel 5 über den Film gesagt wird, gilt in hohem Maße auch für Bildromane. Nicht umsonst betont ein Einführungsbuch zu Graphic Novels in seiner Analyse die Kohärenz, mit der die Zeichnungen in zahlreichen Panels organisiert sind, wie Text und Bild aufeinander abgestimmt sind und wie stilistische Eigenheiten aussehen (Baetens, 2014, S. 103).

Comics lesen oder selber machen

Einen vertiefenden Einstieg in die Comic-Welt bietet *Understanding Comics: The Invisible Art* (1993; *Comics richtig lesen – Die unsichtbare Kunst*) von Scott McCloud; hierin werden die Prinzipien des Genres im Comicstil erläutert. Zum Handwerk des Zeichnens bietet McCloud eine Basis mit seinem Buch *Making Comics: Storytelling Secrets of Comics, Manga and Graphic Novels* (2006; *Comics machen: Alles über Comics, Manga und Graphic Novels*).

Graphic Novels

Graphic Novels sind romanähnliche Geschichten in Comicform mit einem größeren künstlerischen Anspruch als Comics. Mehr als in gewöhnlichen Comics wird zwischen Bild und Text experimentiert, und in der Regel sind die Figuren auch nicht so oberflächlich. Eine Graphic Novel aktiviert die sogenannte Multimediakompetenz der Lernenden, da sie sich auf Wissen aus verschiedenen Medien stützt. Das Zusammenspiel von Text und Bild macht das Medium Comic für SuS nicht unbedingt einfacher zu verstehen als Bücher ohne Bilder. Im Allgemeinen sind die Hauptziele beim Einsatz von Graphic Novels im Unterricht die Entwicklung literarischer Kompetenz, die Leseförderung und ein intensives Verständnis des behandelten Themas einer Unterrichtsreihe.

Durch die beiden Bände *A Survivor's Tale* (1986, 1991) von Art Spiegelman hat ein breites Publikum Zugang zu Graphic Novels gefunden. Inzwischen gibt es zahlreiche Graphic-Novel-Adaptionen bekannter literarischer Texte, von denen einige die literarische Vorlage erheblich verändern, wie z. B. *Gemma Bovery* (1999) von Posy Simmonds, eine Graphic Novel, die auf *Madame Bovary* (1857) basiert und 2014 verfilmt wurde. Näher am Original ist die Adaption einer Novelle durch Thierry Murat: *Der alte Mann und das Meer. Nach Ernest Hemingway* (2016). *Münchhausen: Die Wahrheit übers Lügen* von Flix und Bernd Kissel (2016) hingegen erweitert das Original um eine Erzählebene. Es gibt auch hochwertige Graphic Novels, die für sich alleine stehen, z. B. *Persepolis* (2000, 2003), eine autobiografische Erzählung von Marjane Satrapi, die in zwei Bänden erschien, sehr erfolgreich war und verfilmt wurde.

Ein praktischer Nachteil von Graphic Novels ist ihr höherer Anschaffungspreis im Vergleich zu den Taschenbuchausgaben von Romanen. Graphic Novels gibt es in allen möglichen Genres und Zeichenstilen (Minimalismus, Fantasy, Pop, Horror usw.). Die komplexen oder, im Gegenteil, scheinbar einfachen Zeichnungen sagen nichts aus über die Komplexität einer Geschichte. Daher ist eine gewisse Orientierungshilfe bei der Auswahl erforderlich. Zu achten ist außerdem auf die Lesbarkeit des Textes: Sind die Buchstaben regelmäßig, gedruckt oder handgeschrieben, wird zwischen Groß- und Kleinschreibung unterschieden? Die Forschung hat gezeigt, dass die Arbeit mit Graphic Novels im Sprachenunterricht nicht automatisch erfolgreich ist, nur weil Bilder verwendet werden: eine sorgfältige Auswahl ist entscheidend (Mempel, 2010).

Angesichts der Feststellung, dass Prosatexte die Lesefertigkeit besser stärken als Comics (Jerrim, Lopez-Agudo & Marcenaro-Gutierrez, 2020), sollte die Lektüre von Graphic Novels vornehmlich der Motivation und der thematischen Beschäftigung dienen.

Übersicht zu Graphic Novels

Eine Übersicht von englischsprachigen Graphic Novels vermitteln *101 Outstanding Graphic Novels* und *The Rough Guide to Graphic Novels.*

Achten Sie innerhalb Ihres Schulfachs auf eine breite thematische Auswahl von Graphic Novels (s. Tab. 2.6, 2.7).

Tabelle 2.6: Thematische Auswahl deutschsprachiger Graphic Novels

Autor*in und Titel	**Schlagwörter**
Paula Bulling: *Im Land der Frühaufsteher* (2012)	Flüchtlinge, Interkulturalität
Christopher Burgholz: *Penner* (2014)	Obdachlose, Gesellschaft
Jennifer Daniel: *Das Gutachten* (2022)	RAF, Nachkriegsgesellschaft
Flix: *Don Quijote* (2012)	Windmühlen, Demenz, Intertextualität
Melanie Garanin: *NILS: Von Tod und Wut. Und von Mut* (2020)	Trauer, Tod
Lukas Jüliger: *Vakuum* (2013)	Coming of Age, Adoleszenz
Lukas Jüliger: *Unfollow* (2020)	Umwelt, Nachhaltigkeit, Existenz
Reinhard Kleist: *Der Traum von Olympia* (2015)	Menschenrechte, Flüchtlinge
Yi Luo: *Running Girl* (2016)	Immigration, Interkulturalität
Ulli Lust: *Heute ist der letzte Tag vom Rest deines Lebens* (2009)	Coming of Age, Roadtrip, Punks, Interkulturalität, Sexualität
Marijpol: *Eremit* (2013)	Existenz, Fantasy
Josephine Mark: *Trip mit Tropf* (2022)	Krebserkrankung, Roadtrip
Mawil: *Die Band* (2004)	Musik, Jugendkultur
Mawil: *Kinderland* (2014)	DDR, Schule
Mawil: *Wir können ja Freunde bleiben* (2003)	Beziehungen
Volker Reiche: *Kiesgrubennacht* (2013)	Nachkriegszeit, Generationen
Simon Schwartz: *drüben!* (2009)	DDR, Flucht
Olivia Vieweg: *Endzeit* (2014)	Postapokalypse, Zombies, Tod, Hoffnung

Tabelle 2.7: Beispiele für Adaptionen in deutschsprachigen Graphic Novels

Friedrich Dürrenmatt: *Der Richter und sein Henker* (Schlup, 1996)
J.W. von Goethe: *Faust* (Flix, 2014)
E.T.A. Hoffmann: *Der Sandmann* (Konstantinov, 2019)
Franz Kafka: *Die Verwandlung* (Corbeyran, 2010)
Franz Kafka: *Das Urteil* (Stetter, 2015)
Erich Kästner: *Emil und die Detektive* (Kreitz, 2012)
Volker Kutscher: *Der nasse Fisch* (Jysch, 2018)
Thomas Mann: *Der Tod in Venedig* (Kuhlendahl, 2019)
Sven Regener: *Herr Lehmann* (Dinter, 2014)
Erich Maria Remarque: *Im Westen nichts Neues* (Eickmeyer, 2014)
Claudia Rusch: *Meine freie deutsche Jugend* (Henseler & Buddenberg 2020)
Arthur Schnitzler: *Fräulein Else* (Fior, 2010)
Arthur Schnitzler: *Traumnovelle* (Hinrichs, 2012)

Es gibt englischsprachige Graphic Novels, die Adaptionen von Klassikern sind und in unterschiedlicher Fassung vorliegen. Der Verlag www.classicalcomics.com bietet von Shakespeares Dramen die Bearbeitung des originalen Textes, eine Übertragung ins moderne Englisch und eine vereinfachte Fassung („Quick Text"); von weniger alten Texten (Emily Brontë: *Wuthering Heights*, Charles Dickens: *Great Expectations*) gibt es nur die Originalvariante und die Vereinfachung.

2.4 Strukturierung der Lerninhalte: Wie lassen wir SuS lesen?

In diesem Kapitel wird ein Stufenmodell erörtert, das zur Differenzierung nach dem literarischen Kompetenzniveau der SuS verwendet werden kann. Anschließend wird darauf eingegangen, wie man bei der Auswahl geeigneter Titel das richtige Gleichgewicht findet zwischen literarischer Qualität und sprachlicher Komplexität. Schließlich geben wir Tipps und Hinweise zur Erstellung eines literarischen Lehrplans.

2.4.1 Literarisches Kompetenzmodell

Das Stufenmodell nach Witte (2008), das für die Erstsprache entworfen und auch für Fremdsprachendidaktik geeignet ist (van der Knaap, 2014), ist generell für den Sprachenunterricht und insbesondere in der jungen Adoleszenz (ca. ab 15 Jahre) brauchbar. Tab. 2.8 beschreibt pro Niveau der literarischen Kompetenz die Lernziele, die Merkmale der SuS und der Bücher.

Tabelle 2.8: Merkmale der SuS, der Bücher und Lernziele der sechs Niveaus

Niveau	Merkmale der SuS	Merkmale der Bücher	Lernziele
Niveau 1: erlebendes Lesen	• wenig Erfahrung im literarischen Lesen • liest nur, weil es sein muss • geringes Lesetempo • mag es nicht, lange über ein Buch zu reden • braucht schnelle Erfolgserlebnisse beim Lesen	• nicht zu umfangreich • vertraute Themen, Bezüge zum eigenen Umfeld, aber auch fantastische Welten • Geschehnisse wechseln sich in hohem Tempo ab • einfache Struktur • befriedigendes Ende • amüsiert Lesende (spannend, dramatisch, humoristisch, sensationell)	• Elementarverstehen entwickeln • Lesemotivation fördern

(Fortsetzung Tabelle 2.8)

Niveau	Merkmale der SuS	Merkmale der Bücher	Lernziele
Niveau 2: identifikatorisches Lesen	• hat einige lohnende Leseerfahrungen • hat Freude daran, Figuren, Situationen und Geschehnisse in einem Buch zu erkennen • hauptsächlich an konkreten sozialen Problemen interessiert (Drogenmissbrauch, Gewalt, Krieg, Machtstreben usw.) • mag es, mit anderen über ein Buch zu reden • will sich vor allem mit einem Buch erholen	• den Jugendlichen vertraute Themen und Figuren • dramatische, spannende Geschichte • wenig Erzählhürden (Zeitsprünge, Perspektivwechsel, Erzählstränge, Leerstellen) • in manchen Fällen ein offenes Ende	• erkennendes Lesen lernen • Interesse für bestimmte Genres und Themen entwickeln
Niveau 3: reflektierendes Lesen	• positive Erfahrungen in der Lektüre einfacher Romane • Interesse für Erwachsenenthemen • erfährt gerne von anderen, was diese von einem Buch halten, und ist zur Diskussion bereit • will durch das Buch neue Welten entdecken und angeregt werden, über neue Sichtweisen nachzudenken	• Thema schließt nicht unbedingt an den Erfahrungshorizont Jugendlicher an • thematisiert oftmals soziale, psychologische oder moralische Fragen • bietet lebensphilosophische Ideen • gelegentlich komplex (Perspektivwechsel, Zeitsprünge, verschiedene Handlungsstränge) • tiefere Bedeutungsschicht ist vorhanden	• reflektierendes Lesen • Erweiterung des Horizontes • Interesse für Erzähltechnik entwickeln
Niveau 4: interpretierendes Lesen	• Interesse für literarische Romane und relativ viel Erfahrung • erzähltechnisches Interesse • Interesse an sozialen und psychologischen Problemen jenseits der eigenen Erfahrungen und Interessen • ist bereit, tiefere Bedeutungsschichten in einem Text zu entdecken	• kann viel Durchsetzungsvermögen und Lektürezeit verlangen • setzt viel allgemeine, manchmal auch spezifische (etwa kulturhistorische) Kenntnisse voraus • Handlungsablauf und Benehmen der Figuren sind weniger gut voraussagbar • Erzählstruktur kann komplex sein und viel Anstrengung verlangen • oft mehrdeutig	• interpretierendes und ästhetisches Lesen • interne Zusammenhänge (Kausalität, Motive) formulieren • ästhetisches Bewusstsein entwickeln (Literatur als Kunstform)

(Fortsetzung Tabelle 2.8)

Niveau	Merkmale der SuS	Merkmale der Bücher	Lernziele
Niveau 5: literarisches Lesen	• Interesse für literarische Klassiker und wichtige Autoren • Interesse am Kontext eines literarischen Werks • würdigt den literarischen Stil • kann auf mehreren Niveaus im Text Zusammenhänge entdecken • kann das Buch mühelos mit anderen Medien und Geschehnissen in Zusammenhang bringen • offen für vielfältige Themen (historische, politische, philosophische Konflikte)	• kulturelles, poetologisches und literarisches Wissen werden angeregt • Figuren und Inhalt können komplex, zwiespältig und/oder unberechenbar sein • Stil und literarische Konventionen sind anspruchsvoll (z. B. historisch, regional, experimentell) • komplexe Struktur (z. B. unvorhersehbares Beziehungsgeflecht) und implizite, vielfältige Deutungshinweise, verschiedene Bedeutungsebenen ohne konkret zu werden (Vielfalt an Themen und Kontexten)	• von einer textnahen Interpretation zu einer Einordnung in größere Kontexte • textinterne und textexterne Zusammenhänge feststellen • Interesse für die Poetik und den Stil der Autor*innen entwickeln
Niveau 6: akademisches Lesen	• interessiert an anspruchsvollen literarischen Texten, lässt sich auf die Bücher und deren jeweiligen Kontext ein • breite Kenntnis literarischer Texte aus verschiedenen Epochen, Stilen und Kulturen • kann Literatur aus verschiedenen Perspektiven erschließen (psychologisch, politologisch, soziologisch, philosophisch, kulturell usw.) und interpretieren • nimmt intertextuelle Zusammenhänge wahr	• verlangt viel allgemeines, kulturelles und literarisches Wissen • verlangt manchmal auch Spezialwissen im literaturhistorischen Kontext • implizite Anspielungen auf klassische Motive (Bibel, Mythologie usw.) können enthalten sein • raffinierter, manchmal experimenteller Stil • reichhaltige Bedeutungsschichten • intertextuelle, metafiktionale, konkrete und abstrakte Motive und sehr subtile Leitmotive lassen sich finden	• literaturwissenschaftliche Haltung entwickeln

Die Niveaus 1, 2 und 3 in diesem Stufenmodell entsprechen eher dem lernerorientierten Lehrkraftprofil und die Niveaus 4, 5 und 6 entsprechen eher dem kulturorientierten Lehrkraftprofil (s. Kap. 1.3.6). Stufe 6 ist ein Niveau, das in der akademischen Phase erreicht werden soll. Studierende im ersten Semester sollten daher auf Niveau 4 lesen können.

Das Stufenmodell bietet Möglichkeiten, Unterschiede zwischen den SuS zu berücksichtigen. Das Modell kann zur Strukturierung des Lehrplans und zur Differenzierung literarischer Texte nach Niveaustufen verwendet werden, um die Entwicklung der literarischen Kompetenzen und der Leselust der SuS zu fördern. Die sechs Stufen literarischer Kompetenz bieten SuS und Lehrkräften gleichermaßen einen Bezugsrahmen; sie ermöglichen eine Tempo- und Niveaudifferenzierung im Unterrichtsalltag.

SuS können die verschiedenen Niveaus mehr oder weniger gut erreichen. Im Durchschnitt können sich die SuS auf Deutsch besser über ihre Lektüre verständigen als z. B. auf Französisch. Wie das in der Muttersprache erreichbare literarische Kompetenzniveau auf das Niveau in einer Fremdsprache übertragbar ist, wird noch erforscht (van der Knaap, 2015).

Zu Orientierungszwecken wurden in Tab. 2.9 einige Titel in verschiedenen Sprachen nach dem Stufenmodell klassifiziert.

Tabelle 2.9: Beispiele für Titel auf bestimmten Niveaus

Niveau	Englisch	DaF/Deutsch	Französisch	Spanisch
1	Marilyn Sachs: *Underdog* (1985)	Mirjam Pressler: *Bitterschokolade* (1980)	Pierre Delaisne: *Mais où est Louise?* (2010)	Elvira Lindo: *Manolito Gafotas* (1994)
2	James Duffy: *Missing* (1988)	Barbara Bollwahn: *Der Klassenfeind und ich* (2007)	Faïza Guène: *Kiffe kiffe demain* (2004) Nicolas Ancion: *La cravate de Simenon* (2012)	Juan Pablo Villalobos: *Fiesta en la madriguera* (2010)
3	Mark Haddon: *The Curious Incident of the Dog in the Night-time* (2003) Angie Thomas: *The Hate U Give* (2017)	Wolfgang Herrndorf: *Tschick* (2010) Dirk Reinhardt: *Über die Berge und über das Meer* (2019)	Éric-Emmanuel Schmitt: *Monsieur Ibrahim et les fleurs du coran* (2001) Yasmina Khadra: *Les Hirondelles de Kaboul* (2002)	Laura Esquivel: *Como agua para chocolate* (1989) José Ángel Mañas: *Historias del Kronen* (2006)
4	Jerzy Kosinski: *Being There* (1971) Chaim Potok: *The Chosen* (1971) Ray Bradbury: *Fahrenheit 451* (1953)	Bernhard Schlink: *Der Vorleser* (1995)	Amelié Nothomb: *Stupeur et tremblements* (1999) Philippe Grimbert: *Un secret* (2004)	Gabriel García Márquez: *Crónica de una muerte anunciada* (1981)
5	J. M. Coetzee: *Life & Times of Michael K* (1983)	Franz Kafka: *Die Verwandlung* (1915)	Victor Hugo: *Claude Gueux* (1834)	
6	Virginia Woolf: *Mrs. Dalloway* (1925)	Georg Büchner: *Woyzeck* (1836)		

Es gibt verschiedene Hilfsmittel, mit denen SuS Bücher finden können, die ihrem Niveau entsprechen, und mit denen sie auf die nächste Stufe aufsteigen können. So gibt es z. B. Kataloge mit Büchern, die auf den sechs Lesestufen beschrieben sind. Mit diesen Katalogen können SuS ein Buch finden, das ihren Interessen und ihrem Niveau entspricht. Die Website www.lezenvoordelijst.nl, in die das Stufenmodell integriert ist, bietet solche Bücherkataloge.

Die Website www.lezenvoordelijst.nl nutzt die sechs Stufen literarischer Kompetenz von Witte (2008) und bietet derzeit Kataloge für Niederländisch, Deutsch bzw. DaF/DaZ und Friesisch. Die Website soll zur Entwicklung der literarischen Kompetenz von SuS und zur Differenzierung beitragen. Ausgangspunkt der Kataloge ist, dass junge Lesende Bücher auswählen, die zu einer positiven Leseerfahrung beitragen. Durch das gemeinsame, fächerübergreifende System kann eine optimale didaktische Effizienz erreicht werden. Die Informationen in den jeweiligen Katalogen werden hauptsächlich in der jeweiligen Sprache formuliert, entsprechend dem Prinzip Zielsprache = Unterrichtssprache. Auf diese Weise lernen SuS, sich in der Sprache, die sie lernen, zu verständigen. Der Sprachgebrauch in den fremdsprachlichen Katalogen wird im Hinblick auf den GeR analysiert, um die Verbindung zwischen Literatur und GeR zu verdeutlichen. Dem Niveau 1 gehen vereinfachte Lesetexte (Easy Readers) voraus.

Auf der Basis dieses Stufenmodells wurde im Projekt Literary Framework for Teachers in secondary education (LiFT-2, http://www.literaryframework.eu) ein europäischer Referenzrahmen Literatur entwickelt (Witte & Sâmihăian, 2013). Dort finden sich auch Angaben für Deutschlehrkräfte.

www.lezenvoordelijst.nl

Unter www.lezenvoordelijst.nl kann nach Titeln, Themen, GeR-Stufe oder nach literarischer Kompetenzstufe gesucht werden. Zu jedem Titel gibt es eine Beschreibung, die den Inhalt, Informationen zum Autor und Reaktionen von Lesenden enthält. Darüber hinaus werden Lesehinweise und Reflexionsfragen bereitgestellt, aber die Handlung des Buches wird nicht verraten. Das Vorwissen der SuS wird aktiviert und eventuelle Barrieren werden abgebaut. Die SuS erhalten auch Tipps für andere Titel, die sie interessieren könnten.

Neben einer allgemeinen Seite gibt es auch eine Seite für Lehrkräfte. Diese enthält eine kurze didaktische und literarische Analyse der Faktoren, die bestimmten Lesenden das Lesen erschweren, unterteilt in vier Dimensionen, anhand derer der Schwierigkeitsgrad eines Buches schnell ermittelt werden kann.

In den Katalogen werden pro Titel mindestens zwei Aufgaben auf, unterhalb und oberhalb des Niveaus angeboten. Dies ermöglicht eine Differenzierung nach Schwierigkeitsgraden. Die SuS können Aufgaben für eine bestimmte Stufe oder für mehrere Stufen erhalten.

Durch die Verwendung desselben didaktischen Konzepts in mehreren Fächern wird die Kommunikation zwischen Lehrkräften und SuS erleichtert und die systematische Trennung zwischen Schulsprachen und Abteilungen kann aufgehoben werden.

Niveaudidaktik im Unterricht

Es ist leicht, die SuS die Niveaubeschreibungen lesen und aus einer Reihe von Titelbeschreibungen auswählen zu lassen. Um die Autonomie der SuS zu fördern, muss ihnen geholfen werden, sich selbst zu steuern, damit sie lernen, ihren eigenen Lernprozess zu planen und zu organisieren, zu überwachen, zu bewerten und zu reflektieren (Bimmel, 2012). Eine fruchtbare Zusammenarbeit zwischen der Lehrkraft und den SuS ist für die Motivation von wesentlicher Bedeutung. Wichtig ist, dass die Anzahl der Bücher, die die SuS lesen müssen, überschaubar ist, dass die Leseaufgaben verteilt werden können und dass die SuS selbst Titel beisteuern können.

Wie können SuS bei literarischer Lektüre gut begleitet werden, wenn das Stufenmodell verwendet wird?

- Der Austausch von Informationen im Kollegium im weitesten Sinne ist dafür unerlässlich. Was und wie lesen SuS in anderen Sprachen? Führen Sie regelmäßig teamübergreifende Gespräche. Eine kleine Datenbank, die pro Schüler*in einen Überblick über die in den Schulsprachen gelesenen Texte gibt, spart viel Zeit.
- Machen Sie im Unterricht deutlich, welches Niveau die SuS letztendlich erreichen müssen.
- Skalieren Sie das Leseniveau der SuS selbst.

geeignet für alle Sprachen, alle Niveaus

Schritt-für-Schritt-Plan für die Einstufung in literarische Lesestufen

Die Einstufung in literarische Lesestufen kann in den folgenden sieben Schritten vorgenommen werden, wobei die Beratung ein wichtiges Element ist:

1. Verwenden Sie den Selbsttest aus dem → Anhang. Alle SuS sollen ihr eigenes Niveau für Deutsch einschätzen. Was passt am besten zu ihnen? Die SuS dürfen nur eine Stufe ankreuzen.
2. Lassen Sie die SuS Bücher der entsprechenden Kategorie in der Schulbibliothek anschauen. Lassen Sie sie drei Titel nennen, die sie gerne lesen würden.
3. Beraten Sie! Führen Sie Einzelgespräche mit den SuS und geben Sie ihnen Ratschläge für die Auswahl der Titel.
4. Bestimmen Sie das durchschnittliche Niveau der Klasse. Diskutieren Sie die Ergebnisse mit den SuS. Was ist der Durchschnittswert, was sind Ausreißer? Diskutieren Sie in der Unterrichtsstunde mit den SuS einen anspruchsvollen, attraktiven Titel. Achten Sie auf die Lernziele der jeweiligen Stufe.
5. Besprechen Sie Erfolge und Schwierigkeiten während des Schuljahres, sowohl in der Klasse als auch individuell.
6. Überprüfen Sie, wie die SuS Zuordnungen vornehmen. Wie reflektieren sie, was sie gelesen haben?
7. Beratung einzelner SuS bei der Auswahl von Texten ist unerlässlich. Sind sie bereit für ein höheres Niveau? Setzen Sie den Stufenplan im neuen Schuljahr fort.

Nadelöhr Angebot

Leider ist das Angebot an geeigneten fremdsprachigen Titeln verschiedener Niveaus in Schulbibliotheken und öffentlichen Bibliotheken oft begrenzt. Dies ist zum Teil auf das Budget und das Fachwissen zurückzuführen. In Schulen ist ein vielfältiges Angebot an Titeln notwendig und attraktive Ausgaben sind wünschenswert; ein bloßer Verweis auf die öffentliche Bibliothek ist nicht sinnvoll, solange das Angebot dort nicht ausreichend ist. Ein positives Leseklima in der Schule oder zu Hause begünstigt das Ausleihverhalten in der (Schul-)Bibliothek. Lehrkräfte können damit beginnen, die Schulbibliothek mit Wunschtiteln oder bewährten Titeln aus Katalogen zu verstärken. Kauft man die Titel in doppelter Ausführung, belaufen sich die Kosten für 100 Titel in einer Taschenbuchausgabe auf ca. 2500 €. Mehrere Jahrgänge von SuS werden davon profitieren können.

2.4.2 Zur Balance zwischen Literarizität und Sprachstruktur

Die von SuS durchschnittlich erreichten literarischen Kompetenzniveaus stimmen gut mit den erreichten Lesefähigkeiten auf GeR-Niveau überein. Zu berücksichtigen ist allerdings, dass jeder literarische Text mehrere Stile enthalten kann und sich daher einer Einstufung nach dem GeR widersetzen kann: Dialoge können auf einem niedrigeren GeR-Niveau liegen als ein Brief, ein Traum oder ein philosophischer Essay, die in demselben Text vorkommen.

Bei der Auswahl der Titel ist auf ein ausgewogenes Verhältnis zwischen Literarizität und Sprachstruktur zu achten. Wenn die literarische Form komplex ist, sollte die sprachliche Struktur weniger komplex sein. Das Gleiche gilt auch umgekehrt. Der Grundsatz, dass Inhalt und Sprache in einem ausgewogenen Verhältnis zueinander stehen müssen, lässt sich aus der Didaktik des zweisprachigen Unterrichts ableiten (Cummins, 1984) und ist auch für den fremdsprachigen Unterricht relevant.

Im Literaturunterricht wird eine ansteigende Linie verfolgt, die mit sprachlich und literarisch einfachen Texten beginnt und mit sprachlich und literarisch komplexen Texten endet. Verlangt ein Text von den Lesenden viel Vorstellungskraft, kontextuelles Verständnis und Vertrautheit mit literarischen Prozessen, dann ist es gut, wenn der Text sprachlich weniger komplex ist. Andererseits ist es gut, wenn ein sprachlich anspruchsvoller Text literarisch leichter zugänglich ist. In den meisten Fällen sind fremdsprachige literarische Titel zu vermeiden, die sprachlich sehr komplex sind und gleichzeitig ein hohes Niveau haben, es sei denn, es kann in Bezug auf das Niveau differenziert werden. Daher ist bei der Auswahl und dem Angebot von Texten auf ein ausgewogenes Verhältnis zwischen Sprache und literarischer Form zu achten. Da die Entwicklung von SuS sehr unterschiedlich verläuft, sollten sowohl Texte zur Verfügung stehen, die sprachlich weniger komplex, dafür aber kognitiv sehr anspruchsvoll sind, als auch Texte, die zusätzlich sprachlich herausfordernd sind.

Vereinfachte Lektüren

Ab dem A1-Niveau können die SuS bereits speziell für sie geschriebene Ausgaben lesen. Wenn ihnen dies leichtfällt, können sie vereinfachte Lektüren bekannter Titel lesen: angepasste Lernendenausgaben (Easy Readers oder leichte Lektüre). In praktischer Hinsicht kann man bei der Gestaltung des Lehrplans darauf achten, ob eine Geschichte bereits bekannt ist (z. B. durch eine Verfilmung), ob es vereinfachte Lektüren eines Textes gibt usw. Vereinfachte Ausgaben sind entweder sog. leichte oder einfache Lektüren, d. h., entweder streben diese Texte maximale sprachliche Einfachheit an, oder es sind Textausgaben bekannter Werke, die vorwiegend vereinfacht sind.

In den folgenden Fällen ist eine vereinfachte Ausgabe zu empfehlen:

- wenn das Original für (leseschwache) SuS zu schwierig ist;
- wenn es vornehmlich um einen bestimmten Inhalt geht (z. B., weil die SuS im kulturorientierten Unterricht „die Klassiker" kennenlernen sollten);
- wenn Textversionen verglichen werden sollen;
- wenn nach dem Konzept des freien Lesens verfahren wird;
- wenn SuS geholfen werden soll, einen schwierigeren Teil des Originals zu bearbeiten.

Hat man kulturorientierte Ziele, dann gibt es allerdings manchmal keine andere Möglichkeit, als eine Übersetzung ins Deutsche auf einem bestimmten Niveau zu lesen.

Auch von bekannten, kanonischen Literaturtiteln gibt es vereinfachte Ausgaben (Graded Readers). In der Penguin-Readers-Reihe finden sich zum Beispiel auf Stufe 2 (A2-Niveau) *Moby Dick* (Herman Melville) und *Robinson Crusoe* (Daniel Defoe), auf Stufe 3 (A2-Niveau) *The Turn of the Screw* (Henry James) und auf Stufe 4 (B1-Niveau) *Emma* (Jane Austen). Vereinfachungen sind auf allen Ebenen zu finden. Der Vokabelexperte Paul Nation (s. www.wgtn.ac.nz/lals/resources/paul-nations-resources/readers) bietet angepasste Versionen bekannter Werke (z. B. *A Christmas Carol, A Modest Proposal, Wuthering Heights*) zum Download für Lesende mit einem Wortschatz von 4.000, 6.000 oder 8.000 Wörtern (zum Wortschatz s. Kap. 1.3.2), also für die Kategorien B2 + bis C1+.

Bezüglich der Spannung zwischen der zielgruppenorientierten Vereinfachung von Texten und der literarästhetischen Gestaltung gibt es viele didaktische Überlegungen, die mit dem Arbeitsaufwand für die jeweilige Zielgruppe zu tun haben (vgl. Rosebrock, 2015/2019; Topalović & Diederichs, 2020; Hennig & Jacob, 2022). Manchmal wird eine vereinfachte Ausgabe zu leichtsinnig gewählt. In vereinfachten Ausgaben gehen viele der Bilder, der Komposition, der Handlung und der Perspektive verloren. Außerdem bieten vereinfachte Ausgaben weniger grammatikalische Feinheiten und Vokabeln. SuS auf B2-Niveau sind in der Lage, Remarques Klassiker *Im Westen nichts Neues* im Original zu lesen und werden durch eine vereinfachte Ausgabe nicht gefördert. Im Fall von *Im Westen nichts Neues* ist der lexikalische Unterschied zwischen den verschiedenen Ausgaben vernachlässigbar (van der Knaap, 2018); syntaktisch, grammatikalisch und strukturell sind die Unterschiede aber groß.

Die SuS gewinnen an Selbstvertrauen, wenn sie ein Buch lesen, mit dem sie umgehen können, und werden durch vereinfachte Ausgaben eher verunsichert, wenn die Vereinfachungen nicht nötig sind. Die scheinbar einfache Satzstruktur mag zugänglich erscheinen, aber SuS profitieren im Allgemeinen mehr von einer reicheren Sprache. Es kann sich demnach lohnen, in den Kontext zu investieren, den eine Geschichte braucht.

Das folgende Praxisbeispiel zeigt, wie Titel in der Sekundarstufe I und II gelesen werden können und wie dies organisiert werden kann. Wir sehen uns einen bestehenden Lehrplan für das Lesen im Fach Französisch an. Der Schwerpunkt liegt auf der Lesekompetenz und weniger auf der literarischen Kompetenz.

Beispielcurriculum

Am Regius College Schagen in den Niederlanden liegt der Schwerpunkt auf dem Lesen in französischer Sprache. Die Französischabteilung hat festgestellt, dass ihre SuS im Allgemeinen bei der Abschlussprüfung im Bereich Lesekompetenz besser abschneiden als der nationale Durchschnitt, sodass dieser Ansatz Früchte trägt.

Sekundarstufe I

In den unteren Klassenstufen lesen die SuS nicht nur schmale Bücher, sondern auch Artikel aus dem Internet. Im ersten Jahr lesen sie pro Schulperiode Kurzgeschichten aus einer Reihe. Es gibt vier Schulperioden und fünf Reihen. Die SuS erstellen eine handschriftliche Zusammenfassung jedes Buches in ihrer Muttersprache und notieren fünf unbekannte französische Wörter mit der muttersprachlichen Bedeutung. Die Lesenote richtet sich nach der Anzahl der gelesenen Geschichten, wobei das Minimum von 26 gelesenen Geschichten die Note 4 und das Maximum von 60 gelesenen Geschichten die Note 1 ergeben.

Im 2. Lernjahr werden die Bücher der Leseliste nach Punkten klassifiziert: Bücher mit einem Punkt sind die leichtesten und Bücher mit vier Punkten die schwierigsten. Die SuS lesen Bücher mit unterschiedlichen Schwierigkeitsgraden (Punkten). Sie erstellen handschriftlich wieder eine muttersprachliche Zusammenfassung und bilden mit fünf unbekannten französischen Wörtern einen guten französischen Satz mit der muttersprachlichen Bedeutung. Außerdem lesen die SuS drei Artikel, die sie im Internet nachschlagen. Pro Zeugniszeitraum lesen die SuS Bücher mit mindestens vier Punkten und einen Artikel, für den sie zwei Punkte erhalten. Die Lesenote wird wiederum auf der Grundlage der Anzahl der gelesenen Bücher und Artikel gebildet.

In den ersten Jahren der Sekundarstufe lassen die Lehrkräfte die SuS nur Berichte über die von ihnen gelesenen Bücher anfertigen, außer im 3. Lernjahr des Gymnasiums. Dort werden die Inhalte vertieft und die SuS machen zu jedem Buch lesebegleitende Fragen/Arbeitsaufträge, sie notieren zehn neue Wörter und bilden einen Satz mit diesen Wörtern (in Periode 1 im présent, in Periode 2 im passé composé und in Periode 3 im futur simple). Jedes Buch ist 2 Punkte wert. Jedes zusätzliche Buch ist ein halber Punkt. Die SuS erstellen in der Muttersprache einen Bericht über die zusätzlichen Bücher, in dem zehn unbekannte französische Wörter und Sätze enthalten sein sollen. Während der Unterrichtsstunde führen die SuS einen individuellen Leseverständnistest durch. Diejenigen, die zu viele Fehler machen, erhalten eine zusätzliche Aufgabe. Die Bücher rotieren während dreier Perioden in folgender Weise:

Klasse	1 (Herbst)	2 (Adventszeit)	3 (Frühling)
9A	*Guyane Express*	*C'est fini, Emma!*	*Une recette pour gagner*
9B	*Destination France*	*Superstar*	*Guyane Express*
9C	*Le blessé du parking*	*Une recette pour gagner*	*Superstar*
9D	*Superstar*	*Destination France*	*Le blessé du parking*

Sekundarstufe II

Die SuS lesen insgesamt vier (Realschule) bzw. sechs (Gymnasium) Bücher, die Hälfte davon im Unterricht. Das bedeutet, dass die SuS zwei Bücher pro Jahr lesen. Darüber hinaus lesen die SuS zwei Zeitschriften aus dem Abonnement der Schule: *Ça Va* und *Chez Nous* (Veröffentlichungen von Mary Glasgow, die auch Zeitschriften für andere Sprachen anbietet: www.maryglasgowplus.com). Darüber hinaus lesen die SuS in der Abiturklasse Artikel aus *Phosphore, Paris Match, Rock & Folk, Le Nouvel Observateur* und *Charlie Hebdo.*

Der Fachbereich wählt gemeinsam die zu lesenden Bücher aus, sowohl die Bücher, die in der Klasse gelesen werden, als auch die Bücher, die individuell gelesen werden. Bei der Auswahl der Bücher richtet sich der Fachbereich nach dem Niveau der Bücher der Reihe. Das letzte Buch in der Abiturphase können die SuS aus einer von dem Fachbereich zusammengestellten Liste auswählen.

In der Sekundarstufe II fertigen die SuS zu jedem Buch eine *fiche de lecture* an: sie verfassen einen Bericht über den Inhalt des Buches und vertiefen so ihre Auseinandersetzung mit dem Buch.

2.4.3 Aufbau eines literarischen Leseprogramms

Wir fassen die zuvor skizzierten Ansätze (freies Lesen, das Stufenmodell und die Verwendung vereinfachter Ausgaben) in einem Muster für ein literarisches Leseprogramm für die verschiedenen Lernjahre (unabhängig vom Bildungsniveau) zusammen (Tab. 2.10). Eine vielfältige Auswahl an Büchern ist erforderlich. Die Buchstaben E, D, F und S in den Spalten 2 und 3 stehen für die Schulsprachen, der Buchstabe N gefolgt von einer Zahl steht für die Niveaubezeichnungen des Stufenmodells nach Witte.

Tabelle 2.10: Muster eines literarischen Leseprogramms

Lern-jahr	im Plenum (Prosa)	selbstständiges und freies Lesen	Schwerpunkte für die Behandlung im Klassenzimmer
1	D/E/F/S: Easy Readers	D/E/F/S: Easy Readers	Gewöhnung an Wortschatz und Strukturen
2	E: Easy Readers, N1, N2 D/F/S: Easy Readers, N1	E: Easy Readers, N1 D: Easy Readers, N1 F/S: Easy Readers, N1	auf den Geschmack der SuS eingehen, sie motivieren
3	E: N2, N3 D/F/S: Easy Readers, N2, N3	D/E: Easy und Graded Readers, N1, N2, N3 F/S: Easy Readers, N1	breitere Themen anbieten
4	E: N3, N4, N5 D: N3, N4, N5 F/S: N3, N4	E: N3, N4 D: Graded Readers, N2, N3, N4 F/S: Graded Readers, N2, N3	Arbeit an Interpretationen
5	E: N4, N5 D: N4, N5 F/S: N4, auch Übersetzungen	E: N4 D: Graded Readers, N3, N4 F/S: Graded Readers, N3	Arbeit an Interpretationen und Kontext
6	D/E: N4, N5, N6 F/S: N4, N5, auch Übersetzungen	E: N4, N5, N6 D: N4, N5 F/S: N4	Schwerpunkt literarische Lektüre

Da das literarische Niveau der SuS innerhalb einer Klasse sehr unterschiedlich ist (s. Kap. 2.4.1), stellen die Angaben zu den Niveaustufen lediglich Richtwerte dar. Unter Berücksichtigung des Gleichgewichts zwischen Sprachgebrauch und literarischer Form werden neben ungekürzten Texten auch vereinfachte Texte verwendet. Bei der Behandlung von Titeln in der Klasse wird mehr Gewicht auf die literarischen Aspekte des Lesens gelegt, entsprechend den angegebenen Niveaustufen des Stufenmodells, während die SuS beim freien Lesen je nach ihren Interessen innerhalb oder außerhalb der Klasse lesen sollen. Das bedeutet, dass der Schwierigkeitsgrad beim selbstständigen und freien Lesen etwas niedriger ist.

2.5 Vermittlung: Wie üben die SuS?

In diesem Kapitel widmen wir uns verschiedenen Aufgaben und Methoden für den Umgang mit literarischen Texten im Unterricht. Zunächst geht es um die verschiedenen Arten, Texte im Unterricht zu lesen und zu behandeln. Auch wird das Phasenmodell für den Umgang mit literarischen Texten diskutiert. Anschließend werden wir uns verschiedene theaterpädagogische Ansätze ansehen, mit denen die SuS als Gruppe aktiviert und für Literatur begeistert werden können. Danach werden Aufgaben und

Arbeitsmethoden für drei spezifische Textgattungen näher betrachtet: Gedichte, Comics und Graphic Novels sowie Kurzgeschichten. Zuletzt werden die interpretatorischen Fähigkeiten der SuS anhand der GeR-Niveaus diskutiert.

2.5.1 Lektüre und Diskussion von Texten in einer Unterrichtssituation

Bei längeren Texten fragen sich viele Lehrkräfte, wo und wie SuS für den Unterricht lesen sollen. Überlegen Sie, wie längere Texte in der Sekundarstufe I und II an Ihrer Schule gelesen werden. Lesen die SuS zu Hause immer selbstständig? Oder lesen sie im Unterricht? Wenn sie in der Klasse lesen: Lesen sie einzeln oder in Gruppen? Wird der Text in der Klasse vorgelesen (von der Lehrkraft oder einer Audioaufnahme), während die SuS mitlesen? Lesen die SuS einen Teil des Textes zu Hause und einige Teile gemeinsam in der Klasse? Und wird vereinbart, wie dies in den verschiedenen Sprachabteilungen der Schule geschieht?

Wer im Unterricht gemeinsam lesen und diskutieren will, wählt am besten kurze Texte aus verschiedenen Genres. Darüber hinaus sollen die SuS auch üben, längere Texte vollständig zu lesen. Die Lehrkraft kann ihnen dabei helfen, indem sie im Unterricht Zeit für das Lesen einplant.

Texte, die für eine Unterrichtssituation ausgewählt werden, sollten einen wichtigen gemeinsamen Zweck haben. Die Auswahl des Textes kann sich auf Inhalt, Stil, kanonischen Status, Interkulturalität, Aktualität usw. beziehen. Um zu entscheiden, ob man die SuS den gesamten Text oder Teile davon lesen lassen will, ob vorgelesen wird oder Audioaufnahmen eingesetzt werden, muss vorher ein Ziel festgelegt werden. Zu überlegen ist, wie die SuS die Texte lesen sollen. Die verschiedenen Möglichkeiten, im Klassenzimmer zu lesen, sind im folgenden Kasten dargestellt (nach Thaler, 2010, S. 144; s. Kap. 5.5.2). Vorschläge für die Arbeit mit Hörbüchern finden sich in Kap. 3.4.4.

geeignet für alle Sprachen, alle Niveaus

Sechs Methoden, um Texte in der Klasse zu behandeln

Ganzschrift-Methode

Bei der Ganzschrift-Methode liest die Lehrkraft den gesamten Text in der Klasse vor und die SuS lesen mit. Es ist auch möglich, ein Hörbuch in einem angemessenen Tempo abzuspielen, während alle mitlesen. Ein Nachteil der Ganzschrift-Methode ist, dass der Fokus verloren gehen kann. Um zu verhindern, dass die SuS den Fokus verlieren, können Momente der Reflexion eingebaut werden: Welche Fragen haben die SuS? Was denken sie, wie die Geschichte weitergehen wird?

Bei Poesie ist dieses Verfahren normalerweise kein Problem, bei Kurzgeschichten auch nicht. Eine Novelle erfordert im Durchschnitt mindestens zwei Stunden Hörzeit (Hörbücher), Kurzgeschichten weniger. Um einen kompletten Roman im Unterricht zu lesen, benötigt man mehrere Wochen, was viele Nachteile hat.

Vermieden werden sollte, dass die SuS im Plenum einen unbekannten Text laut vorlesen sollen, da dies auf Kosten des Textverständnisses geht, besonders dann, wenn es sich um einen fremdsprachlichen Text handelt.

Intervall-Methode

Bei der Intervallmethode wird der Text in aufeinanderfolgende Textabschnitte aufgeteilt, welche gelesen und im Anschluss besprochen werden. Dadurch kann man mehr ins Detail gehen. Ein Nachteil dieses fragmentarischen Ansatzes kann sein, dass die Spannung verloren geht. Außerdem erfordert der Intervallansatz mehr Zeit, da der Text sowohl gelesen als auch anschließend besprochen wird. Zu entscheiden ist, ob der Text laut vorgelesen werden soll oder nicht.

Sandwich-Methode

Bei der Sandwich-Methode liest die Lehrkraft einige Textauszüge vor, die eingebettet werden in Zusammenfassungen der Teile, die nicht gelesen werden – daher auch der Begriff Sandwich. Gemeinsam gelesen werden nur die Auszüge, die für die Lernziele am wichtigsten sind. Diese Konzentration auf wesentliche Textteile kann Zeit sparen. Stellen Sie sicher, dass Sie bei längeren Texten (z. B. einem Roman) die fehlenden Teile in zusammengefasster Form (schriftlich oder mündlich) anbieten. Ein Nachteil dieses Ansatzes ist, dass der Kontext der Geschichte sehr vernachlässigt wird. Achten Sie also darauf, dass dem soziokulturellen Bereich ausreichend Aufmerksamkeit geschenkt wird, damit die Fragmente ausreichend entlastet werden. Es ist oft gerade die Funktion eines Textes in einem sozialen Kontext (Probleme, Diskussionen, Identität), die ihn für die SuS attraktiv macht.

Segment-Methode

Bei der Segmentbehandlung wird nur eine Szene oder ein Fragment eines Textes gelesen. Dies nimmt viel weniger Zeit in Anspruch als andere Ansätze. Diese Methode ermöglicht es, ein bestimmtes Merkmal oder Detail des Textes hervorzuheben, und sie lässt Zeit, um die Verbindung zwischen dem Fragment und anderen Inhalten herzustellen (z. B. zur Literaturgeschichte, zu einem Sachtext, einem anderen literarischen Text oder einem Film). Die SuS können den Textauszug entweder vorher zu Hause zu lesen oder sie lesen ihn gemeinsam in der Klasse (eventuell vorgelesen oder als Audio).

Schnupper-Methode

In der Schnupper-Methode liest und diskutiert die Lehrkraft einen Auszug aus einem literarischen Text. So erhalten die SuS eine kurze Einführung in den Text, den sie dann selbst vertiefen können. Diese Vorgehensweise soll die Neugierde der SuS anregen.

Thema-Methode

Bei der thematischen Behandlung wählt die Lehrkraft verschiedene Bücher aus, die das gleiche Thema oder das gleiche Genre haben, die vom selben Autor oder aus der gleichen Zeit stammen. Einige Auszüge aus diesen Büchern werden besprochen.

2.5.2 Phasenmodell für die Behandlung von literarischer Prosa

Es ist wichtig, dass die SuS beim Lesen einer Geschichte oder eines Buches nicht auf der Wortebene stecken bleiben. Sie müssen zunächst die Grundzüge entdecken und sich nicht mit allen möglichen semantischen Problemen aufhalten. Das literarische Lesen ist zunächst extensiver als das informative Lesen. Allerdings muss die Auswahl des Textes auch dem lexikalischen Niveau und der literarischen Kompetenz der SuS entsprechen, wie bereits zuvor in diesem Kapitel gezeigt wurde.

Die Behandlung eines längeren literarischen Prosatextes im Unterricht lässt sich in fünf Phasen einteilen (nach Kast, 1985, S. 71–75). Diese Phasen eignen sich sehr gut für die Bearbeitung von Jugendliteratur, aber auch für andere Texte, und sie können je nach Lage variiert werden.

1. Vorbereitungsphase

In dieser Phase besitzen die SuS das Buch noch nicht. Die Lehrkraft bietet ihnen Material an, das mit dem Thema oder dem Inhalt des zu lesenden Textes zusammenhängt, um Vorwissen zu aktivieren. Auf diese Weise wird den SuS der soziale, politische oder (inter-)kulturelle Kontext verdeutlicht. Die Lehrkraft leitet an, mit dem angebotenen Material in allen möglichen Konstellationen zu arbeiten (einzeln, zu zweit und in Gruppen) und lässt die SuS geeignete Materialien auswählen. Neue Informationen werden von der Lehrkraft eingeführt (z. B. die Möglichkeit, den Handlungsort geografisch zu lokalisieren), Charaktere werden vorgestellt. Sätze, Wörter und Strukturen, die in dem später zu lesenden Text wichtig sind, sollen durch Übungen eingeführt werden, damit ein umfasssendes Textverständnis verwirklicht werden kann.

2. Motivationsphase

a) *Die SuS haben das Buch noch nicht gelesen*: Interesse soll geweckt werden. Die Lehrkraft liest einen spannenden Ausschnitt laut vor bzw. spielt eine Hörpassage ab. Oder die Lehrkraft diskutiert das Thema des Buches, indem es mit den Ideen, Erfahrungen, Erinnerungen, Wünschen und Idealen der SuS in Verbindung gebracht wird. Auch kann der soziale Kontext eines Buches diskutiert werden, indem die Lehrkraft ein Lied, einen Filmausschnitt, ein Foto oder einen kurzen Text bespricht.
b) *Die SuS haben das Buch vor sich liegen und noch nicht gelesen*: Gesprächsimpulse bieten der Titel, der Klappentext, die Illustrationen usw. Die SuS dürfen ein wenig stöbern und lesen, danach werden die ersten Eindrücke besprochen. Oder es werden gemeinsam die ersten Seiten oder das erste Kapitel gelesen, gefolgt von einer Besprechung der Erwartungen.

3. Lektüre zu Hause

Die SuS lesen den Text (teilweise) zu Hause, mit oder ohne kurze Hinweise. Beispielsweise kann der Leseprozess mit Fragen gelenkt werden.

4. Zwischengespräche

Nach der ersten Lektüre zu Hause werden die Leseerfahrungen zehn bis fünfzehn Minuten lang im Klassenzimmer besprochen. Was finden die SuS bemerkenswert, rätselhaft, schwierig? Nach der zweiten Lektürephase wird besprochen, was der Text bei den SuS ausgelöst hat. Können sie eine besonders gelungene Passage nennen? So werden die SuS motiviert, weiterzulesen.

5. Diskussion im Klassenzimmer

Es gibt viele Möglichkeiten für Diskussionen im Unterricht, die in diesem und anderen Kapiteln behandelt werden. Dazu gehören bspw. eine Klassendiskussion, die Einrichtung mehrerer Lesekreise, die mehr SuS die Möglichkeit geben, sich zu äußern, oder verschiedene Aufgabenstellungen. Um den SuS das Verständnis eines Textes zu erleichtern, können auch W-Fragen (wer, was, wo, wann, warum) sowohl zu einfachen als auch zu schwierigen literarischen Texten gestellt werden, wobei es auch um den Bezug auf die individuelle und die gesellschaftliche Lage geht. Es hilft beim Erlernen von Paraphrasen, wenn die SuS Daten (Aussagen, Merkmale, Zitate) ordnen oder sie als richtig/falsch bezeichnen. Worterklärungsübungen und Gliederungstabellen helfen, den Text in den Griff zu bekommen. Und natürlich können SuS Aufgaben zur Vorhersage erledigen bzw. die Handlungsabfolge antizipieren, Lückentexte ausfüllen usw. Wichtig ist immer die Frage nach dem Zweck einer Aufgabe. Trägt die Aufgabe bspw. zu Sprachkenntnissen oder zur (inter-)kulturellen Entwicklung bei?

Die SuS brauchen Struktur und ein gutes Beispiel. Es hilft ihnen, wenn das Phasenmodell regelmäßig angewendet wird, und es ist notwendig, dass sie von der Lehrkraft lernen, wie man über Literatur spricht. Im Vergleich zum gängigen Phasenmodell im Deutschunterricht (Kreft 1977, S. 397) wird sich hierbei mehr Zeit genommen, um sich einem Text zu nähern.

In einem Unterrichtsgespräch über Literatur ist es wichtig, eine positive Atmosphäre für die Arbeit mit Inhalten zu schaffen. Die Lehrkraft sorgt dafür, dass die SuS lernen, ihre Meinung zu einem Text zu äußern, sie hilft ihnen, bestimmte Textmerkmale zu erkennen, und sie vermittelt ihnen Techniken, um über ästhetische und inhaltliche Fragen zu kommunizieren. Die mündliche Diskussion kann in der Zielsprache erfolgen, oftmals wird die Unterrichtssprache eine Mischung aus Muttersprache und Zielsprache sein. Es ist förderlich, wenn die Lehrkraft die Zielsprache viel benutzt und die SuS die Verwendung bestimmter Phrasen in der Zielsprache üben können.

Im Unterrichtsgespräch über einen literarischen Text, in der Gruppenarbeit und in Präsentationen kann die Lehrkraft bzw. können die SuS u. a. folgende Punkte diskutieren:

- Handlung und Figuren: Ort und Zeit der Handlung, Beziehungen zwischen den Figuren, Motive der Figuren, Konflikte, Verhalten und Normen
- Kontext: sozialer, politischer und kultureller Kontext

- literarische und sprachliche Aspekte: Aufbau, Spannungsaufbau (Höhepunkte, Ruhepunkte, Beschreibungen und Handlung), Erzählperspektiven, Kapitelstruktur, Zeitsprünge (Flashback/Flashforward), Leerstellen, Abweichungen von der Standardsprache, Vergleiche, Ironie

Wichtig ist, dass die SuS lernen, selber Fragen zu stellen (s. dazu Kap. 1.6.5).

2.5.3 Theaterpädagogische Ansätze

Für dramenanalytische Verfahren gibt es viele Möglichkeiten, wobei Begriffe, die im Fach Deutsch (s. Kap. 7.3) angewendet werden, eine Orientierungshilfe für alle Sprachen bieten. Aufführungsbezogene Lektüre wird in Kapitel 3.4.7 besprochen.

Verwandt mit dem Dramenunterricht sind eher spielerische Formen des sozialen Lernens. Für die Auflockerung und Aktivierung der SuS sind verschiedene theaterpädagogische Arbeitsmethoden geeignet, damit sie sich in der Gruppe mit Literatur beschäftigen (Saxinger, 2016). Durch darstellendes Spiel oder durch sinnerfassendes Vorlesen und Sprechen werden Gefühle, Charaktere und Situationen vorstellbar, wird die Imagination gestärkt.

Assoziationskreis: Mit dem Assoziationskreis lässt sich das Engagement der SuS vor dem Lesen eines Textes erhöhen. Die SuS sollen zu einem Titel, einem Thema oder einem Motiv frei assoziieren. Nachdem die Lehrkraft z. B. einen Titel oder ein Thema genannt hat, werfen sich die SuS im Kreis gegenseitig einen Ball zu. Die Person, die den Ball fängt, nennt eine Assoziation zum genannten Titel/Thema. Wenn einer Person nichts einfällt, ruft sie in der Zielsprache „weiter" und wirft den Ball einer anderen Person zu.

Lesestaffel: Diese Übung dient der Entwicklung der Aufmerksamkeit und der Aussprache bzw. Performanz. Ein kurzer Text wird an die SuS verteilt. Die SuS verteilen sich in einem leeren Raum und nehmen eine bequeme Position ein (sitzend, stehend, liegend). Eine Person beginnt zu lesen, wenn sie aufhört, macht eine andere weiter usw. Eine wichtige Voraussetzung ist, dass alle SuS konzentriert sind und aufmerksam zuhören, auch um zu bestimmen, wo sie einsteigen. Diese Lesestaffel kann variiert werden, indem die Lehrkraft orchestriert, d. h. Anweisungen zu Tempo, Lautstärke, Positionen, Wiederholungen, Choreffekten usw. gibt.

Bildhauer und Modell: In dieser Simulationsübung stellen die SuS eine Figur durch Gestik und Mimik detailliert dar. Es werden Zweiergruppen gebildet, in denen eine Person die Rolle des Bildhauers (der die andere Person positioniert) spielt und eine Person die Rolle des Modells. Die anderen SuS erraten das Ergebnis.

Standbild/Tableau vivant: Diese Übung ist ähnlich wie die vorherige. Mehrere SuS stellen eine Szene aus einem Text nach. Die SuS lernen, die Beziehungen zwischen den Figuren und deren Gefühle und Gedanken zu reflektieren. Sie nehmen eine Position ein und müssen nach einem Händeklatschen wie erstarrt stehen bleiben. Die anderen SuS erraten die dargestellte Situation anhand des besprochenen Textes oder einer Reihe von gelesenen Texten.

Fotostory: Gewählt wird eine handlungsreiche Textpassage mit wenig direkter Rede und mit eindrucksvollen Bildern. Jede Gruppe wählt mindestens fünf Situationen aus der Textpassage aus, die sie in einem Standbild („Foto“) nachstellt aus, und bereitet sie vor. Jemand leitet die Gruppe und liest die Texte während der Aufführung. Die Zuhörenden sollen während des Vortrags die Augen schließen. Wenn der Regisseur laut „Klick“ gesagt hat, öffnen die Zuhörenden die Augen und sehen das erste vorbereitete Standbild. Dieser Vorgang wird so lange wiederholt, bis die Fotostory vollständig ist und die Geschichte durch die „Standbilder“ erzählt ist. Als Abwandlung davon kann ein Simultantheater aufgeführt werden: Während der Regisseur den gesamten Text vorliest, spielen die SuS die ausgewählten Momente.

2.5.4 Gedichtanalyse

Es gibt kein Patentrezept für den Umgang mit einem Text, egal welcher Gattung, und das gilt auch für den Umgang mit den vielen unterschiedlichen lyrischen Formen. Es lohnt sich, zu wissen, wie im Fach Deutsch Lyrik behandelt wird, und dieses Vorwissen ggf. bei den SuS zu aktivieren. Die Unterrichtsmethode sollte auch von den formalen und inhaltlichen Merkmalen des zu behandelnden poetischen Textes abhängig sein. Bei allen Gedichtformen achtet man auf den Zusammenhang zwischen Form und Inhalt; besonders in Gedichten geht es um Bedeutungsoffenheit und um die Arbeit mit und an der Sprache. Je nach Zielsetzung können Aspekte aus den Bereichen Sprachkenntnis, Interkulturalität, Literaturgeschichte, persönliche Erkenntnis usw. im Vordergrund stehen. Ein Gedicht über eine Jahreszeit kann bspw. von den Gefühlen eines Einzelnen handeln, es kann sich aber auch aufgrund seiner charakteristischen Symbolik für die Auseinandersetzung mit interkulturellen Phänomenen eignen. Wenn dasselbe Gedicht stark kanonisch ist und typische Merkmale für eine bestimmte literaturgeschichtliche Epoche aufweist, kann es in die Literaturgeschichte eingebettet werden. Dasselbe gilt für Gedichte, die starke Gefühle ausdrücken (Liebe, Einsamkeit, Traurigkeit, Hass). Logisch mutet eine Aufteilung in drei zu behandelnde Aspekte an:

- formale Merkmale (einschließlich Typografie, Strophenaufbau, Metrum, Reim)
- auffällige syntaktische Phänomene (stilistische Figuren)
- die semantische (Bedeutungs-)Ebene (semantische Redewendungen und Formen der Bildsprache)

Diese systematische Ordnung bietet den SuS etwas, woran sie sich festhalten können, aber das Ziel muss sein, dass die SuS die verschiedenen Aspekte zueinander in Beziehung setzen können. Welche Terminologie vermittelt werden soll, ist auch eine Frage der Zusammenarbeit mit dem Fach Deutsch (s. Kap. 7.3 und 7.4.1).

Je nach Schwierigkeitsgrad eines Gedichts sollte man sich auf Teilaspekte konzentrieren. Dafür kann die Lehrkraft jeder Gruppe von SuS eine andere Aufgabe geben und anschließend werden die verschiedenen Aspekte im Plenum diskutiert.

Es gibt einige textbasierte Möglichkeiten, mit einer Gedichtbehandlung zu beginnen, bei denen die Literarizität eine Rolle spielt:

- Ähnlich wie bei Prosatexten kann man einzelne Gedichtabschnitte (vor allem, wenn es sich um abgerundete Ganzheiten handelt) in einer falschen Reihenfolge anbieten und von den SuS ordnen lassen. Dies kann ein erster Schritt zum Zugang zu einem Gedicht sein.
- Die SuS sollen auf sich wiederholende Strukturen im Text achten: Wörter, die zusammengehören, oder Laute, die gleich sind. Sie sollten auch die Frage nach ihrer Funktion beantworten. Wird z. B. Paul Verlaines Tondichtung *Chanson d'Automne* (1866) gelesen, muss der darin reiche Klangreim („Les sanglots longs/Des violons/De l'automne/Blessent mon coeur/D'une langueur/Monotone") mit der Stimmung und dem Tenor des Gedichts in Verbindung gebracht werden.
- Die SuS sollen thematisch verwandte Gedichte vergleichen.
- In Paaren lesen die SuS ein oder mehrere Gedichte und zusätzlich historische oder aktuelle Informationstexte. Diese sollen die SuS auf argumentative Weise mit dem bzw. den Gedichten in Verbindung bringen.

Für Fortgeschrittene sind Hintergrundinformationen über den Kontext eines Gedichtes und über die Reaktionen darauf sehr gut geeignet. Aber auch für niedrigere Niveaus können die Reaktionen der Lesenden auf ein Gedicht sehr hilfreich sein, z. B. auch um die eigene Position zu bestimmen.

2.5.5 Aufgaben für Comics und Graphic Novels

Die Möglichkeiten, mit Bilderromanen zu arbeiten, wurden bereits erörtert (s. Kap. 2.3.3). In allen Themenbereichen wird auf die Beziehungen zwischen Bild und Text geachtet. Bereits in den ersten Stunden des Sprachenunterrichts wird viel mit einzelnen Bildern gearbeitet. Häufig werden dabei Bilder mit Text kombiniert. Dies kann variiert werden, indem z. B. Schreibübungen daraus gemacht werden. Ein solcher Arbeitsauftrag könnte lauten: „Schreiben Sie einen Text zu den folgenden Bildern, füllen Sie die (leeren) Sprechblasen aus." Oder es wird eine Zeichenübung daraus: „Skizzieren Sie die Situation, die zu den folgenden Sprechblasen passt."

Tab. 2.11 enthält einige Beispiele für Aufgabenstellungen für Comics und Graphic Novels.

Tabelle 2.11: Beispiele von Leseaufgabentypen für Graphic Novels (Hallet, 2012, S. 7 f.)

Aufgaben	Beispiel
leseunterstützende Aufgaben	Führung eines Lesetagebuchs
Plot-Rekonstruktionsaufgaben	Handlungswiedergabe
storyorientierte Aufgaben	Figurencharakterisierung und Analyse der Funktion des Settings
thematische Aufgaben	Herausarbeitung der gesellschaftspolitischen Hintergründe

(Fortsetzung Tabelle 2.11)

Aufgaben	Beispiel
Aufgaben im Bereich der narrativen Analyse	Analyse von u. a. Farbe/Sprechblasen/Linienführung/Zeichenstil/ Sequenzierung der Panels/Perspektiven/Bedeutung des Gutters (Raum zwischen den Panels)/Vergleich von Zeichnungen mit Fotovorlagen
aufmerkamkeitslenkende Aufgaben	Fokus auf Motive und Symbole
produktionsorientierte Aufgaben	Weitererzählung der Handlung; Umarbeitung in eine andere Perspektive oder Textsorte; Änderung/Ergänzung der Texte; Rollenspiel auf Basis einer Sequenz; nach Vorlage (Zeitungsnachricht, eigenes Erlebnis) selbst fiktionale oder nichtfiktionale Geschichten in Bildern erzählen

Die Aufgaben sollen dem Schwierigkeitsgrad des Buches entsprechen. Bei Graphic Novels spielt die Struktur des Seitenlayouts (mit Sprechblasen, Rahmen, Cliffhangern) eine ebenso wichtige Rolle wie die Komplexität der Geschichte. Tab. 2.12 zeigt einige Beispiele für Graphic Novels für die verschiedenen Niveaus des Stufenmodells.

Tabelle 2.12: Graphic Novels geordnet nach dem Stufenmodell von Witte 2008

Niveau	Englisch	Deutsch	Französisch	Spanisch
1	Bryan Lee O'Malley: *Scott Pilgrim* (2004–2010, 6 Teile) Faith Erin Hicks: *Friends with Boys* (2012)	Arne Bellstorf: *Acht, neun, zehn* (2006)	*Spirou et Fantasio* (Comic-Serie seit 1938)	Ernesto Martin Peris & Neus Sans Baulenas: *Gente que lee* (1997)
2	Mariko Tamaki & Jillian Tamaki: *This One Summer* (2014) ND Stevenson: *Nimona* (2015)	Sascha Hommer: *Vier Augen* (2009)	Guy Delisle: *Chroniques Birmanes* (2007) Michel Rabagliati: *Paul à la campagne* (1999)	Paco Roca: *Arrugas* (2007) Raquel Riba Rossy: *Lola Vendetta. Más vale Lola que mal acompañada* (2017)
3	Alison Bechdel: *Fun Home: A Family Tragicomic* (2006) Daniel Clowes: *Ghost World* (1997) Masamune Shirow: *Ghost in the Shell* (1989)	Christopher Burgholz: *Penner* (2014) Yi Luo: *Running Girl* (2016) Simon Schwartz: *drüben!* (2009)	Marjane Satrapi: *Persepolis* (2000, 2003) Julie Maroh: *Le bleu est une couleur chaude* (2010)	Alberto Breccia & Juan Sasturain: *Perramus. Diente por diente* (1990)
4	Chris Ware: *Jimmy Corrigan: The Smartest Kid on Earth* (2000)	Lukas Jüliger: *Vakuum* (2013) Flix & Bernd Kissel: *Münchhausen: Die Wahrheit übers Lügen* (2016)		Ricardo Piglia, Luis Scafati & Pablo De Santis: *La ciudad ausente* (2013)

(Fortsetzung Tabelle 2.12)

Niveau	Englisch	Deutsch	Französisch	Spanisch
5	Alan Moore & David Lloyd: *V for Vendetta* (ab 1982)	Volker Reiche: *Kiesgrubennacht* (2013)	Posy Simmonds: *Gemma Bovery* (1999)	
6	Art Spiegelman: *Maus. A Survivor's Tale* (2 Bände, 1986, 1991)	Jakob Hinrichs: *Traumnovelle* (2012)		

2.5.6 Aufgaben für Kurzgeschichten

Kurzgeschichten, die nicht zu experimentell sind, können zur Besprechung des Erzählten (des „Was“) und des Erzählens (des „Wie“) verwendet werden. Vor allem, wenn der Text sich durch Bedeutungsoffenheit auszeichnet, ist der Ansatz einer dialogischen Lesereflexion (s. 1.6.5) geeignet: SuS formulieren selbst die Fragen und diskutieren sie gemeinsam.

Auf den Niveaustufen B1 und B2 verlangt der GeR Aufmerksamkeit für die Handlung, wobei der Handlungsverlauf und dessen Präsentation im Zusammenhang mit einem Verlaufsmodell besprochen bzw. problematisiert werden können. Aber auch auf anderen Stufen kann die Beachtung der Spannungskurve zum Verständnis eines Textes beitragen. Die Spannungskurve kann mit den SuS anhand eines Diagramms diskutiert werden oder die SuS füllen es aus (s. Abb. 2.1). Bei einfacheren Geschichten, die für den Spracherwerb geeignet sind, ist der Aufbau recht traditionell. Freilich ist bei vielen Kurzgeschichten auf höherer Stufe bei der Lektüre gefragt, was vor dem oft unmittelbaren Einstieg gewesen sein könnte und wie der oftmals offene Schluss zu deuten ist. Das Verlaufsmodell kann für die Klärung von Strukturmerkmalen unterstützend sein.

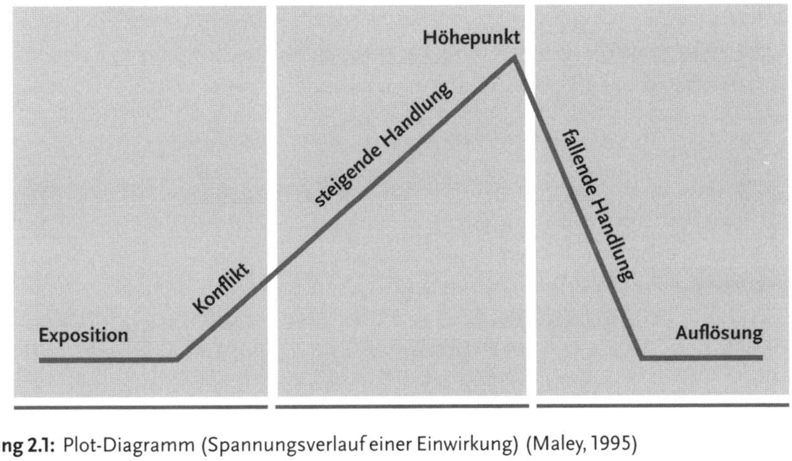

Abbildung 2.1: Plot-Diagramm (Spannungsverlauf einer Einwirkung) (Maley, 1995)

Traditionell bietet eine Geschichte, auch im Drama, zunächst eine Einführung (*Exposition*) in den Kontext, nach der ein *Konflikt* auftritt. Dann nimmt die Spannung zu und die Handlung wird komplexer (*steigende Handlung*), es kommt zu einem *Höhepunkt*. Schließlich entwickeln sich die Ereignisse und Überlegungen (*fallende Handlung*) durch diesen Höhepunkt hindurch und es kommt zu einer – (un-)glücklichen – Entscheidung (*Auflösung/Lösung*), die Fragen beantwortet oder aufwirft. Es lohnt sich, wenn die SuS die Entwicklung der Spannung in einer Geschichte markieren und dann mündlich oder schriftlich kommentieren. Sobald sie mit dem Diagramm gearbeitet haben, können sie ihre eigenen Diagramme zeichnen, auch bei längeren Texten, um zu zeigen, wie sich die Spannungskurve in einem Text entwickelt. Ein wichtiger Punkt, den es zu berücksichtigen gilt, ist die Begründung dafür und was die Spannungskurve mit den Erwartungen der Lesenden macht.

Bei Kurzgeschichten kann auf basalem Niveau zunächst durch orientierende Aufgabenstellung, die dann auch Gesprächsanlass bietet, geholfen werden. Tab. 2.15 nennt einige Aufgabenformate, die für Kurzgeschichten verwendbar sind.

Tabelle 2.15: Aufgabenformate für Kurzgeschichten zur Entwicklung der literarischen Kompetenz

Verfahren	Beispiele der Zuordnungsaufgaben
Matching	„Wählen Sie einen passenden Titel für den Text" „Verknüpfen Sie den Text mit einem anderen Text." „Suchen Sie passendes Bildmaterial zum Text, bspw. Fotos."
Auswahl, Klassifizierung	„Wählen Sie den besten Text für einen bestimmten Zweck (z. B. Welcher Text passt in ein Jugendmagazin?)." „Wählen Sie den Text, der dem Ausgangstext am ähnlichsten ist."
Vergleich	„Nennen Sie Wörter/Gedanken/rhetorische Fragen, die zwei Texte gemeinsam haben." „Benennen Sie Charakteristiken, die für einen bestimmten Text spezifisch sind."

Aufgaben mit Kurzgeschichten können auch zur Verbesserung der Sprachkenntnisse eingesetzt werden. Dies wird in Kapitel 3 genauer betrachtet.

2.5.7 Interpretation

Beim Lesen geht es darum, einer Handlung Bedeutung zu verleihen: „To read without reflecting is like eating without digesting." („Lesen ohne Reflektieren ist wie Essen ohne Verdauen", Edmund Burke). Im Unterrichtskontext fördern Aufgaben den Bedeutungsprozess. Die Besprechung der Aufgaben spielt im Schreibunterricht fürs Fach Deutsch im produktiven Sinne eine Rolle, wenn verschiedene Schreibformen fokussiert werden, die eng mit der Lektüre verzahnt sind: untersuchen, analysieren, interpretieren; informieren, argumentieren, erörtern; gestalten, entwerfen. In den Bildungsstandards für Deutsch werden für das Lesen, abgesehen von den allgemeinen Anforderungen im Bereich der Lesetechniken und Strategien, spezifische Ziele gegeben für das Verstehen und die Nutzung von literarischen Texten (s. Kasten).

„Literarische Texte verstehen und nutzen

- ein Spektrum altersangemessener Werke – auch Jugendliteratur – bedeutender Autorinnen und Autoren kennen,
- epische, lyrische, dramatische Texte unterscheiden, insbesondere epische Kleinformen, Novelle, längere Erzählung, Kurzgeschichte, Roman, Schauspiel, Gedichte,
- Zusammenhänge zwischen Text, Entstehungszeit und Leben des Autors/der Autorin bei der Arbeit an Texten aus Gegenwart und Vergangenheit herstellen,
- zentrale Inhalte erschließen,
- wesentliche Elemente eines Textes erfassen: z. B. Figuren, Raum- und Zeitdarstellung, Konfliktverlauf,
- wesentliche Fachbegriffe zur Erschließung von Literatur kennen und anwenden, insbesondere Erzähler, Erzählperspektive, Monolog, Dialog, sprachliche Bilder, Metapher, Reim, lyrisches Ich,
- sprachliche Gestaltungsmittel in ihren Wirkungszusammenhängen und in ihrer historischen Bedingtheit erkennen: z. B. Wort-, Satz- und Gedankenfiguren, Bildsprache (Metaphern),
- eigene Deutungen des Textes entwickeln, am Text belegen und sich mit anderen darüber verständigen,
- analytische Methoden anwenden: z. B. Texte untersuchen, vergleichen, kommentieren,
- produktive Methoden anwenden: z. B. Perspektivenwechsel: innerer
- Monolog, Brief in der Rolle einer literarischen Figur; szenische Umsetzung, Paralleltext, weiterschreiben, in eine andere Textsorte umschreiben,
- Handlungen, Verhaltensweisen und Verhaltensmotive bewerten."

(Bildungsstandards im Fach Deutsch für den Mittleren Schulabschluss, 2004, S. 14)

Die genannten Ziele hängen direkt mit dem zusammen, was gemeinhin Interpretation heißt und mit Sinnzuweisung unter Berücksichtigung der Form zu tun hat: Was ist erklärungsbedürftig und wie hängt dies mit der ästhetischen Präsentation zusammen? Interpretation ist kein isoliertes, auf den schulischen Kontext reduziertes Ziel, sondern eine Schlüsselqualifikation für gesellschaftliche Teilhabe, weil die Autonomie des Denkens gefördert wird und zugleich auch die Kapazität, andere Sichtweisen wertzuschätzen, entwickelt wird.

Zu den Lernzielen der Lehrpläne für das fremdsprachige Lese- und Hörverstehen gehören die Fähigkeit, Daten aus einem oder mehreren Texten zu vergleichen und daraus Schlussfolgerungen zu ziehen, und die Fähigkeit, Schlussfolgerungen über die Absichten, Meinungen und Gefühle der Autorin bzw. des Autors zu ziehen. Ästhetisches findet nicht explizit Erwähnung, dafür wird aber Sprachbewusstheit als besonderes Ziel hervorgehoben, was in der Betrachtung der Stilmittel ins Spiel kommt.

Im Stufenmodell von Witte kommt die Interpretationskompetenz ausdrücklich auf den Niveaus 4 und 5 (s. Tab. 2.8) vor. Kennzeichnend für Niveau 4 sind interpretierendes und ästhetisches Lesen und die Fähigkeit, interne Zusammenhänge (Kausalität, Motive) zu formulieren; für Niveau 5 ist das Ziel, ästhetisches Bewusstsein zu entwickeln (Literatur als Kunstform).

Ohne Interpretation kommen keine Textzusammenhänge zustande. Für die Stufen 1 bis 4 des Stufenmodells von Witte können die Merkmale der Aufgabe „Interpretieren" beim Lesen fiktionaler, narrativer und literarischer Texte zum Zweck der Bewertung beschrieben werden, um schneller feststellen zu können, wie einzelne SuS die verschiedenen Komponenten der Aufgabe bewältigen. Tab. 2.16 gibt einen Überblick.

Tabelle 2.16: Leistungsmerkmale der SuS bei der Interpretation (nach dem Stufenmodell von Witte, 2008)

Merkmal	Niveau			
	1	2	3	4
Realitätsbezug	stellt Beziehungen zwischen dem Text und der Realität her	bestimmt, inwieweit die Figuren und Ereignisse erkennbar und realistisch sind	wie 2	stellt Texte in eine kulturgeschichtliche Perspektive
Strukturelemente	identifiziert spannende, humorvolle oder dramatische Passagen	wie 1	erklärt die Funktionsweise grundlegender erzählerischer und poetischer Prozesse	wie 3
Figuren	erkennt verschiedene Emotionen im Text (z. B. Traurigkeit, Wut oder Freude)	charakterisiert Figuren, sowohl ihre inneren als auch äußeren Merkmale	identifiziert implizite Ziele und Motive der Figuren	identifiziert sich empathisch mit verschiedenen Charakteren
Thematik		identifiziert das Thema des Textes	• gibt das zentrale Thema, die Hauptidee oder die Botschaft des Textes an • gibt Symbolen eine Bedeutung	formuliert das übergeordnete Thema

Die SuS lernen im heutigen Bildungssystem, dass es aufgrund der Mehrdeutigkeit von Texten keine absolute Interpretation von literarischen Werken gibt und dass eine Interpretation in der Begründung besteht. Die Unterscheidung zwischen Paraphrasierung und Interpretation ist wichtig: Während man beim Paraphrasieren einen fremden Text in eigenen Worten sinngemäß wiedergibt, formuliert man beim Interpretieren eine eigene Deutung des fremden Textes.

Auf Niveau 4 (interpretierendes Lesen) des Stufenmodells von Witte steht die Interpretationsfähigkeit im Mittelpunkt (s. Tab. 2.8). Lernende, die in der Lage sind, interpretierend zu lesen, haben die Bereitschaft, die Bedeutung eines Werkes zu erforschen, und Interesse an der Erzähltechnik, der Struktur des Textes und der vermuteten künstlerischen Absicht. Lernende, die interpretierend lesen, verwenden emotionale, realistische, moralische, kognitive, strukturelle und ästhetische Argumente. Die beiden zuletzt genannten Argumente kommen auf Niveau 3 (reflektierendes Lesen) noch nicht vor. Um einen Text interpretieren zu können, müssen Lernende ihn zunächst paraphrasieren.

Für die Entwicklung der interpretativen Kompetenz von SuS sind Texte nützlich, die stark interpretationsbedürftig sind. Die erkennbaren Elemente von Fabeln können von SuS ab Niveau 3 erkundet werden. Eine gute Vorgehensweise wäre, zunächst eine in der Muttersprache bekannte Fabel (z. B. von Aesopus oder Jean de la Fontaine) in einer anderen Sprache zu lesen und dann mit einer unbekannten Fabel (z. B. von Augusto Monterroso oder Bertolt Brecht) weiterzumachen. Eine Aufgabe könnte darin bestehen, dass die SuS eine Situation aus der Schule oder von zu Hause aufschreiben, die eine Moral zeigt, und dass sie diese Geschichte erzählen müssen, indem sie Tiere darstellen. Dies wird sie dazu bringen, vorhandene Texte anders zu lesen. Auch kann die Reihenfolge einer Fabel umgestellt werden, damit die SuS den Text konstruieren müssen. In dieser Weise werden die SuS aktiviert und zum Nachdenken über die Struktur angeregt.

Auf den höchsten Ebenen (s. Tab. 2.8) geht es natürlich auch um Interpretation. Auf Niveau 5 wird den SuS beigebracht, interne und externe Verbindungen zu den Texten herzustellen. Dies wird erreicht, indem Informationen über Autor*innen und Hintergründe zu den Texten gesammelt werden. Die Lehrkraft wird die SuS auch darauf aufmerksam machen, wie Autor*innen schreiben und welche Gedanken sie über Literatur haben. Auf Stufe 6 spielen intertextuelle Bezüge eine wichtige Rolle: Wie und warum bezieht sich der Text auf andere Texte? Die Lehrkraft bringt die SuS auch mit vorhandenen Interpretationen in Kontakt und hilft ihnen, eigene Fragen zu entwickeln.

Wie verschiedene Aufgaben, die auf verschiedenen Niveaus und für das Interpretieren wichtig sind, mit Sprachfertigkeit verknüpft werden können, wird z. B. in Kap. 3.3.3 erläutert.

2.6 Evaluation und Prüfung

In diesem Kapitel geht es um die Bewertung und Beurteilung der literarischen Entwicklung von SuS.

Einen angemessenen Leitfaden für die Prüfung der literarischen Entwicklung bieten die Niveaus des Stufenmodells von Witte. Ratsam ist es, den Schritt-für-Schritt-Plan aus Kapitel 2.4.1 zu verwenden. Alle SuS sollten auf dem Niveau beurteilt werden, auf dem sie sich befinden, und sie sollten auch Rückmeldung erhalten bezüglich ihres angestrebten Niveaus. Sehr wichtig ist, dass die Lehrkraft sich für die literarische Entwicklung der SuS engagiert. Eine angenehme Gesprächsatmosphäre sorgt dafür, dass SuS motiviert bleiben und sich weiterentwickeln möchten.

Die Bewertung der persönlichen, moralischen, interpretatorischen und literarischen Entwicklung kann im Unterricht z. B. in Form einer Diskussion mit leeren Stühlen (s. Kasten) erfolgen, die fünf Minuten oder länger dauern kann.

geeignet für alle Sprachen, alle Niveaus

Diskussion mit leeren Stühlen

Für eine Diskussion mit leeren Stühlen stehen vier Stühle in einem Kreis. Drei SuS setzen sich, ein Stuhl bleibt leer. Der Rest der Klasse sitzt oder steht um die Stühle herum (Innenkreis/Außenkreis). Die SuS im Kreis diskutieren über eine Aussage, die mit dem gelesenen Text zusammenhängt (z. B. wie eine Figur handelt), die SuS außerhalb des Kreises können sich aktiv beteiligen, indem sie sich auf den leeren Stuhl setzen, wenn sie einen Beitrag leisten möchten. Dann muss jemand anders einen Platz im Kreis frei machen. Dies wird so lange fortgesetzt, bis jeder an die Reihe gekommen ist oder die Diskussion beendet ist. Beobachtungs- und Protokollaufgaben (mit Hinweisen oder Bewertungsbögen) können sich als sinnvoll erweisen. Die Dauer der Diskussion hängt von der Qualität und dem Niveau ab; wichtig ist, dass neue Sichtweisen entwickelt werden und angemessen diskutiert wird.

Die formative oder summative Bewertung erfolgt auch durch die Beurteilung der von den SuS zu den Büchern angefertigten Aufgaben. Wichtig sind die Ziele, SuS-Merkmale und Buchmerkmale, die zu einem bestimmten Niveau gehören. SuS aller sechs Niveaus haben unterschiedliche Erwartungen an ein Buch: Sie können es genießen (Niveau 1), ihre eigene Welt darin erkennen und Selbstbestätigung finden (Niveau 2), ihren Horizont erweitern (Niveau 3), tiefere Bedeutungen darin entdecken und es ästhetisch genießen (Niveau 4), sich in literarischer und kulturgeschichtlicher Hinsicht darin vertiefen (Niveau 5) und sich intellektuell bereichern (Niveau 6).

Im Bewertungsprozess – und damit bei der Formulierung der Testaufgaben – muss man an diese Bedürfnisse anknüpfen. Auf Niveau 1 geht es darum, dass die SuS Erfolgserlebnisse haben und dass die Schwelle zur sog. Erwachsenenliteratur gesenkt wird. Auf Niveau 2 konzentriert die Lehrkraft sich darauf, das persönliche Engagement der SuS mit den Büchern und Aufgaben zu erhöhen. SuS auf Niveau 3 lernen, in einen Dialog mit dem Text zu treten, und werden zum Nachdenken über die Themen des Buches angeregt. Dazu gehört auch die Erzähltechnik. Wenn die SuS Niveau 4 erreichen, verlagert sich der Schwerpunkt auf den Sinn des Textes und die Struktur der Geschichte. Die SuS sollen in der Lage sein, Zusammenhänge innerhalb des Textes herzustellen, bestimmte strukturelle Elemente zu verstehen und über die Botschaft des Textes nachzudenken. SuS auf Niveau 5 sind in der Lage, einen Text in einen kulturgeschichtlichen Rahmen einzuordnen und auf den Stil, die Themen und möglicherweise die Poetik einer Schriftstellerin bzw. eines Schriftstellers zu achten. Die wenigen, die Niveau 6 bewältigen können, befassen sich mit der Literaturrecherche. Angesichts der zunehmenden Komplexität könnten die SuS der höheren Klassenstufen schließlich eine längere Arbeit verfassen, zum Beispiel über Schriftsteller*innen in der gesellschaftlichen Debatte oder darüber, wie Schriftsteller*innen soziale Medien nutzen, um sich einen Namen zu machen.

Bei allen Arten von literarischen Aktivitäten und somit auch bei den Prüfungen sollten die SuS schrittweise vorgehen. Sie sollten

a) in der Lage sein, einen literarischen Text zu erkennen, einzuordnen, zu erzählen, zu beschreiben, zu paraphrasieren und zusammenzufassen;
b) in der Lage sein, einen literarischen Text zu erklären;
c) lernen, Merkmale literarischer Texte auf andere literarische Texte anzuwenden;
d) in der Lage sein, literarische Texte in Bezug auf eine zu bestimmende Anzahl von Aspekten zu analysieren;
e) in der Lage sein, einen literarischen Text zu diskutieren;
f) in der Lage sein, Teile eines literarischen Textes durch kreative Bearbeitung umzuschreiben.

All dies ist nicht so einfach. Es erfordert von den SuS, dass sie mehrere Fähigkeiten gleichzeitig beherrschen. Die ersten beiden Schritte (a und b) gehören nicht nur zu den ersten beiden Stufen des Stufenmodells von Witte, sondern auch zu höheren Stufen. Entsprechende Arbeitsaufträge könnten z. B. folgendermaßen aussehen:

- „Bringe die Handlung in die richtige Reihenfolge: Ordne die Aussagen der richtigen Figur zu und kreuze an, welche Eigenschaften auf eine Figur zutreffen."
- „Erkläre einer anderen Person den Konflikt in der Handlung: Schreibe eine Zusammenfassung in einer E-Mail an SuS einer Austauschschule."

Die SuS müssen Texten eine Bedeutung zuschreiben, Texte interpretieren und darüber schreiben oder sprechen. Es besteht eine unbestreitbare Diskrepanz zwischen dem, was die SuS lesen können, und dem, was sie sagen oder schreiben können; die rezeptiven Fähigkeiten sind fast immer besser entwickelt als die aktiven Fähigkeiten. Die Fähigkeit zur Diskussion (e) ist ein charakteristischer Indikator für literarische Kompetenz, also für die Fähigkeit, über einen Text im Rahmen des eigenen Lebens zu reflektieren. Rewriting (f) zeigt die Fähigkeit, einen Text z. B. durch Szenenänderung zu erschließen und so die Struktur des Textes durch Veränderung der Handlung zu erfassen. Dies erfordert ein hohes Maß an aktiver Beherrschung einer Fremdsprache. Kapitel 3 befasst sich mit den Sprachkenntnissen und geht näher auf diese didaktische Herausforderung ein.

Buchtests sind nach Bedarf einsetzbar (ein Beispiel findet sich im → Anhang) und sollten natürlich zu den Lernzielen passen. Der Buchtest und auch der Bewertungsbogen im Anhang können modifiziert und auch für die Erstellung und Bewertung von Präsentationen verwendet werden. Der Buchtest kann auch in der Fremdsprache formuliert werden.

2.7 Zur Reflexion

Die folgenden Fragen und Aufgaben können bei der Reflexion dieses Kapitels helfen:

- Nennen Sie einige wichtige Punkte, nach denen Sie Texte für Ihre SuS auswählen können.
- Erklären Sie einer Kollegin des Faches Deutsch die Bedeutung des GeR für literarische Texte.
- Argumentieren Sie für den didaktischen Nutzen folgender Gattungen: Gedichte, Aphorismen, Kurzgeschichten, Märchen, Dramen, Jugendliteratur, Graphic Novels.
- Überlegen Sie, wie das Stufenmodell nach Witte Ihnen bei der Gestaltung Ihres Unterrichts helfen kann.
- Welche Merkmale des Stufenmodells lassen sich im Unterricht anderer aufzeigen?
- Nennen Sie die Vor- und Nachteile von vereinfachten Ausgaben (Easy Readers).
- Welche dieser Ansätze (Ganzschrift-Methode, Intervall-Methode, Sandwich-Methode, Segment-Methode, Schnupper-Methode, Thema-Methode) haben Sie im Unterricht anderer gesehen?
- Wie sehen Sie das Phasenmodell der Buchbehandlung im Unterricht von anderen?
- Welche Teile der Gedichtanalyse sprechen Sie an? Und warum?
- Entwerfen Sie eine Unterrichtsstunde, in der Sie eine der Dramenmethoden anwenden.
- Nennen Sie einige Arten von Aufträgen für die Arbeit mit Bilderromanen usw. Welche Arten von Aufträgen können auch für andere Genres verwendet werden?
- Wie können Sie Ihren Unterricht so gestalten, dass Sie dem Element der Interpretation immer wieder Aufmerksamkeit schenken?
- Überprüfen Sie, ob die bestehende Prüfung der literarischen Entwicklung den Kriterien aus diesem Kapitel entspricht.

Kapitel 3
Integration von Literatur und Sprachfertigkeit

3.1 Einleitung

Fiktion hat viele variationsreiche Erscheinungsformen, u. a. Prosa (Kurzgeschichten und Romane), Poesie, Drama (Theater, Hörspiele), Comics, Fernsehserien, Spielfilme und Computerspiele. In diesem Kapitel stehen die Genres Prosa, Poesie und Drama im Fokus. Es wird veranschaulicht, wie literarische Texte mit den sprachlichen Zielkompetenzen vereinbart werden können. Dabei wird verdeutlicht, wo die Unterschiede liegen zwischen dem Trainieren und Beurteilen der Sprachkompetenz und der literarischen Kompetenz.

Allgemeine Ausgangspunkte eines sprachorientierten Ansatzes im Literaturunterricht stehen im Fokus von Kapitel 3.2. Um Lesefertigkeitsstrategien, Wortschatz und Interpretation geht es in Kapitel 3.3. In den Kapiteln 3.4. bis 3.6 beleuchten wir Beispiele von Arbeitsformen für Hörfertigkeit, Gesprächs- und Sprechfertigkeit und Schreibfertigkeit. Abschließend steht in Kapitel 3.7 die Frage im Zentrum, wie die Integration von Literatur und Sprachfertigkeit evaluiert und geprüft werden kann.

In diesem Kapitel werden die folgenden Fragen beantwortet:
- Wie kann ich Literatur sinnvoll als Input für Sprachkompetenzaufgaben einsetzen?
- Wie kann ich die GeR-Leistungsstufen im Literaturunterricht berücksichtigen?
- Wie kann ich mit literarischem Input aufgabenorientiert arbeiten?
- Wie kann ich Phasenstrukturen im Literaturunterricht mit Lernzielen für Sprachkompetenz einsetzen?
- Wie kann ich Sprachfertigkeitsübungen zum Thema Fiktion und Literatur variieren?

In diesem Kapitel werden die verschiedenen Kompetenzen, die in der Didaktik wichtig sind (Lese-, Seh- und Hör-, Sprech- und Schreibkompetenz), in einzelnen Absätzen beleuchtet – das Ziel des kommunikativen Sprachenunterrichts ist jedoch die Kombination dieser Kompetenzen. Dieses Kapitel plädiert für ein Zusammenspiel von Lernzielen für die literarische Kompetenz und die Sprachkompetenz.

3.2 Ausgangspunkte eines sprachorientierten Ansatzes

In diesem Kapitel widmen wir uns den wichtigsten Ausgangspunkten eines sprachorientierten Ansatzes von Literaturunterricht. Wir betrachten nacheinander die Ziele dieses Ansatzes, die Möglichkeiten für die Integration von Sprachfertigkeit und Literaturunterricht, sieben Übungsparameter, die bei den Entscheidungen für diese Integration Orientierung bieten, und die unterschiedlichen Textsorten, die eingesetzt werden können.

3.2.1 Sprachorientierte Ziele

Ziele einer sprachorientierten Herangehensweise im Literaturunterricht sind:

- Die SuS machen Lesekilometer und entwickeln ihre Lesekompetenzen mithilfe von literarischem Input.
- Die SuS entwickeln ihr Hörverständnis mithilfe von literarischem Input.
- Die SuS entwickeln Sprechkompetenzen mithilfe von literarischem Input.
- Die SuS verwenden literarischen Input, um ihre Schreibkompetenzen auszubauen.
- Die SuS entwickeln mithilfe des literarischen Inputs ihren Wortschatz.
- Die SuS können dank des literarischen Inputs grammatische Muster erkennen.

In der Fachschaft und im Kollegium kann überlegt werden, welche der genannten Punkte zielgerichtet eingesetzt werden, wenn mit den SuS literarische Texte behandelt werden (s. Tab. 3.1). Welche Kompetenz kommt wann an die Reihe, mit welchem Ziel und wie? Wie oft wird die Kompetenz auf einer Skala von „nie“ (1) bis „sehr oft“ (5) abgerufen, wenn mit Fiktion gearbeitet wird? Die Antwort auf diese Frage hängt von der Klasse bzw. dem Lernjahr ab, in dem unterrichtet wird. Man kann eine oder mehrere Klassen in der Sekundarstufe I oder II im Sinn haben.

Tabelle 3.1: Kurzanalyse des Zusammenhangs von Literatur und Sprachfertigkeit

	Lernjahr 1, 2, 3	**Lernjahr 4, 5, 6**
Lesefertigkeit	1–2–3–4–5	1–2–3–4–5
Seh- und Hörfertigkeit	1–2–3–4–5	1–2–3–4–5
Gesprächsfertigkeit (dialogisch)	1–2–3–4–5	1–2–3–4–5
Sprechfertigkeit (monologisch)	1–2–3–4–5	1–2–3–4–5
Schreibfertigkeit	1–2–3–4–5	1–2–3–4–5

Die Ergebnisse der Analyse können mit dem Fachbereich und anderen fremdsprachlichen Fachbereichen besprochen werden. Wie können literarische Texte bestmöglich mit Sprachkompetenzen kombiniert werden? Auf diese Frage gehen die folgenden Kapitel näher ein.

In der Sekundarstufe I ist es den meisten Fremdsprachenlehrkräften wichtig, dass die SuS ihre rezeptive Sprachkompetenz entwickeln (89 %). Weniger als die Hälfte legt Wert auf die Entwicklung der produktiven Sprachkompetenz und darauf, in der Zielsprache eine Meinung über einen Text in Worte fassen zu können (Lehrner-te Lindert, 2020). 75 % der SuS in der Oberstufe für Englisch sehen in der Sprachkompetenz das wichtigste Ziel des Literaturunterrichts (Bloemert, Paran, Jansen & van de Grift, 2017). Eine Studie unter Deutsch-, Französisch- und Spanischlehrkräften zeigt, dass sie Lernziele in Bezug auf Sprachkompetenzen etwas wichtiger finden als andere Ziele (Schat, de Graaff, van der Knaap, 2018). Es ist sinnvoll, an diese Ergebnisse anzuknüpfen und andere Lernziele (Kontext usw.) mit dem Literaturunterricht zu kombinieren.

3.2.2 Integration der Sprachkompetenz

Da Fiktion ein Bestandteil der Sprache und der Kultur ist, die die SuS kennenlernen, ist es sinnvoll, die Beziehung zwischen Sprachkompetenzen und Fiktion (bzw. Literatur) in die Zielvorgaben des Unterrichts aufzunehmen. Durch eine stärkere Integration der Literatur in den Sprachkompetenzunterricht oder der Sprachkompetenz in den Literaturunterricht können verschiedene Fertigkeiten gestärkt werden, während gleichzeitig inhaltsorientiert gearbeitet werden kann.

Inhaltsorientiertes Unterrichten (s. Kap. 1.4.4) bedeutet, im Unterricht bspw. Inhalte über fiktionale Formen in den Fokus zu rücken, wobei sowohl der Inhalt, die ästhetische Form als auch die Fremdsprachenkompetenzen berücksichtigt werden. Literatur oder Fiktion bieten bei einer integrativen Herangehensweise Input für Sprachkompetenzaufgaben. Kapitel 4 handelt von der interkulturellen Dimension von Literatur und Fiktion beim inhaltsorientierten Arbeiten.

Auch bei einer aufgabenorientierten Herangehensweise (s. Kap. 1.5.3) kann mit den SuS inhaltsorientiert gearbeitet werden. Die SuS wählen ihre eigenen Lernziele, lernen selbstständig in der Gruppe, arbeiten zusammen in einem „Real Life"-Kontext und reflektieren ihre Arbeit. Literarische und fiktionale Quellen können bequem in den aufgabenorientierten Unterricht integriert werden. Auf diese Weise können verschiedene Kompetenzen berücksichtigt werden, wodurch Literatur und Sprachkompetenz ein natürlicheres Verhältnis zueinander entwickeln. Durch eine mehrdimensionale Herangehensweise wird ebenfalls die Sprache (s. Kap. 1.4.2) berücksichtigt, der Inhalt ist dann allerdings nicht ausschlaggebend.

Der GeR legt viel Wert auf Literatur (s. Kap. 1.2.2) und hilft dabei, Ziele für Sprachhandlungen zu bestimmen. Das vorangegangene Kapitel hat einen Überblick über das Lesen als Freizeitaktivität geboten (s. Kap. 2.3.2). In Tabelle 3.2 geben Deskriptoren (Kann-Beschreibungen) an, wie SuS auf den verschiedenen Niveaus persönliche Reaktionen auf kreative Texte mitteilen können. In Tabelle 3.3 geben Deskriptoren an, wie SuS auf den verschiedenen Niveaus kreative Texte kritisch analysieren können.

Tabelle 3.2: Deskriptoren zu persönlichen Reaktionen auf kreative Texte (einschließlich Literatur) (Council of Europe 2020, S. 127 f.)

A1	Kann in einfachen Wörtern/Gebärden ausdrücken, wie ein Werk auf sie/ihn wirkte.
A2	Kann die eigenen Reaktionen auf ein literarisches Werk und die eigenen Gefühle und Gedanken dazu in einfacher Sprache ausdrücken. Kann in einfacher Sprache ausdrücken, welche Aspekte eines Werks ihn/sie besonders interessierten. Kann ausdrücken, warum ihm/ihr ein Werk gefiel oder nicht, und dies in einfacher Sprache erklären.
B1	Kann erklären, warum bestimmte Teile oder Aspekte eines Werks für sie/ihn von besonderem Interesse waren. Kann einigermaßen detailliert beschreiben, mit welchen literarischen Figuren sie/er sich am ehesten identifiziert hat und warum. Kann Ereignisse in einer Erzählung, einem Film oder Drama zu ähnlichen Ereignissen in Beziehung setzen, die sie/er entweder selbst erlebt oder die ihr/ihm berichtet wurden. Kann die Emotionen einer literarischen Figur in einem Werk zu selbst erlebten Emotionen in Beziehung setzen. Kann die Emotionen beschreiben, die sie/er an einer bestimmten Stelle der Erzählung erlebte, z. B. die Stelle(n) einer Erzählung, an der oder denen sie/er sich um eine literarische Figur Sorgen gemacht hat, und erklären warum. Kann die Gefühle und Emotionen kurz erklären, die ein Werk in ihr/ihm hervorrief. Kann die Persönlichkeit einer literarischen Figur beschreiben. Kann die Gefühle einer literarischen Figur beschreiben und sie erklären.
B2	Kann die eigene Interpretation eines Werks klar präsentieren, eigene Ideen entwickeln und sie mit Beispielen und Argumenten unterstützen. Kann eine persönliche Interpretation der Entwicklung des Plots, der Charaktere und Themen in einer Erzählung, einem Roman, einem Film oder einem Theaterstück geben. Kann die eigene emotionale Reaktion auf ein Werk beschreiben und darauf eingehen, was diese Reaktion ausgelöst hat. Kann einigermaßen detailliert die eigene Reaktion auf Ausdrucksformen, Stil und Inhalt eines Werks erläutern und erklären, was er/sie schätzt und warum.
C1	Kann eine persönliche Interpretation eines Werkes detailliert beschreiben, die eigenen Reaktionen auf bestimmte Merkmale skizzieren und deren Bedeutung erklären. Kann eine persönliche Interpretation literarischer Figuren skizzieren: ihre psychologische/emotionale Verfassung, ihre Handlungsmotive und Konsequenzen dieser Handlungen.
C2	Keine Deskriptoren verfügbar.

Tabelle 3.3: Deskriptoren zur Analyse und Kritik kreativer Texte (einschließlich Literatur) (Council of Europe 2020, 128 f.)

A1	Keine Deskriptoren verfügbar.
A2	Kann die Schlüsselthemen und zentralen Personen in kurzen, einfachen Erzählungen identifizieren und in einfacher, formelhafter Sprache kurz beschreiben, sofern die Erzählungen vertraute Situationen behandeln und in gängiger Alltagssprache verfasst sind.
B1	Kann die wichtigsten Episoden und Ereignisse in einer klar strukturierten Erzählung in Alltagssprache aufzeigen und die Bedeutung von Ereignissen und ihre Verbindung zueinander erläutern. Kann die Schlüsselthemen und die zentralen literarischen Figuren kurzer Erzählungen beschreiben, die vertraute Situationen beinhalten und in gängiger Alltagssprache verfasst sind.

(Fortsetzung Tabelle 3.3)

B2	Kann zwei literarische Werke miteinander vergleichen, deren Themen, literarische Figuren und Szenen betrachten, Ähnlichkeiten und Unterschiede untersuchen und die Bedeutung der Verbindungen zwischen den Werken erklären. Kann eine begründete Meinung zu einem Werk äußern, indem sie/er zeigt, dass sie/er sich der thematischen, strukturellen und formalen Aspekte bewusst ist, und sich auf Meinungen und Argumente anderer beziehen. Kann die Art bewerten, wie in einem Werk die Identifikation mit einzelnen literarischen Figuren gefördert wird, und Beispiele dafür geben. Kann beschreiben, wie in verschiedenen Werken die gleichen Themen unterschiedlich behandelt werden.
C1	Kann eine große Vielfalt von Texten, einschließlich literarischer Werke verschiedener Perioden und Genres, kritisch würdigen, sofern ein Wörterbuch zur Verfügung steht. Kann einschätzen, in welchem Maß ein Werk den Konventionen des jeweiligen Genres entspricht. Kann die Art und Weise, in der das Werk die Leserschaft mit einbezieht, beschreiben und kommentieren (z. B. dadurch, dass es Erwartungen weckt und wieder untergräbt).
C2	Kann Literatur unterschiedlicher Perioden und Genres (z. B. Romane, Gedichte, Dramen) kritisch bewerten und dabei feine Besonderheiten des Stils ebenso würdigen wie implizite und explizite Bedeutungen. Kann die Feinheiten sprachlicher Nuancen, rhetorische Effekte und den Einsatz sprachlicher Stilmittel (z. B. Metaphern, ungewöhnliche Syntax, Ambivalenz) erkennen, interpretieren sowie deren Bedeutungen und Konnotationen „entpacken". Kann die Art, wie in einem literarischen Werk Struktur, Sprache und rhetorische Mittel zu einem bestimmten Zweck eingesetzt werden, kritisch würdigen und eine begründete Stellungnahme zu ihrer Angemessenheit und Wirkung geben. Kann in einem Schriftstück bewusste Verstöße gegen sprachliche Konventionen kritisch würdigen.

Bei Niveau A2 handelt es sich um eine einfache Geschichte, die in der Klasse gelesen wird, ein Märchen, eine Sage oder ein Gedicht. Auf B1-Niveau kann es sich bei dem Text auch um eine einfache Kurzgeschichte oder einen Romanausschnitt handeln. Auf B2-Niveau sind auch Kurzgeschichten, Romane und Theaterstücke möglich und ab Niveau C1 bilden klassische oder zeitgenössische Romane eine Alternative (Council of Europe 2018, S. 208). Für die verschiedenen Niveaus gibt es ebenfalls passende Graphic Novels.

Die handlungsorierientierten Verben, die in den erwähnten Deskriptoren vorkommen, indizieren, welche sprachliche Handlung jeweils verlangt wird: ausdrücken, erklären, beschreiben, zu ähnlichen Ereignissen in Beziehung setzen, skizzieren, präsentieren, aufzeigen, die Verbindung zueinander erläutern, vergleichen, Ähnlichkeiten/Unterschiede untersuchen, kritisch würdigen, erkennen, interpretieren. Diese Verben bieten bereits eine Grundlage für Aufgaben und sind relevant für Übungsvariationen.

3.2.3 Übungsparameter

Übungen für die produktiven Fertigkeiten Sprechen und Schreiben können graduell schwieriger gemacht werden. Diese variablen Eigenschaften sind nützliche Parameter, um Übungen zu gestalten. Anhaltspunkte für eine sinnvolle Integration von Literatur und Sprachkompetenzen (Kwakernaak, 2015, S. 78–84) bieten die Entscheidungen, die bei den folgenden sieben Übungsparametern für den Sprachunterricht getroffen werden müssen:

(1) Zeitkriterium: Für welches Tempo entscheidet man sich? Wie viel Zeit ist für das Festigen von Mustern vorgesehen?
(2) Kommunikationskriterium: Wie stark kommunikationsorientiert oder sprachenorientiert sind die Unterrichtsinhalte? Wie viel Wert legt man auf die Botschaft oder die Formen?
(3) Lenkungskriterium: Welche Variationen von Übungen wendet man auf der Skala von „geschlossen" bis „frei und offen" an?
(4) Sprechkriterium: Wie ist es um die Balance zwischen dem monologischen und dem dialogischen Sprechen bestellt?
(5) Verarbeitungskriterium: Wird zwischen reproduktiven und produktiven Aufgaben abgewechselt?
(6) Situationskriterium: In welchem Maße gibt es fiktive und in welchem Maße reale Kommunikationssituationen in der Klasse?
(7) Inhaltskriterium: Wie viel Input oder Quellen wird bzw. werden in Bezug auf den Inhalt oder die Formulierungen erwartet? Welche Schwierigkeitsstufen spielen eine Rolle?

Der dritte Parameter bezieht sich auf die verschiedenen Aufgabenformate. Die Stufen von geschlossenen zu freien bzw. offenen Übungen in Bezug auf Schreiben und Sprechen sind in Tabelle 3.4 dargestellt.

Tabelle 3.4: Übungsvariationen Schreiben und Sprechen, von gelenkt zu frei (vgl. Neuner, Krüger & Grewer, 1981, S. 44 f.)

ansteigende Formulierungsfreiheit

Entwicklung und Überprüfung von Verstehensleistungen	Vereinfachung, Aufgliederung, Visualisierung; keine Formulierungsfreiheit (auswendiges Lernen, Verwendung von Phrasen usw.)
grundlegende Mitteilungsfähigkeit	Inhalt wird vorgegeben; keine Formulierungsfreiheit (z. B. Übersetzungsaufgaben, Memorisieren, Textergänzung, Satzergänzung, Zuordnung, Dialogvariation)
Entwicklung von Mitteilungsfähigkeit	Inhalt wird vorgegeben mit Formulierungsfreiheit, z. B. offener Dialog, Texterstellung, Dialog mit Redemittelvorgabe, Auswerten von Grafiken/Tabellen, Notizen (sammeln, aufnehmen, gliedern, erstellen)
Entfaltung von freier Äußerung	Inhalt nicht oder nur allgemein vorgegeben, mit Formulierungsfreiheit (z. B. Redemitteltabelle, spontane/begründete Stellungnahme, Diskursverläufe, Diskussionsspiel mit Rollenkarten

Idealerweise sollte der ansteigende Schwierigkeitsgrad von stark gelenkt bis frei/offen in jeder Struktur einer Unterrichtsreihe in den meisten Jahrgangsstufen vorhanden sein. Schließlich sollen die SuS in der Lage sein, einigermaßen frei zu formulieren. Um das zu erreichen, wird die Phase der gelenkten Übungen gebraucht. So geben bspw. Sprech- oder Schreibkarten den SuS eine Richtung vor, in der sie auf einen literarischen Text oder einen Film(ausschnitt) reagieren sollen.

3.2.4 Textsorten

Wenn kommunikativer Sprachenunterricht angestrebt wird, sollten die SuS mit vielen verschiedenen Textsorten vertraut gemacht werden, vor allem mit den am häufigsten vorkommenden Textsorten. In Lehrbüchern dominieren oftmals beschreibende oder informative Textsorten, von Formularen, über informelle und formelle Briefe bis hin zu Berichten. Weniger häufig kommen darin argumentierende Texte (z. B. Meinungsäußerung, Leitartikel, Kolumne), appellative Texte (z. B. Werbetext, Einladung, Bittschreiben, politische Rede) und expressive Texte (z. B. Tagebuch, Liebesbrief) vor. Unterhaltende Textsorten wie Reime und Witze werden in Lehrbüchern regelmäßig behandelt, während Jugendliteratur, Fotos und Cartoons meistens fehlen oder deutlich in der Minderheit sind. Wenn andere Texte mit literarischen Textsorten kombiniert werden, wird das Spektrum der Textsorten erweitert. Als Übung könnten die SuS z. B. einen Text oder Film ganz oder teilweise in eine andere Textsorte umwandeln. Handlungen und Gedanken aus literarischen Texten (z. B. eine Erzählung, ein Gedicht oder ein Dramendialog) können in eine andere Textsorte umgewandelt werden. Natürlich eignen sich dafür bekannte literarische Textsorten: Brief, Tagebuch, Gedicht, Hörspiel, Legende, Kurzgeschichte, Musical, Rezension, Satire, Comic, Zeichentrickfilm, Theater, Thriller. Aber die Umwandlung in oder der Transfer zu einer schriftlichen oder mündlichen nichtfiktionalen Textsorte ist auch möglich. Beim Umschreiben eines Textes im Rahmen von Sprechkompetenz- und Schreibkompetenzlernzielen können die folgenden Textsorten (s. Kasten) für mehr Variation berücksichtigt werden.

Textsortenbeispiele:

Absage, Anleitung, Annonce, Anrufbeantworteransage, Ansichtskarte, Bekanntgabe, Beschwerde, Bewerbung, Bilderrätsel, Brief, Diskussion, Empfehlungsschreiben, Formular, Fragenliste, Führung, Gebet, Gesetzestext, Kreuzworträtsel, Leserbrief, Lied, Märchen, Notiz, Organigramm, Präsentation, Predigt, Protokoll, Reiseführer, Reklame, Reportage, Sketch, Slogan, Smalltalk, Spielregeln, Sprichwort, Schlagzeile, Statistik, Stellungnahme, Tabelle, Talkshow, Test, Untertitel, Urkunde, Verhandlung, Vertrag, Videoclip, Visitenkarte, Wetterbericht, Witz, Zeitstrahl, Zeitungsbericht, Zusammenfassung

Welche literarischen Textsorten werden in der Sekundarstufe I eingesetzt? Der Großteil von 219 befragten DaF-Lehrkräften in den Niederlanden wünscht sich, dass SuS in der Sekundarstufe I mit literarischen Textsorten in Berührung kommen, gleichzeitig beschränken sich die genutzten Textsorten auf Kurzgeschichten, Songtexte und Jugendliteratur (Lehrner-te Lindert, van der Knaap, de Graaff, 2018). Märchen, Comics und Gedichte werden weniger häufig eingesetzt und Graphic Novels, Theaterstücke sowie Poetry Slams kommen in der Sekundarstufe I fast gar nicht vor. Ein Großteil der DaF-Lehrkräften findet literarische Texte zur Entwicklung der Lesekompetenz in der Sekundarstufe I wichtig.

3.3 Lesefertigkeit und Literatur

In diesem Kapitel geht es um die Verschränkung von Lesekompetenz und Literatur. Wir befassen uns nacheinander mit Lesestrategien, die den SuS beim Lesen von Texten zur Verfügung stehen sollten, mit Strategien zum Aufbau des Wortschatzes und mit Strategien zum Erlernen des Interpretierens.

3.3.1 Lesestrategien

Lesestrategien sind ein Bestandteil der Lesedidaktik. Die SuS sollen sowohl das suchende (selektive) als auch das strukturierende Lesen entwickeln: Im ersten Fall geht es darum, bestimmte Informationen aus einem Text zu ziehen, im zweiten Fall liegt der Fokus auf dem groben Textaufbau und den wichtigsten Punkten. Wenn Lesekilometer wichtig sind, sollten die SuS strukturierend lesen. In diesem Fall lesen sie linear (von Anfang bis Ende) und nicht konzentrisch (von allgemein zu detailliert). Informative Texte können meistens am besten konzentrisch gelesen werden: in mehreren Leserunden werden zuerst allgemeine Merkmale und anschließend Details erschlossen. Literarische Textsorten erfordern meistens eine lineare Vorgehensweise.

Schauen wir uns die folgende Aufgabe aus einer niederländischen Abiturprüfung von 2013 zu einem literarischen Text an:

Lies den Textausschnitt. Gib dann für jede der nachstehenden Behauptungen an, ob diese mit dem Textausschnitt übereinstimmt oder nicht.

1 Herr Kaltwasser verhält sich der Klasse gegenüber reserviert.

2 Maik ärgert sich über das Verhalten seiner Mitschüler*innen.

3 Maik wird aus Herrn Kaltwasser nicht schlau.

4 Tschick dachte, die zu besprechende Geschichte (Zeilen 1–3) sei von Herrn Kaltwasser geschrieben worden.

5 Tschick reagiert nervös auf die Fragen von Herrn Kaltwasser.

6 Tschick präsentiert eine Interpretationsmöglichkeit der Geschichte.

7 Tschick versucht, Anja zu beeindrucken.

8 Herr Kaltwasser sieht sich durch Tschicks Interpretation in seinem negativen Urteil über die Intelligenz des Jungen bestätigt.

Notiere die Nummer jeder Behauptung und ergänze ein „stimmt" oder „stimmt nicht".

(zu einem Textausschnitt aus Kapitel 11 von *Tschick*, Roman von Wolfgang Herrndorf)

In der dargestellten Aufgabe sollen die SuS einen literarischen Textausschnitt daraufhin überprüfen, ob die aufgestellten Behauptungen stimmen. Dafür müssen sowohl der Text als auch die Fragen aufmerksam gelesen werden. Die Lösung der Aufgabe erfordert also keine eigene Interpretation, sondern die Strategie „suchend lesen". Durch solche Aufgaben können die SuS überprüft werden. Doch erst, wenn um Erläuterung gebeten wird, kann die literarische Kompetenz vertieft werden.
Auch in Lehrbüchern werden literarische Texte oft mit Fragen versehen, die die literarische Kompetenz nicht fördern. Manchmal müssen nur ein paar kleine Änderungen vorgenommen werden, um die Fragen als Sprungbrett für literarische Fragen zu verwenden.

Schon in der Sekundarstufe I ist es möglich, mit literarischem In- und Output zu arbeiten. In einem Experiment wurden alle Übungen aus Text- und Übungsbüchern für Englisch durch literarische Übungen ersetzt (Jager, 2008, s. Beispiel in Kap. 3.5). Dabei stellte sich heraus, dass dies mit großer Varianz an Aufgabenarten in Bezug auf alle Sprachkompetenzen möglich war. Literarische Texte und Aufgaben mit literarischen Zügen können folglich die durchschnittlichen Aufgaben und Texte ersetzen, während die Lernziele beibehalten werden können und zusätzlich mehr sprachliche Varianz geboten werden kann. Dies verdeutlicht, dass Lehrbuchautor*innen und Lehrkräfte den Lernertrag ausbauen können: Die SuS entwickeln sowohl unbewusst als auch bewusst ihre literarische Kompetenz, während sie ihre Sprachfertigkeiten verbessern.

3.3.2 Wortschatz

Wenn man als Lehrkraft bereits eine große Sammlung literarischer Titel hat, kann man eine thematische Einteilung vornehmen. Auf diese Weise ist es einfacher, Titel mit den Unterrichtsthemen zu verbinden (z. B. Freundschaft, Reisen, usw.). Das hilft den SuS bei der Stabilisierung und Entwicklung des Wortschatzes.

Das Lesen oder Anhören von literarischen Texten trägt in hohem Maße zur Entwicklung des Wortschatzes bei. Bevor die SuS einen Text lesen, sollte der essenzielle Wortschatz eingeführt werden, um auf diese Weise die Einstiegshürde zu minimieren. Darüber hinaus können die SuS Vokabellisten anlegen; diese Wörter können anschließend auch in anderen Kontexten verwendet werden, um sie fest zu integrieren. Zusätzlich können die SuS Übungen machen, bei denen die Vokabeln rezeptiv und produktiv verwendet werden.

geeignet für alle Sprachen, alle Niveaus

Wortschatzsuche

Bestimmen Sie in jeder Unterrichtsstunde eine Person als „Wortschatzsuchende". Diese notiert alle neuen oder unbekannten Wörter aus einem gemeinsam besprochenen Text und übersetzt diese Vokabeln nach der Unterrichtsstunde. Durch einen turnusmäßigen Wechsel kommt jeder an die Reihe und bei den SuS entwickelt sich ein Bewusstsein für die Wichtigkeit eines guten Wortschatzes.

Die SuS sollten dazu animiert werden, ihren Wortschatz zu erweitern. Es ist sinnvoll, den stilistischen Reichtum literarischer Texte für die SuS erfahrbar zu machen. Das Kennenlernen stilistischer Varianten eines gewöhnlichen Wortes ist hilfreich. So ließ z. B. ein Englischlehrer in einer Übung zu dem Roman *Lord of the Flies* (William Golding, 1954) seine SuS alle Synonyme für das Wort „sad" im Text suchen und aufschreiben (Gallagher, 2003, S. 66). Für die Lesekompetenz sollte dieses Beispiel den SuS als Interpretationshilfe dienen, um zukünftig selbstständig aus gelesenen Texten lexikale Varianten zu filtern.

Durch das Notieren von Varianten wird der rezeptive und (sofern damit geübt wird) produktive Wortschatz erweitert, was wiederum beim Lesen hilft. Man kann den SuS auch viele Varianten eines Verbs („sagen", „gehen") vorstellen. Wenn man möchte, dass die SuS die Varianten auch wirklich verwenden, sollten Übungen mit diesen Varianten in den Unterricht integriert werden. Der Transfer von Sprechkompetenzen hin zu Schreibkompetenzen ist empfehlenswert, um den Wortschatz bei den SuS zu festigen.

Eine Spanischlehrerin berichtete über ein Leseprojekt in der Sekundarstufe I (Chantal Janssen-Korssen, Heerbeeck College, Best/Niederlande): „Für die Lesekompetenz gibt es bei uns ein kleines Leseprojekt. Wir haben einige A1-Bücher gekauft (z. B. *Patricia va a California*). Die SuS lesen in Gruppen ausgewählte Seiten aus dem Buch und erzählen einander danach (Expertenformat) von dem Textausschnitt, den sie gelesen haben. Sie erstellen eine Liste mit schwierigen Wörtern, schlagen diese Wörter im Wörterbuch nach und denken sich gemeinsam drei Fragen zum Text aus. Dabei stellen sie fest, dass sie trotz eines begrenzten Wortschatzes ein ganzes Buch verstehen können."

3.3.3 Interpretieren üben

SuS, die Zusammenhänge in Texten erkennen und dabei ästhetische Merkmale berücksichtigen, beschäftigen sich mit der Interpretation. Sowohl für die mündliche als auch für die schriftliche Aufgabenausführung auf den Niveaus 2, 3 und 4 (s. Kap. 2.5.7) kann ein Stufenplan (s. Tab. 3.5) nach der Lektüre und der Analyse von Handlung, Figuren, Sprache und Erzählinstanz den SuS dabei helfen, die eigene Interpretation in Worte zu fassen.

Tabelle 3.5: Stufenplan Interpretation

I	*These* Formuliere einen Satz, der so genau wie möglich ausdrückt, wie du etwas im Text verstanden hast.	behaupten, deuten
II	*Beleg für die These* Zitiere oder paraphrasiere eine Textstelle oder beschreibe ein Textmerkmal.	zitieren, paraphrasieren, beschreiben
III	*Deutung des Belegs* Erläutere die textlichen Belege.	Details erklären, erläutern, zusammenfassen
IV	*Abschließende Rückkopplung zur These* Fasse die Ergebnisse zusammen und schließe den Gedankengang ab, indem du zur Eingangsaussage zurückkehrst.	Gedanken abrunden

Viele der Teilkompetenzen, die zuvor bereits genannt wurden, kommen beim Interpretieren zum Zuge. Im zweiten Schritt können die SuS Textpassagen markieren. Dort, wo ein Text mehrdeutig ist, bspw. auf Niveau 3 oder 4, müssen die SuS zeigen, dass die Mehrdeutigkeit erkannt und als solche behandelt wird. Die erwähnten vier Schritte können erweitert und an höhere Niveaus angepasst werden, indem Sekundärliteratur hinzugezogen werden soll.

3.4 Hörverstehen und Literatur

Dem Hörverständnis begegnet man meistens in Lehrbüchern und Sprachtests. Doch viele Lehrkräfte entscheiden sich derzeit für den Einsatz von anderem Material. Auch Fiktion und Aufgaben mit Fiktionsbezug können das Hörverständnis verbessern. Literarische Textsorten können auf die SuS stimulierend wirken, wenn sie in die Erzählwelt gezogen werden. Darüber hinaus sind literarische Texte einfacher zu verstehen, sofern (a) sie zum Niveau passen, (b) sie in passender Geschwindigkeit und mit guter Intonation vorgelesen werden und (c) die SuS die Texte mitlesen können. Das Anhören von literarischen Texten kann unter diesen Umständen den Zugang erhöhen und die SuS zur weiteren Textarbeit motivieren. Nicht alle literarischen Texte eignen sich allerdings zum Anhören (s. Tab. 3.6).

Tabelle 3.6: Angemessenheit von (Meta-)Fiktion für das Hörverstehen

nicht geeignet	geeignet
• sehr kryptisch • wenig erzählend • experimentell • vor allem fürs Lesen geeignet	• für das Ohr geschrieben (Theater, Hörspiel, Lied usw.) • Geschichte konzentriert sich auf die Handlung • Texte über Fiktion (Interview mit Autor*in/Filmemacher*in, Diskussion usw.)

Ab dem A2-Niveau gibt es für das Hörverständnis Anknüpfungspunkte für Fiktionsformen.

Auf Wittes Stufenmodell (s. Kap. 2.4.1) aufbauend können wir uns an den folgenden Niveau-Indikatoren orientieren, um Texte auszuwählen (s. Tab. 3.7):

Tabelle 3.7: Niveau-Indikatoren für Hörtexte (nach Meijer & Fasoglio, 2007, S. 30 f.)

Niveau 2	Niveau 3	Niveau 4
Inhaltliche Merkmale		
für ein breites Publikum bestimmt	für ein einigermaßen anspruchsvolles Publikum bestimmt	für ein entwickeltes Zielpublikum
Themen aus dem Erfahrungsschatz der SuS	deckt eine breite Palette von Themen außerhalb Welt der SuS ab	deckt eine breite Palette von Themen außerhalb Welt der SuS ab
transparente Struktur	transparente Struktur	komplexe Struktur
in der Regel redundant und ziemlich konkret	auch implizite Informationen, redundant und ziemlich konkret	auch implizite Informationen, wenig redundant und abstrakt
informativ oder überzeugend, emotional, unterhaltsam, fiktional	informativ oder überzeugend, emotional, unterhaltsam, fiktional	informativ oder überzeugend, emotional, unterhaltsam, fiktional
einige Kenntnisse über die Länder, in denen die Sprache gesprochen wird	Grundkenntnisse der Länder, in denen die Sprache gesprochen wird	allgemeine Kenntnisse der Länder, in denen die Sprache gesprochen wird, und Grundkenntnisse der Länder, in denen die Sprache als Amtssprache gesprochen wird
	auch nichtlineare Texte, Hypertexte, mit Audio angereicherte Texte	auch nichtlineare Texte, Hypertexte, mit Audio angereicherte Texte
	relevant für andere Fächer	relevant für andere Fächer
Andere Kriterien		
Sprechgeschwindigkeit relativ langsam	Sprechgeschwindigkeit normal	Sprechgeschwindigkeit normal bis schnell
leichte Abweichung von der Standardsprache	einige Abweichungen von der Standardsprache	einige Abweichungen von der Standardsprache
auch Einsatz von Multimedia	auch Einsatz von Multimedia	auch Einsatz von Multimedia

Es ist wichtig, festzulegen, mit welchem Lernziel die SuS zuhören sollen und welche Lehraktivitäten am besten dazu passen. Sollen sie oberflächlich oder detailliert zuhören? Geht es um das große Ganze oder um bestimmte Details? Geht es um das suchende oder das strukturierende Zuhören? Sollen sie das Gehörte zusammenfassen können? Sollen sie neue Wörter und Phrasen verarbeiten? Aufeinanderfolgende Schritte, die bei der Behandlung von Hörtexten angewandt werden können, sind in der folgenden kurzen Phasenstruktur zu finden (s. Tab. 3.8):

Tabelle 3.8: Phasenmodell Hörfertigkeit (nach Kwakernaak, 2015, S. 182 f.)

Phase	Umsetzung
Vorbereitung	Einführung (Thema, Personen), unbekannte Wörter, Höranleitung(en)
Hörphase	in einer oder mehreren Runden, evtl. mit Pausen
Begriffskontrolle (auf Fragment- oder Textniveau)	angepasst an die Hörstrategie (Suchen, Strukturieren)
Textverarbeitung (Verständniskontrolle auf Wortebene)	die Bedeutung eines Wortes oder Ausdrucks vermitteln

Einige Möglichkeiten, mithilfe von literarischen Texten das Hörverständnis zu fördern, werden in den folgenden Unterkapiteln präsentiert. Mit Filmen ist dies selbstverständlich auch möglich.

3.4.1 Lieder

Meistens hören wir Lieder, ohne dabei den Text vorliegen zu haben. Gute Songtexte greifen auf die Grundprinzipien der Lyrik zurück: Reime und Wiederholungen stehen im Vordergrund. Dadurch können wir uns einen Text merken, ohne ihn zu lesen. Die Melodie macht den Text zugänglicher und motiviert zum Zuhören. Für das strukturierende und intensive Zuhören eignen sich Lieder hervorragend, da man bei dieser Hörstrategie während des Hörens die Bedeutung selbst erarbeitet und eine Struktur oder ein Muster erkennt.

In den ersten Lernjahren sollten Lieder mit einfachen Strukturen, einem einfachen Wortschatz und einer einfachen Problematik verwendet werden, die an die Lebenswelt der SuS anschließen. In höheren Lernjahren werden Wortschatz, Satzbau, Thematik, moralische Aspekte und Bedeutungsebenen komplexer. Wählt man z. B. Rammsteins *Ich will* (2001), dann ist die nahezu eiserne Struktur bedeutungstragend bei aller Einfachheit der Verse: „Ich will, dass ihr mir vertraut / Ich will, dass ihr mir glaubt / Ich will eure Blicke spüren / Ich will jeden Herzschlag kontrollieren“ usw. Auch die Aufgaben müssen mit dem Textniveau übereinstimmen. Lieder sollten in der Klasse nicht öfter als drei Mal vorgespielt werden, damit sie nicht an Anziehungskraft verlieren.

Im folgenden Beispiel arbeiten wir mit dem klassischen Popsong *Hey Jude* (1968) von The Beatles. Die Struktur dieses Liedes ist sehr transparent, wie das nachstehende Flowchart zeigt.

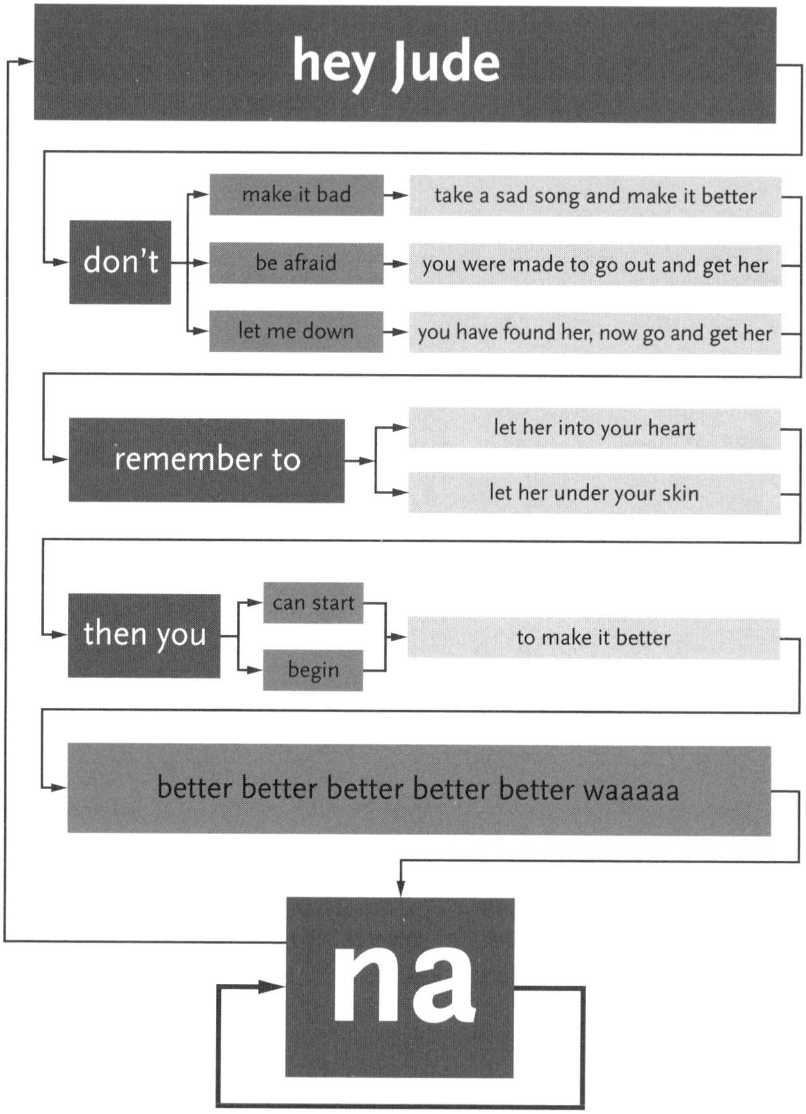

Abbildung 3.1: Flowchart von *Hey Jude*

Trotz der klaren Struktur kann man diese beim Zuhören vergessen, weil man von seinem Gefühl geleitet wird. Als Höraufgabe zu *Hey Jude* könnte man den SuS eine Tabelle zur Verfügung stellen, in der unter anderem „don't", „remember to" und „then you" stehen. Die SuS müssen beim Hören die dazugehörigen Phrasen eintragen. Im nächsten Schritt geht es dann um die bewusste Wahrnehmung der Struktur. Wenn das Lied bekannt ist, ist es sinnvoll, die Hörphase und die Phase der Verständnisüberprüfung zu verschränken. Schematisch sieht die Bearbeitung dann wie folgt aus (Tab. 3.9; vgl. Phasenstruktur in Tab. 3.8):

Tabelle 3.9: Behandlung des Songtextes *Hey Jude* im Phasenmodell

Phase	Umsetzung
Vorbereitung	Einführung: The Beatles, Hintergrund des Liedes, evtl. unbekannte Wörter einführen, Höraufgabe (Struktur des Liedes erfassen)
Hörphase	eine Zuhörrunde ohne Pause
Begriffskontrolle (auf Fragment- oder Textniveau)	(a) SuS ergänzen die mit „don't", „remember to" und „then you" vorausgefüllte Tabelle (b) SuS vergleichen ihre Tabelle mit dem Flowchart
Textverarbeitung (Verständniskontrolle auf Wortebene)	die Bedeutung eines Wortes oder eines Satzes vermitteln
Präsentationsphase	zweite Zuhörrunde mit dem Flowchart

Songtexte gehören zum weiten Feld der literarischen Bildung, aber die Komplexität ist sehr unterschiedlich. Die Wertschätzung ist sehr geschmacksgebunden und hängt oft auch ab von der Situation, in der das Lied gehört wird, und von den Stimmungen, die mit dem Lied assoziiert werden

In dem Film *On connaît la chanson* (1997) von Alain Resnais fangen Figuren immer wieder an zu singen, um ihre Situation zu verdeutlichen. Die Lieder geben ihren Gemütszustand wieder. Insgesamt kommen 36 französische Lieder unterschiedlichster Sängerinnen und Sänger vor, von Josephine Baker, Charles Aznavour, Gilbert Bécaud und Édith Piaf über Julien Clerc bis hin zu France Gall. Der französische Liederkanon eignet sich für verschiedene Situationen, um zu unterstreichen, dass Chansons ein Teil der kulturellen DNA der Französinnen und Franzosen sind.

Das Anhören von (Pop-)Liedern kann die Unterrichtsroutine durchbrechen. Wenn beliebte Songs vorgespielt werden, hat das einen motivierenden Effekt. Die Lieder können positive Assoziationen mit dem Lernen einer Fremdsprache verstärken. (Pop-)Lieder können für alle Ziele des Sprachenunterrichts verwendet werden, bspw., um syntaktische Strukturen zu festigen, das Gefühl für die Satzmelodie zu stärken, den Wortschatz zu erweitern oder ein (inter-)kulturelles Ziel zu verfolgen. Inspiration bietet u. a. die Internetseite www.songsforteaching.com, auf der es auch thematische Optionen gibt.

Eine bewährte Methode ist, zuerst ohne Text zu arbeiten. Beim Zuhören können die SuS dann Sätze notieren, von denen sie glauben, sie gehört zu haben. Im zweiten Schritt sollen die SuS beim Hören mit einem Text mitlesen, im Text ist aber maximal ein Wort pro Zeile in ein gleichklingendes Wort geändert worden. Dadurch werden die SuS motiviert, aufmerksam zuzuhören und (bei Videos) genauestens auf die Artikulation zu achten.

Ein gutes Beispiel für das Arbeiten mit Songtexten in der Sekundarstufe II bietet der Teil „Littérature" im Lehrwerk *Grandes Lignes* (2011). Darin kommen Chansons von Georges Brassens, Jacques Brel und Boris Vian vor. So sollen die SuS bspw. in Brels berühmtem *Ne me quitte pas* Substantive suchen, die mit dem Thema „Liebe" zu tun haben, und deren Bedeutung notieren. Die Aufgabe mit der Suchstrategie verfolgt einen sprachlichen Ansatz, passt aber auch zu den eher inhaltlichen Fragen, die in Fragen nach Reimen und nach dem literarischen Charakter des Liedes übergehen. In einer anderen Aufgabe geht es um Vians Lied *Le déserteur*, ein Protestsong gegen den Krieg in französischen Kolonien. Die hierzu gestellten Fragen gehen auf das Thema ein und widmen sich somit auch der interkulturellen Problematik.

Wenn ein zugängliches Lied behandelt wird, kann dieses auch als *Advanced Organizer* genutzt werden, also als Einleitung für ein neues Thema. *The Times They Are A-Changin,* (1964) von Bob Dylan kann z. B. dem Lesen des Romans *The Help* (2009) von Kathryn Stockett vorausgehen. Da eine Romanfigur das Lied hört, kann der Song aber auch zu einem späteren Zeitpunkt behandelt werden.

Mit dem Onlinetrainer lyricstraining (www.lyricstraining.com) können die SuS mithilfe von Musik Sprachen üben. Die Website bzw. die App fürs Smartphone bietet für vier verschiedene Niveaus und für verschiedene Sprachen Lückentexte für Songtexte an. Für Anfänger und Fortgeschrittene gibt es jeweils passende Aufgaben. Bei jedem Niveau wird angegeben, wie viel Prozent des Textes eingetragen werden muss. Doch nicht jeder Song ist für Hörverständnisübungen geeignet. Wenn Lückentexte verwendet werden sollen, sollte vorab überprüft werden, ob in dem Song eine bestimmte Thematik, bestimmte Strukturen (z. B. Wiederholungen) oder Schlüsselwörter behandelt werden. Lückentexte sollten außerdem nicht als einziger Didaktisierungsschritt verwendet werden. Sie sind nur eine Stütze, um zielgerichteter zuzuhören; im außerschulischen Leben spielen sie keine Rolle.

Bearbeitungen bekannter Lieder, sogenannte Coversongs, können das Zuhören vereinfachen, da ihre Struktur und auch der Text leichter zugänglich sind (sofern der Text nicht zu sehr bearbeitet wurde). Anderssprachige Versionen von englischen Songs, untertitelt und mit Vokabellisten (z. B. unter www.fluentu.com/spanish), können auch motivierend wirken.

Ein Lied, von dem es mehrere Versionen gibt, bietet zusätzliche Ansatzpunkte für die Arbeit. So eignen sich die verschiedenen Versionen des Songs *Me and Bobby McGee* bspw. gut, um zielgerichtet zu arbeiten (Delanoy, 2002). Dafür wird zuerst die Originalversion von Kris Kristofferson gehört. Durch Aktivitäten vor dem Hören (inhaltliche Vorentlastung über den Kontext), durch die Ermutigung, persönlich auf den Text zu reagieren und die anschließende Aufgabe, eine Strophe des Liedes aus weiblicher Perspektive neu zu schreiben, wird schließlich auf die Version von Janis Joplin hingearbeitet und somit ein Textvergleich ermöglicht.

3.4.2 Poetry-Slam

Bei einem Poetry-Slam werden selbst verfasste lyrische Texte in Wettbewerbsumgebung und für ein sich beteiligendes Publikum rhythmisch vorgetragen, wobei die Performance (Diktion, Mimik, Gestik, Körperhaltung, aber indirekt auch Aussehen und Kleidung) eine Rolle spielt. Der Wettbewerbscharakter bei einem Poetry-Slam variiert: Eine Fachjury und/oder das Publikum bestimmen die Gewinner. Meistens werden aktuelle oder persönliche Themen behandelt und die Texte werden mit hoher Geschwindigkeit vorgetragen. Dadurch sind fremdsprachige Texte für die SuS manchmal schwer zu verstehen, sofern sich darin nicht viele Wiederholungen finden. Bei einem solch hohen Tempo ähnelt die Poesie in gewisser Weise der Rap-Musik, die auf die SuS wiederum eine große Anziehungskraft ausübt. Eine kluge Textauswahl kann die SuS dazu motivieren, auch traditionellere Poesie schätzen zu lernen, wenn sie die rhythmischen Strukturen darin wiedererkennen können. Durch vorhandenes Bild- und Tonmaterial sind Poetry-Slams für die SuS zugänglicher als herkömmliche Lyrik. Sie können über Videomaterial Beispiele von verschiedenen Stilen entdecken und anschließend Bewertungsformulare in der Zielsprache ausfüllen (s. Kasten). Darüber hinaus könnten die SuS in der Zielsprache z. B. auch Texte über das Genre Poetry-Slam lesen: über das Konzept, die Rolle der Jury und die Rolle des Publikums. Ansätze dazu finden sich in Unterrichtsmodellen (Anders, 2019).

geeignet für alle Sprachen, alle Niveaus

Bewertungsformular Poetry-Slam, in der Zielsprache auf einer Skala von 1 (niedrig) bis 5 (hoch):

Der Text ist inhaltlich gut zu verstehen.	1-2-3-4-5
Der Text ist originell und/oder interessant.	1-2-3-4-5
Der Text spricht mich an.	1-2-3-4-5
Das Ende ist überraschend, hat eine gute Pointe.	1-2-3-4-5
Der Text ist einfach vorzutragen.	1-2-3-4-5

3.4.3 Vertonte Gedichte

Gedichte, die von der Allgemeinheit als gut eingestuft werden, und deshalb zum Kanon gehören, werden häufig vertont – sie werden zum Ausgangspunkt eines musikalischen Werkes. Vertonungen sind eine besondere Kategorie unter den Hörtexten, weil die musikalische Struktur auch etwas über ein Gedicht verrät. Das Angebot variiert in der Komplexität. Das literarische und musikalische Interesse kann durch die Konfrontation mit verschiedenen Vertonungen eines Gedichtes geweckt werden. Durch die musikalische Untermalung der Texte wird die Aufmerksamkeit der SuS verstärkt.

Bei Klassikern wie der Ballade *Erlkönig* von Goethe hilft die Erzählstruktur bereits beim Lesen, die Vertonung von Franz Schubert tut ihr Übriges. Wird eine Version verwendet, die auf YouTube zu finden ist und die durch Illustrationen ergänzt wird, erhalten die SuS noch zusätzliche Unterstützung.

Bevor die SuS zuhören und zuschauen, während ihnen der Text vorliegt, sollte ein Ziel formuliert werden. Alle Aufgaben sollten im Zeichen dieses Ziels stehen. Wenn thematisch gearbeitet wird, kann eine Vertonung genutzt werden, um das Thema kulturell zu vertiefen.

Beim Thema „Heimat" spielen „Sehnsucht" und „Heimweh" eine wichtige Rolle. Hierfür können Eichendorffs Gedicht *In der Fremde* und die Vertonung von Robert Schumann und Hanns Eisler verwendet werden. Die SuS lernen beim Hören der Vertonungen, darauf zu achten, wie die Musik den Text interpretiert, indem sie Bedeutungselemente verstärkt oder kontrastiert. Einführend ins Thema „Heimat" sind andere Lieder geeignet, z. B. das A-capella-Lied *Ich bin aus Hürth* von den Wise Guys oder *Ein Auge weint, ein Auge lacht* vom Berliner Musiker Larsito.

3.4.4 Geschichten und Hörbücher

SuS lesen genauer, wenn sie beim Anhören eines Hörbuchs den Text vorliegen haben (Milani, Lorusso & Molteni, 2009), sofern beide Textversionen den bereits genannten Kriterien (s. Tab. 3.7) entsprechen. Vor allem SuS mit Lese-Rechtschreib-Schwäche können sich die Kombination aus Zuhören und Lesen zunutze machen (Crombie, 1997). Viele Verlage legen A1/2-Lehrbüchern eine Audioversion als CD bei oder bieten die Audioaufnahmen über ihre Website an.

Fremdsprachige Geschichten zum Anhören finden sich auch in Lehrwerken. So werden im Lehrwerk *Stepping Stones* (2013) Fragen zur Kurzgeschichte *The Last Night of the World* von Ray Bradbury gestellt, die angehört werden kann. Die Aufgaben sind nicht nur inhaltlicher Natur. Die SuS müssen z. B. argumentieren, welche Genrezuweisung („fairy tale", „myth", „legend", „science fiction") zutreffend ist, und somit werden auch Fachbegriffe gefestigt (s. Kap. 7).

Wenn ein Buch im Klassenverband gelesen wird, kann auch ein Hörbuch eingesetzt werden. Ein Teil des Buches kann gemeinsam in der Klasse angehört werden, während alle mitlesen. Danach können die SuS zu Hause weiterlesen, um in der nächsten Stunde wieder im Klassenverband zu arbeiten. Man kann das ganze Hörbuch abspielen, während die SuS mitlesen. Wird diese Leseart mit Aufgaben und Diskussionen kombiniert, wird das Lesen von Literatur für die SuS interessanter. Gleichzeitig wird auf diese Weise sichergestellt, dass die SuS den ganzen Text durchgenommen haben. Zu beachten ist, dass bei Hörbüchern (s. Tab. 3.10) Sprecher*innen, Akzente und Bearbeitungen das Hörerlebnis beeinflussen.

Manche Hörbücher sind vollständig im Internet zu finden (meistens über YouTube, für Französisch s. www.litteratureaudio.com). Auch Ausschnitte und Teile von Autorenlesungen sind motivierend – als Video oder lediglich als Ausschnitt.

Tabelle 3.10: Beispiele englischer Hörbücher

Autor*in	Titel	Quelle	Hinweis
Anonym	*Beowulf*	LibriVox	in moderner Übersetzung
Charlotte Brontë	*Jane Eyre*	LibriVox	
William Shakespeare	*Henry V*	LibriVox	von mehreren Personen gelesen
Mark Twain	*The Adventures of Huckleberry Finn*	LibriVox	Die Aussprache des *slang* kommt gut rüber und wird dadurch besser verständlich.
J. K. Rowling	*Harry Potter*	Helen Nicoll Publishing	Sowohl mit amerikanischem als auch britischem Akzent. Die britische Version stammt von Stephen Fry.
Jonathan Safran Foer	*Extremely Loud and Incredibly Close*	Recorded Books	
T. S. Eliot	*The Waste Land I-V*	T. S. Eliot Society	Gesprochen von den Dichtern T. S. Eliot und Ted Hughes.

3.4.5 Interviews

Die SuS sollten an gesprochene Interviews mit Schriftsteller*innen und Filmemacher*innen herangeführt werden. Sowohl von den Fragen als auch von den Antworten können sie in literarischer Hinsicht lernen, denn hier werden oft die Thematik, der Aufbau und der Anlass eines Textes oder Films thematisiert. Darüber hinaus können die SuS ihr Hörverständnis trainieren und, sofern Übungen damit verknüpft werden, bestimmte Redewendungen übernehmen. Auf YouTube findet man bspw. mühelos Interviews mit George R. R. Martin (*Game of Thrones*), J. K. Rowling (*Harry Potter*), Yann Martell (*Life of Pi*), Uwe Timm (*Die Entdeckung der Currywurst*) und Autor*innen aus anderen Sprachen. Und natürlich findet man dort auch Interviews und Videotagebücher von Regisseur*innen (z. B. von Dennis Gansel, dem Regisseur von *Die Welle*, und Pedro Almodóvar, dem Regisseur von *Volver*).

3.4.6 Hörspiele

Da ein Hörspiel über eine deutliche Rollenverteilung und verschiedene Sprecher*innen verfügt, eignet es sich bestens als Unterrichtsstoff. Die SuS können zielgerichtet bestimmte Rollen anhören, um diese Figuren zu charakterisieren oder um selbst andere Teile des Hörspiels (mit Aufnahmegeräten) zu sprechen.

Hörspiele gibt es für alle Niveaus, von eigens für das A1/2-Niveau produzierten Hörspielen bis hin zu Hörspielen, die mit und von etablierten Autor*innen produziert wurden. Jeder Fachbereich kann eine eigene Hörspielbibliothek zusammenstellen. Ein Beispiel für einen Audio-Sprachkurs mit literarischen Strukturen für die Niveaustufen A1 und A2 ist Radio D von der Deutschen Welle (www.dw.com/de/deutsch-lernen/radio-d/s-9603). Die 52 Lektionen dauern jeweils 15 Minuten und es gibt zusätzlich ergänzende Downloads (Manuskripte, Übungen).

Ein berühmtes Hörspiel zeigt, wie Literatur die Wirklichkeit oder zumindest ihre Wahrnehmung beeinflussen kann: Als die Zuhörenden am 30. Oktober 1938 im amerikanischen Radio das Hörspiel nach dem Roman *The War of the Worlds* (1898) von H. G. Wells hörten, waren viele beunruhigt, weil sie dachten, die Erde würde von Außerirdischen bedroht. Dieser Vorfall ist geeignet für die Thematisierung des Medienwandels aber auch für die Fiktionalitätsfrage, bzw. für die Besprechung der Trennlinie zwischen Fakten und Fiktion. Der kritische Umgang mit Quellen und die Entwicklung von Medienkompetenz sind Unterrichtsstoff, aber aus dem Effekt des Hörspiels geht hervor, dass die Nutzung der Medien dem Wandel unterworfen ist. Wer Nachrichten im Radio erwartet, wird von dem realistischen Fragment erschrecken können.

3.4.7 Theatertexte

Da aufführungsbezogene Lektüre den Leseakt bereichert, sollten SuS die Möglichkeit bekommen, die Aufführung eines Theatertextes, der im Unterricht gelesen wird, zu sehen. Hierfür eignen sich die Auseinandersetzung mit einer Aufzeichnung oder ein Theaterbesuch.

Eine Exkursion ins Theater erfordert eine gute Vorbereitung. SuS lernen von einem Theaterbesuch etwas, wenn:

- sie sich in das Theaterstück/die Hauptfigur/die Geschichte hineinversetzen können;
- sie über die Struktur, die Handlung und die Figuren nachgedacht haben.

Zur Vorbereitung können die SuS z. B. in verschiedenen Konstellationen Szenen aussuchen und nachspielen und auf diese Weise die Hintergründe vertiefen. Oder sie lesen ein Interview mit der Regisseurin bzw. dem Regisseur oder den Schauspieler*innen. Zielgerichtete Fragen sorgen für Fokussierung, damit die SuS nach der Vorstellung vernünftig davon berichten können (s. Kasten). Videomaterial mit verschiedenen Inszenierungen einer Szene bringt die SuS dazu, über die jeweilige Mise en Scène nachzudenken. Dies trägt zum Textverständnis bei. Nach dem Zeigen einer Aufnahme oder dem Theaterbesuch können die SuS eine Besprechung lesen, die sie anschließend mit ihrer eigenen Erfahrung vergleichen können.

geeignet für alle Sprachen, alle Niveaus

Beispielfragen zur Vertiefung eines Theaterbesuchs oder einer Videovorführung:

- Wie sah das Bühnenbild aus?
- Welche Rolle spielte die Beleuchtung?
- Wie hat das Bühnenbild zur Stimmung der Inszenierung beigetragen?
- Sahen die Kostüme historisch oder eher zeitgenössisch aus?
- Passten die Kostüme zu den Figuren?
- Wie wurde die Eröffnungsszene des Theaterstücks gestaltet?
- Wurden die Figuren immer von denselben Schauspieler*innen gespielt?
- Sind die Schauspieler*innen aus ihren Rollen gefallen?
- Haben sich die Schauspieler*innen direkt an das Publikum gewandt?

- Hatten die Schauspieler*innen selbst Spaß beim Spielen?
- Wie wurde Musik eingesetzt? (War es Livemusik? Hat die Musik zur Handlung beigetragen oder sollte sie vor allem einen Kontrast darstellen?)
- Konntest du der Handlung gut folgen?
- War das Ende offen, sodass du selbst noch länger darüber nachdenken konntest, oder wurden alle Fragen beantwortet?

3.5 Sprech-/Gesprächsfertigkeit und Literatur

Das Erzählen von Geschichten gilt als ein wichtiger Bestandteil des menschlichen Kontakts. Mit dem Spiel *Story Cubes* kann man das Erzählen auch in einer anderen Sprache lernen. Es können auch bereits existierende Geschichten verwendet werden. Literatur und Fiktion laden seit jeher dazu ein, verschiedene Standpunkte einzunehmen, und bilden deshalb eine besondere Quelle für Interaktion und das Gespräch in der Klasse (Ehlers, 2010, S. 1540). Wenn SuS darüber sprechen, was sie gelesen haben, entwickeln sie ihr Leseverständnis. Die Lehrkräfte müssen dabei unterstützende Aktivitäten anbieten, damit die SuS die Möglichkeit erhalten, miteinander oder mit anderen über Fiktion zu sprechen.

Das Niveau der Konversation wird nicht automatisch durch die Tatsache angehoben, dass man über Literatur spricht. Eine Studie bei Spanisch-Studierenden hat gezeigt, dass eine literarische Diskussion allein nicht ausreicht, um den Sprachgebrauch auf hohem Niveau zu stimulieren. Die unterstützende Rolle der Lehrkraft ist sehr wichtig (Donato & Brooks, 2004).

Sprechen und Schreiben in einer Fremdsprache sind keine Selbstläufer. Die SuS benötigen Hilfestellungen in Form von Beispielen und festen Schemata (s. Aufgabenvarianten in Kap. 3.2.3). Es sollte mit geschlossenen (reproduzierenden) und halboffenen Aufgaben angefangen werden, bevor man zu offenen Aufgaben übergeht. Am besten fängt man mit kleinen Aufgaben und Übungen an, bei denen die SuS buchstäblich das verwenden, was auf Sprechkarten steht, danach können diese zu freieren Übungen ausgebaut werden. Konstruktive und aufbauende Kritik sollte die SuS bei diesem Prozess stets begleiten.
Gedächtnisstützen bzw. Eselsbrücken sind für das Mitteilen der eigenen Meinung („En mi opiníon …“), das Zustimmen („Yo pienso lo mismo que …“) oder das Widersprechen („Y no estoy de acuerdo …“) äußerst nützlich.
Die folgenden Interaktionen, auf die sich der GeR bezieht, bilden den Rahmen für das Verknüpfen von Literatur und Fiktion mit Sprechhandlungen:

- Informelle Diskussionen (z. B. informelle Konversation, schneller Austausch)
- Formelle Diskussionen und Besprechungen (z. B. Debatte, Beratschlagung)

- Geschäftsangelegenheiten besprechen (z. B. Verhandlungen, gemeinsames Planen, Transaktionen)
- Informationsaustausch (z. B. Interview)

Die SuS können Vorträge und Diskussionen mitbeurteilen. Wenn die SuS verschiedene Aspekte und Ebenen der Leistungen von anderen beobachten sollen, werden sie stärker in den Unterricht miteinbezogen.

Eine Aufgabe sollte außerdem einen gewissen Reiz auf die SuS ausüben, um sie zu motivieren. Die folgenden Aufgabenbeispiele können die Verknüpfung von Literatur und Sprachkompetenz erhöhen.

3.5.1 Kennenlernaufgabe

Eine Kennenlernaufgabe ist ein Beispiel für das Führen eines informellen Gespräches und den Informationsaustausch. Das folgende Beispiel eines „Getting-to-Know-You-List-Poem" ist für das Niveau A2 gedacht.

geeignet für alle Sprachen, einfachste Niveaus

Nach der Erläuterung durch die Lehrkraft und einem Beispiel folgt die Aufgabe für Zweiergruppen (nach Jager, 2008, S. 59 f.):

A 'list-poem' is a poem which sums up thoughts and ideas, for example about things someone does or doesn't like. Even though it does not have to rhyme, it is a poem anyway.

A 'Getting-to-Know-You-List-Poem' is a 'list-poem' that helps you to get to know someone better. This is an example of a 'Getting-to-Know-You-List-Poem' by Ruth Henck McCreery:

I am Jesse Taylor.
I like cheese, steak, shrimp, ice cream, apple pie, hockey, basketball, and fantasy stories.
I dislike spinach, chicken, chocolate cake, baseball, tennis, and romance stories.
All this ... and more ... makes me who I am.
I am Jesse Taylor.

Work with a classmate. Fill in the scheme you find below and create a 'Getting-to-Know-You-List-Poem' about him or her. You need to fill in the right forms of the verbs, choose the correct pronouns and find the right words for the likes and dislikes of your classmate.

'This is my Classmate'

This (be/is/are) [name] ....

(Fill in the right form of the verb to be and the name and surname of your classmate.)

He/She (like/likes) .... [1] ...., [2] ....,
and [3] ....

(Choose the pronoun, fill in the right form of the verb to like and write down at least three items your classmate enjoys.)

He/She (dislike/dislikes) .... [1] ...., [2] ....,
and [3] ....

(Choose the pronoun, fill in the right form of the verb to dislike and write down at least three items your classmate doesn't enjoy.)

All this, and more, makes him/her who he/she ....

(Fill in the right form of the verb to be.)

This (be/is/are) [name] ....

(Fill in the right form of the verb to be and the name and surname of your classmate.)

In einer solchen Kennenlernaufgabe werden zielgerichtet Verbformen und Substantive schriftlich geübt. Das Gedicht kann vollständig auf ein weiteres Blatt geschrieben und mit Bildern versehen werden, um zu verdeutlichen, was die Person mag oder nicht mag. Anschließend werden alle Blätter im Klassenraum aufgehängt. Auf diese Weise kann sich die ganze Klasse besser kennenlernen. Die Ausweitung auf das Mündliche ist naheliegend: Die SuS können andere mündlich vorstellen. Die Ergebnisse können in einem ersten Schritt vorgelesen und anschließend frei vorgetragen werden. Durch die Gedichtform erhält die normale Situation (SuS stellen sich gegenseitig vor) eine andere Dimension.

3.5.2 Kurzer Austausch

In der Zielsprache werden kurze Aufträge auf Karten zu gelesener Prosa oder einem Drama vorbereitet (s. Tab. 3.11). Die Rückseiten der Karten werden nummeriert. Bei der Verwendung im Klassenverbund nennt eine Person eine Nummer oder zieht eine Karte und führt die Aufgabe der entsprechenden Karte aus. Diese Arbeitsweise ist auch in Gruppen möglich. Auf diese Weise wird die informelle Gesprächsführung stimuliert.

Tabelle 3.11: Aufgaben für Prosa- oder Dramentexte

Kategorie	*Arbeitsauftrag*
Zitat	„Lies ein Zitat vor und erkläre, warum du es schön, lustig oder spannend findest."
Wissen	„Erzähle, was du jetzt, nachdem du den Text gelesen hast, mehr darüber weißt."
Rat	„Welchen Rat würdest du einer Figur geben und warum?"

(Fortsetzung Tabelle 3.11)

Kategorie	***Arbeitsauftrag***
Fortsetzung	„Denke dir aus, wie die Geschichte deiner Meinung nach weitergeht, und erzähle dies."
Eindruck	„Erzähle, welches Gefühl dieses Buch bei dir auslöst und warum."
Vergleich	„Vergleiche dich mit einer Person aus dem Text und nenne eine Gemeinsamkeit und einen Unterschied."
Wertschätzung	„Was hältst du von dem Gelesenen? Vergib 1 bis 5 Sterne und begründe deine Bewertung in einem Satz."

3.5.3 Dialoge nachspielen

Ab dem Niveau A2 können die SuS Szenen (aus einem Text oder Film) nachspielen, in denen genügend Dialog vorkommt oder durch eigene Ergänzung vorkommen könnte. Diese Aufgabe gehört in die Kategorie informelle Gespräche, aber auch zu formellen Gesprächssituationen.

geeignet für alle Sprachen, alle Niveaus

Arbeitsaufträge für das Nachspielen von Dialogen:

Variante a): „Lies den Dialog oder sieh ihn dir an und sprich ihn dann nach."

Variante b): „Spiele den Dialog mit den Fingern, mit Fingerpuppen oder Handpuppen nach."

Variante c): „Spiele den Dialog selbst nach. Lass den nachgespielten Dialog von jemandem filmen."

3.5.4 Autobiografie einer Figur

Die SuS aller Niveaus sind nicht nur an der Handlung, sondern auch an den Figuren interessiert. Die folgende Aufgabe kann bei der Identifikation mit einer der Figuren helfen und Individuen dazu motivieren, aufmerksam zu lesen oder zuzusehen. Die Aufgabe kann sowohl für Monologe also auch für Dialoge verwendet werden.

Versetze dich in die Lage deiner Figur. Versuche, ein Gefühl für die Figur zu bekommen. Stelle Fragen an die Figur und benutze die Vorschläge unten. Mache dir Notizen und präsentiere mündlich eine kleine Autobiografie.

- "What is your name/age?
- What do you look like?
- Describe the place where you live.
- How would you characterize yourself?
- What is your relationship to the members of your family like?
- What is your social background?
- Describe a typical day in your life at the moment.

- What are you afraid of?
- What values do you have?
- What is especially important to you?
- What are your greatest strengths?
- What are your greatest weaknesses?
- What was your biggest mistake recently?
- What was your best/worst decision recently?
- What was your greatest achievement recently?
- What is your biggest problem at the moment?
- What is your main goal at this point?
- What do you expect your future to be like?"

(Grieser-Kindel, Henseler & Möller, 2006, S. 106)

Diese identifikationsstiftende Aufgabe eignet sich gut für ein gefilmtes Interview: Eine Person bedient die Kamera und zwei Personen führen das Gespräch. Diese Aufgabe ist ein Beispiel für das Führen eines informellen Gesprächs und den Informationsaustausch.

3.5.5 Heißer Stuhl

Die Identifikationsaufgabe aus dem Kapitel 3.5.4 kann auch für die Heißer-Stuhl-Methode angewendet werden. Bei dieser Methode wird eine Person von einer kleinen oder großen Gruppe befragt. Die Person, die befragt wird, sitzt auf einem Stuhl, dem sog. „Heißen Stuhl". Alle müssen den gleichen Text gelesen (oder den gleichen Film gesehen) haben. Die Person auf dem heißen Stuhl hat sich zuvor eine Figur aus dem Text (oder Film) ausgesucht und muss nun Fragen der Gruppe zu dieser Figur beantworten. Die Befragung kann an das Spiel „Wer bin ich?" angelehnt sein. Üben Sie dies zuerst anhand einer Kurzgeschichte oder eines Kurzfilms mit einem offenen Ende, damit das Verfahren vertraut wird.

geeignet für alle Sprachen, alle Niveaus

Es geht bei diesem Ansatz um Aktivierung aller Lernenden, also nicht nur um die Person auf dem heißen Stuhl. Entscheiden Sie, ob die Identifikationsvariante (a) oder die Expertenvariante (b) der heißen-Stuhl-Methode angewendet werden soll:

a) Die Person auf dem heißen Stuhl tut so, als wäre sie eine Figur aus dem gelesenen Text und versetzt sich in deren Rolle.
b) Die Person auf dem heißen Stuhl beantwortet alle Fragen zum Text. Der Fokus liegt hierbei auf der Fragestellung, nicht auf der Antwort.

3.5.6 Präsentation, Nachrichtenbeitrag oder Interview

Wenn die SuS üben sollen, wie ein kurzes Referat gehalten wird, kann dafür eine Phasenstruktur genutzt werden (s. Tab. 3.12).

Tabelle 3.12: Beispiel Phasenmodell Referat (nach Kwakernaak, 2015, S. 158 f., S. 235)

Phase	Umsetzung
Besprechung eines Beispieltextes	Biografischer Text über Filmemacher (z. B. Pedro Almodóvar)
Begriffskontrolle (auf Fragment-, Absatz- oder Textniveau)	a) selbständige Lektüre und Hauptgedanken zusammenfassen b) Karte mit Personenangaben über die Person ausfüllen
Wortbehandlung (Verständniskontrolle auf Wortebene)	Strukturwörter unterstreichen. Strukturwörter in Liste nachschlagen.
Reproduktion des Beispieltextes	Zu zweit: Der Text wird laut füreinander vorgelesen und – falls nötig – verbessert.
Variation des Beispieltextes	SuS suchen Personenangaben über eine andere prominente Person und präsentieren diese.
Reproduktion des Beispieltextes auf höherem Niveau	SuS präsentieren nach einer vorgegebenen Struktur die Informationen über die Person aus dem Beispieltext und verwenden dazu Verknüpfungswörter.

Dieses Beispiel (aus dem Lehrwerk *Paso Adelante*) arbeitet von einem stark angeleiteten Schema auf ein weniger stark angeleitetes Schema hin. Letztendlich gibt es aber eine gewisse Formulierungsfreiheit.

Eine Präsentation kann auch in einer anderen Form stattfinden, bspw. als Nachrichtenbeitrag. Ab Niveau B1 können die SuS kurze Nachrichtenbeiträge erstellen und aufnehmen. Möglich ist bspw. ein Nachrichtenbeitrag über die Handlung einer (Film-)Erzählung oder ein Dialog als Interview mit dem Hauptcharakter eines Textes (oder Films) über seine persönlichen Erfahrungen und die Beweggründe für sein Handeln. Die minimale und maximale Dauer des Beitrags sollte zuvor festgelegt werden. Auch diese Aufgabe zielt auf den Informationsaustausch ab.

3.5.7 Was wissen wir über die Figur?

Die SuS können lernen, dass sie beim Rezipieren von Prosatexten und Dramen, Graphic Novels und Filmen nicht alles über eine Figur erfahren. Um dies erfahrbar zu machen, kann eine Aufgabe genutzt werden, bei der die SuS eine Figur auswählen und (in einem Monolog oder Dialog) von ihrer Vorgeschichte erzählen sollen. Hierbei ist die Fantasie der SuS gefragt. Es sollte jedoch auf einen klaren Rahmen geachtet werden: Die SuS benötigen geeignete Quellen und ein Zeitlimit für die Erarbeitung der Informationen.

Soll die Aufgabe etwas einfacher gestaltet werden, können die SuS in die Rolle einer Figur schlüpfen und berichten, wie ihr Tag/die Woche/der Urlaub verlaufen ist. Auch hierfür sollten Hilfsmittel bereitgestellt und ein Zeitlimit angegeben werden.

3.5.8 Rollenspiel

Ein Rollenspiel bietet die Möglichkeit, Situationen aus einer Geschichte nachzuspielen oder abzuändern. Es eignet sich auch für Aktivitäten im Bereich von „Geschäftsangelegenheiten besprechen". Wichtig ist, dass die SuS die Texte zu einem Rollenspiel auf keinen Fall ablesen.

geeignet für alle Sprachen, alle Niveaus

Rollenspielvarianten

Variante a): Zwei oder mehr SuS spielen eine Situation (nach), nachdem sie sprachliche Hilfsmittel zur Verfügung gestellt bekommen haben oder nötige Redewendungen herausgesucht haben.

Variante b): Die SuS spielen ein (Telefon-)Gespräch nach oder ein Gespräch, das in der Geschichte hätte vorkommen können. Sie suchen selbst eine Textpassage aus, in der die Figur im Zentrum steht. An dieser Stelle wird die Handlung unterbrochen und es wird ein (Telefon-)Gespräch mit einer anderen Figur geführt oder mit jemandem, der nicht in der Geschichte vorkommt.

Variante c): Eine*r der SuS spielt eine Figur, die mit einer unbekannten Person konfrontiert wird, die nicht in der Geschichte vorkommt. Die Person, die die unbekannte Person spielt, hat zuvor (von der Lehrkraft oder von anderen SuS) eine Charakterisierung und eine Aufgabe bekommen.

3.5.9 Talkshow

Ein beliebtes Format ist die „Talkshow". Ab dem Niveau B1 können die SuS ihre Meinungen äußern, jemanden beruhigen, Gefühle ausdrücken und auf Gefühle anderer reagieren.

geeignet für alle Sprachen, höchste Niveaus

Stufenplan für eine Talkshow:

1. Wählen Sie ein Dilemma aus einer Geschichte.
2. Stellen Sie (zusammen mit den SuS) Karteikarten mit den verschiedenen Standpunkten für die Gesprächsteilnehmenden und für die Gesprächsleitung zusammen.
3. Geben Sie den SuS genügend Vorbereitungszeit.
4. Verteilen Sie an die SuS, die das Publikum bilden, Feedbackbögen, die sie ausfüllen sollen, damit sie zielgerichtet zuhören.

3.5.10 Poetry-Slam-Version

Wenn die SuS das Phänomen Poetry-Slam kennengelernt haben, können sie eine eigene Slam-Version eines existierenden „traditionellen" Gedichts erstellen. Durch das rhythmische Sprechen des Textes üben sie den Vortrag.

Vortragsmöglichkeiten:
- „Trage ein Gedicht deiner Wahl auswendig vor."
- „Trage die selbst geschriebene Parodie eines Gedichts vor."
- „Trage ein Gedicht vor, das von passender Musik begleitet wird."

3.5.11 Literarischer Vlog

Die SuS können allein oder in Gruppen einen Vlog (Videoblog/Videobeitrag) zu einem Text oder einem Film erstellen.

geeignet für alle Sprachen, höchste Niveaus

Zur Vorbereitung eines Vlogs erstellen die SuS ein Skript, das die folgende Struktur aufweist:
1. Stelle ein Merkmal oder etwas Wissenswertes über das Buch/den Film vor. Überlege dir einen ansprechenden Einstieg in das Video.
2. Stelle den oder die Schriftsteller*in/Regisseur*in vor. Nenne ggf. andere Werke von ihm oder ihr. Hat das Buch/der Film Preise gewonnen? Oder Skandale verursacht?
3. Fasse die Geschichte kurz zusammen. Wer ist die Hauptperson? Was will sie erreichen? Welche Rückschläge muss sie verkraften?
4. Verwende literarische Fachwörter, um die Geschichte zu analysieren.
5. Besprich andere Punkte, die dir auffallen: ein Motiv, eine besondere Szene oder die Bezugnahme auf einen anderen Film oder ein anderes Buch.
6. Baue ein oder zwei kurze Zitate aus Rezensionen ein.
7. Fasse in einem flüssigen Satz alle auffälligen Merkmale des Buches oder des Films zusammen.

Die SuS sollten nicht nur etwas über die Tonqualität lernen, sondern auch über die Umgebung, in der sie das Video aufnehmen wollen, über die Quellenangaben bei der Verwendung von Bildmaterial usw. Die Länge des Vlogs sollte zwei Minuten nicht überschreiten. Das Skript kann zusammen mit dem Vlog beurteilt werden. Alle Vlogs der Klasse können gesammelt und dazu verwendet werden, mit anderen Klassen zu kommunizieren. Der Fachbereich kann Bücher-Vlogs als Teaser erstellen, um die SuS zum Lesen anzuregen.

3.5.12 Debatte

Die folgende Aufgabe für das Niveau B1/B2 kombiniert Schreib- mit Sprechkompetenzen und zielt auf die Aktivität „Formelle Diskussionen und Besprechungen" ab.

In dem Roman *Fahrenheit 451* von Ray Bradbury wird die amerikanische Gesellschaft der Zukunft präsentiert, in der Bücher verbannt werden und Feuerwehrmänner alle Häuser niederbrennen, in denen Bücher stehen. Guy Montag, einer der Feuerwehrmänner, ist die Hauptfigur. Die Eröffnungsszene des 1953 veröffentlichten Romans wird aus Montags Perspektive beschrieben. Eine dazu passende kreative Aufgabe könnte folgendermaßen lauten: „Rewrite the first paragraph from your own point of view. Firemen are burning your books. How does that make you feel? Which book will you try and save? How do you react towards the firemen?" (van Elzakker, 2014). Ein kreativer Schreibauftrag kann äußerst sinnvoll sein, vor allem als Sprungbrett für eine weitere Aufgabe. In diesem Fall eignet sich die Aufgabe gut für eine Diskussion über Werte oder eine Debatte über die Wichtigkeit von Büchern für das Individuum und die Gesellschaft. Der mündliche Austausch kann SuS dazu anregen, das ganze Buch (wenn das nicht bereits geschehen ist) zu lesen. Die Umsetzung kann über einige Schritte erfolgen.

geeignet für alle Sprachen, höchste Niveaus

Stufenplan für eine Debatte über eine literarische Textpassage:

1. Lies die Textpassage.
2. Führe die Schreibaufgabe aus.
3. Bereite die Debatte vor.
4. Führe die Debatte.
5. Beobachte bei der Debatte andere SuS und fülle den Beurteilungsbogen aus.

Die Aufgabe der Lehrkraft ist es, die Schreibaufgabe (Inhalt, Länge) an das Niveau der SuS anzupassen und auch die Anweisungen für die Debatte unmissverständlich zu formulieren. Es ist möglich, solche Aufgaben in Zusammenarbeit mit einer ausländischen Tandemschule umzusetzen (über Videokonferenzen, aufgenommene Videos, zur Vorbereitung auf den Austausch usw.). Die Aufgabe zu *Fahrenheit 451* kann dazu beitragen, dass die SuS die Wichtigkeit einer stabilen Lesekultur in der Gesellschaft reflektieren. Darüber hinaus ist es möglich, eine These aufzustellen, die SuS aus verschiedenen Thesen eine auswählen zu lassen oder sie selbst Thesen formulieren zu lassen. Alle SuS sollten Beurteilungsbögen erhalten, damit alle Zuhörenden gut mitarbeiten. Der Beurteilungsbogen kann je nach Sprachstufe hinsichtlich der gebotenen rhetorischen Mittel (ethos, pathos, logos), Argumente und Inhalte eingeteilt sein.

3.5.13 Dilemma-Analyse

Wer Raum schafft für Interaktion im Klassenverbund, kann sowohl in der Sekundarstufe I als auch in der Sekundarstufe II eine literarische Dilemma-Analyse (vgl. Delanoy, 2004) durchführen. In Gruppenarbeit oder im Klassenverband steht ein literarischer Text im Fokus, der ein Dilemma enthält oder geeignet ist, um ein Dilemma aufzubauen. Die SuS müssen sich dann für eine Position entscheiden und diese diskutieren. Durch den Dialog erkennen die SuS das Potenzial eines literarischen Textes und stärken ihre Position in der Rezipientenrolle und in der Kommunikationsrolle. Eine solche Übung in der Zielsprache auszuführen, wird für die SuS im Fremd- oder Zweitsprachenunterricht eine Herausforderung darstellen. Der Sprachprozess kann gesteuert werden, indem Satzstrukturen und Wortschatz bereitgestellt werden, damit die SuS Teile des Dialogs oder zumindest das Ergebnis in der Zielsprache formulieren können. Schritt 1 stellt das Verbalisieren der Positionen in der Muttersprache (teilweise) dar, bei Schritt 2 werden die Erkenntnisse in der Zielsprache formuliert.

Diese Dilemma-Analyse passt zu den sprachlichen Situationen „Formelle Diskussionen und Besprechungen" und „Geschäftsangelegenheiten besprechen", die dadurch auch indirekt geübt werden.

Den SuS sollten Satzteile und Schlüsselwörter zur Verfügung stehen, wenn sie ein Gespräch führen müssen. Auf diese Weise können natürlich auch grammatische Strukturen verinnerlicht werden. Nachstehend ein Beispiel dafür aus einer geplanten Stunde im Spanischunterricht (Tab. 3.13).

Tabelle 3.13: Bewertungen (Moreno Hidalgo & Rutters, 2014, S. 67)

Este cuento (no) me gustó, porque ...	Pienso que ... es un personaje ...
Lo que (no) me gustaba/extrañaba, era que ...	El fin era ...
El narrador era ...	...

interesante	soso	extraño	difícil
fácil	gracioso	horrífico	conocido
fantástico	irreal	realista	...

3.5.14 Lesekreis

In der Fachliteratur zur Muttersprachendidaktik kommen Lesekreise bereits ab der Grundschule vor, aber auch für die Fremdsprachendidaktik eignet sich der Lesekreis. Wenn die SuS in der Fremdsprache eine Talkshow oder eine Debatte meistern können, können sie auch an einem Lesekreis in einer Fremdsprache teilnehmen. Ein Lesekreis ermöglicht es, auf die Leseerfahrung anderer einzugehen, und fördert somit empathische Fähigkeiten. Die Größe eines Lesekreises sollte vier bis acht SuS umfassen, der Lesekreis kann aber auch aus der ganzen Klasse bestehen.

Die Lehrkraft nimmt eine unterstützende Rolle ein. Vorstellbar ist ein Lesekreis, für den die SuS selbst Titel vorschlagen, die Lehrkraft sollte das Niveau der Bücher jedoch beurteilen. Die SuS können didaktisch mit Karteikarten unterstützt werden, die nach und nach wieder abgeschafft werden. Vorab muss festgelegt werden, ob der Kreis homogen oder heterogen zusammengestellt sein soll. Die SuS können, abhängig von den Lernzielen, (teilweise) in der Muttersprache kommunizieren.

Vor allem der thematische Lesekreis hat sich bewährt: Die SuS lesen bspw. vier Bücher zu einem bestimmten Thema. Der Ausgangspunkt ist, dass alle das gleiche Buch lesen und dass die SuS das Gefühl haben, bei dem Prozess miteinbezogen zu werden. Es ist sinnvoll, bei jedem Gespräch ein Kapitel zu besprechen. Das Gespräch sollte eine klare Verlaufsstruktur haben: eine Einleitung, bei der der Text zusammengefasst wird, einen tatsächlichen Austausch der Eindrücke und einen abschließenden Teil.

Wichtig ist, dass die SuS Rollen einnehmen und dass diese Rollen abgewechselt werden. Gängige Rollen sind: Gesprächsleitung, Wortschatztrainer*in, Illustrator*in und Zitatefinder*in. Die Gesprächsleitung sollte einige Diskussionsfragen vorbereiten, die nicht oberflächlich beantwortet werden können; die/der Wortschatztrainer*in wählt einige unbekannte Wörter aus und erklärt den anderen die Bedeutung; die/der Illustrator*in zeichnet eine Lieblingsszene, die die anderen erraten und besprechen müssen, und die/der Zitatefinder*in wählt Zitate, die die anderen einer bestimmten Person zuordnen müssen. Auch andere Rollen sind denkbar.

Der Lesekreis kann durch schriftliche Aufgaben ergänzt werden. Die SuS reichen vorab Fragen ein oder schreiben nach dem Lesekreis einen Bericht. Es ist auch möglich, dass die SuS den eigenen Lesekreis evaluieren oder einen anderen Lesekreis beobachten und beurteilen. Die verschiedenen Rollen sollten mit den SuS einstudiert werden, bevor sie selbstständig arbeiten.

Ein Lesekreis bietet auch die Möglichkeit, die SuS besprechen zu lassen, ob das gelesene Buch eine verpflichtende Lektüre für die ganze Klasse werden sollte. Hierfür wird die Anleitung verwendet, die auch für andere Diskussionen genutzt wird, ergänzt durch Satzteile, die für die Beurteilung literarischer Werke gelernt wurden.

3.6 Schreibfertigkeiten und Literatur

Die SuS bringen ihre literarischen Kompetenzen aus dem Muttersprachenunterricht mit in den Sprachenunterricht. Trotzdem werden SuS, die zwar eine gute Schreibstrategie verfolgen, aber keinen ausreichenden Wortschatz und ungenügende Grammatikkenntnisse hat, keinen Text schreiben können, der auch nur in die Nähe eines muttersprachlichen Textes kommt. Was können die SuS und was wird aufgrund des GeR angestrebt? Die Textsorten (s. Kap. 3.2.4) können nach dem GeR eingeteilt werden, aber selbstverständlich kann jede Textsorte immer auch für ein höheres Niveau verwendet werden:

A1/A2: Ansichtskarte, Brief, Anzeige, Reklame
B1/B2: Brief, Untertitel, Zusammenfassung, Stellungnahme, Fragenliste, Reportage

Die SuS müssen in der schriftlichen Interaktion und im Schreiben für eine Leserschaft ausgebildet werden. Die Aufgaben lassen sich einteilen in Korrespondenz, Notizen, Nachrichten, Formulare, Berichte und Gutachten, kreatives Schreiben.

Bei monologischem und dialogischem Sprechen (s. Kap. 3.5) wurde bereits der Grad der Unterstützung thematisiert. Damit die SuS sich eingehender mit einem Text beschäftigen, ist ein sinnvoller Kontext, in dem der Text gelesen wird, äußerst wichtig. Wenn es sich dabei nicht um ein Gespräch mit der Lehrkraft oder mit den anderen SuS handelt, bietet kreatives Schreiben Möglichkeiten. Beim kreativen Schreiben produzieren die SuS (in der Regel) subjektiv-individuelle Texte als Reaktion auf einen literarischen Text. Kreatives Schreiben hat mit handlungsorientierten und produktionsorientierten Aufgaben oder Mischformen daraus zu tun.

Bei handlungsorientierten Aufgaben geht es darum, dass die SuS verschiedene Sinne für eine künstlerische Aufgabe nutzen (z. B. Erstellung/Auswahl einer Illustration/eines Liedes passend zum literarischen Text, grafische Darstellung von Beziehungen zwischen Personen, Übertragung eines Textes in ein anderes Medium). Bei produktionsorientierten Aufgaben erstellen die SuS einen Text zu einem literarischen Text.

geeignet für alle Sprachen, alle Niveaus

Beispiele für produktionsorientierte Aufgaben (nach Maley, 1995; Nünning & Surkamp, 2003, S. 155; Brenner, 2011):

- Lesetagebuch
- Erstellung von Briefen, Tagebucheinträgen, Beratungsrubriken, Vermisstenanzeigen, Fahndungsplakaten, Facebookaccounts („Fakebook“ via www.classtools.net), Nachrufen
- Passagen umschreiben (in Dialoge oder in Reflexionen, in einen anderen Stil oder eine andere Stimmung)
- Text umschreiben aus der Perspektive einer anderen Person oder aus einer anderen Erzählperspektive
- Text erweitern (Sätze hinzufügen, Adjektive hinzufügen, Kommentar im Text ergänzen)
- Text kürzen (Sätze oder bestimmte Wörter streichen, Telegrammstil)
- einer Person einen (nicht abgeschickten) Abschiedsbrief schreiben
- Alternativen für ein beschriebenes Handlungsmuster entwerfen (vor allem bei offenen und ambivalenten Enden) oder eine Fortsetzung ausdenken
- Bewusstseinsstrom einer Person schreiben
- Brief oder E-Mail einer Person an eine andere schreiben
- Text umschreiben, indem die Handlung an einen anderen Ort oder in eine andere Zeit verlegt wird, indem neue Personen eingeführt werden oder das Geschlecht oder das Alter der Personen geändert wird (Variante: Eine Figur in einen anderen Text oder eine andere Realität versetzen, Harry Potter kann z. B. in der eigenen Klasse landen).
- Text(passage) in eine andere Textsorte umwandeln, z. B. eine Kurzgeschichte in Zeitungsbericht/Comic/Gedicht/Drehbuch
- Text(passage) in ein anderes Medium übertragen (Gedicht, Hörspiel, Film)
- nach dem Vorbild eines Gedichts ein anderes Gedicht schreiben
- kritische Reaktionen auf einen Text in Form einer Rezension oder eines Zeitungsartikels erstellen oder positive Reaktionen in Form eines Werbetextes für einen Verlag oder eines Klappentextes
- eigene Texte mithilfe vorgegebener Wörter verfassen (z. B. ein Montagegedicht), mithilfe von zehn Wörtern aus einem bestehenden Text oder mithilfe der Struktur eines vertrauten Textes (z. B. Limerick, Ballade, Märchen und Fabel)
- Biografie einer Person schreiben (s. auch Kap. 3.5.4)

Handlungs- und produktionsorientierte Aufgaben haben den Nachteil, dass sie sehr gut begleitet werden müssen, da sonst die Besonderheiten des literarischen Textes in den Hintergrund rücken und der literarische Text nur noch der Anlass für eine Aufgabe war. Dies kann verhindert werden, wenn der Aufgabe ein Analyseteil vorausgeht, wenn reflektierende Zwischenschritte eingebaut werden oder wenn darauf geachtet wird, dass der Schreibauftrag nicht zu viel Energie vom interpretativen Lernziel raubt. Wichtig ist auch, dass nicht naiv und unreflektiert identifikatorische Positionen eingenommen werden, z. B. im Zusammenhang mit Individuen anderer sozialer oder geografischer Herkunft.

Problematisch ist außerdem, dass derartige Aufgaben meistens wegen ihres kreativen Elements ausgewählt werden und nicht wegen des Lernziels. Deshalb ist es wichtig, das Lernziel im Blick zu behalten. Wenn der Fokus z. B. auf dem Handeln der Figuren liegt, kann genau dazu eine passende Aufgabe ausgewählt werden. Man sollte beachten, dass das Schreiben einer Theaterszene in Anlehnung an einen Prosatext eine komplexe Schreibaufgabe darstellt und dass ein interpretatives Ziel vielleicht einfacher erreicht werden kann, wenn die SuS sich Stichworte notieren. SuS sollten bei diesem Aufgabentyp durch Hilfestellungen zum Lesen (Lesestrategien, sprachliche Konstruktionen, Leitfragen) und zum Schreiben (Kenntnis der Textsorten, sprachliche Mittel) unterstützt werden.

Ein weiterer Nachteil von handlungs- und produktionsorientierten Aufgaben ist, dass sie in der Praxis oft nicht bewertet werden, wodurch die Wichtigkeit für die SuS oftmals nicht deutlich ist. Sie sollten also evaluiert werden.

Wenn in der Klasse soziale Medien verwendet werden, können dafür auch einige der genannten Beispielaufgaben umgesetzt werden. So können SuS z. B. auf Twitter oder Instagram einen Account für ihre Figur erstellen und Einträge schreiben, z. B. an eine andere Figur. Darüber hinaus können die SuS hier auch das Buch kommentieren. Auf Internetseiten wie www.twitterwall.me oder www.visibletweets.com können die Beiträge bzw. Tweets sichtbar gemacht werden und als Grundlage für ein Gespräch in der Klasse dienen. Wenn die SuS eine Playlist für eine Figur (auf YouTube, Spotify) erstellen sollen, können sie eine Begründung für die Auswahl der Lieder abgeben.

> Der Zusammenhang zwischen literarischem Lesen und kreativem Schreiben wurde im Muttersprachenunterricht untersucht. Geübte Literaturlesende schreiben bessere Gedichte und Geschichten als schwache Lesende. Darüber hinaus hat sich gezeigt, dass SuS, die gut sind im kreativen Schreiben, besser sind im Lesen und Interpretieren von literarischen Texten als SuS, die schwach sind im Schreiben (Janssen/Broekkamp/Smallegange, 2006, S. 41). Welche Konsequenzen das für Kompetenzen in anderen Sprachen hat, wurde noch nicht untersucht. Es ist anzunehmen, dass SuS, die in ihrer Muttersprache besser kreativ schreiben und literarische Texte besser interpretieren können, auch in der Fremdsprache besser literarisch lesen können.

3.6.1 Dialoge erstellen

Die SuS können selbstständig Comics anfertigen und dazu Dialoge erstellen. Digitale Programme können dabei unterstützen (z. B. Pixton, Bitstrips).

Bei der Erstellung von Untertiteln zu Videomaterial lernen die SuS, Dialoge knapp zu formulieren (auch dafür gibt es Software).

Eine andere Möglichkeit zum Schreiben von Dialogen bietet die Erstellung einer Fotostory.

geeignet für alle Sprachen, alle Niveaus

Stufenplan für eine Fotostory:

1. Stellen Sie einige Fotos zur Verfügung, auf denen mindestens zwei Personen (mit oder ohne Sprechblasen) abgebildet sind.
2. Die SuS erstellen in Partnerarbeit Dialoge.
3. Jede Gruppe präsentiert die eigene Geschichte, z. B. auf dem Smartboard.

Die Lehrkraft kann die Aufgabe steuern („schreibt eine Liebesgeschichte“) oder offen gestalten.

3.6.2 Gedichte schreiben

Lektüre geht dem Schreiben voraus: Es lohnt sich, sich von Beispielen inspirieren zu lassen. Im Gedicht *Déménager* von Georges Perec sind alle Verben Infinitive. Das Gedicht regt dazu an, zu einem bestimmten Wortfeld Verben zu suchen und sie in ein Gedicht zu integrieren.

Wegen der Länge ist Poesie bestens für das kreative Schreiben geeignet (vgl. Spiro, 2004).

Es gibt Gedichtformen, die schon in der Grundschule geübt werden. Das „Elfchen“ wird bspw. bereits für Siebenjährige genutzt: ein Gedicht, das aus elf Wörtern besteht, die nach einem vorgeschriebenen Schema auf fünf Zeilen verteilt werden. Diese Gedichtform eignet sich generell gut für den Sprachenunterricht. Ein vorgegebenes Thema sorgt für eine interessantere Aufgabenstellung.

geeignet für alle Sprachen, alle Niveaus

Die Struktur eines Elfchens sieht folgendermaßen aus:

Wort

Wort Wort

Wort Wort Wort

Wort Wort Wort Wort

Wort

Verwenden Sie die folgenden Vorgaben zum Aufbau der Struktur:

1. Zeile (ein Wort): eine Farbe oder eine Eigenschaft

2. Zeile (zwei Wörter): etwas, das diese Farbe oder Eigenschaft hat (ein Gegenstand oder eine Person)

3. Zeile (drei Wörter): Beginne die Zeile mit einem Personalpronomen in der dritten Person gefolgt von einem Verb. Die drei Wörter beschreiben den Gegenstand oder die Person genauer.

4. Zeile (vier Wörter): Beginne die Zeile mit „I", „ich", „je" oder „yo". Schreibe in dieser Zeile über dich, aber stelle einen Zusammenhang zum Gegenstand oder der Person her.

5. Zeile: ein Schlusswort

Häufig wird auch das „Akrostichon" im Sprachenunterricht verwendet: der Leistenvers oder das Leistengedicht. Bei einem Akrostichon bilden die ersten Buchstaben jeder Zeile zusammen ein Wort. Dieses Wort kann ein Thema oder ein Name sein. Bevor die SuS anfangen zu dichten, sollte dieses Thema oder dieser Name festgelegt werden.

Auch der „Limerick" ist beliebt und eignet sich gut für die Schülerzeitung oder einen Gedichtband der Klasse. Der Limerick fängt meistens mit einer topografischen Andeutung an, besteht aus fünf Zeilen und hat das Reimschema a-a-b-b-a.

Es gibt natürlich noch mehr Gedichtformen, die SuS bereits mit einem niedrigen Sprachniveau schreiben können. Hier sind vor allem das „Alphabetgedicht" und das „Haiku" zu nennen. Ein Haiku hat drei Zeilen: Die erste und die dritte Zeile bestehen aus fünf Silben und die zweite Zeile besteht aus sieben Silben. Inhaltlich geht es meist um die Natur und um Stimmungen.

Neben all diesen Gedichtformen können die SuS auch ein eigenes Gedicht zu vorgegebenen Reimwörtern schreiben (z. B. aus einem existierenden Gedicht).

Der Poetry-Slammer Bas Böttcher gibt eine Struktur zum Schreiben eines siebenzeiligen Gedichts vor (s. Tab. 3.14). Es eignet sich ab dem 2. Lernjahr.

Tabelle 3.14: Struktur eines Siebenzeilers nach Bas Böttcher

Zeile 1: Nenne einen Ort.	*Berlin*
Zeile 2: Schreibe eine Aktivität in der Ich-Perspektive auf.	*Ich lebe an diesem Ort*
Zeile 3: Schreibe eine Frage oder einen Vergleich auf.	*Berlin ist schöner als New York*
Zeile 4: Verwende ein Element, das du zuvor bereits verwendet hast.	*Was heißt hier schöner?*
Zeile 5: Ergänze Zeile 4 um ein Element.	*Die Schönheit von Städten kann man doch gar nicht vergleichen, es geht um etwas anderes*
Zeile 6: Wiederhole Zeile 1.	*Berlin*
Zeile 7: Wiederhole Zeile 2.	*Ich lebe an diesem Ort*

3.6.3 Figuren beschreiben

Um ein „Fahndungsplakat" für eine Figur zu erstellen, braucht man in der Zielsprache u.a. Adjektive zur Beschreibung des Aussehens. Die SuS könnten z.B. die Aufgabe bekommen, einer Regisseurin zu helfen, die einen Roman verfilmen will und die dafür das Aussehen der Figuren beschreiben muss. Die SuS müssen auf die entsprechenden Seiten im Text verweisen und dürfen selbst Beschreibungen ergänzen. Die folgenden Beispiele für Adjektive können den SuS bei einer solchen Personenbeschreibung helfen.

Beispiele für Adjektive zur Beschreibung von Personen und Figuren:

Die wichtigsten Merkmale der Person:
- Vorname und Name
- Alter der Person
- Geschlecht
- Herkunft
- Beruf

Aussehen der Person (äußere Gestalt):
- Körperstatur (muskulös, schmächtig, schlank, übergewichtig)
- Größe der Person (klein, groß, riesig)
- Hautfarbe
- Gliedmaßen
  - Arme (kurz, lang, vernarbt, Prothesen)
  - Beine (stark, dick, dünn, durchtrainiert)
  - Füße (klein, winzig, gespreizt, gesenkt)
- Figur und Körperhaltung (groß, klein, schlank, dünn, sportlich, untersetzt, korpulent, aufrecht, gekrümmt)
- Kleidung
  - lässig, elegant, ordentlich, heruntergekommen, modern, altmodisch
  - Kopfbedeckung (Mütze, Zylinder, Diadem, Basecap)
  - Oberbekleidung (Shirt, Pullover, Unterhemd, Jacke, Mantel)
  - Unterbekleidung (Cordhose, Latzhose, Jeans, Rock, Kleid, Mini)
  - Schuhe (Sneakers, Stiefel, Sandalen, barfuß)
- Sonstige besondere Merkmale der Person:
  - Narben, Verbrennungen, Wunden
  - Piercings oder Schmuck
  - Tätowierungen, Henna, Bodypainting, Körperkunst

Kopf und Gesicht:
- Haare
  - Haarfarbe (blond, dunkelblond, hellblond, brünett, schwarz, rötlich)
  - Frisur (Flechtfrisur, Zöpfe, Glatze, schulterlang, kurz, gescheitelt)

  - Haarstruktur (lockig, strohig, dünn, glatt, stoppelig, drahtig, seidig, fein)
  - Bart (Vollbart, rasiert, Dreitagebart, Schnäuzer)
- Form des Kopfes (rund, rundlich, eckig, kantig, birnenförmig, oval, länglich)
- Stirn (hoch, verdeckt, gewölbt, niedrig, Geheimratsecken)
- Augen
  - Augenfarbe (grün, braun, blau, zweifarbig)
  - Augenform und -art (groß, mandelförmig, klein, oval, rund)
  - Augenausdruck (eng beieinander, blinzelnd, vorstehend, strahlend, streng, traurig, freundlich)
  - Augenbrauen (buschig, lang, dünn, kurz, geschwungen, gezupft, zusammengezogen)
  - Wimpern (lang, kurz)
  - Sonstiges: Brille, Augenklappe, Glasauge
- Nase (breit, schmal, dick, dünn, krumm, kurz, lang, gerade, stupsig)
- Ohren (anliegend, abstehend, klein, groß)
- Mund und Lippen (schmal, klein, groß, wulstig, fleischig, breit, voll, rot, blass, zusammengepresst, aufgeworfen)
- Mundwinkel und Ausdruck (herabgezogen, verschmitzt, lächelnd, verkniffen)
- Wangen (eingefallen, pausbäckig, blass, gerötet)
- Zähne (Beschaffenheit, Zahnlücken, Farbe)
- Kinn (Doppelkinn, schmal, flüchtig, spitz, markant, rund, vorgeschoben)
- Hals (muskulös, kurz, lang, zart)

(nach http://wortwuchs.net/personenbeschreibung)

3.6.4 Buchwerbung

Buchwerbung gibt es in vielen Formaten und sie eignet sich bestens für mündliche Übungen. Eine Aufgabe könnte sein, mit einem Tool (z. B. PowToon) einen Animationsfilm zu erstellen, um andere davon zu überzeugen, ein bestimmtes Buch zu lesen. Diese Werbung wird komplett in der Zielsprache erstellt und zeichnet den Handlungsstrang des Buchs und die Hauptpersonen gut nach. Das Video soll dem Publikum Lust machen, das Buch zu lesen, ohne dass die Pointe oder das Ende verraten wird. Mit dem Programm können Bilder oder eigene Zeichnungen eingescannt werden, es kann aber auch Musik hinzugefügt und Text eingesprochen werden. Das Programm kann also sowohl zur Verbesserung der Schreibkompetenz als auch der Sprachkompetenz verwendet werden. Die SuS sollen selbst ein Buch auswählen. Die Anforderungen können an die entsprechende Jahrgangsstufe angepasst werden. Für ihre Buchwerbung sollten SuS der Sekundarstufe II Informationen über die/den Autor*in, das Setting, die Erzählperspektive, die Figuren, das Thema und den Plot einbauen. Die Animation sollte mindestens ein vielsagendes Zitat beinhalten.

Mit einem Beurteilungsbogen kann die Lehrkraft das Video bewerten. Es ist sinnvoll, dass die SuS die Bewertungskriterien kennen. Der Bewertungsbogen kann auch an die SuS verteilt werden, damit der Beurteilungsprozess transparent ist.

Abbildung 3.2: Beispiel eines PowToon-Slides

3.6.5 Übersetzen (Lieder und Dramentexte)

Literarisches Übersetzen erfordert viel Kreativität und ausgezeichnete Kenntnisse der Ausgangs- und Zielsprache. Besonders herausfordernd ist es, wenn ein Text so übersetzt werden soll, dass er auch gesungen werden kann. Spannend kann es z. B. auch sein, bei der Übersetzung von Gedichten Binnen- und Endreime zu verwirklichen. Es können Klassiker, zeitgenössische und aktuelle Hits übersetzt werden. In einem Projekt wurde aufgezeigt, wie literarisches Übersetzen in den Unterricht integriert werden kann. Eine Unterrichtsstunde zur Übersetzung von *Macbeth* in der 10. Klasse gipfelt in dem folgenden Stufenplan (s. http://www.letterenfonds.nl/nl/vertalen-in-zicht).

geeignet für alle Sprachen, höchste Niveaus

Stufenplan für das Übersetzen von Theatertexten:

Stufe 1:

a) Wecken Sie das Interesse der SuS.
b) Geben Sie jeder Gruppe eine Szene aus dem Theaterstück und lassen Sie sie besprechen, worum es in der Szene geht. Hierbei geht es zunächst um eine Rohübersetzung.
c) Besprechen Sie mit den SuS, was sie entdeckt haben. Worum geht es in ihren Szenen und wie sehen ihre Übersetzungsentscheidungen aus?

Stufe 2:

a) Die SuS sollen in Gruppen ihre Szene so detailliert übersetzen, dass die Übersetzung später auch vorgespielt werden kann. Die SuS lernen das Skandieren.
b) Besprechen Sie die Übersetzungen. Die SuS können dabei selbst gelungene Punkte und verbesserungswürdige Punkte benennen.
c) Jetzt sollen die SuS die Szenen fertigstellen, damit sie vorgespielt werden können.

Stufe 3:

a) Die SuS üben, ihre Szene vorzuspielen.
b) Die SuS führen ihre Szene vor der Klasse auf. Die Aufführung kann eventuell für eine Nachbesprechung oder für andere Zwecke gefilmt werden.

3.7 Evaluation und Prüfung

3.7.1 Prüfungsbeispiele

Viele der Anregungen aus diesem Kapitel können auch für die Leistungsbeurteilung verwendet werden. Wenn die SuS eine Arbeitsform oder eine Aufgabe kennengelernt haben, kann diese, sofern sie an einen anderen Text oder Film angepasst wurde, zur Prüfung verwendet werden.

Andere typische Prüfungsformen zur Überprüfung der Sprachkompetenzen sind im Folgenden aufgeführt. Sie können für sich stehen oder mit anderen Fragen und Aufgaben kombiniert werden. Es sollte unterschieden werden zwischen Prüfungsfragen, die sich auf bestimmte isolierte Aspekte beziehen, und Prüfungsfragen, bei denen die Analysekompetenz, Teilkompetenzen und Strategien zusammen geprüft werden.

Typische Arbeitsaufgaben zur Überprüfung der Sprachkompetenz:

- „Wähle drei Sätze in einem Text, die dich ansprechen, und erkläre deine Wahl."
- „Wandle einen zu komplexen und zu langen Satz in zwei oder mehr Hauptsätze um." Für diese Stilübung können alle Varianten von Umwandlungsaufgaben miteinbezogen werden.
- Erzählen Sie eine kurze Geschichte und lassen Sie die SuS die dazugehörigen Abbildungen in die richtige Reihenfolge bringen.
- „Nenne aus einem Gedicht Wörter oder kurze Sätze, die nicht typisch Deutsch/Englisch/Französisch/Spanisch sind oder normalerweise nicht in dieser Form verwendet werden. Zeige jeweils eine oder mehrere Alternativen auf, um zu verdeutlichen, was gemeint wird. Kommentiere den literarischen Effekt des Gedichts."
- Bei einem Lückentext füllen die SuS mithilfe des Kontextes Lücken aus. Auf diese Weise wird der Wortschatz überprüft.
- Erstellen Sie eine Karte für eine Geschichte mit mehreren Schauplätzen. Die SuS bearbeiten die Aufgabe in Partnerarbeit: Eine Person hat die Karte und die andere Person muss imaginär von einem Gebäude zum nächsten gehen; während der Wegbeschreibung bekommt sie so viele Informationen wie möglich (z. B. über andere Gebäude, Sehenswürdigkeiten).
- „Lies sechs Textpassagen, bei denen die Quelle nicht angegeben wurde. Welche Passagen sind literarisch, welche journalistisch, welche könnten zu beiden Kategorien passen? Argumentiere."
- „Besprecht in Partnerarbeit das letzte Buch, das ihr gelesen habt." Beide Personen müssen der Klasse mündlich berichten, was die jeweils andere Person gerne liest.
- Die Lehrkraft gibt einen kommunikativen Kontext. Die SuS sollen auf eine Figur in einem Text reagieren. Vor allem für Anfänger soll viel Struktur mit einem Umformulierungsmuster geboten werden (s. folgendes Beispiel).

geeignet für alle Sprachen, höchste Niveaus

Umformulierungsaufgabe zum Roman *Paradiso* (2009) von Thomas Klupp

Du möchtest einer fremdsprachigen Freundin schreiben, was die Figur Alex getan hat und was du davon hältst. Du möchtest das Folgende beschreiben:

1. Alex hat eine Mitfahrgelegenheit organisiert.
2. Er kommentiert seine Umgebung negativ.
3. Er erzählt nicht die Wahrheit über sich selbst.
4. Als er aus dem Auto aussteigen muss, ist er äußerst frustriert.

Du wirst nicht alle Wörter in der anderen Sprache kennen. Versuche erst, für jeden Satz in deiner Muttersprache zwei bis drei verschiedene Formulierungen zu finden. Beispiel:

1. Alex wartete auf jemanden, bei dem er mitfahren sollte. / Alex hatte eine Mitfahrgelegenheit organisiert. / Alex wusste nicht, wie die Person aussah, bei der er mitfahren sollte.
2. ....

Überlege dir, was die einfachste Formulierung ist, und schreibe jeden Satz in der anderen Sprache auf. Die Reihenfolge bestimmst du selbst.

Die Beurteilung von produktiv-kreativen Verarbeitungsaufgaben ist schwierig. Die folgenden Kriterien zur Beurteilung geschriebener Texte (s. Tab. 3.15), die für den muttersprachlichen Unterricht entworfen sind, können helfen. Sinnvoll ist es, die Beurteilungskriterien mit den SuS zu besprechen.

Tabelle 3.15: Beurteilungskriterien für kreative Texte (nach Rezat, 2019, S. 109)

Beurteilungsebene	Frage(n)
Bezug zum Ausgangstext (inhaltlich, stilistisch, formal)	Welche Inhalte und/oder Stilelemente aus dem Ausgangstext nimmt der Text auf? Was wird dabei konkretisiert, interpretiert, verändert?
Ideenreichtum	Welche eigenen Ideen setzt die/der Schreibende ein, um über das vorliegende Material hinaus zu einem interessanten, detailreichen, ggf. spannenden Text zu kommen?
Sprachliche Richtigkeit und stilistischer Glanz	Gibt es Verstöße gegen die sprachliche Richtigkeit, die nicht durch ein im Interesse der beabsichtigten Gestalt liegendes Experiment (z. B. Kleinschreibung, dialektale oder soziolektale Formen, Neologismen usw.) legitimiert sind?
Form-Inhalt-Relation	Folgt die Formentscheidung dem durch Inhalt bzw. Thema Gebotenem oder wirkt sie willkürlich und unreflektiert?

3.7.2 Projekt Literaturdorf

Sprachliche Leistungen können in kommunikativen Situationen spielerisch geprüft werden. Dazu eignet sich ein Stationenmodell. Für ein solches Modell werden in der Schule Stände aufgebaut, die verschiedene Alltagssituationen darstellen (z. B. Markt, Zeitungsredaktion, Bäckerei/Konditorei, Restaurant). Diese Stationen bilden das „Sprachdorf". Die SuS müssen als Kundschaft, Tourist*innen, Befragte usw. in der jeweiligen Sprache Aufträge erledigen, die sie vorab von ihren Lehrkräften bekommen. Muttersprachler*innen oder Studierende werden eingesetzt, um in den kommunikativen Situationen mitzuspielen oder bei der Beurteilung zu helfen.

Im Sprachdorf müssen die SuS alle Kompetenzen einsetzen, Sprache wird nicht in Fertigkeiten isoliert. Es eignet sich für die A2-Niveaus.

Um Literatur einen höheren Stellenwert zu geben, kann man für die Abschlussklassen nach dem Modell des Sprachdorfes ein „Literaturdorf" organisieren. Mit relativ wenig Mitteln kann man die SuS schon zu Beginn einer Abschlussklasse für das Literaturdorf begeistern. Man kann die in diesem Kapitel beschriebenen Aufgaben integrieren und natürlich weitere Aufgaben nutzen. Es ist wichtig, dass der Lehrplan, der dem Literaturdorf vorausgeht, alle Elemente des Literaturdorfs beinhaltet und alles vorab geübt wurde.

Für ein Literaturdorf werden mehrere Klassenzimmer und Räume benötigt: für die Stationen, für die Wartenden, für die „Schauspieler*innen" und die Prüfenden. Wesentlich sind handliche Beurteilungsformulare. Alle Bestandteile der Runde können variiert und differenziert werden durch verschiedene Niveaus, ein Zeitlimit, Spickzettel/Gesprächsformulare usw. Für die Einrichtung ist ein Tagesteil erforderlich, für die Ausführung ebenso.

Das abschließende Literaturdorf hat einen spielerischen, aber auch prüfenden Charakter, so wie das auch bei Computerspielen der Fall ist, bei denen eine Aufgabe erst gut genug erledigt werden muss, damit man die nächste Aufgabe in Angriff nehmen darf. Am Ende dieses Kapitels werden einige Ideen für ein Literaturdorf an der weiterführenden Schule präsentiert, doch zuerst wird das Programm beschrieben, das dem Literaturdorf vorausgeht (vgl. Krijger, 2010).

Im Jahr vor dem Prüfungsjahr werden vier Zeiträume einer jeweils anderen Aktivität gewidmet. Die SuS können z. B. im ersten Zeitraum Kriminalromane lesen, für die sie auch eine Verfilmung oder eine Serie hinzuziehen müssen und (am besten mündlich) ein Interview mit einer Krimiautorin bzw. einem Krimiautor analysieren sollen. Abschließend müssen die SuS in einer Buchwerbung über das Buch sprechen und sich über Skype an eine Person im Zielsprachenland richten oder einen Monolog für eine imaginäre Person als Videonachricht aufnehmen. Die SuS können z. B. Titel von Dan Brown (*The Da Vinci Code, Angels and Demons*) oder Nicci French (*Catch Me When I Fall, Complicit, Secret Smile*), aber auch von Arthur Conan Doyle (*Sherlock Holmes*) oder Agatha Christie (*Murder on the Orient Express*) lesen. In der zweiten Phase können die SuS im Englischunterricht zu 9/11, in Phase 3 zu Literatur und dem Ersten und Zweiten Weltkrieg und in Phase 4 zu Literatur über Apartheid und Sklaverei arbeiten. Im Prüfungsjahr wird dann die erste Schuljahreshälfte dem 19. Jahrhundert der britischen und amerikanischen Literatur und der Literatur der Renaissance gewidmet (Shakespeare: *A Midsummer Night's Dream, Romeo and Juliet, The Tempest*; Gedichte von Edmund Spenser; John Milton: *Paradise Lost*; Christopher Marlow: *The Tragical History of Dr. Faustus*).

Literaturdorf-Beispiel

Die SuS sind bspw. Teilnehmende eines Literaturkongresses. Die erste Hürde bildet der knurrige und ein wenig schrullige Rezeptionist des Hotels, in dem der Kongress stattfindet. Der Rezeptionist ist ein Fan von Kriminalromanen und hilft erst dann weiter, wenn die SuS ihm Fragen über Nicci French beantwortet haben. Danach spielen die SuS ein Gänsespiel mit literarischen Aufgaben. Als dritte Aufgabe führen die SuS ein Interview mit einer Literaturkritikerin, die auch selbst Fragen stellt, um herauszufinden, ob die SuS genug über Literatur wissen, um würdige Gesprächspartner*innen zu sein. In der vierten Situation versuchen die SuS, einen Regisseur von einer Idee für eine Buchverfilmung zu überzeugen. Die fünfte Aufgabe ist ein Interview mit einer Autorin: Die SuS müssen versuchen herauszufinden, wer sie ist. Danach findet eine Pressekonferenz mit der Autorin statt, an der insgesamt ungefähr zehn SuS teilnehmen, die weitere Fragen stellen müssen. Aufgabe sieben besteht aus einer Gruppendiskussion, die die SuS führen, nachdem sie ein Interview (z. B. mit Dan Brown über *The Lost Symbol*) gesehen haben.

Bei der achten Aufgabe führen die SuS eine Diskussion über ein vertontes Fragment einer Buchverfilmung, die sie bereits vorher ganz gesehen haben. Bei der neunten Station bekommen die SuS von ihrer Gesprächspartnerin eine Rezension eines zuvor gelesenen Romans, über die sie anschließend sprechen müssen. Bei der zehnten Station müssen die SuS ein Kurzreferat über ein Gedicht ihrer Wahl halten, das sie zuvor im Unterricht besprochen haben.

Die SuS erhalten vor Beginn des Literaturdorfes eine Karte zum Ankreuzen der Aufgaben und einen Reflexionsbogen. Es ist möglich, dass die SuS nach dem Literaturdorf einen Bericht schreiben (eventuell in der Zielsprache), der auch beurteilt wird.

3.8 Zur Reflexion

Die folgenden Fragen und Aufgaben können bei der Reflexion dieses Kapitels helfen:

- Überprüfen Sie, welche Textsorten in Ihrem Unterrichtsmaterial vorkommen.
- In welcher Weise kommen die verschiedenen vorgestellten Übungen in Ihrem Unterricht und dem Unterricht anderer vor?
- Geben Sie Beispiele dafür, wie Sie zwischen Literatur und Lesekompetenz einen Zusammenhang schaffen.
- Geben Sie Beispiele dafür, wie Sie zwischen Literatur und Hörverständnis einen Zusammenhang schaffen.

- Geben Sie Beispiele dafür, wie Sie zwischen Literatur und monologischem und dialogischem Sprechen einen Zusammenhang schaffen.
- Welche handlungs- und produktionsorientierten Aufgaben möchten Sie in der Sekundarstufe I oder II ausprobieren?
- Geben Sie Beispiele dafür, wie Sie zwischen Literatur und Schreibkompetenz einen Zusammenhang schaffen.
- Notieren Sie, wie Sie für Ihr Fach ein Literaturdorf einrichten könnten.

Kapitel 4
Interkulturelle Ansätze

4.1 Einleitung

Die Ansicht, dass Kultur und Interkulturalität auf allen Stufen im Sprachenunterricht mehr Aufmerksamkeit bekommen sollten, ist weit verbreitet (Burwitz-Melzer, 2001; Modern Language Association, 2007; Barrette et al., 2010; Matos, 2012; Liddicoat & Scarino, 2013; Hoff, 2016; Schat, 2022). Angesichts der Diskurse über gesellschaftliche Transformationen und Inklusion ist dies kaum verwunderlich. Es wird das Ziel verfolgt, den SuS Wissen über die Welt zu vermitteln, nationalkulturelle Auffassungen zu durchdenken und soziokulturelle Kompetenzen zu stärken. Auf diese Weise lernen die SuS, jenseits der Stereotypisierungen interkulturell zu reflektieren. Im Gemeinsamen europäischen Referenzrahmen (GeR) ist das ein wichtiger Ausgangspunkt:

> „In einem interkulturellen Ansatz ist es ein zentrales Ziel fremdsprachlicher Bildung, eine günstige Entwicklung der gesamten Persönlichkeit des Lernenden und seines Identitätsgefühls als Reaktion auf die bereichernde Erfahrung des Andersseins anderer Sprachen und Kulturen zu fördern." (Europarat, 2001, S. 14)

Wer über interkulturelle Kompetenz verfügt, kann mithilfe des eigenen kulturellen Hintergrunds adäquat in Interaktion mit anderen Kulturen treten und sowohl die eigene als die andere Position reflektieren. Interkulturell kommunikativ kompetente SuS sind bei interkulturellen Begegnungen erfolgreich, da sie in den Bereichen Wissen, Haltung, Fertigkeiten und kritisches Bewusstsein die erforderlichen Voraussetzungen erfüllen (Byram, 1997). Solche SuS haben Kenntnisse sowohl über die eigene als auch über andere Kulturen und weisen eine offene Haltung gegenüber anderen kulturellen Perspektiven auf. Um kulturelle Elemente interpretieren und zu Interaktionszwecken anwenden zu können, benötigen die SuS bestimmte Kompetenzen. Interkulturelle Ansätze bieten die Möglichkeit, den Unterricht durch Literatur und Film zu vertiefen und die bestehende Heterogenität in der Klasse zu nutzen. Es geht in einem interkulturellen Literaturansatz also nicht darum, nur Texte von Autorinnen und Autoren zu wählen, die aus verschiedenen Ländern und Kulturen stammen und in einer zweiten bzw. neuen Sprache schreiben, sondern es geht um das Verfahren der interkulturellen Begegnung.

Dieses Kapitel zeigt literaturdidaktische Möglichkeiten auf, Interkulturalität im Unterricht zu integrieren. In Kapitel 4.2 werden die Ziele von interkulturellem Unterricht und die wichtige Rolle von (literarischen) Texten aufgezeigt. Kapitel 4.3 widmet sich der Rolle von Interkulturalität im Sprachenunterricht anhand der Beschreibung des „deklarativen Wissens" des GeR. Möglichkeiten, um interkulturelle Ziele in den

Sprachenunterricht zu integrieren, werden in Kapitel 4.4 aufgezeigt, während konkrete Arbeitsmethoden und Beispiele rund um Interkulturalität in Kapitel 4.5 dargestellt sind. Wir beenden das Kapitel mit einem Absatz über das Prüfen von interkulturellen Zielen.

In diesem Kapitel werden die folgenden Fragen beantwortet:
- Welche interkulturellen Konzepte gibt es?
- Welche Rolle spielen interkulturelle Ziele im GeR?
- Welche Möglichkeiten gibt es, um interkulturelle Themen mit Fiktion und Literatur zu verknüpfen?
- Wie kann Inhaltsorientierung mit interkultureller literarischer Kompetenz und kommunikativem Unterricht verwirklicht werden?
- Wie kann ich interkulturelle Aspekte im Unterricht mithilfe von Literatur und Fiktion prüfen?

4.2 Ziele eines interkulturellen Ansatzes

In diesem Kapitel gehen wir auf die Ziele interkulturellen Unterrichts ein. Sprache und Sprachenunterricht existieren nicht ohne die Berücksichtigung der Kultur der entsprechenden Länder, in denen die Sprache gesprochen wird. In Kapitel 4.2.1 wird aufgezeigt, worum es bei interkulturellem Unterricht geht. Kapitel 4.2.2 beleuchtet die wichtige Rolle, die literarische Texte dabei spielen können: Sie können SuS andere Kulturen näherbringen und dadurch als Auslöser für die Entwicklung eines interkulturellen Bewusstseins fungieren. In Kapitel 4.2.3 wird beschrieben, wie interkulturelle Ziele mit dem Stufenmodell von Witte verknüpft werden können.

4.2.1 Interkulturalität sichtbar machen

Sprachen und der Sprachenunterricht können nicht ohne Kultur existieren. Möchte man eine Kultur verstehen, sollte nicht nur ihre Sprache gelernt werden. Stattdessen müssen auch die grundlegenden Strukturen, Auffassungen, Normen, Werte und Bräuche eines Landes berücksichtigt werden, die Art und Weise, wie mit Kunst umgegangen wird, was gegessen wird, welche Tanzkultur es gibt und vieles mehr. Das Bild des Eisbergs – von dem an der Oberfläche nur die Spitze zu sehen ist, während der Großteil unter der Wasseroberfläche verborgen ist – wird oftmals zur Veranschaulichung dieses Gedankens genutzt.

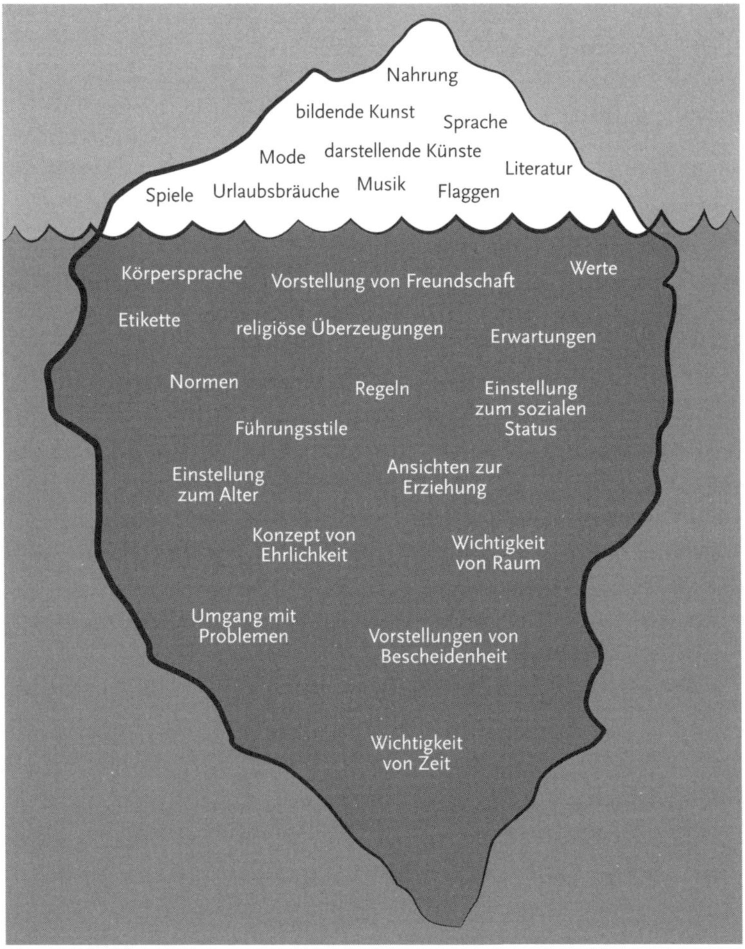

Abbildung 4.1: Eisbergmodell (in Anlehnung an Volkmann, 2015, S. 57)

Kultur besteht neben den Produkten (Texte, Musik, Gesetze usw.) auch aus Überzeugungen, Meinungen und Verhalten (Byram, 1997). Literatur und Fiktion sind im Sprachenunterricht nicht nur ein Mittel zum Erlernen einer Sprache, sondern auch ein Medium zum Wissensausbau über Einstellungen, Bräuche und kollektive Überzeugungen anderer Kulturen. Das passt zu den Zielen, die für die literarische Entwicklung und die Literaturgeschichte in Kapitel 1.2.3 vorgestellt wurden. Im Idealfall wird durch interkulturellen Unterricht erreicht, dass die SuS

- wissen, dass es kulturelle Unterschiede gibt,
- Unterschiede nicht beurteilen, sondern neutral betrachten,
- interkulturelle Missverständnisse erkennen können,
- interkulturelle Unterschiede benennen können,
- interkulturelle Konflikte lösen können und
- Individuen nicht auf ihre Kultur reduzieren (Ros, 2013, S. 102).

Guter Sprachenunterricht ist folglich auch persönlichkeitsformend. Durch eine interkulturelle Herangehensweise im Literaturunterricht können SuS

- Kenntnisse über die Zielsprachenkultur (und ihre sozialen Gruppen und Gewohnheiten) aufbauen,
- über kulturelle Unterschiede und Parallelen reflektieren und
- Toleranz und Verständnis für die Zielsprachenkultur entwickeln.

Mit einer interkulturellen Herangehensweise wird angestrebt, SuS für kulturelle Unterschiede zu sensibilisieren. Die SuS werden entdecken, dass Kultur keine unveränderliche Tatsache ist: Kultur ist in hohem Maße unbewusst, veränderlich und nicht an Nationen oder Rassen, sondern an Gruppen gebunden. Die SuS sollen durch den Umgang mit den Zielsprachenkulturen z. B. auch herausfinden, dass es in der anderen Sprache eine Berichterstattung über das eigene Land geben kann, die verbesserungswürdig ist. Wesentlich für eine interkulturelle Herangehensweise sind Kenntnisse über die eigene Kultur, über die fremde Kultur und die Fähigkeit, diese Kenntnisse übergreifend interpretieren zu können. Es geht um die Entwicklung eines kritischen kulturellen Bewusstseins: Sprecher*innen müssen die Fähigkeit besitzen, die Verhältnisse, Praktiken und Produkte sowohl vom eigenen Land und der eigenen Kultur als auch von einer fremden Kultur kritisch zu betrachten und sich dabei auf explizite Beurteilungskriterien zu stützen (Byram, 1997; für Beispiele s. Kap. 4.4.3).

Ähnlich geht es im Geschichtsunterricht um die Entdeckung der Multiperspektivität, womit das erkenntnistheoretische Phänomen gemeint ist, dass Geschichte interpretativ und subjektiv ist. Denn über bestimmte historische Ereignisse können mehrere Erzählungen existieren, die sich voneinander unterscheiden. Diese Sichtweise wendet sich gegen die Auffassung, dass Geschichte objektiv durch ein einziges, einheitliches Narrativ dargestellt werden kann (Wansink et al., 2018).

Die Beachtung interkultureller Prozesse passt bestens zum inhaltsorientierten Sprachenunterricht und zu einem integrativen Modell (s. Kap. 1.4.4). Bei einer multiplen Herangehensweise (s. Kap. 1.4.2) kann der interkulturelle Akzent unter dem Aspekt des Kontextes verortet werden.

Literatur kann im schulischen Kontext den interkulturellen Austausch durch die gebotenen Inhalte fördern, je nachdem, ob es an der Schule eine kulturell eher homogene oder – was nahe liegen würde – eine heterogene Situation gibt.

Bedeutung von Kultur im Sprachenunterricht

Gut 90 % der im Jahr 2019 befragten DaF-Lehrenden in den Niederlanden fanden es wichtig oder sehr wichtig, dass SuS in der Sekundarstufe I deutsche Kultur kennenlernen, und 84 % fanden es wichtig oder sehr wichtig, dass die SuS in der Sekundarstufe I kulturelle Parallelen und Unterschiede erkunden. Bei den Lernzielen mit literarischen Texten in der Sekundarstufe I steht die (inter-)kulturelle Kompetenz an erster Stelle (Lehrner-te Lindert, 2020; Lehrner-te Lindert, van der Knaap & de Graaff, 2018).

4.2.2 Literatur bietet Welten

Kulturkenntnisse können mithilfe von Sachtexten, Abbildungen, Diagrammen, Statistiken usw. erworben werden. Darüber hinaus sind literarische Texte und andere fiktionale Formen geeignete Quellen, um die Aufmerksamkeit auf grundlegende Aspekte der Kulturen zu lenken und diese anschließend zu reflektieren. Auch einfache Texte beinhalten kulturelles Hintergrundwissen, das zugänglich gemacht werden sollte. Die SuS sollen lernen, sich in eine andere Kultur hineinzufinden, ohne dass dies zur Stereotypisierung führt. Gerade literarische Texte können dabei helfen, Stereotypisierungen zur Diskussion zu bringen, da gesellschaftliche Phänomene und Diskurse darin verarbeitet werden. Die Literatur eines Sprachraums kann Lesende mit anderen Kontinenten in Kontakt bringen. Wer bspw. *Petit pays* (2016) von Gaël Faye liest, erfährt etwas über die Bürgerkriege der 1990er-Jahre in Ruanda und Burundi.

Literatur benötigt die Kommunikation zwischen den Lesenden und dem Text. Die Auslegung eines Textes ist bei den Lesenden unterschiedlich – folglich gibt es auch in einer Schulklasse große Unterschiede. Die Analyse der Unterschiede zwischen den Welten, die der Text aufbaut, und dem Hintergrund, den die Lesenden mitbringen, sollte angestrebt werden. Ein didaktischer Vorteil von Literatur ist, dass Lesende für kurze Zeit unversehrt das Leben von jemand anderem führen können (Kramsch, 1996, S. 3). Der Einsatz dieser Qualitäten kann den SuS dabei helfen, interkulturelles Bewusstsein zu entwickeln. Bei der Textauswahl sollte das (inter-)kulturelle Potenzial eines Textes berücksichtigt werden.

Ein Merkmal vieler literarischer Texte sind Unbestimmtheitsstellen oder Leerstellen, die die SuS dazu anregen, sie auszufüllen. Bedeutungsoffenheit ereignet sich vielfach, hinzu kommt, dass literarische Texte erdachte Welten präsentieren. Wird eine gesellschaftliche Auffassung oder eine Utopie aufgezeigt, werden die Lesenden eingeladen, über diese Phänomene nachzudenken. Aber auch in einer weniger expliziten Form bieten literarische Texte immer eine andere mögliche Wahrheit, die die Lesenden mit anderen Welten verknüpfen.

Beim Lesen in einer Fremdsprache erfahren die SuS immer eine Sprachbarriere. Schon allein das ist eine Erfahrung des „Fremden". Hinzu kommt zu dieser Leseerfahrung die Dimension der Deutung von etwas, das sich in einer anderen Kultur abspielt und möglicherweise anders ausgedrückt wird als gewohnt. Der Ausgangspunkt des literarischen Lesens ist immer die Begegnung mit „dem Fremden". Der Prozess, bei dem eine Verbindung zwischen der eigenen und der anderen Welt hergestellt wird, ist schon für sich von interkulturellem Interesse. Alle Ziele der literarischen Kompetenzentwicklung haben deshalb auch mit Interkulturalität zu tun.

Literarische Texte unterschiedlicher Niveaus sind ausgezeichnete Quellen für das, was der GeR unter dem Begriff „deklaratives Wissen" zusammenfasst (s. Kap. 4.3.1). In vielen berühmten literarischen Romanen wimmelt es nur so von interkulturellen Themen.

Beispiele für Romane mit ausgeprägtem interkulturellem Charakter

Deutsch: Emine Sevgi Özdamar: *Die Brücke vom Goldenen Horn* (1998)

Englisch: Salman Rushdie: *Midnight's Children* (1981)

Französisch: Michel Houellebecq: *Soumission* (2015)

Spanisch: Mario Vargas Llosa: *La fiesta del chivo* (2000)

Um kulturelle Unterschiede zu benennen und zu problematisieren, ist der Terminus der Interkulturalität eigentlich nicht ausreichend, aber er hat sich eingebürgert. Eine Alternative bietet der Begriff Transkulturalität, denn er drückt aus, dass Kulturen hybrid (gemischt) sind, durch die Effekte der Globalisierung gekennzeichnet werden und dass Kulturen nicht losgelöst von anderen Kulturen existieren können (Welsch, 2011, S. 249–322). Wenn einer der beiden Begriffe Inter- bzw. Transkulturalität verwendet wird, kann der Fokus im Literaturunterricht intensiviert werden.

Setting

Das Setting ist in vielen literarischen Texten bedeutungsvoll. Ab den ersten Lernjahren kann eine Krimireihe bspw. äußerst nützlich für den Aufbau von landeskundlichem Wissen sein: Jeder Teil der Reihe *Tatort DaF* (www.klett-sprachen.de) spielt in einer anderen deutschsprachigen Stadt oder Region und vermittelt dadurch lokales Kolorit. Der Fokus liegt auf landeskundlichem Wissen.

4.2.3 Verknüpfung mit Niveaumodellen

Ab dem A1-Niveau können Leseeindrücke vermittelt werden und je höher die Niveaustufe ist, umso reflektierter und detaillierter müssen die Analyse und die Reaktion sein. Wichtig ist immer die Frage, ob ein Text in Alltagssprache verfasst ist, linear erzählt wird und ob es sich um vertraute Situationen handelt.

Interkulturelle Ziele können gut mit dem literarischen Stufenmodell von Witte (2008) verknüpft werden (s. Kap. 2). Auf den Niveaus 1 und 2 steht die eigene Lebenswelt der SuS im Fokus. Texte, die für diese Niveaus geeignet sind, behandeln oftmals die persönliche Entwicklung einer Figur. Bei Aufgaben können die SuS sich mit dem Effekt des sozialen Umfelds auf ein Individuum beschäftigen. Für das 2. Niveau können mitreißende Geschichten mit einem bekannten Kontext verwendet werden, die die SuS dazu anregen, über das soziale Umfeld und ihre eigene Situation nachzudenken. Das 3. Niveau konzentriert sich auf die Erweiterung der Lebenswelt der SuS. Gesellschaftliche sowie moralische und psychologische Themen stehen hier im Fokus. Ab diesem Niveau können sich die SuS bei Aufgaben auf die interkulturelle Dimension eines Textes konzentrieren und kulturelle Hintergründe können vertieft werden. Das Wissen über Merkmale und Funktionen von Textsorten ist hier wichtig.

Für das Entwickeln eines interkulturellen Bewusstseins eignen sich Unterrichtsgespräche und sokratische Gespräche – bei denen das Weiterfragen im Mittelpunkt steht und das Urteil zurückgestellt wird. Die SuS trainieren bei diesen Gesprächen den Denkprozess und werden durch die Anmerkungen der Lehrkraft unterstützt.

4.2.4 Modell der interkulturellen literarischen Kompetenz

Das Modell der interkulturellen literarischen Kompetenz (ILK) hilft bei der Gestaltung der Aufgaben (s. Abb. 4.2); damit verbunden sind Lernziele, die angeben, wie literarische Lektüre interkulturelle Kompetenz im kommunikativen Unterricht fördern kann.

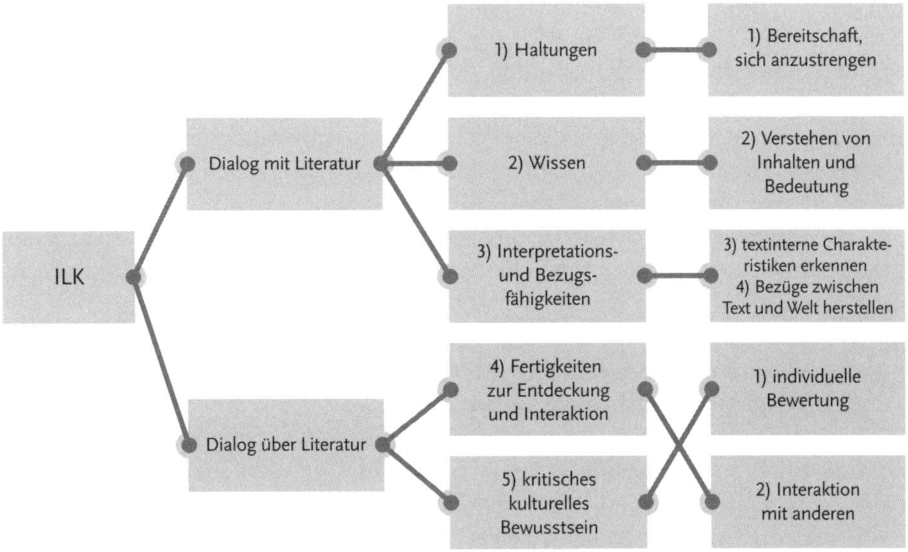

Abbildung 4.2: Modell der interkulturellen literarischen Kompetenz (Schat, van der Knaap, de Graaff, 2021a/b; Schat, 2022)

Dieses Modell zeigt, wie ein dialogischer Ansatz zur Erforschung der eigenen Kultur (und der Beziehung zu ihr) führt. „Dialog mit Literatur“ bedeutet, dass Lernende bereit sind, sich einem Text aus einer anderen Kultur unvoreingenommen zu nähern, dann den Text nutzen, um Wissen über die andere Kultur zu erlangen, und sich bemühen, den Text zu interpretieren (textintern) und ihn mit Dokumenten oder Ereignissen aus der eigenen Kultur in Beziehung zu setzen (textextern). Der „Dialog über Literatur“ setzt voraus, dass Lernende in der Lage sind, die Sichtweise eines Textes zu erläutern, mit anderen darüber zu diskutieren und den Text auf der Grundlage von Perspektiven, Praktiken und Quellen in der eigenen Kultur und in anderen Kulturen kritisch zu bewerten. Die Aktivitäten können wiederholt werden und sind charakteristisch für integriertes Lernen von Sprache und Kultur (Inhaltsorientierung).

4.3 Auswahl der Lerninhalte: Bestandteile des interkulturellen Unterrichts

In diesem kurzen Kapitel wird auf die Bestandteile interkultureller Unterrichtsstunden eingegangen. Zuerst wird dargestellt, was der GeR zum Thema Interkulturalität enthält. Danach wird kurz auf interkulturelle Dimensionen eingegangen, die relevant sein können, wenn über die Stereotypisierung von nationalen Kulturen gesprochen wird.

4.3.1 Der GeR über Interkulturalität

Der GeR unterstützt das interkulturelle Gestalten des Curriculums und benennt Teilkompetenzen der interkulturellen Kompetenzen, die mit den folgenden Zielen übereinstimmen: (1) Wissen, (2) Einstellungen und (3) Fertigkeiten. Eine ausführliche Übersicht bietet Kapitel 5.1 des GeR.

Sachwissen und damit verbundene Handlungskompetenz bilden die Basis. Dies wird als „deklaratives Wissen" (1) bezeichnet, das sich folgendermaßen zusammensetzt:

- Weltwissen: Fachwissen über die Länder, in denen die Zielsprache gesprochen wird, bspw. die wichtigsten geografischen, ökologischen, demografischen, wirtschaftlichen und politischen Aspekte
- Soziokulturelles Wissen: Fachwissen über (a) das tägliche Leben, (b) Lebensbedingungen, (c) interpersonale Beziehungen, (d) Werte, Überzeugungen und Einstellungen in Bezug auf Faktoren wie Kunst und Religion, (e) Körpersprache, (f) soziale Konventionen, (g) rituelles Verhalten in Bereichen wie Geburt und Tod
- Interkulturelles Bewusstsein: Wissen, Bewusstsein und Verständnis in Bezug auf die Beziehungen der eigenen Welt und der fremden Welt

Zu diesem objektiven Wissen gehört auch das Bewusstsein für die Art und Weise der Wahrnehmung einer Gemeinschaft aus einer anderen Perspektive, wozu oftmals auch nationale Stereotypen gehören. Das deklarative Wissen kann zielgerichtet trainiert werden, zudem sind Literatur und Film optimale Quellen, mit denen SuS Wissen über andere Kulturen erlangen können.

Auch für das Ziel „Einstellungen" (2) eignen sich literarische Texte und Filme bestens. Die persönliche Identität, so der GeR, wird geformt durch „Einstellungen, Motivationen, Wertvorstellungen, Überzeugungen, kognitiven Stil und Persönlichkeitsfaktoren". Bei der Einstellung geht es um den Grad an Offenheit und Interesse der SuS einer anderen Kultur gegenüber, bspw. durch den Kontakt zur Literatur. Wird das Ziel „Fertigkeiten" (3) im Sprachenunterricht berücksichtigt, kann das Curriculum gestärkt werden. Eine Studie über europäische Curricula hat gezeigt, dass im Sprachenunterricht vor allem Wissen und Einstellungen im Fokus stehen und dass die Lehrkräfte sich um ein adäquates Handeln mit und in der Zielsprache bemühen (nach Fasoglio & Canton, 2009, S. 12). Das Behandeln von literarischen Texten kann lernwirksam mit Sprachkompetenzaufgaben kombiniert werden. Einerseits üben die SuS das Interpretieren und das Verknüpfen mit der eigenen Kultur, andererseits üben sie, in der Zielsprache mit anderen über literarische Texte oder Filme zu sprechen. Darüber hinaus lernen sie auch, wie sie Quellen in der Zielsprache verwenden können, um Informationen über ein Buch oder einen Film zusammenzutragen.

4.3.2 Thematisierung von Stereotypisierung

Zum interkulturellen Bewusstsein gehört der Umgang mit Stereotypen. Annahmen über Bevölkerungsgruppen können positiv oder negativ sein. Interkulturell kompetente SuS können Stereotypisierungen erkennen und diese vermeiden. Stereotypisierungen können didaktischen Halt bieten, wenn es z. B. um den Kulturvergleich in Form von sozialen Werten innerhalb von Gruppen geht. Geert Hofstede hat Firmen und Berufsgruppen analysiert, die Unterschiede je Land notiert und ermöglicht basierend auf sechs verschiedenen Kriterien einen Kulturvergleich (s. http://geerthofstede.com). Die kulturellen Kriterien, die Hofstede nutzt, wie bspw. der Grad, in dem sich die Bevölkerung eines Landes individualistisch und unabhängig verhält, können lehrreiche und lebhafte Diskussionen auslösen, wenn sie vergleichend auf andere Länder angewandt werden. Hofstede ignoriert allerdings die ethnische Heterogenität bzw. kulturelle Hybridität, die die traditionelleren Kulturgrenzen durchbricht. Die sog. kulturelle Identität eines Landes ist viel diverser, als es ein Modell abbilden kann.

Brauchbar sind auch die englischsprachigen Webtools und Unterrichtsmaterialien des Projekts European Values in Education (https://www.atlasofeuropeanvalues.eu). Es bietet Unterstützung zu aktuellen Themen wie Migration, Demokratie, Solidarität und Toleranz.

4.4 Strukturierung der Lerninhalte: Schwerpunkte im interkulturellen Unterricht

In diesem Kapitel geht es darum, wie interkulturelle Ziele in den Sprachenunterricht integriert werden können. Zuerst wird beschrieben, wie man die Entwicklung des interkulturellen Bewusstseins der SuS in Phasen einteilt und dementsprechenden Unterricht anbieten kann: von einer Orientierungsphase in der Sekundarstufe I, in der man sich in andere Situationen hineinversetzt, bis zu einer Verfestigung des interkulturellen Bewusstseins im Handeln in der Sekundarstufe II. Anschließend werden einige Kann-Beschreibungen präsentiert, die dabei helfen können, die interkulturellen Unterrichtsstunden zu strukturieren. Am Ende wird eine Übersicht über die Kategorien und Themen gegeben, die dabei unterstützen, mit den SuS auf Interkulturalität in (literarischen) Texten einzugehen.

4.4.1 Leitlinien für eine interkulturelle Unterrichtsreihe

Die Bildung des interkulturellen Bewusstseins fängt in der Sekundarstufe I mit einfachen Informationen, die die SuS sich aneignen können (Zeitbezeichnungen, Begrüßungsrituale, Kenntnisse über Topografie, Geografie, Bräuche, regionale Unterschiede, Feste, Geschichte), und mit der Thematisierung der Stereotypisierung an. Die SuS sollten in dieser Orientierungsphase lernen, sich in Situationen hineinzuversetzen. So werden sie bspw. in die Bräuche und Rituale einer Kultur eingeweiht, wie das Feiern der Cabalgata de los Reyes Magos (spanische Dreikönigsparade am 5. Januar) oder von Halloween (mit dem Gedicht *The Ghoul* von Jack Prelutsky), und sollen das jeweilige Fest mit Festen der eigenen Kultur vergleichen. Dem interkulturellen Hauptziel liegt einerseits eine kognitive Herangehensweise zugrunde, bei der der Wissenstransfer wichtig ist, und andererseits eine kommunikativere Herangehensweise („Handeln"), bei der alltägliche Themen im Vordergrund stehen. Anlässe wie z. B. der „Journée internationale de la Francophonie" (der Internationale Tag der Frankophonie) können dazu genutzt werden, die Aufmerksamkeit auf die weltweite Verbreitung der französischen Sprache zu richten, auch unter Berücksichtigung der wirtschaftlichen und postkolonialen Folgen.

Ab A2-Niveau können die SuS schon zum interkulturellen Austausch beitragen, indem sie mit einfachen Worten Leute um Erklärungen und Erläuterungen bitten und Zustimmung bezeugen, jemanden einladen, jemandem danken usw. In der Oberstufe erstreckt sich das interkulturelle Bewusstsein bis hin zu den Normen und Werten, der Analyse von wirtschaftlichen und politischen Systemen und der Verankerung dieses Bewusstseins im eigenen Handeln. Den SuS wird vermittelt, dass das Denken und Handeln kulturell bestimmt wird und dass der eigene Hintergrund eine Rolle dabei spielt, wie man etwas erlebt.

In der Sekundarstufe II wird bei der Sprechkompetenz – abhängig von der jeweiligen Sprache und der Schulform – auf Niveau B1 und B2 hingearbeitet. SuS mit B1-Niveau sollen in einfachen Worten ausdrücken können, wie die eigenen Werte und das eigene Verhalten die eigene Sicht auf jemanden aus einer anderen Kultur beeinflusst. Ab diesem Niveau können die SuS bereits gemeinsam in der Zielsprache interkulturelle Themen reflektieren, wenn sie dabei von der Lehrkraft unterstützt werden, z. B. Parallelen und Unterschiede aufzeigen zwischen dem eigenen Land und dem Land, in dem sich die Handlung (einer Geschichte/Fernsehserie/eines Theaterstücks/Romans oder Films) abspielt. Die SuS benötigen dafür Kategorien oder Stichwörter aus Bereichen wie Familienleben, Essen, Wohnungseinrichtung, Ideale und Hoffnung usw.

Mit B2-Niveau können SuS Verständnis und Wertschätzung für verschiedene Standpunkte äußern, sie können Ideen gesellschaftlicher Umwälzungen reflektieren.

Wie man die Verknüpfung von Literatur und Interkulturalität im Curriculum sichtbar machen kann, zeigt eine Unterrichtsreihe von 245 Minuten für das Fach Englisch einer 9. Klasse einer deutschen Hauptschule. Die Aufgaben für einen literarischen Text von Francisco Jiménez (*The Circuit: Stories from the Life of a Migrant Child*, 1997) sind auf die folgenden interkulturellen Ziele ausgerichtet (Burwitz-Melzer 2001, S. 32), die auf die drei zuvor genannten Kompetenzen Kenntnisse, Einstellungen und Fertigkeiten zurückzuführen sind.

Kenntnisse

1. Die SuS können Elemente anderer Kulturen erkennen.
2. Die SuS können einen Konflikt/ein Missverständnis/einen Unterschied zwischen den Kulturen erkennen.

Einstellungen

3. Die SuS können sich in fiktionale Charaktere hineinversetzen.
4. Die SuS können eigene Gefühle in Bezug auf eine Figur ausdrücken.

Fertigkeiten

5. Die SuS können nationale Stereotypen und kulturelle Vorurteile identifizieren.
6. Die SuS können ihre eigenen kulturell bedingten Meinungen und Einstellungen identifizieren und mit denen der Mitschüler*innen vergleichen.
7. Die SuS können eigene kurze fiktionale Texte/Szenen/Titel oder Adaptionen entsprechend zu der vorgeschlagenen kreativen Aufgabe schreiben.
8. Die SuS können unterschiedliche Perspektiven beim Schreiben der neuen Texte, Szenen usw. benutzen.
9. Die SuS können die von der Klasse verfassten Texte, Szenen, Titel usw. unter Berücksichtigung des Modelltextes, ihrer eigenen Texte und der kulturellen Unterschiede zwischen dem Modelltext, ihrer eigenen Texten und ihrer eigenen kulturellen Herkunft diskutieren.

Durch angeleitete Aufgaben können diese Ziele sowohl mit ursprünglich literarischer Prosa für das Niveau 2 von Wittes Niveaumodell als auch durch Easy Readers erreicht werden.

Wenn diese Ziele für die Sekundarstufe I angestrebt werden, können die SuS in der Oberstufe befähigt werden, sich schließlich in andere Situationen und Zeiten hineinzuversetzen: z. B. in die Pariser Weltausstellung von 1932 und die koloniale Herrschaft Frankreichs (Didier Daeninckx: *Cannibale*, 1998), die Flüchtlingsproblematik (Philippe Claudel: *La petite fille de Monsieur Linh*, 2005), die gesellschaftlichen Auswirkungen des Drogenhandels in Mexiko (Juan Pablo Villalobos: *Fiesta en la madriguera*, 2010), die Existenz in der DDR (Simon Schwartz: *drüben!*, 2009) oder in ein Mädchen mit naturwissenschaftlichen Ambitionen im viktorianischen Zeitalter (Frances Hardinge: *The Lie Tree*, 2015).

Die folgenden Beispielaufgaben eignen sich für den Einsatz in der Oberstufe (Vos, 2018):

Beispielaufgaben für die Oberstufe

A (Niveau 3 in Wittes Niveaumodell)

Die Geschichte *The Moment Before the Gun Went Off* von Nadine Gordimer spielt in Südafrika in Zeiten der Apartheid.

1 Aus welcher Perspektive wird die Geschichte erzählt? Wie wird die Geschichte dadurch beeinflusst?

2 Welche Rolle spielt Stereotypisierung in dieser Geschichte?
3 Eines der Themen ist der Unterschied zwischen Wahrnehmung und Wahrheit bzw. Wirklichkeit. Welche anderen Perspektiven zeigt die Geschichte auf? Zu wem gehören die Perspektiven?
4 Schreibe einen Teil der Geschichte neu: Wähle drei Zeilen, die dir am geeignetsten vorkommen und schreibe sie aus einer der Perspektiven aus der Geschichte neu. Welche Elemente, Gedanken oder Geschehnisse verändern sich dadurch?

B (Niveau 4 in Wittes Niveaumodell)

Seine Liebe für Jazzmusik ist in den Gedichten von Langston Hughes (1902–1967) hörbar. Er trug seine Poesie oft von einer Jazzband begleitet vor. Jazz und Blues boten Hughes eine Möglichkeit, „schwarzen“ Traditionen und „schwarzer“ Kreativität zu huldigen, ohne sich an die „weißen“ Normen anpassen zu müssen.
1 Lies das Gedicht *The Weary Blues* von Langston Hughes. (www.poetryfoundation.org/poems/47347/the-weary-blues)
2 Die Texte *Jazz Underlines New Orleans' Music Scene* und *The Weary Blues* handeln vom gleichen Thema, zeigen aber unterschiedliche Perspektiven auf.
   - Welche verschiedenen Perspektiven gibt es im informativen Text und im Gedicht?
   - Welchen Einfluss hat die Textsorte auf die verschiedenen Perspektiven?
3 Der informative Text gibt die Meinung heutiger Kunstschaffender aus New Orleans wieder. Das Gedicht spielt sich in einer anderen Zeit ab. Unterstreiche drei Sätze, die das andere Setting des Gedichts verdeutlichen.

C (Niveau 5 in Wittes Niveaumodell)

Die Theaterstücke und Gedichte von William Shakespeare werden von vielen Menschen als Höhepunkt der westlichen Kultur betrachtet.
1 Schau dir das Asian Shakespeare Intercultural Archive unter http://a-s-i-a-web.org/en/home.php an. Das Archiv beinhaltet viele Aufführungen von Shakespeares berühmten Stücken mit asiatischen Schauspieler*innen und Themen. Formuliere drei Fragen dazu.
2 Betrachtest du diese Theaterstücke als Bestandteil der asiatischen oder der westlichen Kultur? Schreibe deine Gedanken dazu in 300 Wörtern auf.

4.4.2 Deskriptoren für interkulturelle literarische Kompetenz

Die Entwicklung interkultureller Kenntnisse, Einstellungen und Fertigkeiten kann auch mithilfe von literarischen Texten gefördert werden, wie im vorausgegangenen Kapitel aufgezeigt wurde. Auf A2-Niveau ist das Erkennen von Interaktionsproblemen und grundlegenden kulturellen Konventionen wichtig (Council of Europe, 2018, S. 159). Ausformulierte Ziele können in den nachstehenden Deskriptoren (s. Tab. 4.1) gefunden werden, die, wenn sie mit dem GeR (Council of Europe, 2018, S. 145) verglichen werden, zwar Übereinstimmungen ab dem entsprechenden A2/B1-Niveau (soziokulturelle Kenntnisse) und B1/B2-Niveau (interkulturelles Bewusstsein oder „Fremdverstehen“, Verständnis für das Andere/Fremde) aufweisen, aber weitaus detaillierter sind. Die Deskriptoren (vgl. Abb. 4.2) sind in einer ausführlichen empirischen Studie in der Sekundarstufe II und durch die Erhebung unter SuS, die Spanisch als Fremdsprache gewählt hatten, validiert worden.

Tabelle 4.1: Deskriptoren für interkulturelle literarische Kompetenz (Schat, 2022, 91 f.)

Haltungen
H_1 Ich interessiere mich für das tägliche Leben in anderen Kulturen, wie es im Buch dargestellt wird.
H_2 Ich bin bereit, mich in die Figuren des Buches einzufühlen.
H_3 Ich finde es interessant, andere Perspektiven für die Interpretation von bekannten und unbekannten Phänomenen im Buch zu entdecken.
H_4 Ich finde es interessant, im Buch zu entdecken, wie Menschen aus anderen Kulturen Praktiken und Produkte aus meiner Kultur betrachten.
H_5 Ich bin bereit, eine andere Perspektive einzunehmen und meine eigene kulturelle Sichtweise auf das Buch kritisch zu überprüfen.
Wissen
W_1 Ich kann das Buch nutzen, um mehr über den Bezug zwischen meiner Kultur und anderen Kulturen zu erfahren.
W_2 Ich kann das Buch nutzen, um mehr über Stereotypen und Vorurteile in Bezug auf meine Kultur und andere Kulturen zu erfahren.
W_3 Ich kann das Buch nutzen, um mehr über unterschiedliche Perspektiven auf das nationale Gedächtnis und die nationalen Definitionen von geografischem Raum zu erfahren.
W_4 Ich kann das Buch nutzen, um mehr über verschiedene soziale Gruppen und die Gesellschaft in anderen Kulturen zu erfahren.
W_5 Ich kann das Buch nutzen, um mehr über Verhaltenskonventionen und individuelle Interaktionen in anderen Kulturen zu erfahren.
Interpretations- und Bezugsfertigkeiten
IB_1 Ich kann wichtige Charaktere/Ereignisse im Buch beschreiben und Bereiche kultureller Missverständnisse identifizieren.
IB_2 Ich kann auf das Thema des Buches eingehen und erklären, wie verschiedene kulturelle Positionen zu unterschiedlichen Positionen führen.
IB_3 Ich kann die Auswirkungen der Erzählperspektive erklären und ethnozentrische Perspektiven im Buch erkennen.
IB_4 Ich kann die Figuren/Ereignisse/Themen des Buches trotz kultureller Unterschiede auf mein eigenes Leben beziehen.
IB_5 Ich kann die Themen des Buches mit aktuellen gesellschaftlichen Fragen in Verbindung bringen und die Ursachen für kulturelle Missverständnisse erklären.

(Fortsetzung Tabelle 4.1)

Fertigkeiten zur Entdeckung und Interaktion
IA_1 Ich kann mit anderen SuS über unsere Interpretationen diskutieren und dabei Gemeinsamkeiten und Unterschiede zwischen ihnen feststellen.
IA_2 Ich kann einen Dialog mit anderen SuS vorbereiten und durchführen, in dem ich die Perspektive einer Figur aus dem Buch einnehme.
IA_3 Ich kann andere SuS nach gemeinsamen Bedeutungen und Werten in Bezug auf das Buch fragen und Verbindungen und Beziehungen zwischen ihnen herstellen.
IA_4 Ich kann mit anderen SuS über unsere Meinungen zum Buch diskutieren und Beziehungen zwischen Ähnlichkeiten und Unterschieden herstellen.
IA_5 Ich kann andere Informationsquellen nutzen, um mehr über das Buch und seinen Kontext zu erfahren, und verschiedene Interpretationen analysieren.
Kritisches kulturelles Bewusstsein
KK_1 Ich kann eine bewertende Analyse des Buches verfassen, das Buch in den Kontext einordnen und die damit verbundene Ideologie aufzeigen.
KK_2 Ich kann eine persönliche Reaktion auf das Buch verfassen und dabei ein Urteil unter ausdrücklicher Bezugnahme auf meine eigenen ideologischen Perspektiven und Werte formulieren.
KK_3 Ich kann unterschiedliche Bewertungen des Buches vermitteln und dabei eine Einigung über Konfliktpunkte und die Akzeptanz von Unterschieden erlangen.
KK_4 Ich kann das Buch dahingehend bewerten, inwieweit das Buch meine kulturellen Annahmen herausgefordert hat und zu welchen persönlichen Einsichten es geführt hat.
KK_5 Ich kann beurteilen, inwiefern das Buch es mir ermöglicht, mich mit Figuren aus anderen Kulturen zu identifizieren, und Beispiele nennen.

Die Kann-Beschreibungen können beim eigenen Unterrichtsentwurf oder bei der Beurteilung von Unterrichtsmaterialien benutzt werden.

Soziokulturelle Kompetenz bei einem Gedicht

SuS, die in der Oberstufe das Gedicht *Die schlesischen Weber* von Heinrich Heine lesen, lesen den Text im Rahmen von Literaturgeschichte über Ausbeutung in der Textilindustrie im Jahr 1844. Ein solches Gedicht eignet sich gut für die Entwicklung der soziokulturellen Kompetenz, bietet Möglichkeiten zur Entwicklung von interkulturellen Grenzerfahrungen zur Benennung von kulturgebundenen Deutungsmustern. Mögliche Herangehensweisen sind eine Reflexion mit Armut heutzutage bzw. in anderen Ländern, die Entwicklung der Industrialisierung in anderen Ländern und die Anpassung des Bildes vom Reichtum und Wirtschaftswachstum von Deutschland.

4.4.3 Kategorien und Themen für interkulturelle Prozesse

Soziokulturelle Kenntnisse, also bspw. Fachwissen über das tägliche Leben, Lebensbedingungen, soziale Konventionen und rituelles Verhalten innerhalb einer Kultur (s. Kap. 4.3.1), bieten Anhaltspunkte für die Textauswahl und die Textverarbeitung. Darüber hinaus hat Altmayer (2006/2013) mehrere Deutungsmuster bzw. Kategorien und konkrete Themen entwickelt, die auch eine Rolle beim Identifizieren und Bewerten von interkulturellen Prozessen spielen, wie nachstehend in Tabelle 4.2 beschrieben. Die Muster sind unterteilt in kategoriale, topologische, chronologische, axiologische und soziale Muster.

Diese Kategorien und Themen helfen bei der Auswahl geeigneter Texte (sowohl von Fiktion als auch von Sachtexten) und bei der Besprechung von Interkulturalität anhand eines Textes. Für die genannten Themen können geeignete Texte wie bspw. Kurzgeschichten gesammelt werden, damit die SuS mit einigen Seiten üben können. Wenn die SuS sich beim Lesen auf eine dieser Kategorien (Identität, Raum, Zeit, Werte, Zusammenleben) konzentrieren, erhält die Lektüre mehr Tiefgang, vor allem wenn Gelegenheiten zur Aushandlung und Verständigung geschaffen werden. SuS sollen Aussagen aus den Geschichten mit Themen verbinden und diese mit Argumenten stützen.

Tabelle 4.2: Kategorien zu Themen in interkulturellen Prozessen (nach Altmayer, 2006/2013)

Hauptkategorie	konkrete Themen
Identität, Zugehörigkeit	• nationale Identität • soziale Identität • regionale Identität, Herkunft • europäische Identität • Gender usw.
Raum	• Heimat • Regionen • Land versus Stadt • Kommunen/Gemeinden/Departements/Distrikte/Bundesländer • Stadt versus Provinz • Windrichtungen • Grenzen • Reisen usw.
Zeit	• Zukunft • Vergangenheit • Jahreszeiten • Wochentage • Kalender • Termine • Pünktlichkeit • Arbeitszeit versus Freizeit • Modernität • Tradition • Feste • Wirtschaftswunder usw.

(Fortsetzung Tabelle 4.2)

Hauptkategorie	konkrete Themen
Werte	• Glück • Ehre • Disziplin • Individuum versus Gemeinschaft • Menschenwürde • Freiheit • Gesundheit • Reichtum • Kriminalität • Abfall • Gerechtigkeit • Menschenrechte • Sicherheit usw.
Zusammenleben	• Familie • Beziehung • Nachbarn • Freunde • Schulen • Arbeitsumgebung • Clique • Verein usw.

Sichtweisen auf Gesundheit und Sicherheit kennenlernen

SuS, die den Erzählband *Liebesgrüße aus Deutschland* (2011) von Wladimir Kaminer lesen, werden feststellen, dass der aus Russland migrierte Berliner ironisch aus der russischen Perspektive über die deutsche Kultur schreibt. Wenn er schreibt: „Der Gesundheitswahn breitet sich wie ein Virus in Deutschland aus“, entdecken die SuS seine Sichtweise auf den deutschen Hang nach Sicherheit im Zusammenhang mit Gesundheit. In den Augen Kaminers ist es ein Merkmal der Deutschen, dass sie versuchen, mithilfe von medizinischen Kontrollen Unsicherheiten aus ihrem Leben zu verbannen, in der Hoffnung, dadurch gesünder und besser leben zu können.

Romane mit dem Thema „Identität“

Viele Romane handeln von „Identität“, auch im Bereich des Jugendromans. Oft geht es um das Gefühl der Zugehörigkeit, so wie in Wolfgang Herrndorfs *Tschick* (2010) und Sharon M. Drapers *Out of My Mind* (2010). Die Migrationspolitik wird ebenfalls häufig thematisiert, z. B. in *Across the Barricades* (1972) von Joan Lingard, *Girl in Translation* (2010) von Jean Kwok, *Beni ou le Paradis Privé* (1989) von Azouz Begag oder *Monsieur Ibrahim et les Fleurs du Coran* (2001) von Éric-Emmanuel Schmitt. In Barbara Bollwahns Jugendroman *Der Klassenfeind + ich* (2007) geht es im Tagebuch-Modus um die DDR-spezifische Sozialisierung und um Differenzen zum Westen. Der Roman *Piedra, papel o tijera* (2009) von Inés Garland eignet sich bestens für das Kennenlernen einer interkulturellen Perspektive auf wirtschaftliche Unterschiede innerhalb einer Gesellschaft. Auch Klassiker, die Generationen bereits lasen, als es noch nicht um Interkulturalität ging, wie *Cry, the Beloved Country* (1948) von Alan Paton, sollten nicht außer Acht gelassen werden.

Identitätszuschreibungen spielen in Gesellschaften eine starke ein- und ausschließende Rolle. Im multikulturellen Unterricht wird bezweckt, dass die unterschiedlichen Kulturen in den Lern- und Lehrmaterialien vorkommen, über Kenntnisse reflektiert wird, Vorurteile besprochen werden, Gleichwertigkeit angestrebt wird und SuS gestärkt werden (Banks, 1993). Literarische Texte eignen sich sehr, um solche Themen anzusprechen. Es lohnt sich, selbst Listen geeigneter Texte anzufertigen (s. Tab. 4.3).

Tabelle 4.3: Auswahl englischsprachiger Romane auf dem Gebiet der Multikulturalität (nach Bal, 2022)

Autor	Titel	Jahr	Niveau	Themen
Solomon Northup	*Twelve Years a Slave*	1853	N5	Rassismus, Sklaverei
Langston Hughes	*Not Without Laughter*	1930	N5	Rassismus, Erwachsenwerden, Einflüsse der Kultur
Chinua Achebe	*Things Fall Apart*	1958	N4	Religion, Geschlechterrollen, Tradition und Wandel
Maya Angelou	*I Know Why the Caged Bird Sings*	1969	N4	Rassismus, Armut, Identität
James Baldwin	*If Beale Street Could Talk*	1974	N4	Rassismus, Religion, Familie
Alice Walker	*The Colour Purple*	1982	N4	Rassismus, Gewalt, Religion
Jamaica Kincaid	*Annie John*	1985	N3	Familie, Erwachsenwerden, Tod, Geschlechterrollen
Toni Morrison	*Beloved*	1987	N5	Mutterschaft, Sklaverei, Gemeinschaft
Arundhati Roy	*The God of Small Things*	1997	N5	Familie, indische Gesellschaft, Liebe, Sexualität
Zadie Smith	*White Teeth*	2000	N4	Familie, Rassismus, Geschlechterrollen
Khaled Hosseini	*The Kite Runner*	2003	N4	Erlösung, Gesellschaft, Gewalt, Vaterschaft
Sherman Alexie	*The Absolutely True Diary of a Part-Time Indian*	2007	N3	Identität, Erwachsenwerden, Rassismus, Armut
Khaled Hosseini	*A Thousand Splendid Suns*	2007	N4	Afghanische Gesellschaft, Liebe, Leiden, Geschichte
Aravind Adiga	*The White Tiger*	2008	N4	Identität, Familie, indische Gesellschaft
Colson Whitehead	*The Underground Railroad*	2016	N5	Familie, Tod, Freiheit

(Fortsetzung Tabelle 4.3)

Autor	Titel	Jahr	Niveau	Themen
Adam Silvera	*They Both Die at the End*	2017	N3	Tod, Freundschaft, Sinn des Lebens
Angie Thomas	*The Hate U Give*	2017	N4	Rassismus, Polizeibrutalität, Identität, Gemeinschaft
Bernardine Evaristo	*Girl, Woman, Other*	2019	N4	Identität, Geschlechterrollen, Sexualität, Feminismus
Brit Bennett	*The Vanishing Half*	2020	N5	Identität, Rassismus, Geschlechter-rollen, Familie
Ashley C. Ford	*Somebody's Daughter*	2021	N5	Rassismus, Familie, Identität, Erwachsenwerden

4.4.4 Entwurfsprinzipien für die Förderung interkultureller literarischer Kompetenz

In der empirischen Entwurfsstudie von Schat (2022), aus der praxisorientiert das Modell für interkulturelle literarische Kompetenz (s. Abb. 4.2) und die dazugehörigen Deskriptoren (s. Tab. 4.1) entstanden sind, sind Entwurfsprinzipien (s. Tab. 4.4) in der 10. Klasse erprobt worden, die für die Förderung interkultureller literarischer Kompetenz nützlich sind:

Tabelle 4.4: Entwurfsprinzipien zur Förderung interkultureller literarischer Kompetenz (Schat, van der Knaap, & de Graaff, 2021b)

1. Wählen Sie Texte aus, die die SuS dazu anregen, sich mit den Begriffen Kultur und Identität auseinanderzusetzen.
2. Wählen Sie Texte aus mit Themen der sozialen Gerechtigkeit, die die SuS auf Probleme in ihrer eigenen Gesellschaft beziehen können. In den Texten sollten vorzugsweise jugendliche Protagonist*innen vorkommen.
3. Entwerfen Sie eine Reihe von dialogischen Aufgaben, in denen die SuS nach der Lektüre aufgefordert werden, im Dialog mit dem Text und mit anderen mündlich und schriftlich eine persönliche Antwort zu formulieren. Bieten Sie Scaffolding an, durch das die sprachliche Umsetzung (Wie kann man eine persönliche Reaktion auf Gelesenes formulieren?) verwirklicht werden kann (language for learning).
4. Strukturieren Sie diese dialogischen Aufgaben mit dem Vier-Schritte-Zyklus, in dem die SuS einen Prozess des Wahrnehmens, Vergleichens, Interagierens und Reflektierens durchlaufen. Bieten Sie Scaffolding an, damit diese Aktivitäten umgesetzt werden können (language for learning).

Die Entwurfsprinzipien basieren auf Ausgangspunkten des inhaltsorientierten Unterrichts (CLIL, s. Kap. 1.4.4) und gehen aus von der Wechselbeziehung zwischen Inhalt, Kommunikation, Lern- und Denkprozessen und Kultur (Coyle, Hood & Marsh, 2010). In der Unterrichtsvorbereitung sind die ersten beiden Entwurfsprinzipien bedingend. Es sind Schritte, die während des ganzen Schuljahres eine Rolle spielen und auf der Makroebene bei der Auswahl von Materialien stattfinden. Die Entwurfsprinzipien 3 und 4 sind kleinschrittig und punktuell. Diese letzten beiden Entwurfsprinzipien sind in dem folgenden Unterrichtszyklus (s. Tab. 4.5) zu erkennen:

Tabelle 4.5: Praxisbeispiel: Überblick von Aufgaben in zwei gymnasialen Unterrichtsreihen (Schat, 2022, S. 156; pro Unterrichtsstunde)

Aufgaben 10. Klasse	Aufgaben 11. Klasse
1: Die SuS bereiten eine Präsentation über das wichtigste Land vor, in dem die Geschichte spielt.	1: Die SuS bereiten eine Präsentation über die Gesellschaft vor, in der die Hauptfigur aufgewachsen ist.
2: Die SuS schreiben einen Brief aus der Perspektive der Hauptfigur über Erfahrungen in anderen Kulturen.	2: Die SuS schreiben einen Brief aus der Perspektive der Hauptfigur über Erfahrungen in anderen Kulturen.
3: Die SuS bereiten einen Dialog aus der Perspektive zweier Figuren über das tägliche Leben in einer anderen Kultur vor.	3: Die SuS wählen ein Zitat aus und argumentieren, warum sie glauben, dass das Zitat eine kulturelle Perspektive gut repräsentiert.
4: Die SuS bereiten einen Dialog aus der Perspektive von zwei Personen über Kommunikation und Interaktion vor.	4: Die SuS führen ein Gespräch über Ähnlichkeiten und Unterschiede zwischen ihrem Leben und dem der Hauptfigur.
5: Die SuS führen in Zweiergruppen ein Gespräch über das Buch, in dem sie ihre Meinung äußern.	5: Die SuS bereiten eine Präsentation über Unterschiede und Gemeinsamkeiten zwischen bestimmten kulturellen Gewohnheiten vor.
6: Die SuS bereiten einen Dialog aus der Perspektive zweier Figuren über Umgangsformen und Interaktion vor.	6: Die SuS verfassen einen kreativen Text, in dem sie einen Teil des Buches aus einer anderen Erzählperspektive neu schreiben.
7: Die SuS verfassen eine kurze Argumentation, warum das Buch ihrer Meinung nach zu einer literarischen Strömung oder Tendenz passt oder nicht.	7: Die SuS verfassen einen Zeitungsartikel über eine Figur und ein wichtiges Ereignis im Buch.
8: Die SuS verfassen einen Brief aus der Perspektive der Hauptfigur über das tägliche Leben in der anderen Kultur.	8: Die SuS verfassen einen Dialog aus der Perspektive zweier Figuren über das Alltagsleben in einer anderen Kultur.
9: Die SuS bereiten als Abschlussaufgabe eine Pecha-Kucha-Präsentation über das Buch vor.	9: Die SuS verfassen einen kurzen Aufsatz, in dem sie das Thema des Buches auf ihr eigenes Leben beziehen.
10: Die SuS führen paarweise eine Pecha-Kucha-Präsentation durch, in der die folgenden acht Punkte kurz besprochen werden: Umschlag, Handlung, Figuren, Zeit und Raum, Thema und Motive, Erzählsituation und Perspektive, Struktur und eigene Meinung.	10: Die SuS erstellen schließlich eine Rezension, in der sie die wichtigsten Ereignisse beschreiben, die Themen auf ihr eigenes Leben beziehen, argumentieren, zu welchen kulturellen Erkenntnissen das Buch geführt hat, und ein begründetes Werturteil abgeben.

4.5 Vermittlung: Möglichkeiten für den interkulturellen Unterricht

In diesem Kapitel werden die verschiedenen Unterrichtsformen besprochen, die beim Arbeiten an Interkulturalität eingesetzt werden können. Anschließend werden Ländervergleiche, Referenzialität, ein Stufenplan für die interkulturelle Analyse, Beispiele für geeignete Diskussionsformen und ein Beispiel für ein interkulturelles Projekt präsentiert. Auch die Verarbeitung interkultureller Ziele mithilfe von Filmen wird anhand eines Beispiels berücksichtigt.

4.5.1 Produktiver Ländervergleich

Hofstedes Ansatz für einen Ländervergleich (s. Kap. 4.3.2) eignet sich für den Sprachenunterricht trotz oder gerade wegen der Kritik, das Modell führe zur Stereotypisierung. Der Ansatz bietet der Lehrkraft nicht nur Material, sondern auch konkreten Unterrichtsstoff (als Aufwärmübung oder als Hauptziel im Unterricht). Die SuS können Beispiele und Erklärungen für die Frage präsentieren, ob sie die Charakterisierungen eines bestimmten Landes aufgrund ihrer Kenntnisse über die Kultur und das Land erkennen. Der Ländervergleich kann als Impuls dienen, zu entdecken, dass es große regionale Unterschiede geben kann. Nachdem die SuS den Text gelesen haben, können sie einen Ländervergleich zwischen den Fächern Englisch/Französisch/Spanisch und Deutsch durchführen und erörtern. Ein interkultureller Ansatz zeichnet sich gerade durch die Konfrontation, den Vergleich und die Problematisierung aus. Fiktionale Texte eignen sich dafür bestens. Wenn in einem Roman ein deutscher Detektiv bspw. ordnungsliebend ist, ist es eine berechtigte Frage, ob das eine Stereotypisierung ist. Wie die japanische Gesellschaft in Frankreich und Deutschland gesehen wird, ist eine Frage, die sich Lesende von *Stupeur et Tremblements* (1999) von Amélie Nothomb stellen. Die Asterix-Reihe ist nicht nur unterhaltsam, sondern auch lehrreich. Die SuS können die Comics unter Berücksichtigung der interkulturellen Dimensionen in der Zielsprache lesen: über die Franzosen (*Astérix le Gaulois*), die Briten (*Astérix chez les Bretons*), die Schweizer (*Astérix chez les Helvètes*) und die Spanier (*Astérix en Hispanie*).

Wenn sprachübergreifend gearbeitet wird, sind Vergleiche besonders gut geeignet. In einem Projekt über den Ersten Weltkrieg können deutsche, englische und französische Perspektiven herangezogen werden, indem sich die SuS Filme aus den Sprachgebieten ansehen, z. B. *Im Westen nichts Neues, Merry Christmas, La chambre des officiers, La grande illusion, Un long dimanche de fiançailles.*

4.5.2 Referenzialität: von Comics bis zum Kabarett

Verweise in Texten und Filmen können schnell übersehen werden. Die SuS sollten dazu motiviert werden, die kulturellen Hintergrundinformationen von Text- und Filmhandlungen zu analysieren, Elemente des kollektiven Gedächtnisses (Denkmäler, Orte, Gegenstände usw.) zu deuten und symbolische Verweise zu erkennen.

Die Asterix-Comics sind für ihre popkulturellen Verweise bekannt. Wer *Astérix chez les Bretons* (1966, Asterix *bei den Briten*) liest, wird in Englands bekanntesten Barden *The Beatles* erkennen. In *Obélix et Compagnie* (1976, *Obelix GmbH & Co. KG*) treten Stan Laurel und Oliver Hardy auf, die bahnbrechenden Schauspieler aus dem Zeitalter des Stummfilms. Und in *Astérix en Hispanie* (1969, *Asterix in Spanien*) kommen tatsächlich die Figuren von Cervantes vor: der Ritter Don Quijote und sein Knappe Sancho Panza. Diese lustigen Anspielungen sollten berücksichtigt werden. Die Beziehungen, die hergestellt werden, erfordern interkulturelles Hintergrundwissen. Berühmtheiten fungieren als Aushängeschild einer bestimmten Kultur und erfordern eine Deutung. Wenn in *La galère d'Obélix* (1996, *Obelix auf Kreuzfahrt*) der Held Spartacus in der Gestalt des Schauspielers Kirk Douglas auftritt, dann hat das damit zu tun, dass er in dem berühmten Film *Spartacus* (1960, Regie: Stanley Kubrick) den Sklavenaufstand gegen die Römer anführte. In der heutigen Zeit ist dies für viele Lesende nicht mehr so einfach zu erkennen.

Allgemeine Vorteile von Graphic Novels wurden bereits im Kapitel 2.3.3 vorgestellt; dieses Genre findet man – oft in Kombination mit Film – in Bildungsplänen für das Fach Deutsch. Bildromane eignen sich bestens für die interkulturelle Bildung, da die Identitätsstereotypisierung anhand vieler Geschichten thematisiert werden kann (Bucher & Manning, 2004; Downey, 2009; Schwarz, 2002). Viele Graphic Novels sind für die interkulturelle Reflektion geeignet. So wird die Migrationsgeschichte, wie Caterina Sansone und Alessandro Tota sie in *Palacinche, Histoire d'une exilée* (2012) beschreiben, den SuS mit Sicherheit im Gedächtnis bleiben. *Chroniques Birmanes* (2007) und *Chroniques de Jérusalem* (2011) von Guy Delisle sind durch die visuelle Darstellung von Situationen in einem fremden Land sehr zugänglich. Birgit Weyhe hat in ihren Graphic Novels *Lebenslinien* (2020) und *Rude Girl* (2022) Identitätsfragen und Erfahrungen in der Fremde thematisiert und regt zur Auseinandersetzung mit den Themen an. Sehr ansprechend ist auch die autobiografische Geschichte eines Vietnamesen, der in einem Boot Australien erreicht. Der Text ist in dem digitalen Graphic Novel von Matt Huynh (mit Audio): Nam Le: *The Boat* (2007, www.sbs.com.au/theboat) enthalten.

Leichtere Kost, die sich für interkulturelle Lernziele eignet, bietet der musikalische Zeichentrickfilm *Chico y Rita* (2010), der im Jahr 1948 beginnt: Ein Musikerpaar reist von Havanna nach New York und Las Vegas. Reizvoll in der Schnitt-Darstellung ist, wie Katharina Greve pro Stockwerk eines Hochhauses eine punktuelle Momentaufnahme des Lebens seiner Bewohner*innen zeigt (https://das-hochhaus.de/).

Für interkulturelle Ziele eignen sich Texte und Bilder, die ein Normensystem (Beziehungen, Vorstellungen über Geschlechterrollen usw.) thematisieren. So etwas findet man in vielen traditionellen und aktuellen Liedern, deshalb sind sie auch bereits für die ersten Lernjahre geeignet. Satire, Parodie, das Groteske oder Fantasy sind bewährte literarische Genres, die Interkulturalität auf eine andere Art und Weise thematisieren. Kabarett bietet sich gerade auch wegen der Hörkompetenz an. Viele Kabarettisten stellen für Fremdsprachenlernende jedoch eine Herausforderung dar. Stand-Up-Comedians eignen sich nur dann, wenn das nötige Vorwissen, bspw. Kenntnisse über die politische Situation in einem Land, nicht zu speziell ist. Während der eine Kabarettist durch Wortwitze heraussticht, ist die absurde oder philosophische Analyse der gesellschaftlichen Lage das Fachgebiet eines anderen. Was Kabarettisten machen, erinnert manchmal stark an eine Form literarischer Essayistik: Behauptungen und Argumente werden in eine Geschichte mit vielen Motiven eingebettet.

Im Hinblick auf interkulturelle Ziele kann in der Oberstufe auch mit (Teilen von) Reden gearbeitet werden, die durch ihre Rhetorik bestechen. SuS, die *The Help* (2009) von Kathryn Stockett gelesen haben, können sich in die Bürgerrechte vertiefen (auch mit dem dreiteiligen Graphic Novel *March* (2013–2016) von John Lewis, Andrew Aydin und Nate Powell) und in eine Rede von Martin Luther King. Anschließend könnten die SuS eine Rede zu einem aktuellen Thema schreiben. Auf diese Weise kann man auf literarische Texte des Kanons hinarbeiten, wie die von William Shakespeare (Marcus

Antonius und Brutus in *Julius Caesar*, 3. Akt, 2. Szene, oder *Hamlet*, 2. Akt 2. Szene) oder Goethe (*Faust I*).

Beispiele für Reden

Winston Churchill: *Blood, toil, tears and sweat* (House of Commons, 13. Mai 1940)

Martin Luther King: *I have a dream* (Washington, 28. August 1963)

Helmut Schmidt: *Fernsehansprache zur RAF (Schleyer-Entführung)* (5. September 1977) und *SPD-Bundesparteitag* (4. Dezember 2011)

Fidel Castro: *Ansprache für die Generalversammlung der Vereinten Nationen* (12. Oktober 1979)

Valéry Giscard d'Estaing: *Rücktrittsansprache* (19. Mai 1981)

François Mitterrand: *Rede im Europäischen Parlament* (17. Januar 1995)

Tony Blair: *Retirement Speech* (Sedgefield, 10. Mai 2007)

Barack Obama: *Inaugural Address* (Washington, 20. Januar 2009)

4.5.3 Stufenplan für die interkulturelle Analyse

Die Beschäftigung mit interkulturellen Themen kann durch kreative Aufgaben stimuliert werden. Frei nach dem Beispiel *W ou le souvenir d'enfance* (1975) von Georges Perec, der Nachrichten aus seinem Geburtsjahr 1936 sammelte, können die SuS Nachrichten in einer Fremdsprache aus einem bestimmten Jahr suchen und so verändern, dass die Texte literarisch wirken. So können Kenntnisse, Einstellungen und Fertigkeiten miteinander kombiniert werden.

Ein einfacher Stufenplan für das Lesen literarischer Texten bietet das Modell „Critical Incidents" (Volkmann, 2015, S. 61). Der Fokus liegt dabei auf kleinen Konflikten oder kritischen Situationen in einem Text, denen eine tiefere Ursache zugrunde liegt. Ein Beispiel für einen solchen Konflikt wäre eine Person, die immer zu spät zur Arbeit kommt, weil sie sich mit der neuen Ausrichtung der Firma nicht wohlfühlt. Die Frage würde dann lauten, wieso die Person zu spät kommt und welche alternativen Lösungen es geben könnte.

geeignet für alle Sprachen, alle Niveaus

Stufenplan „Critical Incidents"

1 Zuerst muss herausgefunden werden, was der „Critical Incident" im Text ist. Die SuS beschreiben, was passiert ist. Was ist weshalb falsch gelaufen?

2 Die SuS können sich jetzt eine Erklärung ausdenken. Was hat die Person dazu bewegt, so zu handeln? Was sind ihre Motive? Wie hängen die Motive der verschiedenen Personen zusammen?

3 Abschließend sollen sich die SuS alternative Lösungen überlegen, unter Berücksichtigung der verschiedenen kulturellen Hintergründe der Figuren.

Durch eine gute thematische Textauswahl – von Kurzgeschichten bis hin zu Romanen – kann die interkulturelle Lektüre gefördert werden. Wenn in einem Text ein interkulturelles Problem im Vordergrund steht, können die Lesenden das nicht ignorieren. Die SuS müssen bei jedem Schritt gut begleitet werden und die Aspekte soziokultureller Kenntnisse in einem Text analysieren.

4.5.4 Beispiele für geeignete Diskussionsformen

Viele interkulturelle Schwerpunkte aus diesem Kapitel eignen sich für Diskussionen. Die SuS können dazu motiviert werden, sich im Rahmen eines Rollenspiels in die Welt eines gelesenen Textes hineinzuversetzen. Wenn sie sich in die Rolle von Figuren vertiefen, werden sie den Kontext besser verstehen können (Lazar, 1993, S. 69). Ergänzend sollten eine geeignete Diskussionsform und variierende Arbeitsaufträge eingesetzt werden. Kernpunkt ist vor allem die Argumentation: Die Positionsbestimmungen und die Verarbeitung von anderen Standpunkten sind für den Interpretationsprozess wesentlich. Wenn die SuS über Fragestellungen diskutieren, können dafür Meinungen aus der professionellen Literaturkritik, Aussagen von Kunstschaffenden, Standpunkte aus der Klasse oder selbst formulierte Standpunkte verwendet werden. Im Folgenden werden einige brauchbare Diskussionsformen (nach Flokstra, 2006) präsentiert, die auch für andere Lernziele genutzt werden können – bspw. im Bereich der Literaturgeschichte.

Dreiecks-Diskussion

Für die Dreiecks-Diskussion wird der Klasse eine These zu einem Text oder Film vorgelegt. Drei Ecken des Klassenraums sind mit Plakaten oder Flipcharts ausgestattet, auf denen in der Zielsprache folgende Bezeichnungen stehen: „einverstanden", „nicht einverstanden", „ich weiß es nicht". Die SuS müssen auf die These reagieren, indem sie sich in die Ecke stellen, die am besten zu ihrer Meinung passt. Die drei Gruppen diskutieren anschließend ihre Standpunkte. Die Argumente werden auf dem Plakat oder dem Flipchart notiert. Wenn SuS ihre Meinung ändern, dürfen sie die Gruppe wechseln. Die Klassendiskussion sollte von der Lehrkraft geleitet werden. Alternativ können auch zwei SuS die Diskussion leiten. Der Diskussionsprozess kann eine halbe oder eine ganze Schulstunde in Anspruch nehmen.

„Placemat"-Diskussion

Für diese Diskussion werden Vierergruppen gebildet. Jede Gruppe bekommt ein DIN A3-Blatt, auf dem sich in der Mitte ein Kreis und vier leere Textfelder befinden. In dem Kreis steht die Aufgabe. Die SuS können bspw. Assoziationen, verschiedene Perspektiven oder verschiedene Ursachen für ein Ereignis in der Geschichte nennen. Dabei sollte jedes Gruppenmitglied mit einem bunten Stift in das eigene Textfeld des Blattes schreiben. Am Ende haben alle SuS den anderen SuS die eigenen Antworten vorgestellt. Diese Aufgabe kann auch abgewandelt werden: Die Aufgabe wird mündlich durchgeführt, die SuS schreiben anschließend ihre Antworten in die jeweiligen Textfelder und schreiben dann nach dem Gruppengespräch eine gemeinsame Antwort in die Mitte. Es ist auch möglich, in den Kreis in der Mitte eine These zu schreiben, wonach die SuS ihre Standpunkte und Argumente formulieren, diese untereinander diskutieren und eine Gruppenantwort formulieren. Die Stärke der „Placemat"-Diskussion liegt darin, dass der Beitrag aller beteiligten SuS buchstäblich sichtbar wird.

Auch die Methode der „Diskussion mit leeren Stühlen", wie in Kapitel 2.6 beschrieben, eignet sich als Diskussionsform. Korrespondenzformen oder Videokonferenzen können auch genutzt werden, damit die SuS Gleichaltrige einer anderen Kultur kennenlernen können oder um gemeinsam arbeiten zu können. Der Austausch kann natürlich auch persönlich stattfinden, denn dadurch lernen die SuS Hintergründe und Bräuche noch besser kennen. Die interkulturelle Begegnung kann durch viele literarische Texte angekurbelt werden.

4.5.5 Projektbeispiel

Während eines Schuljahrs können die SuS innerhalb verschiedener interkultureller Themengebiete Bücher auswählen und lesen. Hieraus kann ein Projekt entwickelt werden. Einige Themen sind dermaßen grundlegend und umfangreich, dass sich die Projektarbeit nahezu aufdrängt. Ein didaktisches Konzept, bei dem die SuS auch zielgerichtet an ihrer Sprachkompetenz arbeiten können und strukturiert lernen, erzeugt Differenzierung und eine positive Lernatmosphäre. Die Methoden des gemeinsamen Lernens und des Task-based-Konzepts liegen auf der Hand, weil SuS dann zielgerichtet und autonom arbeiten, sich verantwortlich fühlen, voneinander und miteinander lernen und mithilfe eines Aufgabenzyklus bedeutungsvoll lernen (Willis, 1996).

Als Beispiel eines Projektes mit einem interkulturellen Thema verwenden wir eine Unterrichtsreihe im Fach Englisch über den Umgang mit den Anschlägen vom 11. September 2001. Die SuS wählen Themen aus, die einen Bezug zu 9/11 haben: kulturelle Veränderungen, Religion, Medien, Literatur, Kunst, Musik. Die SuS vertiefen sich in ein Thema, berichten in einem Portfolio darüber und halten abschließend Referate für SuS, die sich aus einer anderen Perspektive mit dem gleichen Thema beschäftigt haben. Sie können literarische Texte verschiedener Niveaus lesen, solange alle SuS über grundlegendes Wissen verfügen, wie in Tabelle 4.6 ausgeführt wird.

Tabelle 4.6: Englischsprachige Kurzgeschichten geordnet nach dem literarischen Stufenmodell von Witte und dem GeR (Barth, 2009, S. 107)

Literarisches Kompetenzniveau	sprachliches Niveau			
	A2/B1	B1	B2	C1
3	Roberta Allen: *The Sky Was So Blue*	Sam Lipsyte: *The Grief Technician*		

(Fortsetzung Tabelle 4.6)

Literarisches Kompetenzniveau	**sprachliches Niveau**			
	A2/B1	**B1**	**B2**	**C1**
4	Peter Carey: *Union Square* Jonathan Lethem: *Entry of Buildings*	Jocelyn Lieu: *Shopping (3:58 P. M. September 11)*	Masood Farivar: *Man of the PATH* Mary Morris: *The Night Marchers*	Carol Gilligan: *If I Forgot Thee*
5		Joshua Henkin: *Dog Walking*	James Gibbons: *The Death of a Painter*	Deborah Garrison: *I Saw You Walking* Joyce C. Oates: *The Mutants*

Abhängig von dem Thema, das die SuS wählen, können sie anschließend einen Roman auswählen (s. Tab. 4.7).

Tabelle 4.7: Englischsprachige Romane geordnet nach dem literarischen Stufenmodell von Witte und dem GeR (Barth, 2009, S. 99)

Literarisches Kompetenzniveau	**sprachliches Niveau**		
	B1	**B2**	**C1**
3	Firyal Alshalabi, Sam Drexler: *The Sky Changed Forever* (2003) Wilborn Hampton: *September 11, 2001: Attack on New York City* (2007)	Joshua Matthew Moorhead: *Baker's Dozen: In 13 Days, Justin Baker and the World Will Change* (2005)	Pat Forde: *In Spirit* (2003)
4	Joyce Maynard: *The Usual Rules: A Novel* (2004) Annie Thoms: *With Their Eyes: September 11th – The View from a High School at Ground Zero* (2002)	Jonathan Safran Foer: *Extremely Loud and Incredibly Close* (2005) John Mill, Michael Stone and Chris Mitchell: *The Cell: Inside the 9/11 Plot, and Why the FBI and CIA Failed to Stop It* (2002)	Frédéric Beigbeder: *Windows on the World* (2003) Ken Kalfus: *A Disorder Peculiar to the Country* (2007) Joseph O'Neill: *Netherland* (2008) John Updike: *Terrorist* (2006) Claire Messud: *The Emperor's Children* (2006)
5		Anne Nelson: *The Guys: A Play* (2002)	Don DeLillo: *Falling Man* (2007)

Selbstverständlich können bei einem Projekt auch andere Genres genutzt werden, z. B. Gedichte. Für das Thema 9/11 eignet sich bspw. *I saw you Empire State Building* von Edwin Torres.

4.5.6 Film und Gesellschaft

Für die interkulturelle Bildung eignet sich das Genre der Historienfilme besonders gut. Filme können als subjektive Informationsquellen verwendet werden und vermitteln den SuS ein Bild von historischen Ereignissen, aber nicht von der Wirklichkeit. Während die Zuschauer*innen in *La Reine Margot* (1994), verfilmt nach Alexandre Dumas, in die historische Wirklichkeit eintauchen und der Film gleichzeitig Fragen über die Parallelen mit der Gegenwart aufruft, wird z. B. im Film *Good Bye, Lenin!* (2003) absichtlich mit der historischen Wirklichkeit gespielt, um der Realität auf die Spur zu kommen – die Phasen vor und nach dem Mauerfall können gut miteinander verglichen werden. Der Film *Far from the Madding Crowd* (2015), verfilmt von Thomas Vinterberg nach einem Roman von Thomas Hardy (1874), über die Erlebnisse der unkonventionellen Bathsheba, die sich auf dem Land in der Region Dorset (England) von den Sitten der viktorianischen Ära zu lösen versucht, knüpft aus einem feministischen Blickwinkel an Zeitgenössisches an. Und auch wenn in der Komödie *Ay Carmela!* (1990) nur Facetten des Spanischen Bürgerkriegs beleuchtet werden, bietet der Film den SuS die Möglichkeit, die Hintergründe zu recherchieren. Verschiedene Filme über Menschenrechte wurden u. a. für die Fächer Erd- und Sozialkunde didaktisiert (https://moviesthatmatter.nl/en/education/film-at-school/#/), von denen einige in Tabelle 4.8 zusammengestellt sind. Bei der Behandlung dieser Filme kann die Menschenrechtserklärung in der Zielsprache verwendet werden.

Tabelle 4.8: Filmauswahl zum Thema Menschenrechte

Titel	Fach	Thema
Die Welle (2008, 107 Minuten)	Deutsch/DaF	Spielfilm über ein soziales Experiment an einer deutschen Schule: ein Lehrer sensibilisiert die Klasse für faschistische Praktiken.
Neukölln Unlimited (2010, 96 Minuten)	Deutsch/DaF	Dokumentarfilm über eine aus dem Libanon stammende Familie erfolgreicher Musiker und Breakdancer in Berlin, die von der Abschiebung bedroht ist.
Blood in the Mobile (2010, 82 Minuten)	Englisch	Dokumentarfilm über menschenunwürdige Praktiken im Ostkongo beim Abbau von Mineralien, die für Mobiltelefone benötigt werden.
Rabbit-Proof Fence (2002, 94 Minuten)	Englisch	Drei Aborigine-Mädchen, die gewaltsam aus ihrer Heimat verschleppt wurden, fliehen und begeben sich auf eine Reise von 1.500 Meilen.
No et Moi (2010, 105 Minuten)	Französisch	Drama über die Freundschaft zwischen einem Obdachlosen und einem begabten Mädchen.
Welcome (2009, 110 Minuten)	Französisch	Spielfilm über die Freundschaft zwischen einem irakischen Flüchtling und einem Schwimmlehrer.
La Carnada (2014, 13 Minuten)	Spanisch	Kurzfilm, in dem ein mexikanischer Junge versucht, Drogen zu schmuggeln, um seiner kranken Mutter helfen zu können.
La jaula de oro (2013, 102 Minuten)	Spanisch	Roadmovie über die gefährliche, illegale Tour von drei Jugendlichen von Guatemala über Mexiko nach Amerika.

Die folgende Diskussionsaufgabe kann gut in der Zielsprache durchgeführt werden.

geeignet für Englisch, ab B1

Diskussionsaufgabe zum Film *Blood in the Mobile*

Die Klasse wird in fünf Gruppen aufgeteilt. Jede Gruppe bekommt eine Rolle zugewiesen und muss diese verteidigen und erklären, dass sie am wenigsten Verantwortung für die Grausamkeiten in den Minen im Kongo trägt. Die Gruppen sollten zuerst untereinander diskutieren und sich Argumente überlegen. Die Diskussion wird durch einminütige Eröffnungsplädoyers der jeweiligen Gruppen eröffnet. Die Diskussion kann durch die Lehrkraft oder eine bzw. einen der SuS geleitet werden. Zusätzlich zu den fünf Gruppen kann es eine Jury geben, die darüber entscheidet, wer die Debatte gewinnt.

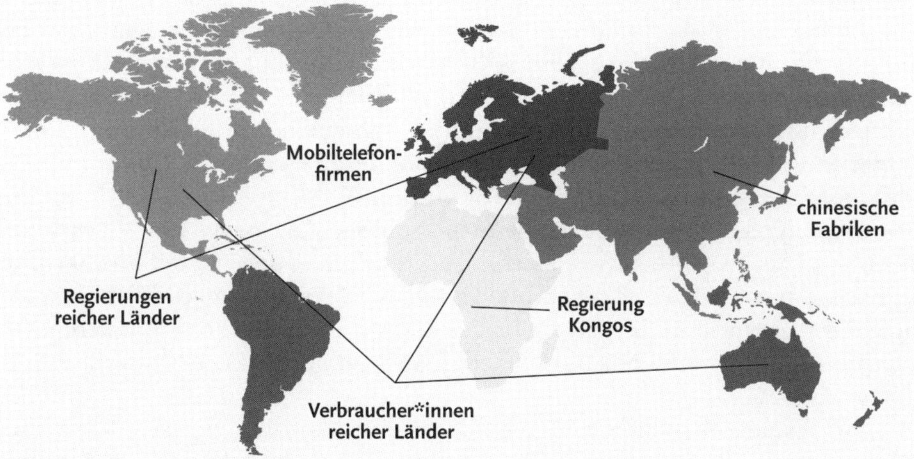

Abbildung 4.3: Visualisierung der Beteiligten an der Telefonie (www.moviesthatmatter.nl)

Das Thema des Films *Freedom Writers* (2007), in dem eine Lehrerin an einer multikulturellen Benachteiligtenschule agiert, kann mühelos mit weiteren Werken erweitert werden. Eine Kombination dieses Films mit dem Roman *To Kill a Mockingbird* (1960) über Rassentrennung von Harper Lee ist naheliegend. Auch die Verfilmung des Romans aus dem Jahr 1962 kann zusätzlich behandelt werden. Passend ist auch der Roman *The Help* (2009) von Kathryn Stockett, der von einer schwarzen Haushälterin bei einer weißen Familie in den 1960er-Jahren handelt und der 2011 erfolgreich verfilmt wurde. Indem ein Vergleich zu verschiedenen Aufständen der Gegenwart gezogen wird, wird den SuS das Thema nähergebracht.

4.6 Evaluation und Prüfung

Interkulturelle Lernziele können, wie inzwischen aufgezeigt wurde, in Wissen, Einstellungen, Fertigkeiten und kritisches Bewusstsein eingeteilt werden – und all das kann beurteilt und geprüft werden.

Deklaratives Wissen kann gut in geschlossenen Prüfungsformen geprüft werden. Zur Beurteilung der Einstellung in Bezug auf Kulturen der Zielsprache eignen sich geschlossene Fragen jedoch eher nicht. Es soll bei den SuS überprüft werden, mit welchen Einstellungen sie bestimmte Situationen bewerten. Dies kann über offene Fragen geschehen, aber es gibt auch andere Formen, bei denen die Teilkompetenzen eine konkrete Rolle spielen. Geeignet sind bspw. Aufgaben, bei denen die SuS Texte bearbeiten müssen, indem sie andere kulturelle Perspektiven einnehmen müssen, oder solche Aufgaben, bei denen die SuS neu geschriebene Szenen und Texte von anderen SuS individuell, in Gruppenarbeit oder im Klassenverband besprechen müssen. Wer eine Einheit abschließen und summarisch prüfen will, kann auch alternative Prüfungsformen wie ein Portfolio benutzen, das sich bestens für die Überprüfung interkultureller Kompetenzen eignet (Deardorff, 2011, S. 75).

Durch formative Evaluation, d. h. Prüfung während des Lernprozesses, kann die Entwicklung der SuS über Teilaufgaben, die zum Portfolio gehören, begleitet werden. Diese können ebenfalls beurteilt werden.

Einen nützlichen Maßstab zur Beurteilung bieten die Niveaus von Wittes Stufenmodell (s. Kap. 2.4.1). Ab Niveau 2 kann die Entwicklung der Figuren in einer Übersicht dargestellt werden und bestimmte Perspektiven können umgeschrieben werden (ggf. in der Zielsprache). Moralische Fragen können ab Niveau 3 benannt werden und interpretative Fragen (Mehrdeutigkeit usw.) sind mithilfe von Quellen ab dem 4. Niveau geeignet.

Durch aufgabenorientierte Formen („Task-based learning“, s. Kap. 4.5.5) können neben anderen Aspekten auch der Wissensfortschritt und das Handeln in Bezug auf Interkulturalität vorkommen und dementsprechend auch geprüft werden.

In dem Jugendroman *La Línea* (B1+) von Ann Jaramillo geht es um die Migration von Mexiko in die USA. Die Didaktisierung des Romans veranschaulicht das Prüfen von Fertigkeiten: Für alle Kapitel wurden Aufgaben erstellt, für die unterschiedliche Fertigkeiten eingesetzt werden müssen (Hofner & Ivan, 2014). Die SuS sollen bspw. eine Figur mithilfe von Passagen beschreiben, einen fiktiven Brief an den Vater des 15-jährigen Miguels schreiben, Migrationsrouten ansehen, Ereignisse zusammenfassen, Mitreisende charakterisieren, Figuren ethnischen Gruppen zuordnen, Argumente von Figuren einander gegenüberstellen, Regeln für die Durchquerung der Wüste nennen usw.

Alle diese Aufgaben können bei der Verwendung eines anderen Textes auch zur Prüfung verwendet werden. Der Fokus liegt dann auf dem interkulturellen Bewusstsein, den Einstellungen und auf den interpretativen und kommunikativen Fertigkeiten (s. Aufgabenbeispiele in Tab. 4.5).

In der Effektstudie von Schat (2022) sind die Texte von SuS aus sechs zehnten Klassen auf kritisches kulturelles Bewusstsein hin untersucht worden: Die SuS hatten schriftlich auf Spanisch ihre Sichtweise auf spanischsprachige Texte verfasst. Die Ziele „kritische Argumentation" und „kritische Bewertung" wurden in fünf Kriterien unterteilt und die Ergebnisse der SuS wurden in drei Bewertungsstufen (schwach, mittel und gut) klassifiziert. Daraus ergab sich ein Bewertungsraster (s. Tab. 4.9), das zur Bewertung von kritischem kulturellem Bewusstsein, das zu den Teilkompetenzen von interkultureller literarischer Kompetenz gehört (s. Tab. 4.1 und Abb. 4.2), eingesetzt werden kann:

Tabelle 4.9: Bewertungsraster bzw. Rubriken für kritisches kulturelles Bewusstsein in Texten von SuS über Literatur (Schat, 2022, 218 f.)

	schwache Note	**mittlere Note**	**gute Note**
A. Kritische Argumentation: Thema, Figuren, Erzählstil, Handlung und Schauplatz	Die SuS denken über einen literarischen Text durch eine Textanalyse nach, die einige der fünf Elemente enthält.	Die SuS denken über einen literarischen Text durch eine Textanalyse nach, die alle fünf Elemente enthält.	Die SuS denken über einen literarischen Text durch eine Textanalyse nach, die alle fünf Elemente mit einem Fokus auf Subjekterfahrung enthält.
1. soziale Gerechtigkeit	Die SuS beschreiben nur das Thema und die Figuren, die in der Geschichte vorkommen.	Die SuS erklären das Thema und die Charaktere und stellen einen Bezug zu Fragen der sozialen Gerechtigkeit in der Welt her.	Die SuS analysieren Thema und Figuren durch die Gegenüberstellung verschiedener Diskurse zu Fragen der sozialen Gerechtigkeit.
2. Gefühle	Die SuS beschreiben die Rollen der Figuren in der Geschichte und erwähnen manchmal den Erzählstil.	Die SuS beschreiben, wie sie die Emotionen der Figuren nachvollziehen konnten, und erklären die Wirkung des Erzählstils.	Die SuS problematisieren Figuren mit dem Fokus auf Emotionen, erklären den Erzählstil in Bezug auf Affekte und sprechen auch ihr persönliches Engagement an.
3. Konflikt	Die SuS beschreiben den Schauplatz oberflächlich und die Handlung als Aufzählung von Ereignissen.	Die SuS beschreiben den Schauplatz und die Handlung unter dem Aspekt des Konflikts.	Die SuS erläutern Schauplatz und Handlung unter Berücksichtigung konflikthafter Dimensionen und analysieren konstruktiv den kulturellen Konflikt.
B. Kritische Bewertung: literarische Darstellung, kognitiver Gewinn und persönliche Reaktion	Die SuS bewerten den literarischen Text im Hinblick darauf, was sie aus ihm gelernt haben und wie er ihnen gefallen hat.	Die SuS bewerten den literarischen Text im Hinblick darauf, was sie aus ihm gelernt haben, wie er ihnen gefallen hat und was er ihnen gezeigt hat.	Die SuS bewerten den literarischen Text im Hinblick darauf, was sie aus ihm gelernt haben, wie er ihnen gefallen hat und was er ihnen gezeigt hat, und sie gehen auch darauf ein, wie er für andere Lesende von Nutzen sein kann.

(Fortsetzung Tabelle 4.9)

	schwache Note	mittlere Note	gute Note
4. kulturelle Darstellung	Die SuS lassen meist außer Acht, dass der literarische Text eine bloße Darstellung der Kultur ist.	Die SuS beachten die Tatsache, dass ein Text eine Darstellung der Kultur ist, stellen aber die kulturellen Darstellungen im Text nicht infrage.	Die SuS hinterfragen und untersuchen kulturelle Repräsentationen im literarischen Text, wobei sie oft explizit auf stereotype Bilder eingehen.
5. Transformation	Die SuS benutzen handlungsorientierte oder hedonistische Gründe.	Die SuS benutzen eudaimonische Argumente und erklären, wie der Text zu einer besseren Einsicht in fiktive andere Menschen und in die Welt als Ganzes geführt hat.	Die SuS benutzen eudaimonische Argumentation und erklären, wie der Text zu mehr Einsicht in fiktive andere Personen, aber auch zu Einsichten in sich selbst geführt hat.

Zum Abschluss einer Unterrichtseinheit oder -reihe eignet sich auch eine spielerische Form als (diagnostischer) Test, z. B. ein „Speeddate" oder ein „Do-it-yourself-Quiz". Diese Formen eignen sich auch für andere Lernziele.

geeignet für alle Sprachen, alle Niveaus

Speeddate

Vor dem „Speeddate" bereiten sich die SuS auf einen bestimmten Text oder Film vor. Zwei SuS sitzen sich gegenüber und bekommen kurze Aufgaben zum Text oder Film – z. B. über die Handlung oder eine Figur. Die Aufgaben wurden von der Lehrkraft oder von den SuS erstellt, der Schwierigkeitsgrad kann angepasst werden. Für jeden neuen Auftrag rutschen die SuS in entgegengesetzte Richtungen einen Platz weiter, sodass sie bei jeder Aufgabe jemand anderem gegenübersitzen. Für jede Aufgabe gibt es ein Zeitlimit, ein Start- und ein Schlusssignal. Eine mögliche Aufgabe wäre bspw. ein Wissenstest oder eine Standpunktbestimmung bei einer Interpretation. Alle SuS haben eigene Beurteilungsbögen, die sie immer ihren neuen Partner*innen geben, die die Bögen für ihr „Date" ausfüllen. Der Bogen wird dann wieder mitgenommen zur nächsten Begegnung bzw. Runde. Für diese Aufgabe werden klare Beurteilungskriterien benötigt (ungenügend, mäßig, gut oder genauer an ein Niveaumodell angepasst). Es ist aber auch möglich, die Aufgaben lediglich abzuhaken, wenn sie gemacht wurden.

Do-it-yourself-Quiz

Mit dem „Do-it-yourself-Quiz" werden die SuS motiviert und ihr Wissen wird überprüft. Vierer- oder Fünfergruppen benötigen ungefähr eine Unterrichtsstunde für das Quiz. Es sollten so viele Themen formuliert werden, wie es Gruppen gibt. Jede Gruppe denkt sich für ein bestimmtes Thema Fragen und Antworten aus (etwas über eine Geschichte, einen Roman, eine Serie, einen Film usw.). Die Lehrkraft kontrolliert und korrigiert die Fragen. Dann werden die Fragen an die Gruppen verteilt. Die Gruppenmitglieder müssen abwechselnd innerhalb einer bestimmten Zeit Fragen beantworten. Die Antworten werden abgegeben und überprüft. Neben der individuellen Beurteilung gewinnt die Gruppe mit den meisten richtigen Antworten in der geringsten Zeit.

Die interkulturelle Kompetenz, die die SuS über den literarischen Input im Unterricht erwerben, kann auch für internationale Kontakte eingesetzt werden. Wenn ein (virtueller) Schulausflug ins Ausland oder ein Austausch mit Texten, die bereits besprochen wurden, verknüpft wird, wird die Internationalisierung vertieft, weil die SuS auf bestimmte kulturelle Themen vorbereitet wurden. Die SuS können außerdem Schauplätze aufsuchen und diese mit dem Text vergleichen, sie können mit Verwandten der Austausch-SuS darüber sprechen, wie sie das Land wahrnehmen, das im Roman beschrieben wird, oder mit den SuS der Austauschschule Interviews über gelesene Bücher führen.

4.7 Zur Reflexion

Die folgenden Aufgaben und Fragen können dabei helfen, dieses Kapitel zu verarbeiten:

- Nennen Sie Beispiele für die Entwicklung interkultureller Kenntnisse, Einstellungen und Fertigkeiten in Unterrichtseinheiten mit Literatur und Film.
- Erklären Sie einer anderen Person das Eisbergmodell in Bezug auf Interkulturalität.
- Welche Vor- und Nachteile bringen Stereotypen mit sich?
- Suchen Sie Texte für ein bestimmtes interkulturell relevantes Thema und ordnen Sie diese bestimmten Niveaus zu.
- Nennen Sie interkulturelle Themen für die Kategorien Identität, Raum, Zeit, Werte und Zusammenleben.
- Betrachten Sie Texte über Literatur von einigen SuS unter Benutzung der Rubriken für kritisches kulturelles Bewusstsein.

Kapitel 5
Filmdidaktische Ansätze

5.1 Einführung

Im Vergleich zur Literatur ist das Medium Film, das sich um 1893 etablierte, noch „jung". Im Sprachenunterricht bietet auch der Film Möglichkeiten, aktuelle Themen zu besprechen, ein Thema einzuführen, interkulturelle Vorfälle zu diskutieren usw. Aber was ist der Mehrwert im literarästhetischen Rahmen? Das Medium Film knüpft an die visuelle Kultur vieler SuS an und unterstützt das Konzept auch durch den Ton. Vorteile des Lesens von Büchern liegen u. a. in der Aktivierung der Imagination, der Verarbeitung in eigenem Tempo und in der Entwicklung der Lesefertigkeit. Filme bieten den Vorteil der Sichtbarkeit und Geschwindigkeit. Außerdem kann die ganze Klasse gleichzeitig und gemeinsam einen Film(ausschnitt) betrachten, was bei einem Text nur möglich ist, wenn er vorgelesen wird, der Film hat allerdings eine größere sensorische Wirkung.

Literatur und Film stehen nicht miteinander in Konkurrenz, auch wenn sie von jeher gegeneinander ausgespielt werden; Text- und Medienkompetenz sind komplementär. Auch Filme kommen nicht ohne narrative Strukturen aus, d. h., dass das Medium Film von Intermedialität geprägt ist. Mit dem Film kann daher auch die literarische Entwicklung der SuS gefördert werden: es kann auf Erzähltechniken aufmerksam gemacht werden, Identifikationsfragen können besprochen werden usw. Das geschulte Auge liest und sieht besser.

In diesem Kapitel werden die folgenden Fragen beantwortet:

- Wie verhält sich der Einsatz von Filmen im Unterricht zu den Zielen von Text- und Medienkompetenz?
- Welche Modelle gibt es, um den Unterricht mit Filmen lernwirksam zu gestalten?
- Welche Schwerpunkte gibt es für die Filmanalyse mit SuS?
- Welche Aufgabenformate gibt es für die SuS?
- Wie kann ich mit Literaturverfilmungen in einem pädagogischen Kontext umgehen?

Zu überlegen ist mithilfe von Tabelle 5.1 zunächst, wie Film im Unterricht zielbewusst eingesetzt wird. Unter Benutzung einer Fünferskala (nie bis sehr oft, 1 bis 5) und im Hinblick auf eine spezifische Klasse geht es um die Frage, welches Kompetenzgebiet wann, mit welchem Ziel und wie im Mittelpunkt steht.

Tabelle 5.1: Inventarisierung der Kompetenzgebiete im filmischen Bereich im Unterricht

Kompetenzgebiet	Sekundarstufe I	Sekundarstufe II
Sprachliches Handeln (produktiv, rezeptiv)	1–2–3–4–5	1–2–3–4–5
Filmanalyse (erzählanalytische und technische Aspekte)	1–2–3–4–5	1–2–3–4–5
Filmkontextualisierung (z. B. Produktionskontext, Interkulturelles, Literaturverfilmung)	1–2–3–4–5	1–2–3–4–5
Film gestalten (z. B. Filmmaterial bearbeiten)	1–2–3–4–5	1–2–3–4–5

Es lohnt sich, diese filmdidaktischen Reflektionen in der Fachschaft zu besprechen und dabei die Angaben aus Kapitel 5.4.2 zu benutzen. Wie optimale Resultate mit Filmen im Unterricht erzielt werden können, steht in den anderen Kapiteln im Zentrum.

5.2 Ziele eines filmdidaktischen Ansatzes

Den Bildungsplänen ist zu entnehmen, dass SuS „Sicherheit und Selbstständigkeit in der Nutzung, Rezeption und Reflexion von Medienformaten und Medienangeboten" gewinnen sollten (Bildungspläne Baden-Württemberg, 2016, Gymnasium, Deutsch, 3.3.1.3). Es geht darum, dass sie Medien kennen, nutzen, gestalten, verstehen und problematisieren – dafür gibt es einzelne Deskriptoren. Unter dem Ausdruck „Medien" werden auch Theaterstücke, Hörspiele und Literaturverfilmungen gefasst.

Film ist, wie Literatur, ein Sammelbegriff. Grob unterschieden wird zwischen Spiel-, Zeichentrick- und Dokumentarfilmen, TV-Serien, Werbespots, Trailern, Musikvideos, Live-Berichterstattung von wichtigen (nationalen) Ereignissen. Es gibt Mischformen und außerdem gibt es immer Extreme auf der Skala von sehr populär bis sehr ästhetisch oder experimentell. Manche Filme zielen auf ein breites Publikum und andere haben einen rein künstlerischen Anspruch. Und natürlich gibt es viele Subgenres (Thriller, Komödie, Western, Abenteuerfilm, Musical usw.). Neben der Kategorie der professionell gedrehten Filme gibt es auch Amateurfilme, die je nach Lernziel im Sprachenunterricht sehr hilfreich sein können.

Die Zugänglichkeit zum Medium Film im digitalen Zeitalter ist so groß, dass die SuS nicht nur privat, sondern auch in anderen Fächern bereits analytisch oder produktiv damit gearbeitet haben. Auch hier muss die Ausgangssituation geprüft werden: Was wissen die SuS und was beherrschen sie bereits?

Viele der Argumente, die für den Einsatz von Literatur im Sprachenunterricht sprechen (s. Kap. 1), scheinen mehr oder weniger auch auf den Einsatz von Filmen im Sprachenunterricht anwendbar zu sein. Filme eignen sich für die Arbeit an Wortschatz, Grammatik, Aussprache, Textverständnis sowie für die interkulturelle Bildung.

Auch wenn viel für den Einsatz von Filmen im Unterricht spricht, sind viele Auswirkungen von Filmen auf die genannten Kompetenzen von SuS noch nicht erforscht. Unbestritten ist die Wichtigkeit einer guten Lesefähigkeit, es ist jedoch noch nicht nachgewiesen worden, dass sich die Lesefertigkeit verbessert, je mehr Filme man sieht. Aus literaturdidaktischer Sicht besteht die Kunst darin, Filmisches so einzusetzen, dass die literarische Kompetenz unterstützt wird. Im vorigen Kapitel wurden bereits einige Beispiele für den Einsatz von Literatur und Film zur Vermittlung interkultureller Kompetenz dargestellt. Das Medium Film kann auch für sprachdidaktische Zwecke eingesetzt werden. In einem inhaltsorientierten, integrativen Ansatz (s. Kap. 1.4.4) bieten alle Arten von Belletristik Input für Sprachkompetenzaufgaben.

Wer Filme im Unterricht einsetzen will, muss sich in den meisten Fällen neben dem Bild auch mit Sprache und Ton auseinandersetzen. Dadurch kann der Film im Sprachenunterricht zur Entwicklung und Verbesserung folgender Kompetenzen und Fertigkeiten verwendet werden:

a) interkulturelle Kompetenz
b) erzählanalytische Kompetenz
c) filmästhetische Analysekompetenz
d) medienkritische Kompetenz
e) Seh- und Hörfertigkeit
f) Lesefertigkeit
g) Sprech- und Schreibfertigkeit

In Kapitel 5.3.1 werden diese Kompetenzen erläutert und in Kapitel 5.4.2 kehren sie in einem Niveaumodell mit Kompetenzbeschreibungen zurück.

5.3 Lerninhalte: Bausteine für einen Lernweg Film

In diesem Kapitel werden wir anhand von sieben Kompetenzen erörtern, wie Filme mit Unterrichtszielen verknüpft werden können. Anschließend werden wir uns die Arbeit mit bekannten und weniger bekannten Formaten ansehen ebenso wie einige filmanalytische Begriffe.

5.3.1 Auswahl

Zwar ist das Angebot überwältigend, aber nicht jeder Film ist für didaktische Zwecke geeignet. Gerade in der Unterstufe ist akustische Verständlichkeit wichtig. Jugendfilme können mitreißend sein, allzu scharfsinnige Dialoge und Jugendsprache können allerdings die Verständlichkeit erschweren. Auch der Einsatz eines Jugendfilms sollte lernzielorientiert erfolgen und sich an den zuvor genannten Kompetenzen orientieren (s. Kap. 5.2).

a) Interkulturelle Kompetenz

Auch Filme bieten Möglichkeiten, um interkulturelle Kompetenz zu entwickeln. Bild und Ton liefern wichtige Ansatzpunkte für die Diskussion. Trotz der Globalisierung haben Filme oft spezifische kulturelle Merkmale. Bei der Auswahl eines Films geht es darum, den spezifischen Kontext zu verstehen, in dem der Film gedreht wurde. Alle möglichen Kriterien beeinflussen die Produktion eines Films: Der Film kann aufgrund politischer, ästhetischer, historischer, pädagogischer oder produktionstechnischer Kriterien seine endgültige Form angenommen haben. Lehrkräfte, die einen Film in einer Schulklasse einsetzen wollen, werden in den meisten Fällen das Verhältnis ihrer SuS zur anderen Kultur als Ausgangspunkt nehmen. Es sind aber auch subtilere Ansätze möglich. So kann bspw. der Soundtrack bzw. die Musikauswahl in einem Film so auffällig sein, dass die Aufmerksamkeit auf die (fehlenden) Unterschiede zwischen der eigenen und der fremdsprachigen Kultur gerichtet wird. Die Verflechtung der Kulturen ist so groß, dass bestimmte Unterschiede verschwinden. Gerade wenn Unterschiede eine Rolle spielen und mit Stereotypen gespielt wird, werden Reaktionen provoziert. Ein Beispiel dafür ist die deutsche Comedyserie *Türkisch für Anfänger* (2006–2008, 3 Teile) über eine deutsch-türkische Patchworkfamilie. Die Serie spielt mit Klischees und Vorurteilen und hatte internationalen Erfolg. Später wurde sogar eine Kinoversion veröffentlicht.

b) Erzählanalytische Kompetenz

Anhand von Filmen kann die Fähigkeit zur Analyse von Handlungsabläufen (Handlung, Spannungsverlauf, Zeit und Ort, Perspektive) geübt werden. Dies kann auch als Übergang zur Beschäftigung mit literarischen Texten genutzt werden. Wie beginnt der Film? Wie geschlossen oder offen ist das Ende? In Kapitel 7 werden einige Vorteile der Arbeit mit Filmen im Dienste des literarischen Begriffsapparats diskutiert.

c) Filmästhetische Analysekompetenz

Lehrkräfte, die die Aufmerksamkeit der SuS auf bestimmte Elemente der Filmsprache lenken, vermitteln eine filmästhetische Betrachtungsweise. Zu erwähnen sind die Mise en Scène (Inszenierung) (s. Kap. 5.3.4), Belichtung, Länge der Aufnahmen, Kameraeinstellung, (grafische, rhythmische, räumliche oder zeitliche) Beziehungen zwischen Bildern, Leerstellen, Ton und Musik (die eine bestätigende oder widersprüchliche Funktion haben kann).

d) Medienkritische Kompetenz

In einem gesellschaftlichen Ansatz ist es auch angebracht, den SuS eine medienkritische Haltung zu vermitteln. Dies kann auf verschiedene Weise geschehen: durch die Betrachtung der Idealisierung eines Freundeskreises in einer Komödie, der traditionellen Rollenaufteilung zwischen Männern und Frauen, der Stereotypisierung verschiedener Identitäten/Beziehungen/Berufe usw. SuS, die sich einen Film oder eine Serie ansehen, sind sich der Manipulation, die stattfindet, manchmal weniger bewusst, als man denkt. Zeichentrickserien wie *Die Simpsons* oder *Family Guy* spielen oft mit politisch (un-)korrektem Denken. Die Analyse solcher Darstellungen kann zu einer medienkritischen Haltung beitragen.

e) Seh- und Hörfähigkeiten

Die SuS können rezeptive Fähigkeiten entwickeln, wenn sie Filme und Serien mit hohem Dialoganteil sehen, was bei der Auswahl des Materials zu beachten ist. Zur Auswahl stehen Originalversionen in der Zielsprache, aber natürlich auch untertitelte Fassungen. In den Mediatheken der Fernsehsender werden oft ganze Filme oder Serien kostenlos zur Verfügung gestellt. Es stellt sich die Frage, ob Untertitel in der Mutter- oder Fremdsprache bei der Ausprägung der Seh- und Hörfähigkeit eine Rolle spielen. Für das Entwickeln der rezeptiven Fähigkeiten eignen sich auch triviale Genres, gerade weil eine gewisse Vorhersehbarkeit der Handlung den Zuschauenden erlaubt, den Dialogen mehr Aufmerksamkeit zu schenken. SuS, die z. B. ein Musical sehen, werden viele Lieder hören, in die sie eintauchen müssen. Eine Spanischlehrkraft, die die Filme von *Peppa Pig Español* auf YouTube nutzt, wird damit das Hörverständnis der SuS trainieren und kommunikative Situationen hervorheben wollen. Sehr nützlich sind auch Telenovelas, wie z. B. *Jojo sucht das Glück* (B1/B2) über eine Brasilianerin und ihren Freundeskreis in Köln.

f) Lesefertigkeit

Auffällig in dieser Liste ist die Lesekompetenz, die aber bereits geübt wird, wenn man sich mit einem Drehbuch, einer literarischen Quelle (z. B. von einer Filmadaption), Rezensionen, Interviews, aber auch mit Untertiteln (in der Zielsprache) beschäftigt. Dialogreich sind sog. Sitcoms (Situationskomödien), z. B. *Frasier, How I Met Your Mother, Coupling, The Office, Scrubs, M*A*S*H, Hannah Montana, The Big Bang Theory* oder *Berlin, Berlin.* Die vollständigen Dialoge einiger Sitcoms stehen online.

g) Sprech- und Schreibfertigkeit

Viele Aufgaben, die die Sprech- und Schreibfähigkeiten fördern, sind analytischer oder meinungsbildender Natur. SuS sollen bspw. eine Figur aus einer Sitcom charakterisieren, einen Dialog vorwegnehmen oder bearbeiten (bspw. indem sie eine unerwartete Wendung einbauen sollen), in einem Brief an einen Regisseur erläutern, warum der Film abgelehnt wird usw. Eine Fernsehserie wie *Fais pas ci, fais pas ça* (2007) über verzweifelte Eltern und ihre Familien erfordert von den SuS gutes Französisch, aber mit Untertiteln können sie sich auf Sprech- und Schreibfertigkeit konzentrieren.

5.3.2 Bekannte Formate

Adaptionen bekannter Geschichten oder Erzählmuster (z. B. Mythen und Märchen) sind leichter zugänglich, weil die bekannte Fassung bei der Rezeption Orientierung bietet. Der Film *La Belle et la Bête* (2014) von Christophe Gans wird zugänglicher sein, wenn das ursprüngliche Märchen bereits bekannt ist. Manchmal wird auch ein Fernsehformat, eine Serie oder ein Film in eine andere Kultur übertragen.

5.3.3 Andere Filmgenres

Je nach Lernziel sind viele Filmgenres für den Einsatz im Unterricht geeignet. Kapitel 5.5.6 befasst sich mit Literaturverfilmungen. Hier sollen zwei Genres beleuchtet werden, die Gedichtverfilmung und der Dokumentarfilm.

Gedichtverfilmung

Eine relativ unbekannte Unterkategorie der Literaturverfilmung ist die Gedichtverfilmung (vgl. http://movingpoems.com). Beispiele für Verfilmungen von Gedichten sind *La Lenta Máquina del Desamor* von Julio Cortázar oder *As Is* von Jim Murdoch. Die Mehrdeutigkeit der Sprache wird hierbei auf viele Arten genutzt. In dem Poetry Clip *Du baust einen Tisch* tritt sogar die Dichterin Nora Gomringer selbst auf (vgl. Goer, 2022).

Dokumentarfilme

Die SuS werden außerhalb der Schule häufig an Doku-Dramen, Doku-Soaps und Dokumentarfilme (informative, faktenbasierte Filme) herangeführt, z. B. auch über die sozialen Medien. Die Frage, was wirklich passiert ist, spielt in diesem Genre in unterschiedlichem Maße eine Rolle. Für den Sprachenunterricht sind viele Dokumentarfilme anregend, weil sie eine klare Botschaft haben und ein soziokulturelles Angebot machen. Die GeR-Liste der soziokulturellen Kompetenzen kann eine gute Basis für die Filmauswahl sein. Darüber hinaus bieten die Kompetenzen in Kapitel 5.4.2 Orientierung. Es ist ratsam, eigene Listen mit geeignetem Filmmaterial zu führen, die sich leicht durch die Recherche auf Websites von Sendern (Arte, BBC usw.) und auch in Zeitungen erstellen lassen. Als Anreiz folgen in Tabelle 5.2 Beispiele für einige Fächer:

Tabelle 5.2: Beispiele für Dokumentarfilme

Deutsch	*Vergiss mein nicht* (2012) – Thema: Demenz
Englisch	*The Corporation* (2003, www.thecorporation.com) – Thema: Kapitalismuskritik *The Other Man - F. W. de Klerk and the End of Apartheid* (2014) – Thema: wie Apartheids-Politik zum Ende kam
Französisch	*Paul dans sa vie* (2005) – Thema: der letzte richtige Bauer in einem industrialisierten Umfeld *Ce n'est qu'un début* (2010) – Thema: Philosophieunterricht im Vorschulalter
Spanisch	*El sol del membrillo* (1991) – Thema: der realistische Maler Antonio López García *La Pelota vasca* (2003) – Thema: der spanisch-baskische Konflikt (ETA-Attentate)

5.3.4 Filmanalyse zur Unterstützung literarischer Kompetenz

Einige filmanalytische Kenntnisse sind erforderlich, wenn man Filme zur Förderung von literarischer Kompetenz einsetzen will. Dabei kann man sich an gängigen Einführungen orientieren, die sich auf Handlungsanalyse, Figurenanalyse, Analyse der Bauformen und die Analyse der Normen und Werte beziehen (Faulstich, 2013). Für weiterführende filmtheoretische Reflexionen sollte aber ein Wahlprogramm bzw. Leistungskurs eingerichtet werden, an dem die SuS freiwillig teilnehmen können. Im Bereich der Text- und Medienkompetenz bietet sich der Film für die folgenden analytischen Schwerpunkte an (vgl. Verstraten, 2009), die auch in der Literaturanalyse eine Rolle spielen. Lehrkräfte der Fächer Deutsch und Kunst (und möglicherweise auch Englisch) können vermutlich mehr Zeit dafür aufwenden. Diesbezüglich ist es ratsam, sich im Kollegium abzustimmen.

Analytische Schwerpunkte:

- Basisprinzipien von Narrativität
- Erzählablauf (Chronologie, Flashback, Subtext, Rückwendung, Vorausdeutung, Erzählzeit, erzählte Zeit, Ellipse, zeitdehnendes Erzählen, Pause)
- Raum (Ort als topologische Position, Raum als Erfahrung/Wahrnehmung, Setting)
- Figurendarstellung (Figurenbilder in Relation zueinander, Transformation, Ähnlichkeit/Kontrast)
- Fokalisierung (interne oder externe Fokalisierung, Nullfokalisierung)

Beim Film geht es in erster Linie um bewegte Bilder. Die Betrachterin bzw. der Betrachter muss die Welt so akzeptieren, wie der Film sie zeigt (das nennt man „Äquivalenz"), und doch ist die Rolle der Betrachterin bzw. des Betrachters groß: Sie bzw. er richtet das Augenmerk auf einzelne Aspekte, hat Assoziationen und interpretiert das Gesehene, sie bzw. er editiert sozusagen die eigene Beschreibung.

Verschiedene Facetten tragen zur Wirkung des Films bei, unabhängig vom Drehbuch. Mise en Scène und Filmtechnik bilden die erste Ebene der Erzählung, danach kommen Schnitt und Ton/Musik. Entsprechende Aufgabenstellungen in diesen Bereichen sind sinnvoll. Wir werden kurz auf die genannte Terminologie eingehen:

1. Mise en Scène
Zunächst sollten die SuS für die Darstellungsweise sensibilisiert werden. Relevante Themen sind: die Auswahl der Schauspieler*innen (Casting), der Schauspielstil (unterkühlt, übertrieben, intensiv), die Positionierung der Figuren (Wird viel über sie erzählt oder erfahren wir nach und nach ihre Geschichte?), die Kleidung (Ist diese stereotypisch für die Identität? Verändert sie sich?), die Attribute (Unterstützen sie die Handlung?), der Schauplatz/das Setting (Wie färbt es auf die Geschichte ab? Welche Klischees werden bedient?).

2. Filmtechnik
Die SuS müssen lernen sich zu fragen, wie etwas dargestellt wird, wie Belichtung und Lichtgestaltung, Komposition, Kamerabewegungen, Kameraperspektiven und Farben benutzt werden. Welche Bildausschnitte und welche Farben werden verwendet (schwarz-weiß, Farbsorte, Kombinationen)? Wie wird mit Tiefe und Schärfe und Überlagerungen (Bild über Bild) umgegangen? Gibt es Hintergrundprojektionen? Wie ist die Kameraführung (statisch, gleitend)? Wie werden Einstellungsgrößen und Kadrierung benutzt?

3. Schnitt
Durch die Schnittbearbeitung können sowohl zeitliche als auch räumliche Kontinuitäten durchbrochen werden. Wir können von der Gegenwart in die Vergangenheit und wieder zurück gehen. Die Cross-cutting-Technik ermöglicht es auch, die Gleichzeitigkeit von Aktivitäten an verschiedenen Handlungsschauplätzen darzustellen. Zudem kann der gleiche/andere Ort zu unterschiedlichen Zeitpunkten gezeigt werden. Dadurch wird das sog. Zeitkontinuum durchbrochen. In vielen Dialogen wird das Schuss-Gegenschuss-Prinzip angewendet: Dabei sehen wir zuerst eine Figur sprechen und dann die andere, wir schauen durch die Augen der Gesprächspartner*innen.

4. Musik
Musik unterstützt Aktionen und Charaktere. Sie kann innerhalb der Geschichte thematisiert (eine Figur spielt ein Instrument oder eine Figur hört Musik, die auch der Zuschauer hört), aber auch als Off-Screen-Musik hinzugefügt werden. Die Hauptfunktion von Musik ist die (De-)Regulierung von Emotionen. In einem konventionellen Film überrascht die Musik nicht und wirkt affirmativ: Z. B. erklingt in einer Liebesszene süße Musik, die die dargestellten Gefühle bestätigt. In einem künstlerischeren Film „stört“ die Musik: Besteht Disharmonie zwischen Bild und Ton, haben die Betrachtenden einen stärkeren Anreiz, über das, was sie sehen, nachzudenken.

5.4 Strukturierung der Lerninhalte: Fokus auf Film

In diesem Kapitel finden sich praktische Tipps für den effektiven Einsatz von Filmen im Unterricht. Am Ende des Kapitels werden wir kurz auf Kompetenzbeschreibungen im Zusammenhang mit dem Film eingehen: sprachliches Handeln, Analyse, Kontextualisierung und Gestaltung.

5.4.1 Film im Unterricht

Die Verwendung von Filmen kann in Unter-, Mittel-, und Oberstufe Probleme verursachen. Probleme und Lösungen sind in der folgenden Übersicht (s. Tab. 5.3) dargestellt:

Tabelle 5.3: Probleme und Lösungsansätze bei der Behandlung von Film im Unterricht (nach Thaler, 2010, S. 145)

Probleme	Lösungsansätze
Zeitkonflikt: Filmlänge überschreitet Unterrichtsstunde	• zeitsparende Präsentationstypen (s. Kap. 5.5.2) • selbstständige Arbeit (evt. Hausaufgabe)
Kommunikationskonflikt: Sprachniveau Film vs. Sprachniveau Lernende	• Abschied vom Alles-verstehen-Wollen • auf Lernniveau abgestimmte Filmauswahl • einfache Plots • viele Wort-Bild-Kongruenzen • langsame, deutliche Standard-Aussprache • Segmentverfahren (s. Kap. 5.5.2) • (mehrmalige) Wiederholungen • vorentlastende Aktivitäten
Rezeptionskonflikt: visueller vs. auditiver Kanal	• zielorientierter Einsatz der verschiedenen Kombinationsmöglichkeiten von Ton und Untertitel • Dosierung der Untertitel (sukzessive Zurücknahme) • Fokus auf Visuelles als Teil der soziokulturellen Bildung
Zielkonflikt: Lernwert vs. Unterhaltungswert	Balance zwischen Lernen und Lust • Gleichgewicht zwischen Sprach-/Kulturarbeit und Spannung • Beschränkung der Verwendung der Pause-Taste • Vermeidung zu häufiger Wiederholungen • dosierter Einsatz von Wortschatz- und Grammatikarbeit • Variation der Arbeitsformen

Die Frage nach der Verwendung von Untertiteln, bildet ein besonderes Problemfeld. Für manche Lehrkräfte stellt die Untertitelung eine Bedrohung für das authentische Erlebnis dar. Schwerwiegender sind womöglich die folgenden Nachteile bei der Verwendung von Originalfilmversionen mit Untertiteln:

- Die Untertitel geben nie den gesamten gesprochenen Text wieder. Oft verschwinden kulturspezifische Feinheiten oder Emotionen sind nicht sofort erkennbar.
- Zuschauer*innen, die die Untertitel lesen, schenken dem Visuellen weniger Aufmerksamkeit.

Ob und wie Untertitel verwendet werden, sollte sich an den Unterrichtszielen orientieren.

5.4.2 Kompetenzen als Orientierung

Für die SuS gibt es vier Kompetenzfelder, die die in den Kapiteln 5.2 und 5.3.1 genannten Kompetenzen vertiefen: filmbezogen sprachlich handeln, Film analysieren, Film kontextualisieren, Film gestalten (s. Tab. 5.4).

Tabelle 5.4: Kompetenzfelder: filmbezogen sprachlich handeln, Film analysieren, kontextualisieren, gestalten (Blell, Grünewald, Kepser & Surkamp, 2016, S. 43–51)

Kompetenzfeld: Filmbezogen sprachlich handeln
Teilbereich: Sprachrezeptiv handeln (Hör-, Lese- und Sehverstehen sowie Sprachreflexion)
Teilbereich: Sprachproduktiv handeln (sprechen, szenisch spielen, schreiben)
Teilbereich: Mehrsprachig handeln (rezeptiv und produktiv)
Kompetenzfeld: Filme analysieren
Teilbereich: Filmische Darstellungsverfahren erkennen, benennen und deuten
Teilbereich: Filmgenrewissen und filmtheoretisches Wissen anregen und nutzen
Teilbereich: Fiktionale Konstruiertheit von Film erkennen und deuten
Teilbereich: Filmrezeption erfassen und auswerten
Kompetenzfeld: Filme kontextualisieren
Teilbereich: Filme in der Mediengesellschaft reflektieren
Teilbereich: Intertextuelle und intermediale Bezüge erkennen und erörtern
Teilbereich: Filme als kulturelle Ausdrucksform verstehen und deuten
Teilbereich: Filme für das inter-/transkulturelle Lernen nutzen
Kompetenzfeld: Filme gestalten
Teilbereich: Filmische Prätexte erstellen und eine Filmproduktion planen
Teilbereich: Filme aufnehmen und dabei filmische Gestaltungsmittel (sprach-)bewusst verwenden
Teilbereich: Filmmaterial bearbeiten
Teilbereich: Filme präsentieren

Für die ausführliche Darstellung der Kompetenzfelder, die nach drei unterschiedlichen Kompetenzstufen geordnet sind, sei auf die Quelle verwiesen, da diese Verfeinerung eher einem Wahlprogramm bzw. Leistungskurs dient.

5.5 Vermittlung: Wege der filmdidaktischen Arbeit

In diesem Kapitel werden wir Möglichkeiten der filmdidaktischen Arbeit diskutieren. Wir besprechen die verschiedenen Arbeitsphasen mit Filmen im Unterricht und geben Beispiele für geeignete Aufgaben, Präsentationsformen und Praxiserfahrungen.

5.5.1 Phasenmodell und Behandlung

Bereits in frühen Lernstadien kann mit Einzelbildern gearbeitet werden. SuS können Bilder beschreiben, Vorlieben äußern und Handlungsstränge mithilfe von Bildern in die richtige Reihenfolge bringen. In der Interaktion zwischen (gesprochenem) Text und Bild geben das Setting und die Handlung eines Textes den SuS Orientierung. Dadurch kann der Schwerpunkt eher auf sprachlichen (Wie drücke ich das aus?) oder inhaltlichen Aspekten (Beispiele für Bräuche, Rituale, Stereotypen, Geschichte, Infrastruktur usw.) liegen.

Bei der Auswahl eines Filmes ist auf die verschiedenen didaktischen Kompetenzfelder (s. Tab. 5.4) zu achten. Es ist ratsam, sich Notizen zu den Szenen zu machen, die mit einem bestimmten Ziel besprochen werden sollen.

Unabhängig davon, mit welcher Art von Film gearbeitet werden soll, sind die folgenden Phasen (alle nacheinander oder nur teilweise) geeignet, um die Behandlung eines Films im Unterricht zu strukturieren (nach Abraham & Kepser, 2016, S. 219–221):

Phasenmodell für den Filmunterricht:

1. Hinführung, Antizipation, Reflexion der Erwartungshaltung
2. Begegnung: vollständige Erstrezeption mit/ohne Aufgaben (s. Kap. 4 und 5)
3. Sammlung von ersten Eindrücken
4. Sensibilisierung für die Makrostruktur (Handlungsverlauf, Erzählstruktur, Personenkonstellation)
5. Sensibilisierung für die Mikrostruktur: Analyse ausgewählter Einstellungen und Sequenzen (Mise en Scène, Dialogführung, Montageformen, Musik usw.)
6. Auseinandersetzung mit intertextuellen Bezügen (literarische Vorlagen, Referenzfilme, Genregeschichte, musikalische Zitate, Verweise in die bildende Kunst, Bezüge zu Videobeispielen)
7. Beschäftigung mit dem Produktionskontext (Drehbuch, Making-of, zeitgeschichtliche Dokumente usw.)
8. Beschäftigung mit dem Rezeptionskontext (Kritiken, Remake, Buch zum Film, Hörspielfassung usw.)
9. Nachbearbeitung (Eigenproduktion eines neuen Schlusses bzw. einer Fortsetzung, Sichtung verwandter Filme, Spielen einer Persiflage, Erstellung einer Lego-Parodie usw.)

Die *Vorbereitungsphase* (Phase 1) ist relevant und sollte nicht übersprungen werden, denn dadurch wird den SuS geholfen, ein Interesse für das Thema zu entwickeln. Man könnte mit dem Filmanfang beginnen: Was für einen Film können wir erwarten? Was sagt den SuS die Musik? Hier ist es notwendig, dass die SuS das nötige Vokabular (Musikarten, Instrumente, Atmosphäre usw.) beherrschen – es sollte also angeboten worden sein. Die Rezeption des Filmtrailers kann ebenfalls einen guten Einstieg bilden. Was sagt er über die Handlung, das Setting, die Charaktere aus? Welche Filmeffekte finden die SuS interessant oder überraschend? Wie wirkt die Musik? Auch Filmstills, Filmplakate, das Cover der DVD oder eine kurze Szene können in dieser ersten Phase verwendet werden. Indem sie darüber sprechen oder Aufgaben dazu bearbeiten, werden die SuS den Film besser vorbereitet sehen. Außerdem kann ein Gespräch über schriftliche Kommentare oder eine Rezension anregend sein.

Wenn die SuS in Phase 2 den Film *mit Aufträgen* sehen, ist es wichtig, ihnen Ziele und Vorgaben zu geben.

Die Besprechung des *ersten Eindrucks* in Phase 3 kann schriftlich oder mündlich erfolgen und fördert die Sprachkenntnisse. In dieser und anderen Phasen hilft es, wenn SuS notwendige Phrasen bereits gelernt haben, sodass sie darauf zugreifen können (z. B. „There is …", „In the scene I saw …", „The action is set at/in …", „The character's room suggests that …", „Her facial expression shows that …").

Abhängig von den Kompetenzen (s. Kap. 5.3.1 und 5.4.2), die gefördert werden sollen, gibt es viele Möglichkeiten, Aufgaben zum Film zu stellen. Es folgen Aufgabenbeispiele zur Sensibilisierung für die Makro- und die Mikrostruktur (Phase 4 und 5):

Aufgabe zur Makrostruktur (1)

Schalten Sie den Ton bei einer Szene aus, damit sich die SuS auf das Bild konzentrieren können. Die SuS sollen Hypothesen aufstellen über die Handlung, den Kontext, die Sprache, die Musik und die Geräusche. Dazu sollen sie sich Notizen machen und diese mit anderen SuS besprechen.

Schalten Sie bei einer zweiten Vorführung derselben Szene den Ton wieder aus. Die SuS sollen sich nun genauer auf Figuren und Zusammenhänge, Setting, Handlung, mögliche Geräusche und Filmmusik konzentrieren.

Für ein drittes Screening schalten Sie den Ton ein. Nun sollen die SuS die Ähnlichkeiten und Unterschiede zu ihren Vermutungen diskutieren.

Aufgabe zur Makrostruktur (2)

Pausieren Sie den Film während der Vorführung und halten eine Sprech- oder Denkblase neben eine Figur. Die SuS sollen diese ausfüllen. So animieren Sie die SuS dazu, über das Innenleben einer Figur nachzudenken.

Aufgabe zur Mikrostruktur

Geben Sie den SuS eine Tabelle mit verschiedenen Zitaten aus dem Film. Die SuS sollen sie während oder nach dem Film der jeweiligen Figur zuordnen.

Weitere Aufgabenformate sind in Kapitel 5.5.4 zu finden.

Hilfreiche Informationen können die SuS auf Internetseiten finden, die Zusammenfassungen und vor allem Vokabeln und Fragen zu Filmen anbieten (z. B. unter www.eslnotes.com [Englisch]).

5.5.2 Präsentationsformate

Der Einsatz von Filmen im schulischen Kontext ist kein Selbstläufer, er erfordert didaktische Vorüberlegungen. Zunächst muss entschieden werden, wie (Teile) des Films gezeigt und besprochen werden sollen. Zur Auswahl stehen die folgenden Varianten (nach Thaler, 2010, S. 144; s. Kap. 2.5.1):

geeignet für alle Sprachen, alle Niveaus

Block-Präsentation: Der gesamte Film wird im Ganzen ohne Unterbrechung vorgeführt, was einem natürlichen Sehmodus gleichkommt. Problematisch dabei sind die Konsumhaltung der SuS, ihr Mangel an Konzentration sowie die generelle Zeitknappheit.

Intervall-Präsentation: Der Film wird in einzelne Sequenzen unterteilt, wodurch er sukzessive in mehreren Unterrichtsstunden didaktisch aufbereitet gezielt gesehen werden kann. Ein Nachteil ist dabei, dass durch das unnatürliche Sehmuster die Spannung verloren geht und eine solche Fragmentierung viel Zeitaufwand erfordert.

Sandwich-Präsentation: Es werden nur ausgewählte Sequenzen gezeigt, die zum Lernziel passen. Die ausgelassenen Teile werden schriftlich oder mündlich vermittelt. Durch diese Zerstückelung können allerdings kontextuelle Verständnisprobleme auftreten.

Segment-Präsentation: Nur eine ausgewählte Szene oder Sequenz wird vorgeführt und bearbeitet, eventuell in Rückkopplung an Sachtexte, Literatur und Film oder als Einstieg in ein Thema. Diese Fokussierung spart Zeit und gibt viel didaktisch-methodische Flexibilitat. Es ist möglich, die Vorführung zu wiederholen und dadurch auch eine inhaltliche Vertiefung zu erreichen. Allerdings wird durch die Isolierung der Unterhaltungswert reduziert und gewisse Filmaspekte werden vernachlässigt.

5.5.3 Film und die Sinne

Eine bewährte Methode kann dabei helfen, SuS für die Sinneswahrnehmung von Filmen zu sensibilisieren: Die Lehrkraft präsentiert einen Filmausschnitt in zwei Teilen. Zuvor werden die SuS in zwei Gruppen eingeteilt. Während die eine Gruppe den ersten Filmausschnitt sieht, wendet sich die andere Gruppe vom Bildschirm ab und hört nur zu. Die SuS, die zuhören, dürfen keinen Blickkontakt mit denjenigen haben, die zuschauen. Alle SuS sollten sich so viele Notizen wie möglich dazu machen, was sie hören oder sehen. Die Zuhörenden sollten vor allem darauf achten, wie viele Figuren sie sprechen, hören, welche Art von Stimmen sie hören, was gesagt wird und welche Geräusche und Musik sie hören (Grieser-Kindel, Henseler & Möller, 2006, S. 180). Anschließend tauschen die SuS ihre unterschiedlichen Seh- und Hörerfahrungen miteinander aus: Zuerst formulieren die Zuhörenden ihre Erwartungen. Danach tauschen die SuS die Rollen und sehen bzw. hören sich den zweiten Teil des Fragments an. Abschließend wird der gesamte Filmausschnitt gezeigt und auch diese Erfahrung besprochen. Handelt es sich um eine Literaturverfilmung, dann können die SuS auch einen Auszug aus dem Text bekommen. Während sie die Verfilmung sehen, unterstreichen die SuS in den zuvor genannten visuellen oder auditiven Rollen die entsprechenden Stellen im Text und machen sich Notizen.

5.5.4 Aufgabenformate

Die filmanalytischen Teile (Mise en Scène, Filmtechnik, Schnitt und Musik, s. Kap. 5.3.4) können in einer großen Aufgabe kulminieren. Filme basieren in der Regel auf Drehbüchern. Mit den SuS kann dies umgekehrt werden: die SuS destillieren ein Drehbuch (aus einem Teil) eines Films. Dabei arbeiten sie in Gruppen, in denen die Aufgaben aufgeteilt werden: jemand erarbeitet die Handlung, andere erarbeiten die Kameraeinstellungen, Ton und Musik. Zur Bearbeitung der Filmmusik kann man die SuS ein Formular ausfüllen lassen:

Formular zur Filmmusik

The music in film [title] ...

I can hear the following instrument(s): ...

The type of music is ...

The music comes from ...

The song/s has/have ...

The singer/s has/have ...

The mood is/the lyrics are ...

Are there lyrics in the score?

Bei der Bearbeitung von Film und Literatur sind handlungs- und produktionsorientierte (also aktivierende und kreative) Aufträge (s. Kap. 3.6) durchaus möglich, damit hängen allerdings zwei Überlegungen zusammen. Viele dieser Aufgaben sind sehr zeitaufwendig. Sie können zwar positiv für die Motivation sein, aber es stellt sich die Frage, ob sie nicht zu viel Zeit in Anspruch nehmen. In einer weiteren Überlegung spielt das Schreibniveau eine Rolle: Im Bereich des kreativen Schreibens werden in den Fremdsprachen im Allgemeinen weniger gute Ergebnisse erzielt als im muttersprachlichen Unterricht. Die Lehrkraft muss daher ggf. bereit sein, eine gewisse Menge an Fehlern zu tolerieren und bestimmte Fehlertypen zu kommentieren, je nach den gesetzten Zielen. Oder sie muss in manchen Fällen bereit sein, die SuS eine Bearbeitungsaufgabe auf Deutsch machen zu lassen.

Einige Vorschläge für handlungs- und produktionsorientierte Aufgaben für die Arbeit mit Filmen fasst Tabelle 5.5 zusammen:

Tabelle 5.5: Handlungs- und produktionsorientierte Vorschläge für die Arbeit mit Filmen (nach Staiger, 2010, S. 100)

Vorbereitung einer Verfilmung
• Sammeln von Schlüsselwörtern • Schreiben eines Exposés • Verfassen eines Storyboards

(Fortsetzung Tabelle 5.5)

Schreibaufgaben • Verschriftlichung: einen Text zu einem Filmfragment schreiben • Rollenporträt einer Figur • Tagebuchtext einer Figur • Brief an eine Figur • Filmbesprechung
Spielaufgaben • Nachspielen von Szenen durch die SuS
Bild-Text-Zuordnungen • Filmstills zu Textzeilen zuordnen • Bildsequenzen (alles zwischen Skizzen und Videos) in Text transformieren (u. a. unter Berücksichtigung von Kameraperspektiven)
Bild-Ton-Experimente • Ton zum Bild hinzufügen (Dialoge, Geräusche, Musik) • Erstellen von Bildern zu einer Tonspur (mit eigenen Fotos oder Videoaufnahmen)
Literaturverfilmung erstellen • Verfassen von Exposé, Storyboard und Drehbuch für einen sehr kurzen literarischen Text und Umsetzung in einen Film (Gruppenarbeit)

Arbeitsform Spielaufgabe

Wie die in Tabelle 5.5 genannte „Spielaufgabe“ aussehen kann, schildert eine Lehrkraft für Spanisch (Chantal Janssen-Korssen, Heerbeeck College, Best/NL):

„Im 2. Lernjahr führen wir ein Filmprojekt Spanisch durch. Wir sehen den Film *Planta 4ª*, einen Film über krebskranke Jungen. Nach der Vorführung wird der Film in Szenen unterteilt und die SuS müssen in Gruppen den Kern einer Szene zeigen/nachspielen. Dann werden diese Szenen geschnitten und es entsteht eine neue Version des Films, jetzt nur noch zwanzig Minuten lang. Den Film führen wir dann später in der Woche vor, mit rotem Teppich und allem drumherum. Das Projekt kann mit Aufgaben zum Film oder einem Gespräch (z. B. im 3. Lernjahr) über den Film erweitert werden. Der Film enthält viel Jugendsprache, die auch Gegenstand sein kann.“

Auch die Erstellung eines Comics kann eine Aufgabe sein, wie dieselbe Lehrkraft erzählt:

„Wir haben zwar nur zwei Stunden pro Woche, aber wir nutzen regelmäßig eine Aktivitätswoche für Projekte. Im 1. Lernjahr sahen wir den Film *Valentín* von Alejandro Agresti, einen schönen, berührenden argentinischen Film, der auch interessant ist wegen der anderen Aussprache. Nachdem wir den Film gesehen haben (mit Untertiteln, weil die SuS gerade ein halbes Jahr Spanisch hatten), fertigen die SuS einen Comic über den Film mit einem Onlinetool an. Sie geben dann wirklich ihr Bestes.“

5.5.5 Kurzfilmdidaktik

In einer regulären Unterrichtsstunde können Kurzfilme (meist zwischen ca. 3 und 12 Minuten) problemlos eingesetzt werden. Kurzfilme sind angesichts ihrer Länge und des oft anregenden Inhalts ein attraktiver Filmtyp, den es in allen möglichen Spielarten gibt, man vergleiche z. B. *The Black Hole* und *The Plan*: In dem etwa zweieinhalbminütigen Film *The Black Hole* passiert im Büro etwas Magisch-Realistisches, als sich ein schwarzer Kreis auf einem Blatt Papier als Loch entpuppt, durch das man in andere Objekte hineingreifen kann. Die Geräusche machen den Film, in dem nicht gesprochen wird, eindringlich.

Im etwa viereinhalb Minuten langen Film *The Plan*, sehen wir einen Mann, der seine Stelle aufgibt, seine Freundin verlässt und nach Las Vegas fährt, um dort sein ganzes Geld zu verwetten. Er erzählt seine eigene Geschichte. Der Schwarz-Weiß-Film ist mit Musik unterlegt und schnell geschnitten.

Oft ist bei Kurzfilmen das Thema wichtiger als die Handlung, daher bieten sie einen großen Interpretationsspielraum. Zuschauer*innen werden zum Mitdenken angeregt, z. B. über eine mögliche Fortsetzung. Im Rahmen einer Unterrichtsstunde kann ein Kurzfilm didaktisch bequem eingesetzt werden: nach der gemeinsamen Erstrezeption können die SuS den Film anhand einer (oder mehrerer) Aufgabenstellung(en) erneut sehen, woran eine Diskussion anschließt, in der der Film nochmals gezeigt wird. Auf diese Weise wird ein Auge für Details geschaffen und die SuS üben den Umgang mit der Bildsprache.

Der animierte Kurzfilm unterscheidet sich vom regulären Kurzfilm („Live-Action-Kurzfilm") durch diverse Animationstechniken (z. B. mit Lego-Figuren, Computerzeichnungen, Knetfiguren, Puppen usw.). Aufgaben für Kurzfilme brauchen sich nicht von denen für Filme mit längerer Spieldauer zu unterscheiden.

Ein weiteres Beispiel eines didaktisch brauchbaren Kurzfilms ist *El Columpio* (1993) von Álvaro Fernández Armero. Der spanischsprachige Film (ca. 8:30 Minuten) zeigt die inneren Monologe zweier junger Menschen in einer U-Bahn-Station, die sich kennenlernen könnten. Es gibt ein Kontaktbedürfnis, das sie verwirklichen könnten, aber es kommt nicht zu einer Bekanntschaft. Die Unerreichbarkeit des jeweils anderen, ein altes romantisches Motiv, wird thematisiert. Das ist Stoff für ein Gespräch mit den SuS: Was könnten die beiden tun, um sich noch kennenzulernen?

Eine der führenden Websites für Kurzfilme ist www.shortoftheweek.com. Hier kann z. B. nach unterschiedlichen Ländern gefiltert werden. Kurzfilme in verschiedenen Sprachen sind auch unter www.shortfilm.de/en abrufbar, Material bietet z. B. die Seite www.futureshorts.com. Für Französischlehrkräfte ist www.leplaisirdapprendre.com sehr nützlich, weil z. B. unter „Dossiers sur les courts métrages" didaktische Unterstützung zu finden ist.

Wir enden mit Fragen zu dem Kurzfilm *Speed Dating*. Die im folgenden Kasten dargestellten Aktivitäten könnten in einem Unterrichtsplan detailliert ausgearbeitet werden. Die Vorbereitungsphase nimmt viel Zeit in Anspruch (Schritte 1–7), aber viele Lehrkräfte werden bestätigen, dass das Thema für SuS gut geeignet ist. Die vierte Aufgabe in Schritt 8 lautet, dass die SuS in der Lage sein sollen, die männlichen Figuren zu charakterisieren, die das Mädchen trifft. Das kann viel Stoff für Interpretationen liefern, ebenso wie der realistische Inhalt des Films.

Englisch, ab B1

Unterrichtsaktivitäten zum Film *Speed Dating*

1. Ask your students to think of different ways of meeting a romantic partner.
2. Get feedback from the whole class.
3. Ask your students to say which way of meeting a new partner is the best and why.
4. Pair students. Tell them that one student should describe their idea of a dream date while the other student describes their idea of a nightmare date.
5. Get feedback from the whole class on their dream and nightmare dates.
6. Tell your students they are going to watch a short film in which a young woman called Ava goes speed-dating. Elicit or explain that speed-dating is an organised event normally held in a bar in which single people seeking romantic relationships have a series of short conversations with potential partners in order to determine whether there is a mutual interest.
7. Put your students into small groups and ask them to discuss the following questions:
   - Have you or anyone you know been speed-dating?
   - Would you consider going speed-dating?
   - What are the advantages of speed-dating?
8. Dictate the following questions:
   - What does Ava decide to wear?
   - How does she feel when she arrives at the bar?
   - What are the three rules of speed-dating?
   - What is wrong with each of Ava's dates? Give as much detail as possible.
   - Is the ending happy?
9. Tell your students that as they watch the film they should try to answer the questions.
10. Show the film.

(Donaghy, 2015)

5.5.6 Literaturverfilmungen

Literaturverfilmungen gibt es aus allen Bereichen, von *Le Petit Prince* über *Moby-Dick* bis hin zu Romanen von Nobelpreisträgern. Sie können ab frühen Lernjahren eingesetzt werden. Wichtig ist, sich klarzumachen, dass der Film ein anderes Medium ist als die Literatur, was in Verfilmungen manchmal zu umstrittenen Entscheidungen bezüglich der Handlung oder der Atmosphäre führt. Auch bei Literaturverfilmungen sollte man über die Präsentationstypen nachdenken (Block-Präsentation, Intervall-Präsentation, Sandwich-Präsentation, Segment-Präsentation, s. Kap. 5.5.2).

Folgende Punkte sind beim Einsatz von Literaturverfilmungen im Unterricht zu beachten (nach Staiger, 2010, S. 97–99):

- Eine Buchverfilmung bietet besondere Vergleichsmöglichkeiten. Es werden Entscheidungen getroffen über die realistische Darstellung der Handlungsorte, Charaktere verschwinden oder werden hinzugefügt, das Zeitgefüge des Originals wird verändert usw.
- Eine Buchverfilmung versucht, eine Geschichte mit filmischen Mitteln innerhalb einer Filmtradition zu erzählen. Sie sollte also hauptsächlich als eine der möglichen Versionen betrachtet werden, wie man eine bestehende Geschichte darstellen kann.
- Ein Film wird von einem Kollektiv produziert (Drehbuchautor*in, Regisseur*in, Kameramänner und -frauen, Produktion, Beleuchtung, Schauspieler*innen, Filmkomponist*innen usw.). Selbst wenn die Autorin bzw. der Autor zum Film beiträgt, ist ihr bzw. sein Einfluss oft gering.

Im Folgenden werden einige kurze Beispiele für den Einsatz von Buchadaptionen im Unterricht genannt. Anschließend werden zwei Beispiele näher betrachtet, wobei der Schwerpunkt der Betrachtung auf deren Funktionalität liegt. Beim Einsatz einer Buchverfilmung stellt sich die Frage, ob es sinnvoller ist, den Film nach oder während der Lektüre des Textes zu schauen. Falls der Film dem Text etwas hinzufügt, geschieht dies dann aus einer linguistischen oder eher analytischen und ästhetischen Perspektive?

Bemerkenswert ist, dass der Autor des Romans *Entre les murs* (2006) selbst die Hauptrolle des Lehrers im gleichnamigen Film (2008) spielt. Da François Bégaudeau einen autobiografischen Roman über eine multiethnische Schulklasse geschrieben hat, hat die Entscheidung, ihn auch die Hauptrolle spielen zu lassen, einen verstärkenden dokumentarischen Effekt. Es kann sinnvoll sein, den Soziolekt zu untersuchen, der im französischen Klassenzimmer gesprochen wird. Den SuS kann die Aufgabe gestellt werden, eine Figur aus dem Roman mit ihrem Filmpendant zu vergleichen. Reden und handeln sie auf die gleiche Weise?

Viele Werke Shakespeares sind verfilmt worden (vgl. www.thefilmspace.org/shakespeare-on-film/). Ein Vergleich zwischen der Teenager-Komödie *Ten Things I Hate About You* (1999) und Shakespeares Originalwerk *The Taming of the Shrew* lohnt sich. Figuren und Handlung wurden in eine andere Zeit verlegt und es gibt Anspielungen auf andere Texte von Shakespeare (vgl. Eisenmann, 2015).

Der Wechsel zwischen dem Lesen des Textes und der Filmrezeption kann anregend sein. SuS lesen einen Teil eines englischsprachigen Textes und sehen dann die entsprechenden Szenen in der Filmversion, natürlich auch in der Fremdsprache und ggf. mit Untertiteln in der Fremdsprache. Anschließend kann erörtert werden, ob der Film geholfen hat, den gelesenen Teil zu verstehen. Danach kann die Rezeptionsreihenfolge variiert werden: Zuerst sehen die SuS Filmszenen, die zu einem anderen Teil des Textes gehören, und danach wird dieser Teil gelesen. Welches Vorgehen hilft den SuS besser, den Text zu verstehen? Wenn sie zuerst den Film sehen oder wenn sie zuerst den Text lesen? Welche Version gefällt ihnen besser? Bei einem recht umfangreichen Buch ist dies ein Verfahren, das zum Lesen des gesamten Textes anregen kann.

Wenn die SuS entdecken, dass die Verfilmung von *Extremely Loud & Incredibly Close* (2005) von 2012 weniger komplex ist als der Roman, werden sie vielleicht neugierig auf die Perspektivwechsel, die Passagen des Bombenangriffs auf Dresden, die verschiedenen Handlungsstränge usw. Und wenn sie umgekehrt von der Lektüre ausgehen, können sie entdecken, welche Romaninhalte in der Verfilmung ausgelassen oder variiert werden.

Es ist wichtig, den SuS konkrete Aufgaben zu geben. Olivier Adams Roman *Je vais bien, ne t'en fais pas* (1999) eignet sich aufgrund filmischer Entscheidungen gut zum Vergleich mit der Verfilmung (2006), aber auch Aufgaben zu Themen von (inter-)kultureller Bedeutung, wie Erziehung, die Conditio humana, Extremsituationen, Tod, Liebe und Freundschaft, sind angemessen. Ein Interview mit Regisseur Philippe Lioret und die dem Film beiliegende Pressemappe bieten sich für verschiedene Aufgaben an. Auf fortgeschrittenem Niveau könnte eine Passage aus *La Dramaturgie* (1994; *Writing Drama*, 2005) des Filmemachers Yves Lavandier verwendet werden, um die SuS dazu zu bringen, das Medium Film analytischer zu betrachten.

Verfilmung des Romans *Die Zwillinge*

1. Nach der Lektüre des Romans *Die Zwillinge* (1993) von Tessa de Loo schauen Sie sich die Verfilmung von 2002 an. Der Regisseur hat im Film einige Änderungen an den Handlungssträngen vorgenommen.
2. Was hat Ihnen besser gefallen, der Roman oder der Film? Erläutern Sie.
3. Einem Rezensenten zufolge wurde in der Verfilmung an der Zeitachse des Romans einiges geändert. Geben Sie zwei Beispiele dafür an.
4. Notieren Sie sich zwei Episoden aus Annas Leben, die im Film fehlen. Welche Informationen über Anna bekommen Zuschauende dadurch nicht? Wie bewerten Sie das?
5. Welche zwei anderen Unterschiede zwischen dem Film und dem Roman *Die Zwillinge* würden Sie in eine Rezension aufnehmen wollen? Erläutern Sie.

Die Fragen 3, 4 und 5 befassen sich ganz gezielt mit den Unterschieden zwischen Vorlage und Adaption. Die SuS sollen sich mit einer Quelle auseinandersetzen und sich genau wie der Kritiker auf die Unterschiede zur Adaption konzentrieren. Es ist sinnvoll, auch im eigenen Unterricht zusätzliche Materialien (Aussagen des Regisseurs, Rezensionen) einzusetzen, um die analytische Beschäftigung anzukurbeln.

Verfilmungen von Theaterstücken bieten ein zusätzliches Vergleichsmoment zwischen Film- und Bühneninszenierung. Sowohl gefilmtes Schauspiel als auch eine Verfilmung kann in Teilen oder vollständig im Sprachenunterricht eingesetzt werden.

The Merchant of Venice

In einer 10. Gymnasialklasse in Voorburg (NL) ist zu Beginn des Schuljahres *The Merchant of Venice* von William Shakespeare Gegenstand. Zunächst bearbeiten die SuS in Gruppen Hintergrundartikel zu dem Stück. Jede Gruppe hat ein Thema zugeteilt bekommen (Komödie, Tragödie, Lyrik, Biografie, Shakespeares Zeit), erstellt eine Zusammenfassung darüber und bereitet eine Gruppendiskussion vor. Dann formuliert jede Gruppe Fragen zum zugeteilten Thema, die die Klasse beantworten soll. Die SuS lesen dann das Stück und sehen danach die aufgezeichnete Vorführung des Stückes. Bei der Vorführung widmen sich die SuS einer Aufgabe, die sich auf eine Figur konzentriert: „Schauen Sie sich mit dem Rest der Klasse im Unterricht den Film *The Merchant of Venice* (2004) an und machen Sie sich Notizen zu einer Figur, die Sie ausgewählt haben." Die SuS erhalten außerdem folgende Anweisung: „Verfolgen Sie die Ereignisse aus der Perspektive der gewählten Figur und versuchen Sie sich in diese hineinzuversetzen." Es gibt auch Anweisungen für die Ausarbeitung: „Erstellen Sie eine schriftliche Charakteranalyse der Figur aus *The Merchant of Venice*, die Sie ausgewählt haben, und beziehen Sie sich auch auf den Text. Diese schriftliche Analyse besprechen Sie während der Stunde mit anderen, die dieselbe Figur gewählt haben. Wenn nötig, können Sie Ihre eigene Charakteranalyse dem Diskussionsergebnis anpassen. Dann präsentieren Sie Ihre Analyse vor der Klasse zusammen mit Ihrer Gruppe."

Das Beispiel *The Merchant of Venice* zeigt, wie die SuS mit einer Verfilmung eines literarischen Klassikers aktiviert werden können, indem sie Gruppenaufgaben für die Lektüre des Textes und für die Vorführung des Films bekommen. Individuelle Aufgaben können während des Screenings folgen. Im Beispiel bildet die Aufgabe, sich beim Schauen des Films auf eine Figur zu konzentrieren, die Grundlage für eine Figurencharakterisierung, die zu einer Gruppenpräsentation führt. Da die SuS in unterschiedlicher Weise mit Kontext, Text und Film umgehen, werden zwei Aspekte der Kompetenzfelder in Bezug auf Film angesprochen: sowohl „filmbezogen sprachlich handeln" als auch „Film analysieren" (s. Tab. 5.4). Die Filmanalyse könnte leicht erweitert werden, z. B. in Gruppenarbeit, diese sollte mit den Zielen der Unterrichtseinheit in Zusammenhang stehen. Darüber hinaus könnte auf Details des Stückes und seine literaturgeschichtliche Bedeutung eingegangen werden.

Eine speziellere Form der Literaturverfilmung ist die Kompilation verschiedener literarischer Vorlagen in einer filmischen Umsetzung, wie z. B. *Astérix et Obélix contre César* (1999). Dieser Realfilm basiert auf der berühmten Asterix-Comicreihe und vereint verschiedene Handlungsstränge aus unterschiedlichen Teilen der Reihe. Die SuS sollen herausfinden, welche Teile eingebaut wurden, und was besonders zum Zuschauen anregt. Als Variante kann man den SuS vorab einige Panels aus den verschiedenen Comics an die Hand geben (einschließlich der Quellen) und sie erarbeiten lassen, wie diese Handlungen oder Figuren im Film erscheinen. Die Beschäftigung mit dem Film kann die SuS dazu bringen, die jeweiligen Hefte zu lesen (s. Tab. 5.6).

Tabelle 5.6: Adaptierte Elemente aus Astérix-Heften im Film *Astérix et Obélix contre César*

Übersicht von adaptierten Astérix-Teilen	*Astérix et Obélix contre César*
Astérix le Gaulois (1961, Asterix der Gallier)	Ein römischer Kommandant braucht das Zaubergetränk, um Caesar entthronen zu können.
Astérix et les Goths (1963, Asterix und die Goten)	Panoramix (dt. Miraculix) wird bei einem Druidentreffen entführt.
Le Devin (1972, Der Seher)	Ein Seher spaltet die Gemeinschaft.
Astérix legionnaire (1967, Asterix als Legionär)	Obelix verliebt sich in Falbala.
Obélix et Compagnie (1976, Obelix GmbH & Co. KG)	Obelix hat Geburtstag und bekommt Römer geschenkt.
La Zizanie (1970, Streit um Asterix)	Ein intriganter Römer stiftet Zwietracht.

Wer Wert auf einen Kulturtransfer und den literarischen Kanon legt, kann durch vereinfachte Buchausgaben oder Verfilmungen von Klassikern die Hemmschwelle zur Lektüre senken. Bei der Auswahl eines Films muss natürlich auch auf die Didaktik geachtet werden.

Durch die Verwendung verschiedener Fassungen eines Buches und durch den gezielten Vergleich einiger Szenen können die analytischen Fähigkeiten der SuS angeregt werden. So könnte man z. B. einige Stunden *Alice in Wonderland* (1865) von Lewis Carroll widmen: Zuerst vergleicht man eine oder mehrere Szenen aus unterschiedlichen Verfilmungen (einschließlich der Zeichenversion von Disney) miteinander. Anschließend bespricht man den Song *White Rabbit* (von Jefferson Airplane mit Grace Slick). In einer dritten Stunde sollen die SuS die Entstehungsgeschichte des Romans recherchieren, in einer vierten Stunde wird eine Audioversion des Romans eingesetzt und eine letzte Stunde ist dem Tieridiom gewidmet. Wenn eine Verfilmung sehr bekannt ist, kann das ein Grund sein, gerade diese Version zu verwenden. *The Innocents* (1961) ist z. B. eine Verfilmung von Henry James' beeindruckender Novelle *The Turn of the Screw* (1898), die auch für die Oper adaptiert wurde. Aber auch hier gilt: Soll die literarische Quelle in den Vordergrund gestellt werden oder nicht? Welches Ziel wird angestrebt und welche didaktische Präsentationsform wird gewählt?

5.6 Evaluation und Prüfung

Wer Filme in den Lehrplan aufnimmt, kann – wie in Kapitel 4 beschrieben – den Schwerpunkt auf interkulturelle Aspekte legen, die Kompetenzfelder für Filme (s. Kap. 5.4.2) bieten einen Anhaltspunkt dafür. Interkulturalität fällt in das Kompetenzfeld „Film kontextualisieren". Liegt der Schwerpunkt auf der Sprachbeherrschung, so handelt es sich um das Kompetenzfeld „filmbezogen sprachlich handeln". Wenn an die literarische Kompetenz angeknüpft werden soll, dann sind die Kompetenzfelder „Film analysieren" und „Film gestalten" in einer kreativeren Weise relevant.

Die in den vorangegangenen Kapiteln besprochenen Beurteilungsmöglichkeiten können auch für die Beschäftigung mit Filmen genutzt werden. Es ist sinnvoll, das Bewertungsformular für Buchtests (s. Anhang) für Aufgaben zu verwenden, und zwar nicht nur für Filme, die auf Literatur basieren. Auf diese Weise können die Kategorien Verstehen, Interpretation und Bewertung verwendet werden.

Zu überlegen ist, welche Arten von Fragen und Aufgaben dem Einsatz des Mediums Film gerecht werden:

- Konzeptfragen in Bezug auf den Inhalt (Zusammenfassungen, Richtig/Falsch-Antworten, Multiple-Choice-Fragen, Zuordnungsaufgaben, Aufzeigen von Fehlern im Text usw.)
- filmanalytische Fragen (offene und geschlossene Fragen, Paraphrasen, Anwendung der Terminologie)
- Bewertungsaufgaben (Kommentar, Rezension, Essay, Filmbericht)
- kreative Aufgaben (kreatives Schreiben als Reaktion auf einen Film, Verarbeitung in einer literarischen Form wie z. B. einer Bühnenszene)

5.7 Zur Reflexion

Die folgenden Fragen und Aufgaben können bei der Bearbeitung dieses Kapitels helfen:

- Für welche Kompetenzen können Filme im Sprachenunterricht eingesetzt werden?
- Untersuchen Sie Ihre Unterrichtsmaterialien daraufhin, an welchen Stellen Sie Filmdidaktik einbinden können.
- Benennen Sie Phasen für den Einsatz eines Films im Klassenzimmer.
- Welche dieser Ansätze (Block-Präsentation, Intervall-Präsentation, Sandwich-Präsentation, Segment-Präsentation) haben Sie in den Unterrichtsstunden anderer gesehen?
- Erstellen Sie eine Liste von Dokumentarfilmen, die für SuS geeignet sind.
- Überlegen Sie, welche konkreten Aufgaben zur Mise en Scène Sie für einen Film passend zu einem Thema Ihrer Wahl stellen können.
- Welche Lösungsmöglichkeiten gibt es, wenn der Unterschied zwischen dem Sprachniveau des Films und dem der einzelnen SuS zu groß ist?
- Nennen Sie einige didaktische Vorteile eines Kurzfilms.
- Erläutern Sie den sinnvollen Einsatz einer Literaturverfilmung.

Kapitel 6
Literaturgeschichte im Sprachenunterricht

6.1 Einführung

Literaturgeschichte gehört zur Domäne der literarischen Bildung. Literaturhistorisches Wissen in (inter-)nationalen Kontexten kann zu einem Verständnis von Traditionen und Merkmalen literarischer Texte führen. Literaturhistorische Unterrichtseinheiten können den Sprachenfächern Inhalte bieten, durch die sie einen sichtbaren kulturellen Kern bekommen. Dieses Kapitel konzentriert sich auf die Arbeit mit Literaturgeschichte im Sprachenunterricht. Wir betrachten die Ziele der Literaturgeschichte im Unterricht und schauen uns an, welche Möglichkeiten es auf verschiedenen Ebenen gibt, um den Literaturgeschichtsunterricht zu gestalten (chronologisch, historisch, thematisch) und wie der Stoff in Zusammenarbeit mit den anderen Sprachabteilungen integriert werden kann. Zuletzt widmen wir uns wieder der Problematik des Evaluierens und Prüfens.

In diesem Kapitel werden die folgenden Fragen beantwortet:

- Welche literaturhistorischen Ziele sind innerhalb des Sprachenunterrichts relevant?
- Wie verhalten sich literaturgeschichtliche Ziele zu anderen Zielen bezüglich der Fiktion und Literatur?
- Welche Möglichkeiten gibt es, innerhalb des Sprachenunterrichts sinnvoll mit Literaturgeschichte zu arbeiten?
- Wie hängen die literaturhistorischen Ziele mit Stufenmodellen zusammen?

6.2 Ziele von Literaturgeschichte im schulischen Kontext

Literaturgeschichte beschreibt die historische Entwicklung der Literatur in ihrem Kontext. Literaturgeschichte ist Teil des Literaturcurriculums der Sekundarstufe II im Fach Deutsch. Ob Abiturient*innen auch in den Fremdsprachen einen Überblick über die Haupttendenzen der Literaturgeschichte geben und die gelesenen literarischen Werke in diese historische Perspektive einordnen können sollen, geht aus den Bildungsplänen nicht hervor. Dort finden sich Hinweise darauf, dass „vertraute fiktionale und nichtfiktionale Texte mündlich und schriftlich zur Textproduktion bzw. zur kreativen Um- oder Neugestaltung [zu] nutzen (z. B. Dialog, Blog, innerer Monolog, Kurzbiografie, anderer Schluss, anderer Handlungsverlauf)" sind und dass SuS „gehörte und gesehene Informationen aufeinander beziehen und gegebenenfalls mit Unterstützung in ihrem kulturellen Zusammenhang erklären (z. B. Analyse einer kurzen Filmszene)" können sollen (Bildungspläne Baden-Württemberg, 2016, Gymnasium, Französisch als erste Fremdsprache, 3.4.4). Im Zuge der Kompetenzorientierung ist literaturhistorisches Wissen untergeordnet. Und dennoch bieten sich Chancen, um sich im Rahmen der interkulturellen Orientierung literaturhistorischen Perspektiven zu widmen.

Für die pädagogische Praxis stellt sich die zentrale Frage der Auswahl: Welche Tendenzen oder Aspekte der Literaturgeschichte sollen auf welche Weise im Unterricht behandelt werden? Für Literaturhistoriker hingegen stellt sich das Problem der Abgrenzung und Ordnung: Welche Texte sind wichtig, wie lassen sich Zeiträume sinnvoll unterscheiden?

Die Auswahl der Texte im Literaturunterricht hat sich im Laufe der Jahrzehnte für alle Sprachen verschoben, von eher kanonischen zu eher zielgruppenadäquaten Texten, also von Texten, denen ein großer kultureller Wert beigemessen wird, hin zu Texten, die primär auf die Altersgruppe zugeschnitten sind. Das kann bedeuten, dass Texte, die die SuS im Rahmen ihrer literarischen Entwicklung lesen, nicht selbstverständlich mit der Literaturgeschichte verknüpft werden können. Die meisten Texte, die literaturhistorisch behandelt werden, sind auf höherem Niveau einzustufen (s. Kap. 2).

Gemäß den Bildungsstandards für das Fach Deutsch für die Allgemeine Hochschulreife ist der Anspruch, dass SuS literaturhistorisch breit aufgestellt sind und sich in allen Gattungen orientieren können.

Sich mit literarischen Texten auseinandersetzen

„Die Schülerinnen und Schüler erschließen sich literarische Texte von der Aufklärung bis zur Gegenwart und verstehen das Ästhetische als eine spezifische Weise der Wahrnehmung, der Gestaltung und der Erkenntnis. Sie verfügen über ein literaturgeschichtliches und poetologisches Überblickswissen, das Werke aller Gattungen umfasst, und stellen Zusammenhänge zwischen literarischer Tradition und Gegenwartsliteratur auch unter interkulturellen Gesichtspunkten her.

Grundlegendes Niveau

Die Schülerinnen und Schüler können

- Inhalt, Aufbau und sprachliche Gestaltung literarischer Texte analysieren, Sinnzusammenhänge zwischen einzelnen Einheiten dieser Texte herstellen und sie als Geflechte innerer Bezüge und Abhängigkeiten erfassen
- eigenständig ein Textverständnis formulieren, in das sie persönliche Leseerfahrungen und alternative Lesarten des Textes einbeziehen, und auf der Basis eigener Analyseergebnisse begründen
- ihr Textverständnis argumentativ durch gattungspoetologische und literaturgeschichtliche Kenntnisse über die Literaturepochen von der Aufklärung bis zur Gegenwart stützen

- relevante Motive, Themen und Strukturen literarischer Schriften, die auch über Barock und Mittelalter bis in die Antike zurückreichen können, vergleichen und in ihre Texterschließung einbeziehen

[...]

Erhöhtes Niveau

Die Schülerinnen und Schüler können darüber hinaus

- den besonderen poetischen Anspruch und die ästhetische Qualität literarischer Texte vor dem Hintergrund ihrer Kenntnisse in den Bereichen Poetologie und Ästhetik erläutern
- Kenntnisse wissenschaftlicher Sekundärtexte, philosophischer Schriften und historischer Abhandlungen in die Kontextualisierung literarischer Werke einbeziehen
- in ihre Erörterung der in literarischen Werken enthaltenen Herausforderungen und Fremdheitserfahrungen geistes-, kultur- und sozialgeschichtliche Entwicklungen einbeziehen
- ihre literarischen Wertungen differenziert begründen und dabei auf ihr größeres und komplexeres Kontextwissen zurückgreifen

(Bildungsstandards im Fach Deutsch für die Allgemeine Hochschulreife, 2014, S. 18 f.)

Warum wird Literaturgeschichte für wichtig gehalten? Aus pädagogischer Sicht ist das Wissen über die Vergangenheit und die Kultur eines anderen Sprachraums bedeutsam. Außerdem kann ein literaturhistorisches Angebot den Sprachunterricht mit Inhalten füllen, die mit den Zielen eines interkulturellen Ansatzes vergleichbar sind. Auch die persönlichen Erfahrungen der SuS kommen dabei ins Spiel. Es gibt außerdem einen lernpsychologischen Vorteil: Wer Autor*innen, Epochen, Perioden, Bewegungen, literarische Werke und Leserreaktionen miteinander und mit historischen, sozialen, philosophischen und künstlerischen Entwicklungen in Verbindung bringen kann, hat eine Grundlage, um andere literarische Werke einzuordnen und zu bewerten. Trockenes literaturgeschichtliches Wissen ist nicht sehr ansprechend. Indem biografische und kontextbezogene Informationen angeboten werden, kann der Stoff lebendig werden und den SuS die Möglichkeit geben, sich tatsächlich an Faktenwissen zu erinnern: Geschichten machen das Gedächtnis zugänglicher. Es wird oft behauptet, dass das Verständnis von Literatur durch literaturhistorisches Wissen wächst (Tinter, 2012, S. 387).

Literaturgeschichte wird erst auf fortgeschrittenem Niveau behandelt. Die Ausgangspunkte sind:

- Die Literaturgeschichte bietet eine kulturelle und literarische Grundlage und hilft, die SuS mit dem aktuellen literarischen Leben einer Kultur vertraut zu machen.

- Wenn die SuS entdecken, dass Texte historisch verwurzelt sind, dass ihre Funktion sowohl kulturspezifisch als auch historisch bedingt ist, werden interkulturelle Ziele erreicht. Dazu gehört die Kenntnis der Rezeptionsgeschichte eines literarischen Werkes in einem bestimmten kulturellen Kontext.
- Die SuS müssen in der Lage sein, grundlegende Konzepte des Literaturverständnisses und der Literaturkritik bei ihrer Beurteilung anzuwenden.

Die Ziele von literaturhistorischem Unterricht stehen im Zusammenhang mit den historischen Denkweisen, die die SuS im Fach Geschichte entwickeln. Werden im Schulfach Geschichte Fragekompetenz, Methodenkompetenz, Reflexionskompetenz, Orientierungskompetenz und Sachkompetenz entwickelt (vgl. Bildungspläne Baden-Württemberg, 2016, Gymnasium – Geschichte), so bedeutet das, dass SuS sich im Ordnen, Erklären und in der Vorstellung üben. In der kritischen Auseinandersetzung mit Quellen und ihrer Zuverlässigkeit begegnen SuS Fragen der Chronologie, Periodisierung, Epochen, Änderung, Kontinuität, Vergleiche, Kausalität, Werte, Interpretation und „Objektivität" und können ihr Wissen erweitern. Es zeigt sich, dass historische Denkweisen stark mit der Literaturgeschichte in einem interkulturellen Rahmen verbunden sind.

Literaturgeschichte im schulischen Kontext geht auf verschiedene literarische Ansätze zurück. Sie lassen sich in zwei Richtungen zusammenfassen: Der älteste Ansatz versucht, aus den persönlichen Eigenschaften der Schriftstellerin bzw. des Schriftstellers und den besonderen Umständen, unter denen ein literarisches Werk entstanden ist, auf die Geisteshaltung der Schriftstellerin bzw. des Schriftstellers und damit auf die Haltung der Kultur zu schließen. Ein späterer Ansatz konzentriert sich auf die literarischen Prozesse eines literarischen Werkes im Vergleich zu früheren Werken, er untersucht die Entstehung und die Wertschätzung des literarischen Textes durch die Zeitgenoss*innen.

6.2.1 Literaturhistorische Ziele heute

Aus Kapitel 1.2.3 geht hervor, dass Literaturgeschichte in den Bildungsstandards für die fortgeführte Fremdsprache im Vergleich zum Fach Deutsch wenig ausgeprägt ist. Dennoch sind es dieselben SuS, die ihr Wissen in die Unterrichtsstunde mitnehmen. Liegt es dann nicht nahe, sich auch der Kontextualisierung von älteren bzw. kanonischen Texten zu widmen, exemplarische Epochen der Literaturgeschichte in ihren Grundzügen zu erläutern, sie für das Verständnis einzelner Texte zu nutzen und vielleicht auch aus der Beschäftigung mit literarischen Texten Epochenmerkmale zu erarbeiten? Aufgrund der kommunikativen Ausrichtung muss der Unterrichtsinhalt komprimiert werden, daher beschränken sich Lehrkräfte vorwiegend auf die Grundzüge, lassen andere historische und künstlerische Zusammenhänge unbeleuchtet und stellen keine Verbindung zu Literaturgeschichten anderer Kulturen her. Die begrenzte Unterrichtszeit erfordert die fächerübergreifende Kooperation derjenigen, die Verbindungen herstellen wollen. Darüber hinaus führt die begrenzte Zeit auch zu einer Beschränkung auf kurzweilige Prosa- und Dramenfragmente sowie Poesie.

Die Literaturgeschichte kann für SuS auf allen Niveaus interessant sein, da sie ein tieferes Verständnis der Lektüre bestimmter Texte ermöglichen kann. Darüber hinaus sind der Kontext, die Biografie der Autorin bzw. des Autors oder die Rezeption eines Werkes durch Zeitgenoss*innen manchmal ebenso spannend und lehrreich wie der betreffende Text. Kurzum, es spricht nichts dagegen, an bspw. einer Hauptschule literaturhistorische Elemente zu behandeln, solange man sich erreichbare Ziele setzt.

6.3 Lerninhalte: Überlegungen vor dem Start

Was halten die SuS eigentlich vom heutigen Literaturgeschichtsunterricht? In einer Umfrage an 15 niederländischen Schulen gaben 56 % der insgesamt 635 befragten SuS der 11. Klasse an, dass sie im Literaturunterricht im Fach Englisch die Behandlung von Aspekten eines kontextuellen Ansatzes, der auch die Literaturgeschichte einschließt, schätzen. Etwas mehr als die Hälfte der SuS legt also Wert auf einen kontextuellen Ansatz. Insgesamt 47 % der SuS erwähnten den historischen, sozialen und kulturellen Kontext, aber nur eine kleine Minderheit von 7 % erwähnte die Einordnung literarischer Werke in die entsprechende Epoche (Bloemert et al., 2017, S. 8 f.). Etwa die Hälfte der SuS schätzt also die Geschichten rund um die Texte, nur wenige finden die zeitliche Einordnung interessant. Diese Ergebnisse sagen vor allem etwas darüber aus, wie der Unterricht organisiert und erlebt wird. Ein positiveres Ergebnis liefert eine Befragung in Bayern:

228 SuS aus drei Gymnasien wurden vor dem Abitur zum Fach Deutsch befragt (Rauch, 2012, S. 365):

85 % halten Lesen für wichtig.

80 % halten die Diskussion über Autor*innen und ihre Werke für wichtig/sehr wichtig.

53 % finden die Behandlung der Literaturgeschichte wichtig/sehr wichtig.

Aufgrund der Tatsache, dass die „Behandlung der Literaturgeschichte" im Unterricht sehr unterschiedlich umgesetzt werden kann, ist dieser Prozentsatz schwer zu interpretieren. Ein positiver Aspekt dieser Umfrage ist, dass mehr als drei Viertel der befragten SuS mehr über Autor*innen und ihre Werke wissen wollen.

Welche didaktischen Schlussfolgerungen sollten wir aus diesen Ansichten der SuS ziehen? Oder anders gesagt: Welche Konsequenzen können sich daraus für die Organisation des Unterrichts ergeben? Die Hälfte der befragten niederländischen SuS ist offenbar an Kontexten interessiert, hat aber wenig Interesse an einem traditionellen literaturgeschichtlichen Ansatz. Traditionell ist die Literaturgeschichte mit der Behandlung literarischer Texte verbunden (Rauch, 2012, S. 366). Wo dies geschieht, ist die Auswahl der Texte stark kanonisch. Die Kunst besteht darin, Texte zu finden, die für die SuS geeignet sind und ihrem Niveau gerecht werden.

Literaturgeschichte kann auch angeboten werden, indem zunächst der sozial- und kulturgeschichtliche Kontext beleuchtet wird, woraufhin automatisch Fragen der Periodisierung ins Spiel kommen. Der multiple Ansatz (s. Kap. 1.4.2) und der inhaltsorientierte Ansatz (s. Kap. 1.4.4) konzentrieren sich auf mehr Facetten als nur auf den Kontext.

6.3.1 Kooperationsoptionen

Auch für die Literaturgeschichte ist es wichtig zu prüfen, welches Material Lehrkräfte im Fach Deutsch verwenden, was und wie sie es behandeln. Ein Blick auf die literaturhistorischen Komponenten in anderen Fächern und Sprachen lohnt sich ebenfalls.

Kooperationsformen (s. Kap. 1.4.5, 6.4.3) gibt es in unterschiedlicher Gestalt. Wer sich für eine a) begrenzte Kooperation entscheidet, trifft nur gegenseitige Vereinbarungen über die Verwendung derselben Konzepte, die Form des Portfolios und eine gemeinsame Note. Eine b) umfassende Kooperation beinhaltet ein gemeinsames Portfolio, die Arbeit mit einem gemeinsamen Lehrbuch und die Organisation gemeinsamer Projekte und Themen. Die c) vollständige Kooperation bedeutet, dass Literatur ein autonomes Fach mit eigenen Literaturlehrkräften ist. Die gängigste, konventionelle Variante ist aber die Aufteilung der Literaturgeschichte auf die verschiedenen Fächer. Das bedeutet, dass jedes Fach ein repräsentatives literarisches Werk aus einer bestimmten Zeit behandelt. Dies schärft zumindest das Bewusstsein der SuS für literaturhistorische Strömungen und lehrt sie, historisch zu lesen. Es erfordert besondere Aufmerksamkeit, den SuS dabei zu helfen, den Zusammenhang zwischen den Epochen in verschiedenen Literaturen zu entdecken, was zu einer umfassenden Integration führt. In Kapitel 6.4.3 finden sich dazu weitere Einzelheiten.

6.4 Strukturierung der Lerninhalte: Planungsmöglichkeiten

In diesem Kapitel geht es zunächst um die Frage, wie an (literatur-)historische Epochen angeknüpft werden kann. Es werden die Vor- und Nachteile eines chronologischen Angebots diskutiert und es wird aufgezeigt, wie literaturhistorischer Unterricht integrativ und übergreifend gestaltet werden kann.

6.4.1 Periodisierung

An welches Vorwissen über historische Epochen kann angeknüpft werden? Schon in der Grundschule kommen die SuS mit Geschichte in Berührung. Mithilfe von Zeitleisten und Zeitrollen werden Zeiträume erkundet. In der Sekundarstufe I geht es schnell chronologisch voran: In den Klassen 5 und 6 geht es von der Alt- und Jungsteinzeit über die Spätantike bis ins europäische Mittelalter. Danach werden in den Klassen 7 bis 9 Mittelalter, Revolutionen, Industrialisierung, Imperialismus, Diktaturen, Weltkriege, Demokratie und die deutsche Teilung durchgenommen.

Es ist umstritten, ob und wie viel historisches Wissen dem literaturgeschichtlichen Wissen vorausgehen sollte: Gibt es einen positiven Einfluss (Tinter, 2012, S. 387)? Müssen die SuS erst einen historischen Überblick haben, um sich mit der Literaturgeschichte richtig auseinandersetzen zu können? Eine fächerübergreifende Orientierung ist ratsam, aber nicht einfach zu realisieren. Eine Abstimmung mit Lehrkräften der anderen Fachschaften (Deutsch, Fremdsprachen) über die zu verwendenden literaturgeschichtlichen Konzepte ist ratsam.

Nicht nur die Geschichtsschreibung verwendet Konstruktionen, um einen Überblick zu schaffen. Auch die Einteilung in literaturhistorische Epochen ist eine Konstruktion, dabei sollen Epochenmodelle ja kritisch reflektiert werden. Nur 3 % von 228 befragten SuS aus drei Gymnasien in Bayern wussten, dass die Einteilung in Epochen ein literaturhistorisches Konstrukt ist. Dies zeigt, dass die Problematisierung literaturgeschichtlicher Konzepte im muttersprachlichen Unterricht fehlt (Rauch, 2012, S. 370).

Das didaktische Dilemma besteht darin, dass die SuS erst lernen müssen, mit dem Konstrukt zu arbeiten, bevor sie dessen Grenzen entdecken. So müssen die SuS zunächst Merkmale der Romantik in Texten identifizieren, um dann festzustellen, dass sich nicht alles in eine Schublade stecken lässt. Es wird der Komplexität der Literaturgeschichte gerecht, wenn die SuS nicht nur mit pointierten Merkmalen einer Epoche/Strömung konfrontiert werden, sondern auch mit vielfältigen und teilweise widersprüchlichen Erscheinungsformen (Tinter, 2012, S. 382).

6.4.2 Vom Nutzen der Chronologie

Die Literaturgeschichte ist so überwältigend, dass es kaum möglich ist, ihr im Unterricht gerecht zu werden. Dieses Problem kann nur dadurch gelöst werden, dass man keine Vollständigkeit anstrebt. Die Bildungsstandards im Fach Deutsch setzen bei der Aufklärung ein, und überspringen somit das Mittelalter, die Frühe Neuzeit und das Barock, was eine Konzentration auf literarische Entwicklungen nach 1720 bedeutet.

Das Literaturlehrwerk *Grandes Lignes* (2011) für den Französischunterricht gibt es im niederländischen in zwei unterschiedlichen Ausgaben. Die gymnasiale Ausgabe bietet in neun Kapiteln einen chronologischen Überblick vom Mittelalter bis zur Gegenwart, ergänzt durch ein Kapitel über zeitgenössische Autor*innen und einen Referenzteil über Konzepte und Trends. Die Realschule-Ausgabe (2011) hingegen bietet einen thematischen Ansatz, der literarische Gattungen, den literarischen Kanon, Figuren und Erzählperspektiven, literarische Strömungen sowie Themen und Motive beleuchtet. Diese Ausgabe von *Grandes Lignes* schließt ebenfalls mit einem Referenzteil über Konzepte und Trends.

Der Literaturteil zum Lehrwerk *TrabiTour* (2014) richtet sich an die SuS, die im niederländischen Gymnasium als Fremdsprache Deutsch gewählt haben. Es bietet zwölf chronologische Kapitel vom Frühmittelalter bis zur Gegenwart. Um diese zwölf Kapitel bewältigen zu können, sollte mit Literaturgeschichte bereits ab der 10. Klasse begonnen werden, oder es müssen mehr Kapitel pro Unterrichtsabschnitt behandelt werden. Es stellt sich die Frage, ob dies chronologisch geschehen muss, wobei anzumerken ist, dass das Buch auch auf anderen Schulniveaus verwendet werden kann, sofern Zugeständnisse gemacht werden.

Die Vor- und Nachteile einer chronologischen Behandlung von Literaturgeschichte sind in Tabelle 6.1 dargestellt.

Tabelle 6.1: Vor- und Nachteile der chronologischen Behandlung von Literaturgeschichte

Vorteile der chronologischen Behandlung	Nachteile der chronologischen Behandlung
Sie macht deutlich, dass Entwicklungen aus anderen Entwicklungen folgen.	Die Literaturgeschichte ist voll von Brüchen.
Die Chronologie erleichtert das Einprägen.	Manchmal ist eine Strömung eine Reaktion auf eine Strömung aus einer viel älteren Zeit.
Die Chronologie ermöglicht den Vergleich mit anderen Kulturen und Kunstgegenständen.	Die Einzelgänger*innen, also Autor*innen, die keiner Bewegung oder Gruppe angehören, sind nicht leicht zu klassifizieren.

6.4.3 Ausführung der Aufteilung

Ein mit anderen Fächern gestaltetes Literaturcurriculum lässt sich nach drei Modellen organisieren: beschränkte, ausführliche oder vollständige Abstimmung von Zielen, Inhalten, der Verteilung der Studienlast, der Didaktik, von Tests und Organisation. Die Integrationsmatrix (s. Tab. 6.2) zeigt die Unterschiede.

Tabelle 6.2: Integrationsmatrix von Modellen eines geteilten Literaturcurriculums (Coenen, Hoebers & Witte, 1998, S. 525)

	beschränkte Abstimmung	ausführliche Abstimmung	vollständige Abstimmung
Programm	• gemeinsame Terminologie • Jede Fachschaft bietet ein eigenes Literaturprogramm. • nur Absprachen über die Reihenfolge	• gemeinschaftliches Basisprogramm • Jede Fachschaft hat ein eigenes Fortsetzungsprogramm. • Inhalte und Reihenfolge werden koordiniert. • Es gibt ein fächerübergreifendes thematisches Projekt.	• Es gibt ein mehrstufiges Literaturprogramm. • optimaler Zusammenhang
Stoff	Jede Fachschaft bestimmt den Stoff selbst, ausgenommen die Terminologie.	Es gibt deutliche Absprachen darüber, wer was wann anbietet.	Es gibt einie gemeinsame Entscheidung über den Gesamtstoff.
Lehrmittel	• Terminologie • Jede Fachschaft hat eigene Lehrmittel.	Jede Fachschaft hat eigene Lehrmittel, aber es gibt Absprachen zwischen den Fachschaften.	Alle Fachschaften verwenden dieselben Lehrmittel.
Portfolio	Die Portfolios für die unterschiedlichen Fächer werden aufeinander abgestimmt.	Es gibt ein Portfolio für alle Sprachen, aber jede Fachschaft hat eine eigene	Es gibt ein Portfolio und keine Abteilungen.

(Fortsetzung Tabelle 6.2)

	beschränkte Abstimmung	**ausführliche Abstimmung**	**vollständige Abstimmung**
		Abteilung.	
Lehrplan	• Jede Fachschaft hat einen eigenen Lehrplan. • Bestimmte Regeln werden aufeinander abgestimmt, z. B. welche Lektüren erlaubt sind, ob in der Fremdsprache examiniert wird usw. • Jede Fachschaft liefert eine eigene Note für Literatur.	• Jede Fachschaft hat einen eigenen Lehrplan. • Spezialregeln werden abgestimmt. • Der Examensstoff, die Planung und die Examensvorgänge werden abgestimmt. • Jede Fachschaft liefert eine eigene Note für Literatur.	• Literatur hat einen eigenen Lehrplan. • Alle Regeln gelten für alle Fachschaften. • Es gibt eine integrierte Prüfung und Examinierung. • Noten sind reine Literaturnoten.
Stundenplan	Im Stundenplan ist Literatur unsichtbar.	Es gibt „Literatur Englisch", „Literatur Französisch" usw.	Es gibt das Fach „Literatur".
Abstimmung	• Abstimmung • Die Fachschaften sind autonom.	• Kooperation • Die Fachschaften sind verantwortlich.	• Integration • autonome Fachschaft für Literatur

Der Entwurf für integrierte Programme sollte im Lehrplan zum Ausdruck gebracht werden. Eine Beispielskizze für das Modell der beschränkten Abstimmung findet sich in Tabelle 6.3.

Tabelle 6.3: Skizze für eine fächerübergreifende Jahresplanung mit beschränkter Abstimmung (nach Coenen & Prak, 1998, S. 533)

Klasse	Periode	Deutsch	Englisch	Französisch/Spanisch
10.	1. Halbjahr	B (10)		
	2. Halbjahr	B/L (15/15) LG (10)	V/L (10/10)	
11.	1. Halbjahr	V/L (15/15) LG (10)	LG (10)	V/L (15/10)
	2. Halbjahr	V/L (15/15) LG (10)	V/L (10/10) LG (10)	V/L (15/10) LG (10)
12.	1. Halbjahr	L/P(20) LG (10)	L/P(10) LG (10)	L/P (20) LG (10)

Was bedeutet das konkret? Das kompakte Basisprogramm (B) findet im Fach Deutsch statt, gefolgt von Vertiefung (V) im fachspezifischen Unterricht pro Sprache und Absolvierung einer Lektüreliste (L). Die Stundenzahl ist angedeutet. Die Freiheit der behandelten Themen und der Terminologie ist in diesem Aufbau groß. Die Fächer Deutsch, Englisch, Französisch und Spanisch beschäftigen sich ab der 11. Klasse mit einem längeren literaturhistorischen Zeitraum (LG), in dem es um die internationalen Zusammenhänge geht. Zu Beginn der Abiturklasse wird das Portfolio (P) entsprechend dieser Gliederung erstellt. Absprachen gibt es mit den anderen Fachschaften über die Planung, den Inhalt und die Vorgehensweise bei den verschiedenen Bestandteilen.

Bei vollständiger Abstimmung plant man in Verbindung mit den anderen Fachschaften um einige wenige Themenprojekte in der 11. Klasse, vorzugsweise in Verbindung mit dem, was SuS fürs Abitur lesen. Die Themen umfassen sowohl einen literaturhistorischen Zeitraum als auch ein gesellschaftliches Thema (Coenen & Prak, 1998, S. 535).

Ein Beispiel dafür, wie die Verteilung der Stunden im geteilten Curriculum aussehen kann, ist in Tabelle 6.4 dargestellt. Es handelt sich um die Stundenverteilung für die Sprachen und das Fach „Literatur im Kontext" an einem Gymnasium.

Tabelle 6.4: Stundentabelle „Literatur im Kontext"

	Kontaktstunden pro Woche			Gesamtstundenzahl
	10. Klasse	**11. Klasse**	**12. Klasse**	
Deutsch	2	2	2	360
English Cambridge/High Level Cambridge	2/3	2/3	2/3	360/540
Literatur im Kontext	1	2	2	280
Französisch/Spanisch	2	3	3	480

6.5 Verfahrensweisen zur Vermittlung von Literaturgeschichte

Bei der Beschäftigung mit der Literaturgeschichte können unterschiedliche Schwerpunkte gesetzt werden, z. B. über den multiplen Ansatz (s. Kap. 1.4.2) und, noch stärker integriert, über den inhaltsorientierten Ansatz (s. Kap. 1.4.4).

Es gibt viele Möglichkeiten, Literaturgeschichte einzubeziehen, sei es integriert mit Sprachkenntnissen oder in Zusammenarbeit mit anderen Bereichen. Im Folgenden finden sich einige relevante Punkte.

6.5.1 Distanzverkleinerung

Geht es in der Didaktik bereits immer darum, die Distanz zwischen dem Thema und den SuS zu überbrücken, so ist das besonders in der Literaturgeschichte auch der Fall. Es ist die Aufgabe der Lehrkraft, diese Distanz zu ermitteln, indem sie das Vorwissen, die Fähigkeiten und Interessen der SuS berücksichtigt. Gleichzeitig muss sie dafür sorgen, dass die SuS sich bewusst werden, wie unterschiedlich Literatur ist: im Hinblick auf ihren ästhetischen Charakter und auf die historische Distanz zwischen Text und Lesenden. Immer wieder geht es um den technischen Schwierigkeitsgrad (Leseniveau, literarische Komplexität) und den kulturhistorischen Kontext (was müssen die SuS wissen, um den Text zu verstehen).

Folgendermaßen kann der Abstand zu einem Text für die SuS verringert werden:

- Achten Sie auf die Auswahl des Textes: Beachten Sie die erforderlichen Vorkenntnisse und den Schwierigkeitsgrad.
- Stellen Sie sicher, dass Sie eine aktivierende Unterrichtsmethode anwenden.
- Lassen Sie die SuS Fragen zum Text stellen.
- Bringen Sie den SuS bei, durch Recherche zu lernen.

Der Abstand zu einem Text kann folgendermaßen mit den SuS thematisiert werden:

- Bieten Sie kontextbezogene Informationen (unabhängig davon, ob sie bearbeitet wurden oder nicht) durch ein Lehrbuch, eine didaktisierte Ausgabe, durch Unterrichtseinheiten und Aufgaben an.
- Lassen Sie die SuS spezifische Kontextinformationen verarbeiten.
- Bringen Sie den SuS (nach spezifischen Anweisungen) bei, selbst nach Kontextinformationen zu suchen.

6.5.2 Literaturgeschichte, Transfer und Interkulturalität

Ohne die Beachtung des deklarativen Wissens über die Interkulturalität wird Literaturgeschichte zu etwas Ungreifbarem. Warum bestimmte historische Entwicklungen eingetreten sind, hat viel mit Mechanismen zu tun, die besser verstanden werden können, wenn man auf „Weltwissen", „soziokulturelles Wissen" und „interkulturelles Bewusstsein" achtet (s. Kap. 4.3.1 über den GER).

Soziokulturelle Aspekte sind ein natürlicher Bestandteil der Literaturgeschichte. Drei Beispiele können dies verdeutlichen:

- Wenn in einer Unterrichtsreihe nicht der Text, sondern der Kontext im Mittelpunkt steht, werden die SuS aktiviert, Alltagsphänomene (von kulinarischen und musikalischen bis hin zu geografischen Details und zu Modeerscheinungen) zu entschlüsseln, die mit einem Text in Verbindung stehen. So erhalten die SuS ein Bild von der Alltagskultur, die für das Setting eines literarischen Textes wesentlich ist: Was hätte die Protagonistin in der Zeitung lesen können? Oder was hätte sie hören können, wenn sie das Radio oder den Fernseher eingeschaltet hätte? Welche Strecken hätte sie fahren können? Auf diese Weise untersuchten SuS bspw. die 1960er-Jahre im Zusammenhang mit einem französischen Roman (Basten-Malipaard & Fonk, 2006).
- In dem Moment, in dem eine poetische Anklage gegen die Unterdrückung einer bestimmten Gruppe von Arbeiter*innen diskutiert und kontextualisiert wird, ist der Schritt zur Aktualisierung und damit zum interkulturellen Bewusstsein leicht. Eine Aufgabe aus dem Lehrwerk *TrabiTour* (2014) verdeutlicht dies: Zum Gedicht *Die schlesischen Weber* von Heinrich Heine werden den SuS mehrere Fragen gestellt. Sie müssen beantworten, wer das „Wir" im Gedicht ist, und dazu den Kontext kennen, in dem das Gedicht geschrieben wurde. Eine weitere Frage be-

trifft die Wahl des Wortes „Altdeutschland“ in dem Gedicht, das historisch-politisches Wissen voraussetzt. Die im Lehrwerk abgebildete Karte zeigt, wo sich das titelgebende Schlesien auf einer aktuellen Landeskarte befindet. Diese Aktualisierung, die die heutige Bundesrepublik ins Spiel bringt, ist implizit, während sich das Gedicht von 1844 gut für eine aktuelle Betrachtung eignet. In einem nächsten Schritt lesen die SuS einen Zeitungsartikel über Ausbeutung in einer Textilfabrik in Bangladesch. Es wird nach Ähnlichkeiten zwischen dem Gedicht und dem Artikel gefragt. Die Aufgabe appelliert an das interkulturelle Bewusstsein (s. Kap. 4.4.2).
- Ein zweites Beispiel für einen Transfer, der einen historischen Text auf den neuesten Stand bringt, ist der Vergleich des Stücks *Les Précieuses ridicules* (1659) von Molière mit einer aktuellen niederländischen Fernsehserie (*Grandes Lignes*, Littérature, 2011). Aktuelle Parallelen zu finden, bedeutet einen Wissenstransfer zu ermöglichen und Muster in der Gegenwart zu erkennen.

6.5.3 Ansätze für literaturhistorischen Unterricht

Eine vollständige chronologische Behandlung ist in den meisten Fällen nicht durchführbar. Es stehen mehrere Verfahrensweisen zur Auswahl. Wird der multiple Ansatz verwendet (s. Kap. 1.4.2), sorgt die Lehrkraft dafür, dass die SuS Aufgaben zu Kontext, Textanalyse, Texterfahrung und Sprachkompetenz bekommen. Wird ein inhaltsorientierter Ansatz (s. Kap. 1.4.4) gewählt, dann wird der literaturgeschichtliche Stoff als Inhalt betrachtet. Auf diese Weise kann man auch auf Interkulturalität, Sprachkenntnisse, die Beziehung zu Film und Graphic Novels achten. Wenn möglich, sollte eine themenübergreifende Komponente vorgesehen werden.

Dafür gibt es die folgenden Möglichkeiten:
- Konzentration auf einige große Namen, die jeweils für eine bestimmte Epoche, Periode oder Strömung stehen.
- Konzentration auf wenige Zeiträume, frei nach dem Motto, dass ein gut gebündeltes Spezialangebot besser ist als ein verwässertes Pauschalangebot. So lernen z. B. die SuS an einer Schule, an der ein exklusives Fach Literatur (s. Kap. 6.4.3) angeboten wird, vier Zeitepochen kennen: Mittelalter, Renaissance, Aufklärung, Romantik. Diese werden in Bezug auf ihre Ideen (die Beziehung zwischen Mensch und Gott und zwischen Mensch und Natur) miteinander verglichen und mit einer zeitgenössischen Perspektive verknüpft (Koek, 2008). Ein solcher Ansatz stärkt die Kohärenz und hilft den SuS, echte Einsichten zu entwickeln.
- Verwendung eines Stationenmodells. Dies erfordert eine gute Organisation. Durch die Zusammenarbeit in der Fachschaft kann über besseres und mehr Material verfügt werden. Im Klassenzimmer werden beim Stationenlernen acht bis zehn Arbeitsecken mit Materialien und unterschiedlichen Aufgaben eingerichtet. Während eines bestimmten Zeitraums müssen alle SuS eine bestimmte Anzahl von Epochen und Autor*innen bearbeiten, sowohl einzeln als auch gemeinsam. Die SuS führen dabei ein Logbuch.

- Aufgabenorientierter Unterricht (s. Kap. 1.5.3) bedeutet, dass die SuS in einem gewissen Rahmen die Lernziele selbst wählen, dass die Reflexion über die Aufgabe wesentlich ist, dass selbstständiges Lernen und Zusammenarbeit im Mittelpunkt stehen und dass das Lernen in einem realen Kontext stattfindet. In einem Projekt arbeiten die SuS in Gruppen zur Literaturgeschichte. Jede Gruppe ist für eine Epoche oder einen Zeitraum verantwortlich, den sie unter der Fragestellung untersuchen muss, wie sich die Menschen in dieser Zeit amüsiert haben könnten. Die SuS präsentieren die Ergebnisse und absolvieren einen Test über das gesamte Material.
- Verwendung eines Segmentkonzepts (s. Kap. 2.5.1): Der Schwerpunkt liegt auf dem Kontext und die SuS lesen einen Teil eines literaturhistorisch relevanten Textes.
- Verwendung eines Anthologie-Ansatzes: Die SuS lesen Fragmente verschiedener Autor*innenen, Genres und Themen aus derselben Zeit. Diese Fragmente werden diskutiert und kontextualisiert.

6.5.4 Verknüpfung von Literaturgeschichte und Sprachfertigkeit

Es gibt viele Möglichkeiten, Elemente der Literaturgeschichte mit Sprachfertigkeit zu verknüpfen. Auch hier gilt, was in Kapitel 3 beschrieben wurde: SuS können anhand von Interviews und Filmen das Zuhören üben, und sie können mündlich oder schriftlich auf Textstellen, Autoren- oder Leserreaktionen reagieren.

In ein Theaterprojekt lassen sich viele Elemente der Sprachkompetenz integrieren. So lernen die SuS bspw. in einer Unterrichtsreihe zu *Romeo and Juliet* mit der abschließenden Aufführung des Stücks viele Aspekte des Theaterspiels, der Terminologie und der Sprache kennen, von der Vorbereitung bis zur eigentlichen Aufführung in der Schule (Backx, 2018).

Kreatives Schreiben kann auch mit Literaturgeschichte verknüpft werden. So schrieben SuS einer Abiturklasse einen Dialog, einen Brief, eine Rückblende und ein kurzes Gedicht über französische Texte aus dem 18., 19. und 20. Jahrhundert (Dieleman-de Putter, 2018).

Manche Lehrwerke bieten Möglichkeiten zur Integration: SuS, die z. B. eine barocke Hymne an einen Monarchen gelesen haben, sollen anschließend eine kurze Hymne an ihre Lehrkraft schreiben. Eine andere Schreibaufgabe mit einem starken interkulturellen Charakter bringt die SuS dazu, sich in die höfische Moral hineinzuversetzen, wenn sie einen Brief an Parzival entweder aus der Perspektive seiner Frau oder seiner Lehrkraft schreiben sollen (*TrabiTour*, 2014).

6.5.5 Nutzung anderer Medien

Für literaturgeschichtliche Zwecke können Adaptionen von literaturhistorisch bedeutsamen Texten verwendet werden (Literaturverfilmungen, s. Kap. 5.5.6, oder Graphic Novels, s. Kap. 2.3.3 und 2.5.5). Darüber hinaus können einschlägige Dokumentarfilme, Fernsehsendungen und YouTube-Beiträge eingesetzt werden.

6.6 Evaluation und Prüfung

Die Überprüfung literaturhistorischen Wissens ist mit den Lernzielen verknüpft. Wenn mit der Literaturgeschichte auch Sprachkenntnisse geprüft werden sollen, sollte sich dies in der Notenverteilung widerspiegeln.

Wer sich bestehende Tests ansieht oder eigene Tests erstellt, wird in der folgenden Übersicht (s. Tab. 6.5) geschlossene und offene Fragetypen erkennen:

Tabelle 6.5: Frageformen

geschlossene Fragetypen	offene Fragetypen
Multiple-Choice-Frage	Kurzantwortfrage
Anordnungsfrage	Aufsatz
Zuordnungsfrage	mündliche Prüfung
Ausfüllfrage	mündliche Präsentation
Richtig-falsch-Frage	

Faktenwissen lässt sich leicht abfragen; so kann sichergestellt werden, dass die SuS literaturhistorisches Wissen verinnerlicht haben, verstehen und anwenden können. Dies sind Lernziele niedrigerer Ordnung. Höherwertige Lernziele und damit auch die Testaufgaben sind komplexer. Man will z. B., dass die SuS

- ein Urteil über einen bestimmten Diskussionsstil abgeben können,
- ein Brettspiel mit allen möglichen Quizfragen zu einer bestimmten Zeit entwerfen können oder
- Textphänomene mit einem bestimmten Stil in Verbindung bringen können.

Es ist ratsam, den SuS auf ihrem Weg zu helfen, indem sie eine Probeprüfung bekommen. Jedes Kapitel eines Lehrwerks oder einer Unterrichtseinheit kann mit einem diagnostischen Test und einer Checkliste enden. Die Tests können unterschiedlicher Gestalt sein: Lückentests, Multiple-Choice-Fragen, Zuordnungsfragen, Richtig-falsch-Fragen usw. In Multiple-Choice-Fragen kann nach dem Inhalt historischer Prozesse (Was war das Ergebnis des Wiener Kongresses 1815?), nach Autorennamen bestimmter Texte, nach Begriffen (Welche Bezeichnung passt nicht zu Phänomen X?) und nach Unterschieden gefragt werden. In offenen Fragen kann nach Erklärungen und Themen gefragt werden.

geeignet für alle Sprachen, alle Niveaus

Ein Spiel ist eine alternative Möglichkeit, um Wissen zu testen. Entwerfen Sie, eventuell gemeinsam mit Ihren SuS, ein Memory-Spiel (z. B. über Schriftsteller*innen und deren Epochen, über Buchtitel und die Zeit, in der sie erschienen), ein Quartett (z. B. über Merkmale von Epochen) oder Quizfragen (z. B. über Epochen, Schriftsteller*innen und Texte) für das Quiz *Wer wird Millionär?*.

6.7 Zur Reflexion

Die folgenden Fragen und Aufgaben können bei der Bearbeitung dieses Kapitels helfen:

- Nennen Sie die Vor- und Nachteile eines chronologischen Ansatzes.
- Studieren Sie Material zur Literaturgeschichte für Ihr Fach.
- Welche Ansätze zur Literaturgeschichte beobachten Sie in der Praxis?
- Betrachten und diskutieren Sie das literaturhistorische Angebot an einer oder mehreren Schulen. Nutzen Sie dafür auch die Prüfungsordnung.
- Wie sehen Sie die Merkmale eines geteilten Literaturcurriculums in anderen Schulen?
- Entwerfen Sie eine Unterrichtseinheit, in der Sie den interkulturellen Aspekt der Literaturgeschichte betonen.
- Wie können Sie Ihren Unterricht so gestalten, dass Sie Literaturgeschichte und Sprachfertigkeitsziele miteinander verbinden?
- Sammeln Sie Textmaterial für den Literaturgeschichtsunterricht.
- Recherchieren Sie, ob bestehende Prüfungen der Literaturgeschichte den in diesem Kapitel genannten Kriterien entsprechen.

Kapitel 7
Umgang mit literarischer Terminologie

7.1 Einleitung

Die SuS benötigen literarische Terminologie, um sich über Literatur und Belletristik zu verständigen. Für die Lehrkraft ist die Beherrschung der Terminologie (s. Kap. 1.6.1) auch in der Fremdsprache notwendig, um professionell arbeiten und Fachliteratur lesen zu können.

In diesem Kapitel werden die folgenden Fragen beantwortet:
- Welche Terminologie ist innerhalb des Sprachenunterrichts relevant?
- In welchem Verhältnis stehen terminologische Kenntnisse zu anderen literaturdidaktischen Zielen?
- Welche Methoden sind für die SuS sinnvoll, um mit Terminologie zu arbeiten?
- Wie hängen terminologische Ziele mit Kompetenzmodellen zusammen?

7.2 Terminologische Lernziele

Um über Literatur zu kommunizieren, werden Konzepte und Begriffe benötigt, mit denen Merkmale von Texten und Kontexten benannt werden können. Die literarische Kompetenz muss daher auch im Zusammenhang mit Terminologie geprüft werden. Es ist sinnvoll, wenn SuS literarische Texte erkennen und unterscheiden und literarische Konzepte bei der Interpretation literarischer Texte anwenden können.

Die Frage ist, um welche literarischen Bezeichnungen es sich handelt und bei welchen literarischen Textsorten in welcher Weise die terminologische Beherrschung gezeigt werden muss. Je höher das Niveau des Lernenden ist, desto komplexer kann die Terminologie sein. Niveaumodelle (s. Kap. 2.4.1) können auch für den Umgang mit der Terminologie genutzt werden, da die Niveaus gewisse Akzente vorgeben und sich die Komplexität steigern sollte.

7.3 Wahl der Lerninhalte: Anwendungsorientierung

Auch für die Terminologie ist eine Harmonisierung zwischen dem Fach Deutsch und anderen Sprachen erforderlich. Der Schwerpunkt liegt auf der literarischen Entwicklung, und die Prüfung der Terminologie ist damit verbunden. Das Ziel ist die Anwendung, nicht das separate Wissen.

Fachbegriffe zur formalen Beschreibung von Texten:

- Figuren und Figurenkonstellation, Raum- und Zeitgestaltung, Motive, Symbole, zentrale Konflikte, Handlungsmotive literarischer Figuren, Handlungsstruktur, Kommunikationsformen
- Autor*in, Erzähler*in, Erzählperspektive, Erzählform, Erzählhaltung, Erzählstruktur, Erzählzeit und erzählte Zeit, innere und äußere Handlung, offener Schluss, Erzählerbericht, Redewiedergabe in direkter, indirekter, erlebter Rede und innerem Monolog, Erzähltempora, Vorausdeutung und Rückblende
- Reim, Rhythmus, Vers, Metrum, Strophe, sprachliche Bilder, lyrisches Ich, Enjambement, Kadenz, Atmosphäre
- Figurenverzeichnis, Akt, Szene, Exposition, Höhepunkt, Wendepunkt, Lösung, Katastrophe, Dialog und Monolog, Regieanweisung, Haupt-, Neben- und Untertext, Sprechakt

(Bildungspläne Baden-Württemberg, 2016, Gymnasium, Deutsch, 3.4.1.1/3.5.1.1)

7.4 Strukturierung der Lerninhalte: Ausrichtung und Verwendung

Kollegialer Austausch innerhalb und außerhalb der Fachschaft ist eine Voraussetzung für einen kohärenten Lehrplan. Es geht um einen kontinuierlichen Lernweg, d. h. die Verzahnung und Progression von Lernzielen, die sowohl vertikal (von der Unter- zur Oberstufe) als auch horizontal (fächerübergreifend) kohärent ist.

7.4.1 Kooperationsoptionen

Es wurde bereits betont, dass es sinnvoll ist, einen Blick darauf zu werfen, welches Material die Fachschaft Deutsch verwendet und was damit abgedeckt wird. Die Vereinheitlichung der Terminologie kann Zeit sparen, daher würde sich ein gemeinsames Glossar lohnen. Genauso lohnt sich auch ein Blick auf die Terminologie, die in den Jahrgangsstufen verwendet wird. Im Vergleich zum Fach Deutsch ist der Fokus auf die Terminologie in anderen Fächern stärker eingeschränkt.

7.4.2 Zum Potenzial von Graphic Novels und Filmen

Alle Arten von erzählerischen Konzepten (Handlung/Intrige, Figur, Setting, Thema, Vorausdeutung usw.) können mit Graphic Novels illustriert werden. Indem sie sich mit (Fragmenten) einer Graphic Novel beschäftigen, können SuS mit den unterschiedlichen Konzepten in Berührung kommen, die auch für die Analyse von literarischen Texten und Filmen gelten. Im Folgenden wird spezifische Filmsprache aufgeführt, die bei der Analyse von Graphic Novels nützlich und natürlich auch kunsthistorisch in der Malerei relevant ist:

Supertotale (auch: *Weite* oder *Panorama*): Der größtmögliche Bildausschnitt, eine Ansicht aus großer Entfernung. Die Szene ist im Überblick zu sehen. Man kennt damit den Ort der Handlung und weiß, wo sich das Geschehen abspielt (Stadt, Straße, Landschaft).

Totale: Die Wiedergabe des ganzen Raumes, in dem sich die Szene abspielt oder der Körper der Figur befindet.

Halbtotale: Kameraeinstellung zwischen Totale und Close-up, Figuren werden von Kopf bis Fuß gezeigt.

Zentralperspektive: Die Kamera bietet eine Normalperspektive, wobei die Fluchtlinien in der Bildkomposition perspektivisch auf einen imaginären Punkt zulaufen.

Medium Shot (Halbnah): Figuren oder Objekte werden nur teilweise dargestellt; Personen werden etwa bis zur Hüfte gezeigt, es geht um die Gestik und Mimik, die Umgebung ist weniger wichtig.

Close-up (Nahe): Bildfüllende Groß- oder Nahaufnahme eines Elementes; bei einem extremen Close-up mit noch größerem Detail; gezeigt wird die Person etwa bis Brusthöhe, die Mimik ist gut erkennbar.

Point of View/Blickpunkt: Einstellung aus der Position der Figur, die einen Blick durch die Augen der Figur ermöglicht.

Froschperspektive (Untersicht): Die Kamera ist von einem tief gelegenen Blickpunkt auf die Figuren gerichtet, die demzufolge sehr mächtig und dominant erscheinen.

Vogelperspektive: Die Kamera schaut von oben auf die Figuren herab, wodurch diese sehr klein aussehen.

Top Shot: Spezielle Form der Vogelperspektive, bei der die Kamera in einem Winkel von 90° über der Handlungsfläche positioniert ist.

Dutch Angle (Canted Frame, Canted Angle, Dutch Tilt): Die Kamera wird in einem Winkel gehalten, sodass der Horizont nicht horizontal, sondern schief verläuft. Hieraus geht Verfremdung und Desorientierung hervor.

Zweier (auch: Zweiereinstellung): Man sieht zwei Figuren. Die Figuren werden in dieser Aufnahme im Raum und von eventuellen übrigen Figuren isoliert. Ähnlich: Dreier, Vierer usw.

Für detaillierte Analysen von Graphic Novels ist die folgende Terminologie wichtig, wenn die SuS die Bildsprache entdecken sollen (vgl. Mc Cloud, 2017). Diese Konzepte lassen sich auch auf die Filmanalyse anwenden.

Panel: Bild in einem Comic oder einer Graphic Novel

Gutter: Raum (Lücke) zwischen den Panels eines Comics, der offene Lücken oder Zeitsprünge andeutet

Action-to-action transition (Übergang Handlung zu Handlung) zeigt, wie eine einzelne Figur eine bestimmte Situation durchläuft

Aspect-to-aspect transition (Übergang Aspekt zu Aspekt) zeigt verschiedene Einzelheiten, die gleichzeitig in derselben Szene zu sehen sind, bspw. werden die Umgebung und Gesichtszüge gezeigt

Movement-to-movement transition (Übergang Bewegung zu Bewegung) zeigt eine einzelne Bewegung in einer kurzen zeitlichen Abfolge, bspw. einen Augenaufschlag auf-zu-auf

Non Sequitur (Paralogie, unlogische Schlussfolgerung) zeigt Szenen, die in keinem logischen Zusammenhang stehen, aber von Lesenden/ Zuschauenden miteinander in Verbindung gebracht werden, was zu einem Fehlschluss führen kann

Scene-to-scene transition (Übergang Szene zu Szene) zeigt unterschiedliche Szenen in zeitlicher und räumlicher Entfernung, dies ermöglicht Raum- und Zeitsprünge

Subject-to-subject transition (Übergang Subjekt zu Subjekt) innerhalb einer Szene wird zwischen den Subjekten gewechselt

7.5 Vermittlung: Wie kann man Begriffe anbieten?

Sehen wir uns einige Möglichkeiten an, wie sich terminologische Konzepte in den Unterricht einbinden lassen.

7.5.1 Spannung

Das Konzept der Spannung ist bereits in der Grundschule wichtig. Ein kurzer Pseudo-Werbespot für *Nolan's Cheddar* kann helfen, das Konzept der Spannung bei den SuS einzuführen. Zu sehen ist eine Maus, die auf den Käse in einer Mausefalle zuläuft. Unterlegt ist die Szene mit dem beschwingten Song *Top of the World* (1972) von The Carpenters. Die Maus frisst etwas von dem Käse, dann schnuppert sie an der Falle und als das Bild schwarz wird, hören wir ein Klappern. Dies ist ein Wendepunkt. Während der traurige Song *The End* (1967) von The Doors läuft, sieht man die in der Falle gefangene Maus aus verschiedenen Perspektiven. Doch die Maus atmet noch. Dann gibt es eine unerwartete, heldenhafte und unglaubliche Wendung der Ereignisse: Im Rhythmus des Rocksongs *Eye of the Tiger* (1982) von Survivor (Titelsong von *Rocky 3*) nutzt die Maus die Mausefalle als Trainingsgerät: Sie demonstriert ihre Stärke durch Bankdrücken. Der vermeintliche Werbespot endet mit dem Slogan, dass der Käse „seriously strong“ („wirklich stark“) ist und die Maus so kräftig macht.

geeignet für alle Sprachen, alle Niveaus

Möglichkeiten, die *Nolan's Cheddar* für den Einsatz im Unterricht bietet:

- Fragen Sie vor der ersten Vorführung, welche Erwartungen die SuS haben, wenn sie an eine Mausefalle und eine Maus denken. Dies kann in verschiedenen Gruppensettings geschehen, z. B. mit der Placemat-Methode, durch das Verteilen von Notizen oder in einer Klassendiskussion.
- Halten Sie den Film an, wenn der Bildschirm schwarz wird, und fragen Sie die SuS nach einer möglichen Fortsetzung.
- Fragen Sie nach der Vorführung, wie die SuS die Spannung empfunden haben.
- Fragen Sie vor einer zweiten Vorführung, welche Funktion die Musik in der Werbung hat.
- Diskutieren Sie nach der zweiten Vorführung die Ergebnisse.
- Erläutern Sie die Begriffe „Spannung" und „Wendepunkt".
- Erläutern Sie, zumindest in der Oberstufe, die Begriffe „Leerstelle" und „Erwartungshorizont".
- Lassen Sie die SuS die Begriffe in ein leeres Plotdiagramm eintragen (s. Abb. 2.1). Im Glossar werden die Benennungen „Exposition", „steigende Handlung", „Höhepunkt/Wendepunkt", „fallende Handlung" und „Auflösung" erläutert.
- Zeigen Sie den Werbefilm ein drittes Mal.

7.5.2 Leerstelle

Ein wichtiger Begriff in Zusammenhang mit der Mehrdeutigkeit von Literatur ist die „Leerstelle". Literarisches Lesen erfordert eine aktive Interpretation. Daher ist es wichtig, die SuS zu ermutigen, Fragen zu stellen. Die Methode „Lesen im Dialog" ist sehr nützlich, wenn es um das Konzept der „Leerstelle" geht. Die zuvor beschriebenen Schritte (s. Kap. 1.6.5) sind zu benutzen. Es sind mehrere Varianten für Arbeitsformen denkbar. Im Folgenden werden drei Schritte präsentiert.

geeignet für alle Sprachen, alle Niveaus

Individuell:

a. Lesen Sie die Geschichte „[...]".
b. Schreiben Sie zwei Fragen auf, die die Geschichte bei Ihnen aufwirft.

Gruppe:

a. Lesen Sie die Fragen der anderen.
b. Wählen Sie gemeinsam eine Frage aus, die Sie für wichtig halten (Schlüsselfrage).
c. Schreiben Sie Ihre Schlüsselfrage auf ein großes Blatt Papier (Plakat).
d. Hängen Sie Ihr Poster auf.
e. Gehen Sie herum und lesen Sie die Fragen der anderen Gruppen.

f. Diskutieren Sie jede Frage in Ihrer Gruppe: Handelt es sich um eine Schlüsselfrage oder nicht?
g. Bewerten Sie die Fragen mit Aufklebern (z. B. grün = Schlüsselfrage, gelb = keine Schlüsselfrage).

Plenum

a. Machen Sie eine Bestandsaufnahme, welche Fragen als „echte“ Schlüsselfragen gelten.
b. Diskussion im Plenum: Was macht eine Frage zu einer Schlüsselfrage?

Leerstellen eignen sich auch sehr gut für kreatives Schreiben, bei dem die SuS die Leerstellen schriftlich füllen.

Bringen Sie den SuS bei, Fragen zu stellen. Geben Sie ihnen Phrasen auf Deutsch oder in der Zielsprache an die Hand, um weitere Fragen zu stellen. Beispiele dafür, wie man Fragen stellen kann, können helfen (s. Kasten).

geeignet für alle Sprachen, alle Niveaus

Beispiele für Folgefragen

Was meinst du, ist passiert?

Nenne ein Beispiel.

Was genau siehst du?

Was ist deiner Meinung nach typisch dafür?

Was findest du daran bemerkenswert?

Was denkst du, welche Gefühle hat die Hauptfigur darin?

Woran kann man das erkennen?

Woraus leitest du dies ab?

Worauf stützt du diese Aussage?

Kennst du weitere Beispiele dafür?

Womit, glaubst du, hat das zu tun?

Was glaubst du, warum ist das so?

Was könnte ein Motiv dafür sein?

Wie sieht es bei einer anderen Hauptfigur aus?

7.5.3 Expertengruppen

Durch die Arbeit in Expertengruppen (s. Kasten) können die SuS verschiedene Begriffe bearbeiten.

geeignet für alle Sprachen, alle Niveaus

Arbeitsform Expertengruppen

Die Klasse wird in beliebig große Gruppen eingeteilt. Jede Gruppe ist verantwortlich für eine Perspektive: den Ich-Erzähler, personales Erzählen und die auktoriale Erzählperspektive.

Aufgabe:

- Finden Sie einen Auszug aus einem Buch mit der entsprechenden Perspektive.
- Fertigen Sie ein Diagramm oder eine Erklärung für die anderen SuS an, die zeigt, woran sie diese Perspektive erkennen können.
- Schreiben Sie eine Schlussfolgerung, in der Sie erklären, welche Auswirkungen das Lesen und Schreiben von Geschichten aus dieser Perspektive hat.
- Die Gruppen präsentieren abwechselnd ihre Ergebnisse. Die anderen Gruppen stellen Fragen. Ziel ist es, dass alle SuS die unterschiedlichen Perspektiven erkennen können.

(Peppelenbos, Joosten & Temme, 2017)

7.5.4 Deduktiv oder induktiv?

Bietet man eine Regel an und die SuS sollen danach handeln, dann arbeiten die SuS deduktiv. Sollen die SuS die Regeln in einem Beispiel selbst entdecken, dann arbeiten sie induktiv. Die deduktive Form funktioniert schnell, während die induktive Form oft motivierender ist und besser behalten wird. Im Folgenden wird ein Beispiel für einen induktiven Umgang mit dem Konzept des Sonetts dargestellt (nach Hartog, 2011).

geeignet für alle Sprachen, Oberstufe

Arbeitsform Sonett

1. Wählen Sie ein Sonett aus.
2. Schreiben Sie das Sonett als Fließtext auf, sodass die Verszeilen nicht mehr erkennbar sind.
3. Geben Sie den SuS diese Textversion und einen kurzen, allgemeinen Advance Organizer.
4. Die SuS sollen die bearbeitete Fassung des Sonetts lesen.
5. Sie sollen den Text in ein paar Sätzen zusammenfassen.
6. Informieren Sie die SuS darüber, dass es sich bei dem Text um eine Adaption eines Gedichtes handelt.

7. Die SuS sollen einzeln das Ende jeder Verszeile identifizieren und dort einen Schrägstrich (in der Fachsprache: eine Virgel) setzen.
8. Lassen Sie die SuS diese Markierungen begründen.
9. Anschließend arbeiten die SuS die Merkmale eines Sonetts heraus.
10. Am Ende erläutern Sie die Sonettformen (Shakespeare vs. Petrarca).

7.5.5 Literarische Mindmap

Wenn die SuS einen Text lesen, können sie in Gruppen an einer literarischen Mindmap (vgl. Koek, 2010) arbeiten, einer hauptsächlich grafischen Darstellung. Die Struktur der Mindmap ermöglicht es, die SuS zu steuern und schnell zu erkennen, wo die Engpässe liegen. Im Folgenden wird die Arbeitsform näher erläutert.

geeignet für alle Sprachen, alle Niveaus

1. In der Mitte der literarischen Mindmap steht der Titel des Buches und eine Zeichnung, die das Buch kennzeichnet.
2. Von diesem Zentrum gehen acht Zweige ab. Jeder dieser Zweige hat eine andere Farbe.
3. Die Zweige entsprechen den literarischen Bezeichnungen. Auf der rechten Seite der Mindmap sind dies (im Uhrzeigersinn): Handlung, Figuren, Perspektive/Erzählung, Zeit und Raum. Auf der linken Seite befinden sich Symbole, Motive und Thema.
4. Die Zweige sind mit Stichworten und Zeichnungen gefüllt. Auch die Zweige selbst können sich verzweigen.
5. Das Format der literarischen Mindmap ist vorzugsweise A3, sodass genügend Platz für alle Zweige und Zeichnungen vorhanden ist.

Zunächst füllen die SuS die rechte Hälfte der Mindmap aus. In der linken Hälfte geht es dann darum, das Gelesene mithilfe der drei Begriffe zu interpretieren. Die zu benennenden Termini können natürlich angepasst werden.

7.5.6 Spielformate

Das Kartenspiel *Quartett* eignet sich gut, um Begriffe einzuüben. Wenn die SuS Quartette selbst anfertigen, eventuell in Zusammenarbeit mit anderen Sprachkursen und eventuell mehrsprachig, sind mindestens 40 Karten für zehn Quartette zu einem Thema notwendig. Jedes Quartett besteht aus vier zusammengehörigen Karten. Die Begriffe eines Quartetts müssen thematisch zusammengehören, z. B. nach literaturhistorischen Kategorien, Genres oder Werktitel von Autorin*innen geordnet sein. Danach können die SuS in Gruppen spielen. Es gewinnt derjenige, der die meisten Quartette hat.

Die Lehrkraft oder die SuS können ein *Kreuzworträtsel* zu den behandelten Begriffen erstellen, z. B. zu einem der Genres. Das Kreuzworträtsel kann ganz einfach online erstellt werden.

Aktivierend ist das Spiel *Zwei für Zwölf*. Zwei SuS beantworten 12 (eventuell literarische) Fragen schriftlich und schreiben den Anfangsbuchstaben der Antwort in ein Kästchen. Alle 12 Anfangsbuchstaben bilden zusammen ein literarisches Konzept, müssen aber noch in die richtige Reihenfolge gebracht werden. Erstrebenswert ist, dass die SuS sich an der Vorbereitung beteiligen, sich z. B. die Fragen, die Kategorien und das zu erratende Wort ausdenken.

7.5.7 Intertextualität

Terminologie kann helfen, das Phänomen der Intertextualität sichtbar zu machen. Die SuS lesen z. B. einen Auszug aus *De quel amour blessé* (1998) von Fouad Laroui oder aus *Romeo und Julia auf dem Dorfe* (1875) von Gottfried Keller. Sie entdecken, dass es sich bei dem Text um eine moderne Version von Shakespeares *Romeo and Juliet* (1597) handelt. Texte werden von älteren Texten beeinflusst. Diese implizite Bezugnahme eines Textes auf einen anderen Text nennt man Intertextualität. Der Bezug kann auf den Inhalt oder die Struktur eines älteren Textes abzielen. Das Wort Intertextualität sollten die SuS kennen und das Prinzip erkennen können.

Intertextualität ist nicht auf die Hochkultur beschränkt, man denke nur an die Bücher und Filme über *Bridget Jones* (aus dem Jahr 1996), die von *Pride and Prejudice* (1813) von Jane Austen inspiriert sind, oder an Verweise in Comics (s. Kap. 4.5.2).

Referenzen sind nicht immer offensichtlich. Die Tatsache, dass die Kaffeehauskette Starbucks nach dem ersten Steuermann Starbuck aus Herman Melvilles berühmtem Roman *Moby-Dick* (1851) benannt ist, ist merkwürdig, denn er trinkt keinen Kaffee. Offenbar gefiel den Gründern der Name. Die Bezüge des Romans *Moby-Dick* zur biblischen Geschichte von Jona und dem Wal sind jedoch sehr deutlich. Die Anspielungen im Sprachgebrauch sind Formen der Intertextualität.

Um die Wirkung der Intertextualität zu erörtern, kann bspw. die Zeichentrickserie *The Simpsons* benutzt werden, denn sie enthält viele Verweise auf Filme berühmter Regisseure wie Stanley Kubrick, Alfred Hitchcock, Francis Ford Coppola und Steven Spielberg (s. Kasten). In einer Montage sind die entsprechenden Filmbilder neben denen der Zeichentrickserie zu sehen (zu finden über eine YouTube-Suche nach „Simpsons movie references").

Liste von referenzierten Filmen in *The Simpsons*:

Bram Stoker's Dracula (1992) – *A Clockwork Orange* (1971) – *Pulp Fiction* (1994) – *Requiem for a Dream* (2000) – *The Gold Rush* (1925) – *Full Metal Jacket* (1987) – *The Fugitive* (1993) – *Terminator 2* (1991) – *Reservoir Dogs* (1992) – *The Birds* (1963) – *Risky Business* (1983) – *Citizen Kane* (1941) – *Psycho* (1960) – *The Silence of the Lambs* (1991) – *Raiders of the Lost Ark* (1981) – *Basic Instinct* (1992) – *An Officer and a Gentleman* (1982) – *One Flew Over the Cuckoo's Nest* (1975) – *2001: A Space Odyssey* (1968) – *Trainspotting* (1996) – *Thelma & Louise* (1991) – *The Godfather* (1972) – *Taxi Driver* (1976) – *The Shining* (1980) – *Spider-Man* (2002) – *E.T. the Extra-Terrestrial* (1982) – *Dr. Strangelove or: How I Learned to Stop Worrying and Love the Bomb* (1964)

7.5.8 Arbeiten mit Beispielen

Sinnvoll ist es, Begriffe in Verbindung mit einem Text anzubieten, für den das Konzept relevant ist. Gustave Flaubert wurde angeklagt, in seinem Roman *Madame Bovary* (1857) den Ehebruch einer Frau zu verherrlichen. Charakteristisch für seinen Stil ist die freie indirekte Rede (auch: erlebte Rede), durch die sich Figur und Erzähler miteinander vermischen; der Trick des Schriftstellers. Mit diesem Missverständnis als Hintergrund lesen die SuS einen Ausschnitt aus *Madame Bovary*, auch weil es sich um eine gängige Figurenrede handelt.

Nicht nur in deutschsprachigen Texten, sondern auch in vielen fremdsprachigen Texten stoßen die SuS auf sprachliche Stilmittel, die sie benennen können, z. B.: Metapher, Gleichnis, Personifikation, Paradoxon, Oxymoron, Metonymie, Synekdoche, Apostrophe, Assonanz. Viele Begriffe lassen sich wirksam anhand eines Beispiels erklären, z. B. die Personifikation: „Ich habe keine andere Verwandte als die universelle Mutter Natur" („I have no relative but the universal mother, Nature: I will seek her breast and ask repose." [Charlotte Brontë, *Jane Eyre*]). Unterstützend ist eine Sammlung von Beispielen, die eventuell gemeinsam mit den SuS erstellt werden kann. Lohnenswert ist es auch, Poster mit bestimmten Begriffen samt Beispielen vorübergehend im Klassenzimmer auszuhängen.

7.5.9 Disney-Filme als Fundament

Mit einigen Szenen aus klassischen Disney-Zeichentrickfilmen kann ebenfalls literaturwissenschaftliche Terminologie erläutert werden. Häufig kennen die SuS die Geschichten und können daher den Begriff besser einordnen. Es folgen einige Beispiele.

geeignet für alle Sprachen, alle Niveaus

Vorausdeutung: Eine noch nicht aufgedeckte Vorausdeutung auf mögliche zukünftige Ereignisse in der Erzählung. Beispiel: Bevor sie von einem Jäger erschossen wird, erteilt Bambis Mutter der Kleinen eine Lektion über die Gefahren, die vom Menschen ausgehen (*Bambi*, 1942).

Dramatische Ironie: Ironie, bei der das Publikum Informationen hat, die der Figur unbekannt sind. Beispiel: Simba fühlt sich wegen des Todes seines Vaters Mufasa schuldig, denn er weiß nicht (wie die Zuschauenden), dass Mufasa von seinem Onkel Scar getötet wurde (*The Lion King*, 1994).

Anagnorisis: das Wiedererkennen/Durchschauen der wahren Situation; nach einem anfänglichen Irrtum entdeckt der Protagonist das wahre Wesen der Zustände, der Antagonisten oder von sich selbst. Beispiel: Arthur merkt erst später, als er das Schwert aus dem Stein ziehen kann, dass er dazu bestimmt ist, König zu werden (*The Sword in the Stone*, 1963).

7.6 Evaluation und Prüfung

Die Prüfung von Terminologie findet nicht nur isoliert statt. Es ist darauf zu achten, dass in Aufgaben und Prüfungen über Prosa, Drama, Lyrik, Graphic Novels oder Film auch immer relevante Begriffe vorkommen. Lyrik hat meistens den Vorteil der Kürze, sodass die SuS einen vollständigen Text in der Prüfung bearbeiten können.

Bei einem integrierten Ansatz können bspw. Aspekte der Sprachkenntnisse (Hörverständnis) und der Literatur miteinander verbunden werden, wenn eine Kurzgeschichte als Höraufgabe vorliegt. In den Fragen können literaturwissenschaftliche Bezeichnungen verwendet werden.

Eine Mindmap (s. Kap. 7.5.5) hilft dabei, festzustellen, auf welcher Stufe sich die SuS befinden. Während einer Unterrichtsperiode kann der terminologische Apparat formativ getestet werden. Damit bekommen die SuS die Möglichkeit, herauszufinden, ob sie mit der Terminologie umgehen können. Es kann z. B. mit einer Checkliste wie der folgenden gearbeitet werden.

geeignet für alle Sprachen, alle Niveaus

Beispiel für eine Terminologie-Checkliste

Ich kann bereits ...	ja	nein	ich weiß es nicht
• Intertextualität erkennen	□	□	□
• Vorausdeutungen erkennen	□	□	□
• die Perspektive in einer Geschichte ändern	□	□	□
• alle für ein Gedicht relevanten Begriffe selbst verwenden	□	□	□
...			

Terminologie kann mit offenen Fragen getestet werden, aber das kann ein schwieriger Bewertungsprozess sein. In den meisten Fällen möchte man nur, dass die SuS die Begriffe korrekt anwenden können, anstatt sie richtig zu definieren.

Mithilfe von Zuordnungsfragen können die SuS die richtigen Kombinationen auswählen (s. Beispiel unten).

geeignet für alle Sprachen, alle Niveaus

Beispiel für Zuordnungsfragen

Ordnen Sie den Begriffen die korrekten Definitionen zu.

Begriff	Definition
Jambus	
Anagnorisis	
Exposition	
Vorausdeutung	

a) der Anfang des Stücks, in dem man wichtige Informationen über die Figuren und ihre Vorgeschichte erhält
b) Textfragment, in dem die Figur handelnd in der Zukunft auftritt
c) regelmäßiger Wechsel zwischen einer unbetonten und einer betonten Silbe
d) das Wiedererkennen/Durchschauen der wahren Situation; nach einem anfänglichen Irrtum entdeckt der Protagonist das wahre Wesen der Zustände, der Antagonisten oder von sich selbst.

Auch Multiple-Choice-Fragen haben sich bewährt. Man kann den SuS auch die Wahl zwischen verschiedenen Optionen lassen, wenn sie zu einem Textauszug argumentieren müssen, wie unten gezeigt:

geeignet für alle Sprachen, alle Niveaus

Beispiel für Multiple-Choice-Fragen

Welche Bezeichnung trifft am ehesten auf das folgende Textfragment zu?

Wählen Sie den Begriff a, b oder c und erläutern Sie seine Bedeutung für das Textfragment.

7.7 Zur Reflexion

Die folgenden Fragen und Aufgaben können bei der Bearbeitung dieses Kapitels helfen:

- Erklären Sie einer Kollegin der Fachschaft Deutsch Ihren Standpunkt zur Terminologie.
- Finden Sie Argumente für die didaktischen Vorteile von Graphic Novels und Filmen für terminologisches Wissen und die Begriffsanwendung.
- Wie können Stufenmodelle und GeR-Deskriptoren beim Umgang mit der literarischen Terminologie helfen?
- Wie sehen Sie Merkmale von Expertengruppen und der literarischen Mindmap im Unterricht anderer?
- Analysieren Sie die literarische Terminologie in den vorhandenen Unterrichtsmaterialien.
- Welche Vorschläge zum Umgang mit literarischer Terminologie sprechen Sie an? Und warum?
- Welche Möglichkeiten gibt es, einen literarischen Begriff induktiv erarbeiten zu lassen?
- Entwerfen Sie eine Unterrichtseinheit, in der Sie einen oder mehrere literarische Begriffe verwenden.
- Untersuchen Sie, ob die bestehende Bewertung literarischer Terminologie den Kriterien dieses Kapitels entspricht.

Bibliografie

Abitzsch, D. & Knaap, E. van der (2019). Literatur im Gemeinsamen europäischen Referenzrahmen. Zur Auswahl eines Katalogs für freies Lesen im Bereich des Deutschen als Fremdsprache. *Deutsch als Fremdsprache. Zeitschrift zur Theorie und Praxis des Faches Deutsch als Fremdsprache,* 56(3), 131–141.

Abitzsch, D. & Knaap, E. van der (2022). Erkenntnisse von DaF-Lehrpersonen zur Didaktik des freien Lesens. *Fremdsprachen Lehren und Lernen,* 51(1), 121–136.

Abitzsch, D., Knaap, E. van der, Abbate, R., Dawidowicz, M., Feld-Knapp, I., Hoffmann, S., Perge, G. & Schramm, K. (2019). *Freies Lesen im LEELU-LehrerInnenbildungsprojekt. Vom Forschungsstand zu einer Handreichung für den Unterricht.* https://leelu.eu/wp-content/uploads/sites/164/2019/08/Konzeptpapier-zum-Freien-Lesen-im-LEELU-Projekt-Endfassung-2019.pdf

Abitzsch, D., Knaap, E. van der & Schramm. K. (in Druck). Extensives Lesen im DaF-Unterricht der Sekundarstufe. Eine Interventionsstudie an neun europäischen Schulen. In M. Kienberger & K. Schramm (Hg.), *Jahrbuch Deutsch als Fremdsprache* 43/2022. München: iudicium

Abraham, U. & Kepser, M. (2016). *Literaturdidaktik Deutsch: Eine Einführung.* Berlin: Schmidt.

Altmayer, C. (2006). Kulturelle Deutungsmuster als Lerngegenstand: zur kulturwissenschaftlichen Transformation der Landeskunde. *Fremdsprachen lehren und lernen,* 35, 44–59.

Altmayer, C. (2013). Von der Landeskunde zur Kulturwissenschaft. Herausforderungen und Perspektiven. In F. T. Grub (Hg.), *Nordeuropäische Arbeiten zur Literatur, Sprache und Kultur. Bd. 1: Landeskunde. Nord. Beiträge zur 1. Konferenz in Göteborg am 12. Mai 2012,* 11–30. Frankfurt/M.: Peter Lang.

Altmayer, C. (2017). Landeskunde im Globalisierungskontext: Wozu noch Kultur im DaF-Unterricht? In P. Haase & M. Höller (Hg.), *Kulturelles Lernen im DaF/DaZ-Unterricht. Paradigmenwechsel in der Landeskunde. Materialien Deutsch als Fremdsprache,* Band 96, 3–23. Göttingen: Universitätsverlag.

Backx, G. (2018). Shakespeare in havo 5. *Levende Talen Magazine,* 105(8), 26–29.

Baetens, J. (2014). *The Graphic Novel. An Introduction.* Cambridge: Cambridge University Press.

Bal, R. (2022). *Cultural Diversity in the Dutch EFL Literature Curriculum. The Current Position and Use of Multicultural Literature in the Dutch EFL Classroom* (Masterthesis). Utrecht: Universiteit Utrecht.

Banks, J. A. (1993). Multicultural education: Historical development, dimensions, and practice. *Review of Educational Research,* 19, 3–49.

Barrette, C. M., Paesani, K. & Vinall, K. (2010). Toward an integrated curriculum: Maximizing the use of target language literature. *Foreign Language Annals,* 43(2), 216–230.

Barth, K. (2009). *Collaborative Teaching and Learning about 9/11: An interdisciplinary approach to modern education in a Dutch secondary school project* (Masterthesis). Utrecht: Universiteit Utrecht.

Basten-Malipaard, W. V. & Fonk, G. J. (2006). Dans les années soixante… Een lessenserie literatuur rond L'Evénement van Annie Ernaux. *Levende Talen Magazine*, 93(6), 9–12.

Biebricher, C. (2008). *Lesen in der Fremdsprache: Eine Studie zu Effekten extensiven Lesens.* Tübingen: Gunter Narr.

Bildungspläne Baden-Württemberg (Hg.) (2016). *Zentrum für Schulqualität und Lehrerbildung.* Stuttgart. https://www.bildungsplaene-bw.de/,Lde/Startseite

Bildungsstandards für die fortgeführte Fremdsprache (Englisch/Französisch) für die Allgemeine Hochschulreife. Beschluss der Kultusministerkonferenz vom 18.10.2012 (2014). Köln: Wolters Kluwer.

Bildungsstandards im Fach Deutsch für die Allgemeine Hochschulreife. Beschluss der Kultusministerkonferenz vom 18.10.2012 (2014). Köln: Wolters Kluwer.

Bimmel, P. (2012). Lernstrategien: Bausteine der Lernerautonomie. *Fremdsprache Deutsch. Zeitschrift für die Praxis des Deutschunterrichts*, 46, 3–10.

Binneberg, K. (1973). *Grundlagen eines Curriculums Sprache und Literatur.* Weinheim, Basel: Beltz.

Blell, G., Grünewald, A., Kepser, M. & Surkamp, C. (Hg.) (2016). *Film in den Fächern der sprachlichen Bildung.* Baltmannsweiler: Schneider Verlag Hohengehren.

Bloemert, J., Jansen, E. & Grift, W. van de (2016). Exploring EFL literature approaches in Dutch secondary education, *Language, Culture and Curriculum*, 29(2), 169–88. DOI:10.1080/07908318.2015.1136324

Bloemert, J., Paran, A., Jansen, E. & Grift, W. van de (2017). Students' perspective on the benefits of literature in foreign language lessons. *The Language Learning Journal*, 1–14. DOI: 10.1080/09571736.2017.1298149

Boelmann, J. & König, L. (2021). *Literarische Kompetenz messen, literarische Bildung fördern. Das BOLIVE-Modell.* Baltmannsweiler: Schneider Verlag Hohengehren.

Bolscher, I., Dirksen, J., Houkes, H. & Kist, S. van der (2004). *Literatuur en fictie. Een didactische handreiking voor het voortgezet onderwijs.* Zoetermeer: Biblion.

Brenner, G. (2011). *Methoden für Deutsch und Fremdsprachen. Sekundarstufe I und II.* Berlin: Cornelsen.

Brok, P. den, Tartwijk, J. van, Opdenakker, M.-C. & Wubbels, T. (2016). Effectief leraarsgedrag. In D. Beijaard (Hg.), *Weten wat werkt. Onderwijsonderzoek vertaald voor lerarenopleiders*, 16–25. Meppel: Ten Brink Uitgevers.

Brumfit, C. & Carter, R. (1986). *Literature and Language Teaching.* Oxford: Oxford University Press.

Bundesministerium für Unterricht, Kunst und Kultur, Abteilung für Leseförderung sowie Abteilung für geschlechtsspezifische Bildungsfragen (Hg.). (2007). *Gender & Lesen. Geschlechtersensible Leseförderung: Daten, Hintergründe und Förderungsansätze.* Wien.

Burwitz-Melzer, E. (2001). Teaching Intercultural Communicative Competence through Literature. In M. Byram, A. Nichols & D. Stevens (Hg.), *Developing Intercultural Competence in Practice.* Clevedon, Buffalo, Toronto, Sydney: Multilingual Matters, 29–43.

Burwitz-Melzer, E. (2007). Ein Lesekompetenzmodell für den fremdsprachlichen Literaturunterricht. In L. Bredella & W. Hallet (Hg.). *Literaturunterricht, Kompetenzen und Bildung*. Trier: WVT, 127–158.

Byram, M. (1997). *Teaching and Assessing Intercultural Communicative Competence*. Clevedon: Multilingual Matters.

Chua, S. P. (2008). The Effects of the Sustained Silent Reading Program on Cultivating Students' Habits and Attitudes in Reading Books for Leisure. *The Clearing House: A Journal of Educational Strategies, Issues and Ideas*, 81(4), 180–184.

Coenen, L. (1992). Literaire competentie: werkbaar kader voor het literatuuronderwijs of nieuw containerbegrip? *Spiegel*, 10(2), 55–78.

Coenen, L., Hoebers T. & Witte, T. (1998). Geïntegreerd literatuuronderwijs in het studiehuis. *Levende Talen Magazine*, 85(534/535), 524–529.

Coenen, L. & Prak, D. (1998). Naar een leerplan Geïntegreerd literatuuronderwijs. *Levende Talen Magazine*, 85(534/535), 531–535.

Council of Europe (Hg.) (2018). *Common European framework of reference for languages: learning, teaching, assessment companion volume with new descriptors*. Cambridge: Cambridge University Press. https://rm.coe.int/cefr-companion-volume-with-new-descriptors-2018/1680787989

Council of Europe (Hg.) (2020). *Gemeinsamer europäischer Referenzrahmen für Sprachen: lernen, lehren, beurteilen. Begleitband*. (Übers. J. Quetz & R. Cramerer). Stuttgart: Ernst Klett Sprachen.

Coyle, D. (2007). Content and Language Integrated Learning: Towards a Connected Research Agenda for CLIL Pedagogies. *International Journal of Bilingual Education and Bilingualism*, 10(5), 543–562, doi: 10.2167/beb459.0

Coyle, D., Hood, P. & Marsh, D. (2010). *Content and language integrated learning*. Cambridge: Cambridge University Press.

Crombie, M. A. (1997). The effects of specific learning difficulties (dyslexia) on the learning of a foreign language in school. *Dyslexia*, 3, 27–47.

Culler, J. (1981). *The Pursuit of Signs. Semiotics, Literature Deconstruction*. Ithaca: Cornell University Press.

Cummins, J. (1984). *Bilingualism and special education: Issues in assessment and pedagogy*. Clevedon: Multilingual Matters.

Day, R. & Bamford, J. (1998). *Extensive reading in the second language classroom*. Cambridge: Cambridge University Press.

Day, R. & Bamford, J. (2002). Top ten principles for teaching extensive reading. *Reading in a Foreign Language*, 14(2), 136–141.

Deardorff, D. K. (2011). Assessing intercultural competence. *New directions for institutional research*, 149, 65–79.

Delanoy, W. (2002). *Fremdsprachlicher Unterricht. Theorie und Praxis als Dialog*. Tübingen: Gunter Narr.

Delanoy, W. (2004). Rezeptionsästhetik und Task-Based-Learning am Beispiel von Meera Syals Roman Anita and Me. In L. Bredella, W. Delanoy & C. Surkamp (Hg.), *Literaturdidaktik im Dialog*, 147–179. Tübingen: Gunter Narr.

Diehr, B. & Surkamp, C. (2015). Die Entwicklung literaturbezogener Kompetenzen in der Sekundarstufe I. Modellierung, Abschlussprofil und Evaluation. In W. Hallet, C. Surkamp & U. Krämer (Hg.), *Literaturkompetenzen Englisch, Modellierung – Curriculum – Unterrichtsbeispiele*, 21–40. Seelze: Kallmeyer/Klett.

Dieleman-de Putter, M. (2018). Creatief schrijven met Franse literatuur. *Levende Talen Magazine*, 105(5), 25–28.

Dobstadt, M. & Riedner, R. (2011). Überlegungen zu einer Didaktik der Literarizität im Kontext von Deutsch als Fremdsprache. In M. Ewert, R. Riedner & S. Schiedermair (Hg.), *Deutsch als Fremdsprache und Literaturwissenschaft. Zugriffe, Themenfelder, Perspektiven* (99–115). München: IUDICIUM Verlag.

Donaghy, K. (2015, 30. November). ‚Speed Dating' Lesson Plan. http://film-english.com/2015/11/30/speed-dating [letzter Zugriff 29.8.2022]

Donato, R. & Brooks, F. B. (2004). Literary Discussions and Advanced Speaking Functions: Researching the (Dis)Connection. *Foreign Language Annals*, 37(2), 183–199.

Eekhof, L. S., van Krieken, K. & Willems, R. M. (2022). Reading about minds: The social-cognitive potential of narratives. *Psychonomic Bulletin & Review*, 29, 1703–1718. https://doi.org/10.3758/s13423-022-02079-z

Ehlers, S. (2010). Literarische Texte im Deutsch als Fremd- und Zweitsprache-Unterricht: Gegenstände und Ansätze. In H. J. Krumm, C. Fandrych, B. Hufeisen & C. Riemer (Hg.), *Deutsch als Fremd- und Zweitsprache: Ein internationales Handbuch* (1530–1544). Berlin: De Gruyter.

Eisenmann, M. (2015). Die Funktion von bewegten Bildern für die Erschließung eines literarischen Textes: Shakespeares Komödie The Taming of the Shrew und die Film-Adaption 10 Things I Hate About You. In C. Hecke & C. Surkamp (Hg.), *Bilder im Fremdsprachenunterricht. Neue Ansätze, Kompetenzen und Methoden* (341–361). Tübingen: Gunter Narr.

Elzakker, F. G. van (2014). *Dystopian Fiction in the English Language Classroom: Discusses the reasons and ways to teach dystopian fiction in the upper grades of secondary schools in the Netherlands by focusing on Brave New World (Aldous Huxley) and Fahrenheit 451 (Ray Bradbury)* (Masterthesis). Utrecht: Universiteit Utrecht.

Europarat (Hg.) (2001). *Gemeinsamer europäischer Referenzrahmen für Sprachen: lernen, lehren, beurteilen.* (Übers. J. Quetz, R. Schieß & U. Sköries). Berlin, München, Wien, Zürich, New York: Langenscheidt.

Fasoglio, D. & Canton, J. (2009). *Vreemdetalenonderwijs: een (inter)cultureel avontuur?* Enschede: Stichting leerplanontwikkeling.

Faulstich, W. (2013, 3. Aufl.). *Grundkurs Filmanalyse.* Paderborn: Fink/UTB.

Fisher, D. & Frey, N. (2019, 5. Aufl.). *Improving Adolescent Literacy. Content Area Strategies at Work.* Columbus/Ohio: Pearson Education.

Fisher, D., Frey, N., Anderson, A. & Thayre, M. (2014). *Text-Dependent Questions, Grades 6–12. Pathways to Close and Critical Reading.* Thousand Oaks: Corwin.

Flokstra, J. H. (2006). *Activerende werkvormen. Voortgezet onderwijs.* Enschede: SLO.

Gallagher, K. (2003). *Reading Reasons: Motivational Mini-Lessons for Middle and High School.* Portland, ME: Stenhouse.

Graaff, R. de (2013). *Taal om te leren. Didactiek en opbrengsten van tweetalig onderwijs.* Utrecht: Universiteit Utrecht.

Grieser-Kindel, C., Henseler, R. & Möller, S. (2006). *Method Guide: Schüleraktivierende Methoden für den Englischunterricht in den Klassen 5–10.* Paderborn.

Groeben, N. & Hürrelmann, B. (Hg.) (2004). *Lesesozialisation in der Mediengesellschaft. Ein Forschungsüberblick.* Weinheim, München: Juventa.

Haase, P. & Höller, M. (Hg.) (2017). *Kulturelles Lernen im DaF/DaZ-Unterricht. Materialien Deutsch als Fremdsprache.* Göttingen: Universitätsverlag. https://doi.org/10.17875/gup2017-1030

Hall, G. (2005). *Literature in Language Education.* New York: Palgrave Macmillan.

Hallet, W. (2012). Graphic Novels. Literarisches und multiliterales Lernen mit Comic-Romanen. *Der fremdsprachliche Unterricht Englisch* 46, 2–8.

Hartog, S. (2011). Literaire begrippen: een inductieve aanpak van het sonnet. *Levende Talen Magazine,* 98(5), 10–13.

Heath, M. A., Sheen, D., Leavy, D., Young, E. & Money, K. (2005). Bibliotherapy: A resource to facilitate emotional healing and growth. *School Psychology International,* 26(5), 563–580.

Hennig, M. & Jacob, J. (2022). Literatur in vereinfachter Sprache: Einfachheit und literarische Ästhetik. *Zeitschrift für Literaturwissenschaft und Linguistik* 52, 89–121. https://doi.org/10.1007/s41244-022-00250-6

Hesse, M. (2002). PISA und die Verbesserung von Lesekompetenz durch Jugendliteratur im Englischunterricht. *Fremdsprachenunterricht,* 46(55), 369–375.

Hoff, H. E. (2016). From 'Intercultural Speaker' to 'Intercultural reader': A proposal to reconceptualize intercultural communicative competence through a focus on literary reading. In F. Dervin & Z. Gross (Hg.), *Intercultural Competence in Education,* 51–71. London: Palgrave Macmillan.

Hofner, L. & Ivan, M. (2014). *Ann Jaramillo. La línea (Edición en español). Guía didáctica.* Stuttgart: Klett.

Iser, W. (1976). *Der Akt des Lesens. Theorie ästhetischer Wirkung.* München: UTB.

Jager, L. (2008). *Language through Literature: Benefits of using literature for foreign language acquisition, with practical suggestions for the English language classroom in Dutch secondary education* (Masterthesis). Utrecht: Universiteit Utrecht.

Jakobson, R. (1972). Linguistik und Poetik. In J. Ihwe (Hg.), *Literaturwissenschaft und Linguistik. Eine Auswahl. Texte zur Theorie der Literaturwissenschaft* (99–135). Frankfurt/M.: Athenäum.

Janssen, T. (1998). *Literatuuronderwijs bij benadering: een empirisch onderzoek naar vormgeving en opbrengsten van het literatuuronderwijs Nederlands in de bovenbouw van het havo en vwo.* Amsterdam: Thesis Publishers.

Janssen, T. (2009). *Literatuur leren lezen in dialoog: lezersvragen als hulpmiddel bij het leren interpreteren van korte verhalen.* Amsterdam: Vossiuspers.

Janssen, T. (2015). *Korte verhalen lezen & interpreteren.* Stichting Lezen en Stichting CPNB.

Janssen, T., Broekkamp, H. & Smallegange, E. (2006). *De relatie tussen literatuur lezen en creatief schrijven. Een onderzoek.* Amsterdam: Stichting Lezen.

Jerrim, J., Lopez-Agudo, L. A. & Marcenaro-Gutierrez, O. D. (2020). Does it matter what children read? New evidence using longitudinal census data from Spain. *Oxford Review of Education*, 46(5), 515–533, DOI: 10.1080/03054985.2020.1723516

Jerrim, J. & Moss, G. (2019). The link between fiction and teenagers' reading skills: International evidence from the OECD PISA study. *British Educational Research Journal.* 45(1), 181–200. https://doi.org/10.1002/berj.3498

Jones, C. & Carter, R. (2011). Literature and language awareness: Using literature to achieve CEFR outcomes. *Journal of Second Language Teaching and Research*, 1(1), 69–82.

Kast, B. (1985). *Jugendliteratur im kommunikativen Deutschunterricht. Fremdsprachenunterricht in Theorie und Praxis.* Berlin: Langenscheidt.

Kidd, D. C. & Castano, E. (2013). Reading literary fiction improves theory of mind. *Science, 342*(6156), 377–380. doi: 10.1126/science.1239918

Knaap, E. van der (2014). Möglichkeiten eines literaturdidaktischen Kompetenzmodells für den fremdsprachlichen Unterricht. *Deutsch als Fremdsprache*, 51(4), 215–225.

Knaap, E. van der (2015). De transfer van literaire competentie naar de vreemde taal. In D. Schram (Hg.), *Hoe maakbaar is de lezer? De doorgaande leeslijn in wetenschappelijk perspectief*, 209–227. Delft: Stichting Lezen.

Knaap, E. van der (2018). Zur Bedeutung der Lexik für das literarische Lesen. Didaktische Erkenntnisse einer Textdeckungsuntersuchung. *Informationen Deutsch als Fremdsprache* (Info DaF) *Themenheft „Sprachliche Kompetenzen und Bildungserfolg"* 49(4), 444–463. https://doi.org/10.1515/infodaf-2018-0069

Koek, M. (2008). Less is more. Literatuurgeschiedenis als ordening. In P. Rooijackers, T. Robben & M. de Wit (Hg.), *Literatuurgeschiedenis op de havo* (4–6) [Special van het *Levende Talen Magazine*, jaargang 95]. Utrecht: Levende Talen.

Koek, M. (2010). De literaire mindmap als alternatief voor het leesdossier. In: S. Vanhooren & A. Mottart (Hg.), *24e conferentie Het Schoolvak Nederlands*, 60–64. Den Haag: Nederlandse Taalunie.

Koek, M. & Maas, I. (2018). Het Murakami-effect. Grenzen oprekken in de literatuurles. *Levende Talen Magazine*, 105(3), 6–10.

Kramsch, C. (1993). *Context and Culture in Language Teaching.* Oxford: Oxford UP.

Kramsch, C. (1996). The Cultural Component of Language Teaching. *Zeitschrift für Interkulturellen Fremdsprachenunterricht*, 1(2), 1–13. https://zif.spz.tu-darmstadt.de/jg-01-2/beitrag/kramsch2.htm

Krashen, S. D. (1985). *The input hypothesis: Issues and implications.* New York: Longman.

Krashen, S. D. (2004). *The Power of Reading. Insights from the Research.* Portsmouth, NH: Heinemann; Westport, CT: Libraries Unlimited.

Krashen, S. D. (2011). *Free Voluntary Reading.* Santa Barbara: Libraries Unlimited.

Kreft, J. (1977). *Grundprobleme der Literaturdidaktik. Eine Fachdidaktik im Konzept sozialer und individueller Entwicklung und Geschichte.* Heidelberg: Quelle & Meyer.

Krijger, M. (2010). *Literature Village: Literature and Speaking Education Combined* (Masterthesis). Utrecht: Universiteit Utrecht.

Kruse, G. (2015). Das Lesen trainieren. Zu Konzepten von Leseunterricht und Leseübung. In A. Bertschi-Kaufmann (Hg.), *Lesekompetenz – Leseleistung – Leseförderung. Grundlagen, Modelle und Materialien*, 176–188. Seelze/Zug: Kallmeyer/Klett.

Kwakernaak, E. (2015). *Didactiek van het vreemdetalenonderwijs*. Bussum: Coutinho.

Laufer, B. & Ravenhorst-Kalovski, G. C. (2010). Lexical threshold revisited, lexical text coverage, learners' vocabulary size and reading comprehension. *Reading in a Foreign Language*, 22(1), 15–30.

Lazar, G. (1993). *Literature and Language Teaching: A Guide for Teachers and Trainers*. Cambridge: Cambridge UP.

Lehrner-te Lindert, E. (2020). *Fremdsprachliches Lesen mit literarischen Texten. Zur Entwicklung von Leseverstehen und literarischer Kompetenz im DaF-Unterricht der niederländischen Sekundarstufe I*. Berlin: Erich Schmidt Verlag (Studien Deutsch als Fremd- und Zweitsprache, 9).

Lehrner-te Lindert, E., Knaap, E. van der & Graaff, R. de (2018). Lehrkraftperspektiven auf den Einsatz von literarischen Texten im niederländischen DaF-Unterricht der Sekundarstufe I. *Deutsch als Fremdsprache. Zeitschrift zur Theorie und Praxis des Faches Deutsch als Fremdsprache*, 55(3), 160–170.

Liddicoat, A. J. & Scarino, A. (2013). *Intercultural language teaching and learning*. Chisester: John Wiley and Sons.

Lutjeharms, M. (2010). Vermittlung der Lesefertigkeit. In H. J. Krumm, C. Fandrych, B. Hufeisen & C. Riemer (Hg.), *Deutsch als Fremd- und Zweitsprache: Ein internationales Handbuch*, 976–982. Berlin: De Gruyter.

Maley, A. (1995). *Short and Sweet*. Cambridge: Cambridge University Press.

Marzano, R. J. (2004). *Building Background knowledge for academic achievement: Research on what works in schools*. Alexandria: Association for supervision and curriculum development.

Mathijsen, M. (2006). Literatuur als levertraan. In K. Hilberdink & S. Wagenaar (Hg.), *Leescultuur onder vuur: zes voordrachten over geletterdheid*, 9–16. Amsterdam: KNAW.

Matos, A. G. (2012). *Literary texts and intercultural learning: Exploring new directions*. Bern: Peter Lang.

McCarthy, K., Ondaatje, E. H., Zakaras, L. & Brooks, A. (2004). *Gifts of the muse: Reframing the debate about the benefits of the arts*. Santa Monica, CA: RAND Corporation.

McCloud, S. (2017). *Understanding Comics. The Invisible Art*. New York: William Morrow.

McQuillan, J. (2020). Harry Potter and the Prisoners of Vocabulary Instruction: Acquiring Academic Language at Hogwarts. *Reading in a Foreign Language*, 32(2), 122–142.

Meijer, D. & Fasoglio, D. (2007). *Handreiking schoolexamen moderne vreemde talenhavo/vwo*. Enschede: SLO.

Mempel, C. (2010). Verstehensprobleme bei der Comic-Rezeption in der Erst- und Fremdsprache. In: M. Lutjeharms & C. Schmidt (Hg.), *Lesekompetenz in Erst-, Zweit- und Fremdsprache*. Tübingen: Gunter Narr, 189–205.

Milani, A., Lorusso, M. L. & Molteni, M (2009). *The effects of audiobooks on the Psychosocial adjustment of Pre-adolescents and adolescents with Dyslexia*. Wiley InterScience (www.interscience.wiley.com). DOI: 10.1002/dys.397

Ministerium für Schule, Jugend und Kinder des Landes Nordrhein-Westfalen (Hg.) (2004). *Kernlehrplan für das Fach Deutsch der Realschule*. Heft 3315. Frechen. https://www.schulentwicklung.nrw.de/lehrplaene/upload/lehrplaene_download/realschule/rs_deutsch.pdf

Ministerium für Schule und Bildung des Landes Nordrhein-Westfalen (Hg.) (2019). *Kernlehrplan für die Sekundarstufe I Gymnasium in Nordrhein-Westfalen*. Heft 3409. Düsseldorf. https://www.schulentwicklung.nrw.de/lehrplaene/lehrplan/196/g9_d_klp_%203409_2019_06_23.pdf

Ministerium für Schule und Weiterbildung des Landes Nordrhein-Westfalen (Hg.) (2014). *Modularer Kernlehrplan für die Sekundarstufe II Gymnasium/Gesamtschule in Nordrhein-Westfalen*. Heft 4713. Düsseldorf.

Modern Language Association (2007). *Foreign Languages and Higher Education: New Structures for a Changed World*. www.mla.org/flreport

Mol, S. & Bus, A. G. (2011). To read or not to read: A meta-analysis of print exposure from infancy to early adulthood. *Psychological Bulletin*, 137(2), 267–296.

Moreno Hidalgo, A. J. & Rutters, L. J. A. (2014). *Adaptaciones literarias para estudiantes secundarios en Holanda* (Masterthesis). Utrecht: Universiteit Utrecht.

Nakanishi, T. (2015). A Meta-Analysis of Extensive Reading Research. *TESOL QUARTERLY, 49*(1), 6–37.

Nation, I. S. P. (2006). How large a vocabulary is needed for reading and listening? *The Canadian Modern Language Review/La Revue canadienne des langues vivantes*, 63(1), 59–82.

Nation, P. & Wang-Ming-tzu K. (1999). Graded Readers and Vocabulary. *Reading in a Foreign Language*, 12(2), 355–380.

Neuner, G., Krüger, M. & Grewer, U. (1981). *Übungstypologie zum kommunikativen Deutschunterricht*. Berlin, München, Wien, Zürich: Langenscheidt.

Newby, D., Allan, R., Fenner, A.-B., Jones, B., Komorowska, H. & Soghikyan, K. (2007). *Europäisches Portfolio für Fremdsprachenlehrende in Ausbildung*. Europarat. Online: http://archive.ecml.at/mtp2/publications/C3_Epostl_D_internet.pdf

Nünning, A. & Surkamp, C. (2003). Text – Literatur – Kultur: Handlungs- und produktionsorientierter Literaturunterricht und Fremdverstehen. In G. Bach & J. P. Timm (Hg.), *Englischunterricht: Grundlagen und Methoden einer handlungsorientierten Unterrichtspraxis*, 149–171. Tübingen/Basel: Francke.

Nussbaum, M. (1997). *Cultivating Humanity. A Classical Defense of Reform in Liberal Education*. Cambridge Mass., London: Harvard UP.

Oberon (2016). *Lees- en literatuuronderwijs in havo/vwo*. Amsterdam: Stichting Lezen.

OECD (2010). PISA 2009 Results: *What Students Know and Can Do – Student Performance in Reading, Mathematics and Science* (Volume I). http://dx.doi.org/10.1787/9789264091450-en

OECD (2011). *Pisa in Focus: Do students today read for pleasure?* (Rep. No. 8). www.oecd.org/pisa/pisaproducts/pisainfocus/48624701.pdf

OECD (2019). PISA 2018 Ergebnisse (Band I): *Was Schülerinnen und Schüler wissen und können*. Bielefeld: wbv Media. https://doi.org/10.1787/1da50379-de.

OECD (2021). *21st-Century Readers: Developing Literacy Skills in a Digital World.* PISA. Paris: OECD Publishing. https://doi.org/10.1787/a83d84cb-en

Paran, A. (2008). The role of literature in instructed foreign language learning and teaching: An evidence-based survey. *Language teaching,* 41(4), 465–496.

Paran, A., Spöttl, C., Ratheiser, U. & Eberharter, K. (2021). Measuring literary competences in SLA. In P. Winke & T. Brunfaut (Hg.), *The Routledge Handbook of Second Language Acquisition and Language Testing,* 326–337. New York: Routledge.

Peppelenbos, C., Joosten, C. & Temme, B. (2017). *Basisboek Literatuur.* Groningen: Kleine Uil.

Pilgreen, J. (2000). *The SSR Handbook: How to Organize and Manage a Sustained Silent Reading Program.* Portsmouth, NH: Heinemann.

Rauch, M. (2012). Literaturgeschichtsschreibung im 21. Jahrhundert – Konzepte in Wissenschaft und Schule. *Mitteilungen des Deutschen Germanistenverbandes,* 59(4), 360–378.

Reiss, K., Weis, M., Klieme, E. & Köller, O. (Hg.) (2019). *PISA 2018. Grundbildung im internationalen Vergleich.* Münster, New York: Waxmann.

Rezat, S. (2019, 3. Auflage). Fachspezifische Leistungsbewertung und -beurteilung. In Goer, C. & Koeller, K. (Hg.), *Fachdidaktik Deutsch. Grundzüge der Sprach- und Literaturdidaktik,* 97–111. Paderborn: Wilhelm Fink.

Rigney, A. (2019). The Many Dimensions of Literature. In K. Brillenburg-Wurth & A. Rigney (Hg.), *The Life of Texts. An Introduction to Literary Studies,* 45–75. Amsterdam: Amsterdam University Press.

Ros, L. (2013). Landeskunde und interkulturelles Lernen. In M. Brinitzer et al. (Hg.), *DaF unterrichten: Basiswissen Didaktik Deutsch als Fremd- und Zweitsprache,* 95–106. Stuttgart: Klett.

Rosebrock, C. (2015). Der Mut zur Einfalt – Vereinfachte Klassikerausgaben für den Schulgebrauch. *Didaktik Deutsch. Halbjahresschrift für die Didaktik der deutschen Sprache und Literatur,* 38, 33–39.

Rosebrock, C. (2019). Leichte Texte. In C. Hochstadt & R. Olsen (Hg.): *Handbuch Deutschunterricht und Inklusion,* 93–110. Weinheim: Beltz.

Rouet, J. F., Vidal-Abarca, E., Erboul, A. B. & Millogo, V. (2001). Effects of Information Search Tasks on the Comprehension of Instructional Text. *Discourse Processes,* 31(2), 163–186, DOI: 10.1207/S15326950DP3102_03

Rupp, G. & Gosewehr, S. (2012). Lesen Schülerinnen und Schüler Literatur anders als Sachtexte? Zur Modellierung und Messung literarischer Lesekompetenz. In D. A. Frickel, C. Kammler & G. Rupp (Hg.), *Literaturdidaktik im Zeichen von Kompetenzorientierung und Empirie. Perspektiven und Probleme,* 287–311. Freiburg im Breisgau: Fillibach Verlag.

Saxinger, N. (2016). *Handout „Literatur & Theater – Theatermethoden im DaF-Unterricht",* (Fortbildung, 14. Oktober). Zwolle: Hogeschool Windesheim. www.spracheundtheater.de

Schat, E. (2022). *Integrating Intercultural Literary Competence: An Intervention Study in Foreign Language Education* (Dissertation). Utrecht: Universiteit Utrecht.

Schat, E., Graaff, R. de & Knaap, E. van der (2018). Intercultureel en taalgericht literatuuronderwijs bij de moderne vreemde talen. Een enquête onder docenten Duits, Frans en Spaans in Nederland. *Levende Talen Tijdschrift* 19(3), 13–25.

Schat, E., Knaap, E. van der & Graaff, R. de (2021a). The development and validation of an intercultural competence evaluation instrument for upper secondary foreign language teaching. *Intercultural Communication*, 4(2), 137–154. https://doi.org/10.29140/ice.v4n2.432

Schat, E., Knaap, E. van der & de Graaff, R. (2021b). Key principles for an integrated intercultural literary pedagogy: An educational design research project on arts integration for intercultural competence. *Language Teaching Research*. https://doi.org/10.1177/13621688211045012

Schmitt, N. (2008). Review Article. Instructed second language vocabulary learning. *Language Teaching Research*, 12, 329–363.

Schmitt, N., Jiang, X. & Grabe, W. (2011). The percentage of words known in a text and reading comprehension. *The Modern Language Journal*, 95, 26–43. doi: 10.1111/j.1540-4781.2011.01146.x

Schoenbach, R., Greenleaf, C. & Murphy, L. (2012). *Reading for understanding: how reading apprenticeship improves disciplinary learning in secondary and college classrooms.* San Francisco: Jossey-Bass, a Wiley imprint.

Schooten, E. J. van (2005). *Literary response and attitude toward reading fiction* (Dissertation). Groningen: Rijksuniversiteit Groningen.

Schrijvers, M., Janssen, T. & Rijlaarsdam, G. (2016). 'Dat een boek kan veranderen hoe je naar de wereld kijkt'. De impact van literatuuronderwijs op zelfinzicht en sociaal inzicht van bovenbouwleerlingen in havo en vwo. *Levende Talen Tijdschrift*, 17(1), 3–13.

Sekretariat der Ständigen Konferenz der Kultusminister der Länder in der Bundesrepublik Deutschland (Hg.): *Bildungsstandards im Fach Deutsch für den Mittleren Schulabschluss (2004)*. München: Wolters Kluwer.

Sickmann, K. (2018). Hoe komen we af van onze koudwatervrees voor geïntegreerd literatuuronderwijs? *Levende Talen Magazine*, 105(3), 44–47.

Silfhout, G. van (2016). Een dag literatuuronderwijs op het Keizer Carel College. Lezen, schrijven, praten, vragen stellen en nog meer vragen stellen. *Levende Talen Magazine*, 103(4), 5–8.

Spiro, J. (2004). *Creative poetry writing*. Oxford: Oxford UP.

Staiger, M. (2010). *Literaturverfilmungen im Unterricht*. München: Oldenbourg Schulbuchverlag.

Stalpers, C. (2006). De aard van de lezer: uitkomsten promotieonderzoek naar leesgedrag en bibliotheekgebruik scholieren. *Levende Talen Tijdschrift*, 7(2), 23–31.

Stalpers, C. (2011). Een empirisch onderzoek naar motieven voor het lezen van narratieve teksten. In D. Schram (Hg.), *Waarom zou je (nu) lezen?*, 33–54. Delft: Eburon.

Stokmans, M. (2009). De invloed van literatuuronderwijs op de leesattitude. *Levende Talen Tijdschrift*, 10(2), 35–43.

Surkamp, C. (2010). Literaturdidaktik. In W. Hallet & F. G. Königs (Hg.), *Handbuch Fremdsprachendidaktik*, 137–141. Seelze-Velber: Friedrich Verlag.

Tellegen, S., Alink, L. & Welp, P. (2002). *De attractie van boek en computerspel: een onderzoek onder scholieren*. Amsterdam: Stichting Lezen.

Thaler, E. (2010). Filmdidaktik. In W. Hallet & F. G. Königs (Hg.), *Handbuch Fremdsprachendidaktik*, 142–146. Seelze-Velber: Friedrich Verlag.

Tinter, N. (2012). Literaturgeschichtsschreibung im 21. Jahrhundert – Konzepte in Wissenschaft und Schule: Ein »Sorgenkind« der Deutschdidaktik? – Deutschdidaktische Perspektiven auf den Gegenstand der Literaturgeschichte. *Mitteilungen des Deutschen Germanistenverbandes*. 59(4), 379–397.

Topalović, E. & Diederichs, L. (2020). Sprachliches und literarisches Lernen mit Texten in einfacher Sprache. Deutschdidaktische Kontroversen am Beispiel des Romans „Tschick". In B. Mesch & J. Brüggemann (Hg.), *Sprache als Herausforderung – Literatur als Ziel: Sprachsensible Zugänge zu Kinder- und Jugendliteratur*. Bd 1, 97–113. Baltmannsweiler: Schneider Verlag Hohengehren.

Tschirner, E. (2009). Wortbildung A1-B2. Internationale Deutschlehrertagung (IDT) [Plenarvortrag]. Jena/Weimar, 3.-7. August.

Tschirner, E. (2021). Extensives Lesen mit Leichten Lektüren: Eine Pilotstudie zum Erwerb von Lesekompetenz bei DaF-Anfänger*innen. In O. C. Díaz Pérez, E. Tschirner & K. Wisniewski, *Mexikanisch-deutsche Perspektiven auf Deutsch als Fremdsprache. Beiträge zum zehnjährigen Bestehen des binationalen Masterstudiengangs Leipzig-Guadalajara*, 237–254. Tübingen: Stauffenburg.

Uslan, M. & Rubey, D. R. (1973). *A Study Guide for P. C.1: The Comic Book in America*. Bloomington: Indiana University Press.

Verboord, M. (2003). *Moet de meester dalen of de leerling klimmen? De invloed van literatuuronderwijs en ouders op het lezen van boeken tussen 1975 en 2000* (Dissertation). Utrecht: Universiteit Utrecht.

Verboord, M. (2006). Leesplezier als sleutel tot succesvol literatuuronderwijs? In M. T. C. Mathijsen, K. Hilberdink & S. Wagenaar (Hg.), *Leescultuur onder vuur*, 35–51. Amsterdam: Koninklijke Nederlandse Akademie van Wetenschappen.

Verstraten, P. (2009). *Film Narratology: Introduction to the Theory of Narrative* (Übers. Stefan van der Lecq). Toronto: University of Toronto Press.

Volkmann, L. (2015). Literacy and Intercultural Competence. Furthering Students' Knowledge, Skills and Attitudes. In W. Delanoy, M. Eisenmann & F. Matz, *Learning with Literature in the EFL Classroom*. (e-book) https://doi.org/10.3726/978-3-653-04297-9

Vos, L. (2018). *Teaching Intercultural Communicative Competence alongside Language Proficiency* (Masterthesis). Utrecht: Universiteit Utrecht.

Waldmann, G. (2020, 12. Auflage). *Produktiver Umgang mit Literatur im Unterricht. Grundriss einer produktiven Hermeneutik. Theorie – Didaktik – Verfahren – Modelle*. Bielefeld: wbv Media.

Wansink, B., Akkerman, S., Zuiker, I. & Wubbels, T. (2018). Where does teaching multiperspectivity in history education begin and end? An analysis of the uses of temporality. *Theory & Research in Social Education*, 46(4), 495–527.

Webb, S. & Macalister, J. (2013). Is Text Written for Children Useful for L2 Extensive Reading? *TESOL Quarterly*, 47(2), 300–322.

Welsch, W. (2011). *Immer nur der Mensch? Entwürfe zu einer anderen Anthropologie*. Berlin: De Gruyter Akademie Forschung.

Willis, J. (1996). *A framework for task-based language learning*. Addison Wesley: Longman.

Witte, T. (2002). Een kaart voor literaire ontwikkeling. In A. M. Raukema, D. Schram & C. Stalpers (Hg.), *Lezen en leesgedrag van adolescenten en jongvolwassenen* (39–58). Delft: Eburon.

Witte, T. (2008). *Het oog van de meester: een onderzoek naar de literaire ontwikkeling van havo- en vwo-leerlingen in de tweede fase van het voortgezet onderwijs*. Delft: Eburon.

Witte, T. (2015, 6. März). *De ontwikkeling van literaire competentie in het secundair onderwijs. NDN-lenteconferentie, Antwerpen* (Handout). Groningen: Rijksuniversiteit Groningen.

Witte, T. & Jansen, E. (2014). Op zoek naar literatuurdidactisch meesterschap. Opvattingen van docenten en leerlingen over de kenmerken van de excellente literatuurdocent. In A. Mottart & S. Vanhooren (Hg.), *28ste HSN-conferentie*, 171–175. Gent: Academia Press.

Witte, T., Mantingh, E. & Herten, M. van (2017). Doodtij in de delta: Stand en toekomst van het Nederlandse literatuuronderwijs. *Spiegel der Letteren: Tijdschrift voor Nederlandse Literatuurgeschiedenis en voor Literatuurwetenschap*, 59, 115–143.

Witte, T. & Sâmihăian, F. (2013). Is Europe open to a student-oriented framework for literature? A comparative analysis of the formal literature curriculum in six European countries. L1-Educational Studies in Language and Literature, 13, 1–22.

Wolf, M. (2007). *Proust and the Squid: The Story and Science of the Reading Brain*. New York: HarperCollins.

Abbildungsverzeichnis

Tabellenverzeichnis

Glossar

Als Starthilfe werden im Folgenden literarische Begriffe, die für den Unterricht hilfreich sind, sehr knapp erläutert. Da die Begriffe im Buch vorkommen, wird die Kapitelnummer aufgeführt. Für eingehendere Definitionen und für Spezialbereiche sei auf einschlägige Fachlexiken bzw. Einführungen ins jeweilige Genre verwiesen.

Akrostichon (das) [2.3.3, 3.6.2]
die Anfangsbuchstaben der einzelnen Verszeilen ergeben ein Wort, dieses Wort kann ein Thema oder ein Personenname sein

Anagnorisis (die) [7.5.9]
das Wiedererkennen/Durchschauen der wahren Situation; nach einem anfänglichen Irrtum entdeckt der Protagonist das wahre Wesen der Zustände, der Antagonisten oder von sich selbst

Aphorismus (der) [2.3.3]
kerniger Gedanke in Prosa, der zum Nachdenken anregt; Sinnspruch

Apostrophe (die) [7.5.8]
Anrede in der Poesie; die Hinwendung des Dichters zu Figuren oder Instanzen im Text (z. B. „Sage mir, Muse, die Taten des vielgewanderten Mannes, welcher so weit geirrt, nach des heiligen Troja Zerstörung, vieler Menschen Städte gesehen und Sitte gelernt hat [...]“)

Assonanz [7.5.8]
vokalischer Halbreim, bei dem eine oder mehrere Silben in entsprechender Position dieselben vokalischen Laute aufweisen (z. B. der a-Laut im 55. Sonett von Shakespeare: „When wasteful war shall statues overturn“)

Aufklärung (die) [6.5.3]
Emanzipationsbewegung des Bürgertums im 18. Jahrhundert im Bereich des Glaubens und der Politik

Auflösung (die) [2.5.6, 7.3, 7.5.1]
Beschluss oder Abrundung/Lösung einer Geschichte, woraus Fragen, Antworten, Frustrationen oder Genugtuung hervorgehen können (auch im Theaterstück und Film)

Auktoriales Erzählverhalten (das) [7.5.3]
diese Erzählinstanz blickt von außen auf die Geschichte und ist kein Teil von ihr, sie mischt sich im Text durch Kommentare, Andeutungen, Hinweise usw. ein, wodurch deutlich wird, dass sie sehr gut informiert und nahezu allwissend ist; vgl. Fokalisierung

Autobiographische Text (der) [1.3.5., 3.5.4]
Text, in dem Erfahrungen und Ereignisse aus dem Leben des Autors verarbeitet sind

Ballade (die) [2.3.3, 3.4.3, 3.5]
ein langes, erzählendes Lied bzw. Gedicht über Liebe und Tod, das viele Wiederholungen und Dialoge enthält; auch: Volksballade

Bestseller (der) [1.3.5]
Buch, das in kurzem Zeitraum eine hohe Verkaufszahl erreicht

Bildgedicht (das) [2.3.3]
Gedicht, in dem visuelle Darstellungen mittels typographischer Gestaltung in Worte umgesetzt werden; konkrete Poesie

Bildgeschichte (die) [1.2.2]
Erzählung mit graphischen Elementen, z. B. Comic, Graphic Novel

Bildroman (der) [2.3.3]
Roman mit graphischen Elementen, Graphic Novel

Chronologie (die) [5.3.4]
die Beschreibung von Ereignissen in der Reihenfolge ihres Stattfindens (chronologische Abfolge) oder die Ordnung von Ereignissen in einer anderen Reihenfolge (nicht-chronologische Abfolge: z. B. Anfang in der Mitte der Handlung, dann zum Anfang zurückkehrend)

Cliffhanger (der) [2.5.5]
ein spannungsreiches Ereignis, das bspw. am Ende einer Folge einer Rundfunk-, Film- oder Fernsehserie bzw. eines Buchkapitels platziert wird, um Rezipient*innen zum Weiterlesen bzw. Weiterschauen zu animieren

Close-up (das) [7.4.2]
bildfüllende Groß- oder Nahaufnahme eines Elementes im Film oder in einer Graphic Novel; bei einem extremen Close-up mit noch größerem Detail; gezeigt wird die Person etwa in Brusthöhe, die Mimik ist gut erkennbar; auch: Nah

Collage(-Technik) (die) [1.3.3]
verschiedene Objekte bzw. Abbildungen werden in einer bestimmten Mischung zusammengefügt

Dialog (der) [1.2.3, 2.5.7, 3.5.3, 3.5.13, 3.6.1, 4.2.4, 4.4.2, 4.4.4, 5.3.1, 7.3]
Dramentext für zwei Schauspieler*innen, den sie gemeinsam sprechen; Arbeitsform im Unterricht

Dokumentarfilm (der) [4.5.6, 5.2, 5.3.3]
ein informativer, faktenbasierter Film; die Frage, was wirklich passiert ist, spielt in diesem Genre in unterschiedlichem Maße eine Rolle

Drama (das) [2.3.3, 2.5.6, 3.4.7, 3.5.2]
verfasster/aufgeführter Schauspieltext

Dramatische Ironie (die) [7.5.9]
Ironie, bei der das Publikum Informationen hat, die der Figur unbekannt sind

Drehbuch (das) [3.5, 5.3.1, 5.5.1, 5.5.4, 5.5.6)
Beschreibung der Drehabfolge von verschiedenen Filmaufnahmen

Dutch Angle (der) (Canted Framing, Canted Angle, Dutch Tilt) [7.4.2]
die Kamera wird in einem Winkel gehalten, sodass der Horizont nicht horizontal, sondern schief läuft, hieraus geht Verfremdung und Desorientierung hervor; auch in Graphic Novels taucht dieser Effekt auf

Endreim (der) [3.6.5]
die Endwörter von zwei oder mehr Verszeilen reimen sich

Elegie (die) [2.3.3]
Klagegesang, meistens beim Abschied eines (verstorbenen) Menschen

Elfchen (das) [2.3.3, 3.6.2]
Gedicht, in dem elf Wörter in festgelegter Folge über fünf Zeile verteilt werden

Ellipse (die) [5.3.4]
Stilmittel; Auslassung von Wörtern oder Satzteilen in einem Satz (oder: Bilder im Film oder Graphic Novel), wodurch es schwieriger ist, die Bedeutung herauszufinden

Enjambement (das) [7.3]
Zeilensprung in einem Gedicht, wenn ein Sinnabschnitt über das Versmaß hinaus in den nächsten Vers übergeht, wodurch Spannung und Ambivalenz entstehen

Epik (die) [2.3.3]
erzählende Texte

Erlebte Rede (die) [7.5.3]
Personenrede, zur Wiedergabe von Bewusstseinsinhalten einer Figur, erzählt in der 3. Person und im Imperfekt (auch: freie indirekte Rede); die Abgrenzung vom Erzählerbericht ist manchmal schwierig

Erzähler*in [7.5.3]
jemand, der die Geschichte erzählt (s. auktoriale Erzählinstanz/auktorialer Erzähler, Ich-Erzähler, personale Erzählinstanz)

Erzählperspektive (die) [1.2.3, 2.5.2, 2.5.7, 3.6, 3.6.4, 4.4.2, 4.4.4, 7.3, 7.5.3]
Betrachtungsweise in einer Erzählung von einem bestimmten Standpunkt aus (s. Erzähler*in) (s. auch: Froschperspektive, Zentralperspektive, Vogelperspektive)

Erzählte Zeit (die) [5.3.4]
der Zeitraum, den das erzählte Geschehen in Wirklichkeit beanspruchen würde (vgl. Erzählzeit)

Erzählzeit (die) [5.3.4]
die Zeit, die die Erzählinstanz u. a. durch Raffung und Dehnung aufwendet, um ein bestimmtes Geschehen zu erzählen (vgl. erzählte Zeit)

Essay (der) [5.5.2, 5.6]
ein Text, in dem eine Person in literarischer Form persönliche Ansichten zu einem Thema präsentiert

Exposition (die) [2.5.6, 7.3, 7.5.1, 7.6]
Anfang eines Theaterstückes oder einer Erzählung, worin wichtige Informationen zu den Figuren und dem Kontext vermittelt werden

Fabel (die) [2.3.3, 2.5.7]
kurze, lehrreiche Erzählung, in der Tiere handeln und eine Lehre über das Verhalten gezogen werden soll; in einer anderen Bedeutung „Fabula" (erzählerische Ordnung der Handlung)

Fallende Handlung (die) [2.5.6, 7.5.1]
alles, was nach dem Klimax/Höhepunkt passiert, einschließlich der Beantwortung von Fragen und der Entwicklung von Figuren

Figur (die) [1.2.3., 2.5.7]
fiktives (nicht-)humanes Wesen, welches in einer Erzählung eine bestimmte Rolle erfüllt

Fiktion (die) [1.4.1]
alle Erzählformen, in denen die Realität mit einem anderen Zweck dargestellt wird als zur bloßen Information der Lesenden oder Zuschauenden (sowohl Literatur in klassischem und engerem Sinne als auch Comics, manche Computerspiele, audiovisuelle Serien, Fernseh- und Spielfilme usw.)

Film (der) [5.1]
Medium, in dem Filmbilder projiziert werden

Flashback (der) [2.5.2, 5.3.4]
ein vergangenes Ereignis wird von der Figur neu erlebt oder gesehen, die Rückbesinnung oder der Rückblick kann traumatischer Art oder rein stilistisch sein; vgl. Rückblende

Flashforward (der) [2.5.2, 7.6]
Erzähleinschub, in dem ein Ereignis der Zukunft erzählt wird; auch: Prolepse

Fokalisierung (die) [5.3.4]
Erzählinstanzen und Figuren in der Erzählung, die wahrnehmen und/oder einen Standpunkt einnehmen (externe F.: die Erzähler*in weiß weniger als die Figuren, Erzählung aus der Außensicht; interne F.: die Erzähler*in erzählt aus der Perspektive einer Figur, dies kann variabel oder multipel sein; Nullfokalisierung: auktoriales Erzählverhalten)

Freies Lesen (das) [1.3.2, 1.5.1, 1.6.3]
Vorgehensweise des extensiven Lesens, wobei die Lernenden selbstständig während des Unterrichts einige Male pro Woche selbstgewählte, nicht allzu schwierige Texte lesen und somit die allgemeine Sprachfertigkeit verbessern

Freier Vers (der) [2.3.3]
Gedicht ohne feste Gedichtform

Froschperspektive (die) [7.4.2]
Die Kamera ist von einem tief gelegenen Blickpunkt auf die Figuren gerichtet, die demzufolge sehr mächtig und dominant erscheinen (auch in der Graphic Novel anwendbar); auch: Untersicht

Gedicht (das) [1.2.2, 1.2.3, 1.4.1, 2.3.3, 2.5.4, 3.4.3, 3.5.1, 3.5.10, 3.6, 3.6.2, 3.6.5, 3.7.1, 4.4.1, 4.4.2, 5.3.3, 6.5.4, 7.5.4]
Text, der meist in Verse und Strophen gegliedert ist

Gedichtform (die) [3.6.2]
Arten von Gedichten (s.: Akrostichon, Ballade, Bildgedicht, Elegie, Elfchen, Haiku, Hymne, Limerick, Objet Trouvé, Ode, Prosagedicht, Sonett, freier Vers)

Gender (das) [4.3.3]
die sozialen (nicht: biologischen) und erlernten Unterschiede zwischen Menschen, sie entwickeln sich über die Zeit und können sowohl innerhalb als außerhalb einer Kultur stark variieren

Genre (das) [1.3.1, 1.4.1, 2.3.3]
Gattung eines Buches oder Textes (z. B. historische Erzählung, Detektive, Thriller)

Geschlossenes Ende (das) [5.3.1]
der Schluss beinhaltet eine eindeutige Auflösung

Globalisierung (die) [4.2.2]
weltweite Entwicklung einer Gesellschaft im Bereich der Ökologie, Ökonomie, Politik, Kultur oder im Sozialbereich

Graphic Novel (die) [2.3.3]
Bildroman; Erzählung in Comicform, wobei das künstlerische Element im Vergleich zu den kommerzielleren Comics eine größere Rolle spielt

Gutter (das) [7.4.2]
Raum (Lücke) zwischen den Panels eines Comics bzw. Graphic Novels, der Nichtgezeigtes bzw. Zeitsprünge andeutet

Haiku (das) [2.3.3, 3.6.2]
japanische Gedichtform, die aus drei Zeilen und insgesamt 17 Silben besteht: die erste und dritte Zeile enthalten fünf Silben, die zweite Zeile enthält sieben Silben; inhaltlich werden Natur und Stimmung thematisiert

Halbtotale (die) [7.4.2]
Kameraeinstellung zwischen Totaleinstellung und Naheinstellung

Handlungsstrang (der) [2.3.2, 3.6.4]
eine zusammenhängende Reihe von Ereignissen in der Prosa und im Drama/Film

Handlungsverlauf (der) [2.5.6, 5.5.1, 6.2]
Ablauf von Akten und Szenen bzw. Geschehnissen (im Drama/Film, in der Prosa)

Hauptfigur (die) [3.5.7, 4.4.4, 7.5.2]
die zentrale Figur einer Erzählung, die ein bestimmtes Ziel verfolgt und eine Entwicklung durchmacht; auch: Protagonist

Hörspiel (das) [1.4.1, 3.4]
Dramenform, die auf das Hören statt das Sehen ausgerichtet ist

Hymne (die) [2.3.3, 6.5.4]
Lobgesang zu Ehren bspw. von Held*innen, Gött*innen, Idealen oder Gegenden

Ideologie (die) [4.4.2]
Ideen, Weltanschauungen und Wertungen, die natürlich und selbstverständlich erscheinen, eigentlich aber subjektiv gefärbt und parteigebunden sind

Identifikation (die) [1.6.4, 3.3.2, 3.5.4, 3.5.5]
die Erkennung des Selbst in Figuren; das Auffinden von Ähnlichkeiten

Ich-Erzähler*in [7.5.3]
erzählt in einer Geschichte von eigenen Erlebnissen, Gefühlen und/oder Wahrnehmung und kommt im Erzählten vor

Informationslücke (die) [1.3.5]
ein unklarer und unvollständiger Textausschnitt, der Lesende zum Nachdenken und zur Herstellung von Verbindungen anregt

Intertextualität (die) [2.4.1, 7.5.7]
Autor*in verweist im eigenen Werk auf das Werk einer anderen Autor*in, oder: das Werk ist eine kreative Verarbeitung des Werkes einer anderen Autor*in

Intermedialität (die) [5.1]
im engeren Sinne: das Zusammenspiel verschiedener Einzelmedien in einem Werk (Film, Text), bspw. Sprache/Bild; bspw. kommen in der Oper viele Medien zusammen; im weiteren Sinne: Autor*in verweist im eigenen Werk auf das Werk einer anderen Autor*in in einem anderen Medium, oder: das Werk ist eine kreative Verarbeitung des Werkes einer anderen Autor*in in einem anderen Medium

Ironie (die) [2.5.2]
milder, nichtkränkender (Selbst-)Spott (z. B. bei einem schlecht stehenden Spiel: „Na, das läuft ja super, oder?"); s. dramatische Ironie

Jambus (der) [7.6]
Versfuß (metrisches Element) mit einer unbetonten und einer betonten Silbe

Jugendroman (der) [2.3.3, 4.4.3, 4.4.6]
Roman für und oft über Jugendliche im Alter von ca. 12 bis 18 Jahren, mit viel Aufmerksamkeit für die eigene Identitätssuche

Kanon der Literatur (der) [1.3.3, 1.3.7, 3.4.1, 3.4.3, 4.5.2, 5.5.6, 6.4.2]
Zusammenstellung von Büchern, die von Expert*innen bzw. einem Kollektiv in einer Gesellschaft oder in einer Gruppe als wertvoll oder repräsentativ betrachtet werden

Komödie (die) [2.3.3, 4.5.6, 5.2, 5.3.1, 5.6]
humoristisches Theaterstück oder humoristischer Film, in dem für das Publikum erkennbare Figuren im Mittelpunkt stehen

Kurzgeschichte (die) [1.2.2., 1.2.3, 1.6.5, 2.3.3, 2.5.6, 2.5.7, 3.4.4, 3.6, 4.5.5]
Prosatext, der kürzer ist als eine Novelle, ggf. auch ultrakurz

Konflikt(verlauf) (der) [1.2.3, 2.4.1, 2.5.2, 2.5.6]
das zentrale Problem einer Handlung, das die Erzählung treibt

Kontext (der) [1.3.1. 1.4.4, 2.5.2]
Hinweise im Text oder gesellschaftliche, politische oder kulturelle Angelegenheiten, die für die fiktionale Handlung relevant sind

Kontinuierlicher Lernweg (der) [7.4]
die Verzahnung und Progression von Lernzielen (z. B. ein sorgfältiger Aufbau der Leseförderung und des Literaturunterrichts)

Lese-Autobiografie (die) [1.5.2]
ein Text, in dem SuS über ihre Entwicklung als Lesende und ihre Lesevorliebe reflektieren

Lesefreude (die) [1.3.3]
die positiven kognitiven sowie emotionalen Faktoren von Leseerfahrungen; der Spaß am Lesen

Lesehaltung (die) [1.3.3]
die Einstellung eines Individuums dem Lesen gegenüber

Leseklima (das) [1.3.3, 1.3.6, 1.6.3]
soziokulturelles Umfeld (Eltern, Verwandtschaft, Freundeskreis, Schule, Gesellschaft), das die Haltung dem Lesen gegenüber prägt

Lesemotivation (die) [1.3.3]
der Grund/die Gründe für das Lesen eines Textes bzw. Buches

Lesevergnügen (das) [1.3.1, 1.3.3, 1.3.6,]
s. Lesefreude

Limerick (der) [2.3.3, 3.6.2]
fünfzeilige Dichtform mit dem Reimschema a-a-b-b-a, die meistens mit einer topographischen Angabe anfängt

Literarische Kompetenz (die) [1.2.5, 1.5.1, 2.3.2, 4.4.2, 4.4.4, 5.2, 7.2]
die Fähigkeit, mit und über Literatur zu kommunizieren, d. h. die Fähigkeit, zu sinnvollen Lektüren von literarischen Texten unterschiedlicher Niveaus zu gelangen, und die Fähigkeit, die Reaktionen auf diese literarischen Texte klar auszudrücken

Literarizität (die) [1.3.5, 1.4.3, 1.4.4, 2.4.2, 2.5.4]
die spezifische Funktion der Sprache, die es Lesenden ermöglicht, in allen möglichen Texten das Literarische zu entdecken

Literatur (die)
veröffentlichte Schriften, die mit Fokus auf stilistische Merkmale gelesen werden, einen bestimmten Status bei der Leserschaft haben und als "Literatur" verbreitet werden

Literaturkritik (die) [4.5.4, 6.2]
die Bewertung von Büchern bspw. durch Rezensionen von professionelle Kritiker*innen in Medien

Lyrik (die) [1.4.1, 2.3.3, 2.5.4, 3.4.1, 3.4.2]
Sammelbezeichnung für alle Gedichtformen

Märchen (das) [2.3.3]
fiktionale kürzere Prosaerzählung, die oft mündlich überliefert wurde und in der fantastische, wunderliche oder metaphysische Ereignisse stattfinden (mit Hexen, sprechenden Objekten, Feen, Drachen usw.)

Medium Shot (der) [7.4.2]
Figuren oder Objekte werden im Film oder in der Graphic Novel nur teilweise dargestellt; Personen sind etwa von der Hüfte aufwärts erkennbar, es geht um die Gestik und Mimik, die Umgebung ist weniger wichtig; auch: Halbnah

Metapher (die) [1.2.3, 7.5.8]
Stilmittel; ein Wort wird in einen anderen Bedeutungszusammenhang übertragen, da es deutlicher oder anschaulicher ist als der eigentliche Ausdruck, eine Metapher ist ein sprachliches Bild, z. B. „das Wüstenschiff“ für „Kamel“

Metonymie (die) [7.5.8]
rhetorisches Mittel; das eigentliche Objekt wird nicht genannt, sondern durch einen anderen Ausdruck ersetzt, welcher in enger gedanklicher Verbindung zum gemeinten Objekt steht (z. B. „ein Glas trinken“ oder der Satz „Ich habe Ernaux gelesen“ meint, dass nicht Ernaux, sondern ihre Texte gelesen wurden)

Metrum (das) [2.5.3, 7.3]
das metrische Regelwerk, das zu einer Versart gehört, z. B. regelmäßige Abwechslung von betonten und unbetonten Silben (auch: Versmaß, s. Jambus)

Moment to Moment [7.4.2]
sehr kurze Zeitspanne beim Übergang von einem Graphic-Novel-Panel zum nächsten

Monolog (der) [2.5.7, 3.5.4, 3.7.2, 7.3]
Text, der als Selbstgespräch gesprochen wird

Montage (die) [5.5.1, 7.5.7]
die technisch arrangierte Verbindung von Szenen und Sequenzen

Motiv (das) [3.5.11, 3.4.4., 5.5.5, 6.2, 7.3]
wiederkehrendes Element in einer Erzählung (z. B. Situation, Wahrnehmung, Auffassung, Ereignis oder Gefühl)

Multimodaler Roman (der) [2.3.3]
ein Romantext wird mit anderen Ausdrucksformen vermengt: Fotografien, Notizen, Landkarten, Bleistiftskizzen, Cartoons, Graphiken, Diagrammen

Narrativität (die) [5.3.4]
die Eigenschaften, die einen Akt als Erzählen kennzeichnen

Ode (die) [2.3.3]
die Verherrlichung einer Sache oder Person in Gedichtform

Offenes Ende (das) [3.5.5]
der Text endet, ohne alle Sachverhalte/Konflikte aufzulösen, und überlässt es den Lesenden, nach Lösungen zu suchen (auch im Film)

Oxymoron (das) [7.5.8]
Stilmittel; zusammengesetzt aus zwei sich widersprechenden Begriffe (z. B. bittersüß, Eile mit Weile)

Panel (das) [7.4.2]
Bild in einem Comic oder einer Graphic Novel

Panoramashot (der) [7.4.2]
s. Supertotale

Paradoxon (das) [7.5.8]
vermeintlich widersprüchliche Aussage, die im besten Fall zu einem tieferen Verständnis führt, sodass der Widerspruch aufgelöst wird (z. B.: All animals are equal, but some are more equal than others)

Parodie (die) [3.5.10, 4.5.2, 5.5.1]
Text/Film, der Elemente einer Vorlage benutzt und die Vorlage kritisch oder satirisch umsetzt

Personales Erzählen (das) [7.5.3]
die Erzählerfigur bleibt unsichtbar und vermittelt keine Meinung zum Denken, Spüren, Sprechen und Handeln der Figur, es wird in der dritten Person Singular erzählt

Personifikation (die) [7.5.8]
leblose Objekte oder abstrakte Begriffe werden als lebendig dargestellt oder ihnen werden menschliche Eigenschaften zugeteilt (z. B. „Mein Rad bleibt mir treu“)

Plot (der) [2.3.2, 2.5.5, 2.5.6, 3.6.4, 5.4.1, 7.5.1]
die Ereigniskette einer Erzählung

Poetik (die) [2.4.1, 2.6]
Reflexion zur Literatur (besonders zu Verfassenden)

Poetische Funktion (die) [1.3.5, 1.4.3, 1.4.4]
die Fähigkeit von Texten, die Aufmerksamkeit auf ihre eigene Sprachstruktur zu lenken

Poesie (die) [3.1, 3.4.2, 3.6.2, 6.2.1]
die Dichtkunst als Gattung

Poetry-Slam (der) [3.4.2]
Poesiewettbewerb, bei dem Dichter meist auswendig vortragen und das Publikum und die Jury beurteilen

Point-of-View-Shot (der) (Einstellung mit einem bestimmten Standpunkt) [7.4.2]
diese Einstellung ermöglicht den Zuschauenden einen Blick durch die Augen einer Figur der dargestellten Handlung

Postkoloniale Literatur(kritik) (die) [1.3.6, 4.4.1]
Literatur(kritik), die sich mit der Verarbeitung der kolonialistischen Periode und Nachkriegsdekolonisierung auseinandersetzt bzw. Literatur(kritik), die sich der asymmetrischen Machtverhältnisse bewusst zeigt

Protagonist*in [1.5.1, 4.4.4, 6.5.2, 7.5.9, 7.6]
Hauptfigur

Prosa (die) [1.2.5, 1.3.2, 1.3.4, 2.4.3, 2.5.2, 3.1, 3.5.2., 3.5.7, 4.4.1, 6.2.1, 7.6]
Sammelbegriff für fiktionale Texte vom Roman bis zu den Kleinformen

Prosagedicht (das) [2.3.3]
Text mit vielen poetischen Merkmalen, der als Prosatext gedruckt wird

Raum (der) [1.2.3, 4.4.3, 4.4.4, 5.3.4, 7.3, 7.4.2, 7.5.5]
Umgebung, in der sich die Geschichte abspielt; der Raum kann eine Figur charakterisieren, Atmosphäre schaffen, symbolisch oder mythologisch verweisen

Ready-made (das) [2.3.3]
gefundener Gegenstand, der zum Kunstwerk erklärt wird; ein existierender Text (Einkaufszettel, Anzeige usw.) wird (in einer Zeitschrift oder irgendwo anders) als Gedicht präsentiert und demzufolge als Gedicht gelesen

Regisseur*in [2.5.3, 3.4.5, 3.4.7, 3.5.11, 3.6.3, 3.7.2, 5.3.1, 5.5.6]
gestaltet ein Theaterstück oder einen Film, leitet u. a. Schauspieler*innen und Kamerabedienung an

Reim (der) [1.2.2, 1.2.3, 2.5.4, 2.5.7, 3.4.1, 3.6.2, 3.6.5, 7.3]
Gleichklang von Lauten innerhalb eines Textes, die hauptsächlich in Gedichten angewendet werden, bspw. am Ende der Verszeilen (s. Reimschema)

Reimschema (das) [3.6.2]
das Reimschema bestimmt, welche Wörter der Verszeilen innerhalb eines Gedichtes miteinander reimen (Paarreim, umarmender Reim, Kreuzreim)

Renaissance (die) [3.7.2]
das Wiederaufleben und die Nachahmung der Antike in Kunst und Literatur in Westeuropa (14. bis 17. Jahrhundert)

Rezension (die) [1.5.3, 3.2.4, 3.5.11, 3.6, 3.7.2, 4.4.4, 5.3.1, 5.5.1, 5.5.6]
argumentierende Beurteilung einer Rezensent*in zu einem Buch, Theaterstück oder Film

Rezeption (die) [1.2.2, 1.2.5, 1.3.6, 1.3.7, 5.2, 5.3.2, 5.4.2, 5.5.1, 5.5.6, 6.2]
Aufnahme eines (literarischen) Werkes durch Lesende/Hörende

Rhythmus (der) [1.3.5, 5.3.1, 7.3, 7.5.1]
Abwechslung von Beschleunigung, Verzögerung und Szene in einem Prosa-/Dramatext; in einem Gedicht: die nicht regelmäßige Abwechslung von betonten und unbetonten Silben

Rückblende (die) [6.5.4, 7.3]
ein bereits vergangenes Ereignis wird erzählt; auch: Analepse, vgl. auch Flashback

Sachliteratur (die) [1.3.3, 4.4.3]
Texte, die mit der Realität überstimmen, zuverlässig und glaubwürdig sind

Sachtext (der) [1.3.5, 1.6.4, 2.3.2, 4.2.2, 5.5.2]
Nichtfiktionaler Text, der Informationen eindeutig vermitteln soll

Sage (die) [2.3.3]
überlieferte (Volks-)Erzählung, die teilweise auf einem historischen Ereignis beruht oder damit zusammenhängt

Schuss-Gegenschuss [5.3.4]
wird typischerweise in Dialogsituationen angewendet; Agierende werden abwechselnd gezeigt, es wird zwischen zwei Kameras hin- und hergeschnitten, die jeweils eine Person zeigen

Setting (das) [1.4.1, 1.4.2, 2.5.5, 3.6.4, 4.2.2, 4.4.1, 5.3.2, 5.3.4, 5.5.1, 6.5.2, 7.4.2]
Zeit und Raum, worin die Erzählung stattfindet

Sequenz (die) [2.5.5, 5.5.2, 5.5.4]
alle in derselben Zeit spielenden Szenen eines Filmes

Skript (das) [3.5.11]
Übersicht über die geplante Formgebung, z. B. Regieanweisungen und Kamerapositionen

Sonett (das) [2.3.3]
Gedichtform mit vierzehn Verszeilen, welche traditionell auf vier Strophen verteilt werden: Strophe 1 und 2 je vier Zeilen, Strophe 3 und 4 je drei Zeilen

Spannung (die) [2.5.1, 2.5.2, 2.5.6, 5.3.1, 5.5.2, 7.5.1]
das Hervorrufen von emotionalen oder körperlichen Reaktionen bei Rezipierenden, erzeugt durch unterschiedliche Elemente, die die lesende Person fesseln, bspw. Vorausdeutungen, Irreführungen, Anspielungen, Verzögerungen, Cliffhanger

Spielfilm (der) [1.4.1, 3.1, 5.2]
fiktionaler Film, der traditionell fürs Kino oder Fernsehen gedreht wird

Steigende Handlung (die) [2.5.6, 7.5.1]
zunehmende Spannung und Handlungskomplexität einer Erzählung

Stil (der) [1.3.5, 1.3.6, 1.4.1, 1.5.1, 2.2, 2.3.2, 2.4.1, 2.4.2, 2.5.1, 2.5.5, 2.5.7, 2.6, 3.2.2, 3.3.2, 3.4.2, 3.6, 3.7.1, 4.6, 5.3.3, 6.6, 7.5.8]
Schreib- oder Darstellungsweise

Strophe (die) [2.5.4, 3.4.1, 7.3]
einheitliche Sequenz von Versen in einem Gedicht

Subtext (der) [5.3.4]
der implizite Teil einer Aussage, der erst von den Rezipierenden interpretiert werden muss

Supertotale (die) [7.4.2]
größtmöglicher Bildausschnitt, eine Ansicht aus großer Entfernung (im Film und in der Graphic Novel); die Szene ist im Überblick zu sehen; man kennt somit den Ort der Handlung und weiß, wo das Geschehen spielt (Stadt, Straße, Landschaft); auch: Panorama/weite Aufnahme

Symbol (das) [2.5.5., 2.5.7, 7.3, 7.5.5]
ein sinnbildhaftes Zeichen, das auf Ideen oder Zusammenhänge hinweist

Synekdoche (die) [7.5.8]
Form der Bildersprache, wobei Ausdrücke unterschiedlicher referenzieller Art ersetzt werden (im Falle eines Pars pro Toto wird mit einem Teil das Ganze bezeichnet: z. B. „unter einem Dach“ statt „in einem Haus“; im Falle eines Totum pro Parte steht das Ganze für einen Teil: z. B. „Deutschland hat gewählt“ statt „die wahlberechtigte Bevölkerung“)

Szene (die) [2.5.1, 2.5.3, 2.6, 3.2.2, 3.4.7, 3.5.3, 3.5.11, 3.5.12, 3.5.14, 3.6, 3.6.5, 4.4.1, 4.5.2, 4.6, 5.3.4, 5.5.1, 5.5.2, 5.5.4, 5.5.6, 6.2, 7.3, 7.4.2, 7.5.1, 7.5.9]
einheitlicher Abschnitt eines Aktes (im Drama); einheitliche Filmsequenz von Filmhandlungen, in der Zeit, Ort und Figuren sich kaum verändern

Theateraufführung (die) [3.4.7, 3.6.5, 4.4.1, 5.5.6, 6.5.4]
die Vorführung eines Theaterstückes vor einem Publikum

Thematik (die) [1.3.2, 1.4.2, 1.6.3, 3.2.2, 3.4.1, 3.4.5, 3.5.14, 4.4.3, 4.5.2]
Themen, die im Text auftauchen und dessen Bedeutung ausmachen

Top Shot (der) [7.4.2]
spezielle Form der Vogelperspektive, bei der die Kamera in einem Winkel von 90° über der Handlungsfläche positioniert ist; auch in einer Graphic Novel

Totale (die) [7.4.2]
die Aufnahme des ganzen Raumes, in dem sich die Szene abspielt oder sich der Körper der Figur befindet (im Film oder in einer Graphic Novel)

Tragödie (die) [2.3.3, 5.5.6]
Theaterstück, in dem die Hauptfigur eine Entwicklung durchmacht und, oft ohne das Ziel erreicht zu haben, zugrunde geht

Übergänge in Filmen und Graphic Novels [7.4.2]

- Action-to-action transition (Übergang Handlung zu Handlung) [7.4.2]
  zeigt, wie eine einzelne Figur eine bestimmte Situation durchläuft
- Aspect-to-aspect transition (Übergang Aspekt zu Aspekt) [7.4.2]
  zeigt verschiedene Einzelheiten, die gleichzeitig in derselben Szene zu sehen sind, bspw. werden die Umgebung und Gesichtszüge gezeigt
- Movement-to-movement transition (Übergang Bewegung zu Bewegung)
  zeigt eine einzelne Bewegung in einer kurzen zeitlichen Abfolge, bspw. einen Augenaufschlag auf-zu-auf
- Non Sequitur (Paralogie, unlogische Schlussfolgerung) [7.4.2]
  zeigt Szenen, die in keinem logischen Zusammenhang stehen, aber von Lesenden/Zuschauenden miteinander in Verbindung gebracht werden, was zu einem Fehlschluss führen kann
- Scene-to-scene transition (Übergang Szene zu Szene) [7.4.2]
  zeigt unterschiedliche Szenen in zeitlicher und räumlicher Entfernung, dies ermöglicht Raum- und Zeitsprünge
- Subject-to-subject transition (Übergang Subjekt zu Subjekt) [7.4.2]
  innerhalb einer Szene wird zwischen den Subjekten gewechselt

Überlagerung (die) [5.3.4]
Bild über Bild, superimposition (engl.)

Umschlag (der) [4.4.4]
die Vorder- und Rückseite eines Buches

Untertitel (der) [5.3.1, 5.4.1, 5.5.4, 5.5.6]
Text, der eingeblendet wird, um gesprochene Inhalte erfassbar zu machen; die Einblendung ist in der Originalsprache oder einer übersetzten Version möglich

Verfilmung (die) [2.4.2, 5.3.3, 5.5.3, 5.5.4, 5.5.6]
Spielfilm, der auf einer veröffentlichten (literarischen) Erzählung basiert

Vertonung (die) [3.4.3]
musikalische Umsetzung eines literarischen Textes (auch: Komposition)

Verweis (der) [4.5.2, 7.5.7]
intertextueller/-medialer Bezug

Vogelperspektive (die) [7.4.2]
die Kamera schaut von oben auf die Figuren herab, wodurch sie sehr klein wirken (auch in der Graphic Novel anwendbar)

Vorausdeutung (die) [5.3.4, 7.3, 7.4.2, 7.5.9]
ein Hinweis auf mögliche zukünftige Ereignisse in der Erzählung oder ein vorausschauender Erzähleinschub (auch: Prospektive, Prolepse)

Wiederholung (die) [2.5.3, 2.5.4, 3.4.1]
ein Wort bzw. eine Wortgruppe oder eine Struktur wird (in gleicher oder ähnlicher Form) mehrfach verwendet

Zentralperspektive (die) [7.4.2]
die Kamera bietet eine Normalperspektive, wobei die Fluchtlinien in der Bildkomposition perspektivisch auf einen imaginären Punkt zulaufen (auch in der Graphic Novel anwendbar)

Zweier (die) [7.4.2]
man sieht zwei Figuren (auch: Zweiereinstellung), die Figuren werden in dieser Aufnahme im Raum und von eventuellen übrigen Figuren isoliert; ähnlich: Dreier, Vierer usw.

Anhang

Buchtest

1. Name des Buches
2. Autor*in des Buches
3. Verlag und Jahr der Veröffentlichung
4. Art der Geschichte (Genre)
5. Weitere Bücher der Autor*in
6. Persönliche Erfahrung (Warum haben Sie dieses Buch ausgewählt? Erste persönliche Reaktion.)
7. Inhalt
   Geben Sie eine eigene kurze Zusammenfassung des Inhalts (ca. 75 Wörter).
8. Struktur
   Wie beginnt das Buch?
   Wie endet das Buch?
   Was macht das Buch spannend? Bitte erläutern Sie dies.
9. Perspektive(n)
10. Figuren
    Wer sind die Hauptfiguren?
    Was haben sie gemeinsam?
    Beschreiben Sie ihren Charakter.
    Wen mögen Sie? Wen mögen Sie nicht? Begründen Sie Ihre Antwort.
11. Ort
    Wo spielt sich die Geschichte ab?
    Ist der Ort wichtig für die Geschichte? Begründen Sie Ihre Antwort.
12. Zeit
    In welchem Zeitraum spielt die Geschichte?
    Wie viel Zeit vergeht in der Geschichte?
    Wird die Geschichte in der Reihenfolge der Ereignisse erzählt oder geht die Autor*in auch in der Zeit zurück? Begründen Sie Ihre Antwort.
13. Titel
    Erklären Sie den Titel.
    Denken Sie sich einen anderen Titel aus. Bitte erläutern Sie Ihre Antwort.
14. Bewertung
    Wählen Sie drei Bewertungswörter aus.
    Begründen Sie Ihre Antwort.
15. Bearbeitung des Auftrags
    Beschreiben Sie drei Situationen aus dem Buch, in denen Sie anders handeln würden als die Personen im Buch. Erklären Sie, warum Sie anders handeln würden und wie Sie anders handeln würden.

Bewertungsbogen für den Buchtest

Niveau	2	3	4
Verstehen			
• Strukturelemente			
• Stil			
• Genre			
• Figuren			
• Bedeutungsschichten			
Interpretation			
• Strukturelemente			
• Figuren			
• Thema			
Evaluierung			
• Argumentation			
• Reflexion über den Text			
• Reflexion über die literarische Erfahrung			
• Interaktion			

Überprüfe dich selbst!

Es gibt sechs unterschiedliche Leseniveaus.

a. Lies die Beschreibungen unten genau und entscheide, auf welchem Niveau du dich deiner Meinung nach am ehesten befindest.
b. Kreuze das zu dir am besten passende Niveau an.
c. Sieh dir die Buchtitel auf https://www.lezenvoordelijst.nl/duits an, die zu dem Niveau passen, das du angekreuzt hast.

◯ 1.
Eigentlich ist Lesen nicht deine Lieblingsbeschäftigung, aber wenn es sein muss, liest du vorzugsweise Bücher und Jugendromane, die nicht allzu umfangreich sind, und am liebsten handlungsreiche Bücher. Die Hauptpersonen sollten in deinem Alter sein. Du liest gerne abenteuerliche (Kriegs-)Bücher oder Bücher über schwierige Situationen. Du magst es nicht, lange über ein Buch zu reden.

◯ 2.
Du hast positive Erfahrungen mit dem Lesen von fiktiven Texten. Du magst es, dich in Figuren, Situationen und Ereignissen in einem Buch wiederzuerkennen. Du sprichst gerne mit Mitschüler*innen über ein Buch. Beim Lesen willst du dich vor allem entspannen können. Das Buch sollte nicht zu verwirrend sein.

◯ 3.
Lesen findest du nicht unangenehm. Du interessierst dich vor allem für den Inhalt von Büchern: Sie sollten psychologische oder gesellschaftliche Themen behandeln. Du entdeckst, dass Bücher etwas über deine Welt erzählen, dass sie dich zum Denken anregen und dir helfen, eigene Ideen zu entwickeln. Außerdem magst du es, über Bücher zu diskutieren.

◯ 4.
Du liest Bücher, die auch von Erwachsenen gelesen werden, und du achtest darauf, wie die Geschichte erzählt wird. Es ist nicht schlimm, wenn der Stil und der Aufbau eines Buches ungewöhnlich sind, denn du bist bereit, dich anzupassen. Du hast gelernt, ein Buch argumentativ zu beurteilen. Außerdem bist du dazu fähig, über Themen und Motive stichhaltige Aussagen zu machen. Du findest es noch schwierig, einzuschätzen, welche Stelle das Buch im Gesamtwerk des Autors/der Autorin und in der Literaturgeschichte einnimmt.

◯ 5.
Du kannst komplexe Bücher lesen und unterschiedliche Deutungsebenen in Büchern unterscheiden. Du liest Bücher nicht nur wegen der konkreten Ereignisse, von denen sie handeln, sondern auch, weil andere sie für außergewöhnlich halten. Du kannst nicht nur zeitgenössische, sondern auch ältere Werke lesen. Diese kannst du in den kulturhistorischen Kontext einordnen, eventuell nachdem du in der Sekundärliteratur nachgeforscht hast. Du magst es, Meinungen und Ideen über gelesene Bücher mit anderen auszutauschen.

◯ 6.
Du kommst kaum noch ohne Literatur aus. Du folgst darin deiner eigenen Spur. Du entdeckst Zusammenhänge zwischen von dir gelesenen Büchern und Wissen aus anderen Bereichen. Du liest auch gerne Bücher, die zwischen den Zeilen auf andere Bücher verweisen. Weil du viel liest, erkennst du die Querverbindungen zwischen Büchern. Du bist dabei, deine Lehrkraft zu überholen. Aber wenn sich herausstellt, dass ihr gemeinsame Interessen habt, kannst du viel von ihr lernen!